21세기
미국의 패권과
지정학

■ ■ ■ ■ ■ ■ ■

앞으로 15년 동안 자유무역질서의 해체, 세계적인 인구역전 현상, 유럽과 중국의 붕괴는 그저 덧없이 한순간에 지나가게 된다. 2015년부터 2030년까지의 기간 동안에는 낡은 냉전시대의 질서가 완전히 씻겨 내려간다. 그러나 역사의 종말이 아니다. 다음 역사를 새로 쓰기 위해 판을 새로 까는 셈일 뿐이다. 그 다음에 전개될 일이 참으로 놀랍다. 바로 만인에 대한 만인의 투쟁의 시기가 온다.

■ ■ ■ ■ ■ ■ ■

피터 자이한

PETER ZEIHAN

21세기
미국의 패권과
지정학

The Accidental Superpower

피터 자이한 지음 | **홍지수 · 정훈** 옮김

김앤김북스

The Accidental Superpower

21세기 미국의 패권과 지정학
다가오는 무질서의 세계에서 어떤 국가가 살아남을 것인가

초판 1쇄 발행 2018년 7월 30일
    5쇄 발행 2019년 12월 10일

지은이   피터 자이한
옮긴이   홍지수 · 정훈
펴낸이   김건수
디자인   이재호 디자인
펴낸곳   김앤김북스
출판등록 2001년 2월 9일(제12-302호)
주소   서울시 마포구 월드컵로42길 40, 326호
전화   (02) 773-5133 | 팩스 (02) 773-5134
E-mail apprro@naver.com
ISBN   978-89-89566-73-1(03340)

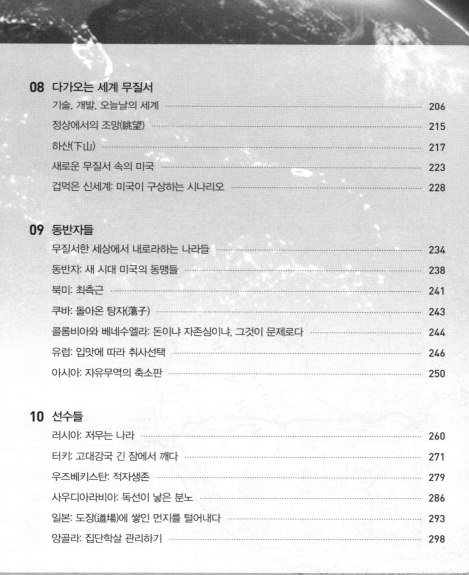

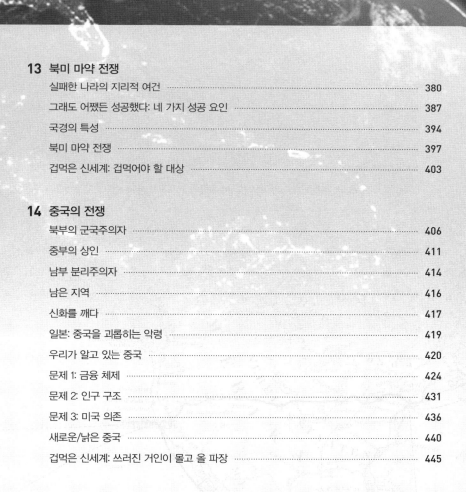

국제정치의 역사를 보면 유난히 강한 국가가 등장하여 한 시대의 국제
정치를 주물렀던 경우들을 발견할 수 있다. 이들 초강대국들은 패권 국가
라고 불렸으며 그들이 지배하던 시대는 다른 시대에 비해 전쟁의 빈도
(frequency)가 상대적이기는 하지만 적었고, 상당 기간 평화가 유지되었
다. 이런 시대를 역사학자와 국제정치학자들은 팍스 로마나, 팍스 브리태
니카, 혹은 팍스 아메리카나의 시대라고 부른다. 로마, 영국, 미국이 세계
를 지배했던 시대 동안 로마, 영국, 미국에 의해 규정되는 평화가 지속되
었다는 의미다.

역사에서 보듯이 어떤 패권국도 자신의 지위를 영원토록 유지하지는
못했다. 좌파 이론가들이 말하는 부익부 빈익빈 이론은 국제정치 역사에
나타나는 강대국의 흥망성쇠를 전혀 설명하지 못한다. 강한 나라가 더욱
강해져서 영원토록 강한 지위를 유지한 적이 없었으니 말이다. 지구 전체
를 하나의 세계 체제라고 보아도 될 1500년 이후부터 지금까지 패권국의
지위를 차지했던 나라들은 포르투갈, 네덜란드, 스페인, 영국, 미국 등이
었으며, 패권적 지위에 도전했다가 실패한 나라들은 독일, 프랑스, 소련,
일본 등이다.

강대국의 국력 변동은 국제정치 질서에 불안정을 초래하고 궁극적으로
대전쟁을 초래하기도 했다. 영국의 패권에 대한 프랑스, 독일의 도전은

역사상 가장 처참했던 전쟁―나폴레옹전쟁, 제 1, 2차 세계대전―을 초래했고, 2차 세계대전 이후 미국의 패권에 대한 소련의 도전은 40년 이상 지속된 냉전의 원인이었다. 영국은 독일의 도전을 막아내기는 했지만 자신의 힘이 아니라 미국의 힘을 빌렸던 결과, 독일 패망 이후 세계 패권의 지위는 자연스레 영국으로부터 미국으로 이전되었다. 누가 국제 질서를 지배해야 하는가의 문제를 두고 싸운 전쟁들은 참전국들의 속성상 세계대전 수준의 큰 전쟁이 될 수밖에 없었고, 그 결과에 따라 국제정치 질서가 유지되거나 혹은 대폭 변동하게 되었다.

1987년 폴 케네디 교수의 『강대국의 흥망』은 국가의 흥망에 관한 논의가 학자들 사이에서는 물론 일반인들 사이에서도 널리 관심거리가 되게 하였다. 폴 케네디 교수는 이 책에서 체계적인 이론을 동원해서 미국의 몰락을 주장하며, 다음 번 세계 패권국은 일본일 것이라고 예측했다. 케네디 교수의 주장은 허무하리만치 틀리고 말았지만 그의 이론은 아직도 유용하다.

일본의 미국에 대한 도전이 실패한 후, 유럽이 미국을 대체할 패권국이라는 주장도 나왔고 중국이 미국을 대체할 패권국이라는 주장도 나왔다. 유럽이 미국을 대체할 것이라는 주장은 논리도 허접했고, 유행한 시기도 대단히 짧았고, 주장한 학자들도 적었다. 곧바로 중국이 미국을 앞서고야 말 것이라는 주장이 등장했다. 이 주장은 국제정치의 지배적 담론이 되었을 정도로 많은 전문가들의 지지를 받았다. 1990년대부터 2000년대 초반에 이르는 약 20년의 국제정치를 이야기하는 그 누구라도 '중국의 부상(Rise of China)'을 이야기하지 않는 사람이 없을 정도였다. 패권국과 패권에 도전하는 강대국들의 국력 변동은 국제정치학의 가장 큰 연구 주제 중 하나지만, 미중 패권 경쟁은 그 도가 지나칠 정도로 유행했다. 학자들 중 압도적인 다수가 중국의 시대가 다가온다고 외쳤다. 미국은 '지는 해',

중국은 '뜨는 해'가 분명해 보였다. 이 같은 주장은 한국에서 더욱 편파적으로 기승을 떨쳤다. 지금은 상당히 수그러들었지만 2010년 중반, 대다수의 한국인들은 앞으로 다가올 시대는 중국의 시대가 될 것이라고 확신했다. 어떤 소설가는 "이제 곧 중국이 G-1이 될 것이라는 사실을 의심하는 사람은 아무도 없습니다."라고 단언하기도 했다. 중국이 미국을 앞설 것이라는 한국인들의 믿음은 한국 사회 내에서 미국과의 관계를 약화시켜도 된다거나 혹은 약화시켜야 한다는 주장마저 나오게 했다.

만약 중국이 세계 제 1의 패권 국가가 되는 것이 확실하다면 우리는 미국과의 동맹 관계를 지속적으로 유지하면 안 될 것이다. 미국과 중국이 운명적으로 다투게 되어 있는 것은 아니지만, 중국이 세계 제 2위의 국력을 가진 대국으로 부상한 결과 미국과 중국의 갈등은 운명적인 일이 되고 말았다. 우리나라 정치 지도자들과 전문가들 중에는 '균형자', '미중 등거리 외교'를 말하는 사람들이 있었지만 이는 국제정치의 현실과는 전혀 동떨어진 발상일 뿐이다. 균형자론 혹은 등거리 외교는 본시 강대국의 외교를 설명하기 위한 이론이었다. 약한 나라가 두 강대국 사이에서 균형자 노릇을 한다거나 등거리 외교를 펼칠 경우 문자 그대로 가랑이가 찢어지고 만다. 미국과 중국 두 나라 모두가 한국을 자기편에 끌어들이는 경우 상대방과의 경쟁에서 승리할 것이 확실하다고 여기는 날이 오면, 그때 우리는 균형자도 될 수 있고 미중 등거리 외교를 펼칠 수도 있을 것이다. 그러나 그날이 오기 이전, 우리는 어느 나라가 궁극적인 승자가 될 것인가를 예의 주시해야 하고, 승자가 될 나라의 편을 드는 것이 상책이 아닐 수 없다.

문제는 미국과 중국 두 나라 중 누가 궁극적인 승자가 될 것인가를 '어떻게 알 수 있느냐'는 것이다. 이 문제는 두 나라의 국력과 전략을 연구함으로써 답할 수 있다. 물론 국력과 전략의 분석이 쉬운 일이 아니기 때문에 학자들 사이에서도 논란이 분분했다. 미국이 패배할 것이라는 주장이 훨씬 더 많았다. 수많은 미국 학자들이 미국이 패배할 것이라고 예측했는데, 그들 중 상당 부분은 미국에 대한 경고성 주장이었지 미국이 반드시 패할 것이라는 뜻은 아니었다. 미국인들은 지구상 어떤 나라의 국민들보다도 자신의 미래는 비관적으로 보며 우울해 하는 사람들이다. 소련이 패망한 직후 미국의 패권이 확립되었을 때에도 미국 사람들은 자신들의 궁극적 패망을 우려했으니 더 할 말도 없다.

한국 국민들의 압도적 다수는 과거는 물론 지금도 '중국의 경제 성장률이 미국보다 높으니 언젠가는 중국이 미국을 앞지를 것'이라고 생각하고 있다. 나 역시 미국과 중국의 국력 변동을 예의 주시하지 않을 수 없었다. 미국과 중국의 국력과 전략에 관한 책과 논문들을 읽었다. 그러나 나는 한국 사회의 압도적인 견해와는 전혀 달리 '미국은 중국에게 패권국의 지위를 결코 내주지 않을 것'이라고 보았으며, 그 근거는 '미국은 전쟁에 지지도 않은 채로 평화적으로 자신의 지위를 도전자에게 물려줄 나라가 아니다'는 것이었다. 역사상 어떤 패권국도 자신의 지위를 평화적으로 도전자에게 물려주지는 않았을진대, 미국과 같은 전략 문화를 가진 나라가 '평화적'으로 자신의 지위를 '중국과 같은 나라'에 물려줄 가능성은 없다고 보고 있었다.

그러던 중 나는 2014년 12월 미국 라스베이거스의 반스 앤 노블 서점에서 피터 자이한(Peter Zeihan)이라는 듣지도 보지도 못한 저자가 쓴 책을 발견했으니, 그 책이 바로 지금 독자 여러분이 읽고 있는 『21세기 미국의 패권과 지정학(The Accidental Superpower)』이라는 한국어판의 원본이었다. 이 책은 피터 자이한의 첫 번째 책이었고, 피터 자이한은 학계에서 활동한 인물이 아니었으니 당연히 모를 수밖에 없었다. 그러나 책을 빼 들고 앞면의 제목과 부제를 보는 순간, 나는 이 책을 당장 사서 읽지 않을 수 없었다. 'The Accidental Superpower(우연히 등장한 초강대국)'라는 제목도 충격적이었지만 'The Next Generation of American Preeminence and the Coming Global Disorder(더 강해진 미국과 다가올 세계 무질서)'라는 부제 역시 충격적이지 않을 수 없었다. 미국은 또다시 세계를 압도하는 막강한 국가가 될 터인데, 그렇게 된 세계는 '무질서'의 세계가 될 것이라는 놀랍지만 부인할 수 없는 부제였기 때문이다.

역사상 나타났다가 사라진 강대국들이 많았지만 이들 강대국들 대부분은 국력의 한 측면에서 막강했던 나라들이었다. 강대국들이란 대체로 군사력이 강한 나라들이었는데, 그들 중 압도적 다수는 식량이 부족하거나 땅이 작은 나라들이었다. 포르투갈, 스페인, 네덜란드, 영국, 독일, 프랑스, 이탈리아, 소련, 일본, 중국 등 지난 5세기 동안 세계정치의 주연 역할을 담당했던 강대국들 중 다차원의 강대국은 보이지 않는다. 오로지 미국만이 적당한 규모의 인구, 영토, 군사력, 자원을 보유한 국가이다. 소련이 영토와 자원 대국이기는 했지만, 제대로 된 항구 하나 없는 나라였고 식량도 자급하기 힘든 동토의 나라였다. 중국이 영토 대국, 자원 대국이기는 하지만 강제적인 인구조절 정책을 쓰지 않을 수 없었던 나라다. 자이한은 미국이 인구, 자원은 물론 지정학적으로 최상의 조건을 갖춘, 그래서 거의 자동적으로 초초 강대국이 될 수밖에 없는 운명을 가진 나라라고 주장하며 자신의 주장을 특이한 방법으로 하나씩 하나씩 증명해 나가고 있다.

나는 이 책을 읽은 후 미국의 패권은 오래갈 것이라고 확신했다. 수십 년이 아니라 수백 년일 것이라고 확신했다. 자이한의 스승이라고 볼 수 있는 프리드먼(George Friedman) 박사는 이미 미국이 향후 백년 이상 패권 제국의 지위를 차지할 것이라고 예측한 바 있었고, 앞으로 나올 책에서도 미국의 패권이 오래 갈 것을 예측하고 있는데, 자이한의 주장들은 프리드먼의 주장을 보다 확실한 근거로 증명해 주고 있다. 자이한은 최근 자신의 경영 자문회사를 차리기 전까지 프리드먼 박사의 연구소에서 일했다.

자이한의 지정학은 국제정치적인 측면은 물론 국내적인 측면도 대단히 강조한다. 미국을 관통해 흐르는 미시시피 강 등 주요 강들이 운송을 편하고 효율적으로 만든 결과 미국은 국내에서 생산한 물품들을 국내 시장에서 완전히 소비할 수 있는 수준이 되었고, 그로 인해 무역 의존도가 아주 낮은 나라가 될 수 있었다는 설명에서부터 미국에 대항하려는 나라들이 가진 불리한 지정학적 요소를 대비하는 데 이르기까지 도무지 긍정하지 않을 수 없는 증거들을 체계적으로 제시하고 설명한다.

미국의 땅덩어리가 얼마나 크고 유용한지는 미국을 여행해 본 사람들이라면 누구나 느낄 수 있는 것이지만 자이한은 "미국의 제일 나쁜 땅은 로키 산맥 지역이라고 할 수 있는데, 멕시코 땅의 거의 전부가 미국으로 치면 로키 산맥 정도에 해당되는 곳"이라고 말함으로써 미국이 얼마나 유리한 지위를 점하고 있는지를 설명한다. 이같이 재미있는 논법과 어법을 자유자재로 구사하는 자이한은 강, 원양항해, 기술혁명, 산업화가 역사상 강대국의 출현과 어떻게 연결되어 있는지를 설명한다. 이런 개념들을 가지고 이집트, 영국, 독일 등 전통적인 강대국을 설명한 후 자이한은 미국을 '우연히 등장한 초강대국'이라고 말하고 미국은 강대국이 될 수 있는 조건들을 문자 그대로 '모두' 가지고 있는 나라라고 설명한다. 국내정치적 측면의 지정학은 물론 국제정치적 측면의 지정학에서 세계 최고의 명당자리를 꿰어 찬 미국은 저절로, 자연스레, 그리고 당연히 강대국이 될 수밖에 없는 운명을 가진 나라다. 독일과 같은 나라는 국가가 총동원되어 구축해야 할 기반 시설이 미국에는 저절로 형성되어 있다고 말해도 될 정도였다. 게다가 산업화의 선도 국가이며 민주주의 국가다. 대개의 나라에서 지정학은 무자비하지만 미국은 지정학의 이점을 타고난 나라다.

국가들의 국력 예측에서 도무지 간과할 수 없는 것이 인구통계학적 분석이다. 사실 한국에는 변변한 인구통계학 교과서 한 권 구하기 쉽지 않은 상태다. 자이한의 책 6장은 한국 독자들에게 인구통계학적 분석의 진수를 보여 준다. 미국은 물론 인구통계학적 문제가 전혀 없는 바 아니지만 세계에서 인구통계학적 문제가 가장 적은 나라다. 미국에 도전하는 나라들은 예외 없이 인구통계학적 재앙에 직면해 있다.

21세기 초반 미국의 패권이 앞으로 수백 년 이상 지속될 수 있다는 주장을 결정적으로 뒷받침해 주는 사건은 미국의 셰일 혁명이다. 최근 트럼프 대통령이 미국은 250년 동안 쓸 수 있는 석유와 가스를 가지고 있다고 말했는데, 트럼프 치고는 상당히 소심하게 한 말이다. 최대 500년 정도 쓸 석유를 확보하고 있다고 주장해도 될 정도로 미국은 에너지 문제에서 완전 자급 가능한 나라가 되었다. 미국이 보유하고 있는 채굴 가능한 에너지의 양은 다른 모든 나라들을 합친 것보다도 더 많다. 자이한은 이 책 7장에서 셰일 혁명에 대해 다루고 있는데, 셰일 혁명이 세계 패권국으로서 미국의 지위를 결정적으로 강화시키는 요인이 되고 있음을 설명하고 있다. 미국의 에너지 자급은 미국으로 하여금 국제 문제에 대한 신경과 관심을 점차 줄이게 만드는 요인이 아닐 수 없다.

이 책의 8장 제목은 '다가오는 세계 무질서'인데, 식량과 에너지가 자급되는 미국이 국제 문제에 더 이상 깊이 개입할 이유가 어디 있을까를 생각해 보면 쉽게 이해할 수 있는 제목이다. '미국이 압도적으로 강해진 세상은 더욱 혼란스런 세상이 될 것'이라는 이 책의 부제는 모든 것이 풍족한 미국은 국제정치에 개입할 필요가 없으며, 미국이라는 보안관이 없는 세계는 무질서의 세계, 엉망진창의 세계가 될 것이라는 의미다.

나머지 장들은 세계의 수많은 나라들을 미국에 도전하는 나라, 미국에 협력할 나라 등으로 분류해서 설명하는 장이다. 유럽, 캐나다, 중국을 각각 하나의 장으로 분류해서 그들의 미래를 설명하고 있다. 미국에 대항할수 있을 법한 나라들 대부분이 그럴 수 없을 것이라고 결론 내리고 있는데, 앞에서 설명한 국력의 요인들이 결정적으로 부족하기 때문이다. 특히자이한은 중국을 세계의 미래로 보는 믿음이 허구임을 지리적 여건과 구체적인 인구통계학적 자료들을 제시해서 설명하고 있다. 자이한은 2040년이 되면 중국과 유럽은 다 추락한 나라가 되어 있을 것이고, 미국 사람들은 중국을 한물간 나라로 여길 것이라고 단언한다. 나는 이에 적극 동의하는 편이다. 자이한은 이같이 강한 주장에 대해 정말 자신이 있는 것같다. "세월이 지나면 내가 틀렸다는 게 증명될 거라고? 2040년 여기저기수소문해서 내게 연락해라. 그때 다시 얘기하자. 그때면 내가 65세인데아마 베이비붐 세대 뒷바라지를 하느라고 때늦은 은퇴를 학수고대하고있을 게다. 나를 찾아올 때는 구미가 당기는 술 한 병 사들고 오시길."이라고 말하며 책을 끝낸다.

　나는 2015년 1월 피터 자이한의 이 책을 애제자인 현역 육군 장교 정훈소령에게 소개했다. 소개를 받은 후, 곧바로 미국 아마존에 이 책을 주문해서 읽은 정훈 소령은 이 책을 번역하고 싶다고 말했고 국제정치의 양서들을 연이어 출간하는 김앤김북스에 부탁했다. 그러나 현역 장교의 바쁜일상에서 책을 빨리 번역하기는 어려운 일이었다. 그래서 번역 도중, 역자가 홍지수 선생으로 바뀌었다. 번역자 이름이 두 명으로 되어 있는 이유가 여기 있다. 없는 시간 쪼개가며 책을 붙들고 씨름했던, 대한민국의애국적인 육군 장교 정훈 소령에게 수고했다고 말씀 드린다.

　홍지수 선생은 연대 영문과 출신으로 탁월한 영어를 구사할 뿐 아니라하버드 대학 케네디 행정대학원과 컬럼비아 대학에서 국제관계론을 전공, 석사학위를 두 개나 보유하고 있는 재원이다.『트럼프를 당선시킨 PC

의 정체』는 미국의 최근 정치, 사회 현상을 가장 정확하게 설명한 탁월한 책이다. 책의 저자이기도 한 홍지수 선생은 문장의 통일성을 위해, 이 책을 처음부터 끝까지 다 번역했다. 번역이 결코 쉽지 않은 이 두꺼운 영문 서적을 불과 한 달 만에 한국말로 탁월하게 번역해 놓은 홍지수 선생의 능력과 수고에 찬사를 보내지 않을 수 없다.

국제정치학은 우리나라 국민들에게 필수 과목이 되어야 한다고 생각한다. 최근 국제정치에 대한 한국 국민들의 관심을 높이는 데 일조하는 김앤김북스에도 감사 드린다. 우리나라의 정책 결정을 담당하는 분들, 여론을 형성하는 엘리트들은 물론 많은 국민들이 이 책을 널리 읽고 미국과 중국 국력의 실체를 올바르게 이해함으로써 대한민국의 올바른 국가전략을 수립하는 데 좋은 참고가 되기를 바라며 이 책을 강력히 추천하는 바이다.

2018년 6월

이춘근

| 들어가는 말 |

난 지도만 보면 사족을 못 쓴다. 우리 어머니가 말하기를, 내가 다섯 살 때 우리가 살던 아이오와 주 지도를 펼치더니 우리 동네에 난 도로와 연결된 가장 굵은 도로 선을 짚고, 그 굵은 선을 그 다음으로 가장 굵은 선과 연결해 마침내 지도 가장자리까지 도달하곤 했다고 한다. 내가 미주리 강 건너편에 뭐가 있느냐고 묻는 순간, 어머니는 내가 언젠가는 아이오와를 떠나리라고 예감했다고 한다.

지도상으로 도로를 추적하던 취미는 배낭여행을 하면서 길 찾기로 이어졌고 이는 다시 대학에서 여러 학제를 아우르는 다양한 경험으로 이어졌다. 한국의 토지간척사업과 코카서스의 송유관 건설 계획에서부터 독일 난민 정책, 오스트레일리아 관개시설과 브라질 항만개발까지 닥치는 대로 파고들었다. 한 지역에서는 제대로 먹혀들어간 개발전략이 다른 지역에서는 참사로 끝난 이유를 밝히는 게 목적이었다.

공교롭게도, 대학원을 거의 졸업할 때쯤 되어서야 나는 그런 생각을 해온 사람이 나 하나뿐만이 아니라는 사실을 깨달았다. 그러한 개념만을 다루는 분야가 존재했다.

지정학은 지리적 위치가 미치는 영향을 아우르는 학문이다. 지리적 위치는 여러분이 입는 옷, 먹는 음식, 대출 규모와 서비스, 수명, 자녀 수, 직업의 안정성, 여러분이 속한 국가의 정치 체계의 형태와 느낌, 여러분이 속한 국가가 수행하는 전쟁의 성격, 여러분이 속한 문화가 결국 시간의 흐름을 견뎌내고 살아남을지 여부까지 영향을 미친다. 강, 산맥, 해양, 평원, 사막, 밀림 등의 분포는 인간이 처한 여건과 국가의 성공 여부와 관련된 모든 것에 막대한 영향을 미친다.

물론, 지리가 운명을 결정하지는 않는다. 독일 나치는 지정학에 매료되었지만, 지리학을 정책을 입안하기보다는 이념을 정당화하는 데 이용했다. 그렇게 한 정권은 나치뿐만이 아니다. 18세기와 19세기 내내 유럽 전역의 국가들은 지리가 모든 것을 결정한다는 이론을 자신들이 다른 집단보다 문화적으로, 지적으로 우월하다는 데 이용했다. 지리학자들은 그러한 개념이 매우 인종차별적이라는 점을 깨달았고, 지리의 정치적 함의를 연구하는 학문은 어떤 형태든 대부분—특히 미국에서—폐기되었다.

이는 분명히 빈대 잡자고 초가삼간 태운 격이다. 과거에 세계를 지배했던 팽창 세력이 하나같이 지리적으로 온대지방에 위치해 있었고, 상당 기간 지속된 세력은 모두 강을 근거지로 한 데는 그럴 만한 이유가 있다. 그렇다고 해서 이러한 지역에 거주한 사람들이 우월하거나 더 똑똑하다는 뜻은 아니다. 이러한 지역에서는 자원이 꾸준히 확보되고 경제개발을 가로막는 장애물이 훨씬 적고 바깥으로 세력을 확장하는 데 필요한 경제적 군사적 체계를 갖추게 되었다는 뜻이다. 일단 지리를 출발점으로 해서 이야기가 어떻게 전개되는지 보는 게 좋은 방법이다. 이론을 출발점으로 해서 그 이론을 정당화하는 데 지리를 이용하지 말기 바란다. 이 방법 덕분에 나는 평생 분석가로 활동해왔고, 내가 연구하는 모든 것에 이 방법을 적용해왔다.

그렇기 때문에 종종 마뜩잖은 결론에 도달하게 될 때가 있다. 나 개인의 이념적 성향은 환경보호주의자이자 국제주의자이자 리버테리안(libertarian)이다. 말하자면, 이상주의적 실용주의자로서 지루하고 긴 회의에서는 졸기도 하는 사람이라는 뜻이다. 편집자의 무자비한 펜대에서 살아남은 퉁명스러운 주석 몇 개를 제외하고는 내 개인적 이념은 이 책에 나타나지 않는다. 우리 집에는 태양광 패널이 설치되어 있지만 미래의 세계는 여전히 화석연료가 지배한다고 본다. 나는 자유무역과 서구 안보동맹 체제를 전적으로 지지하며, 이 두 체제 덕에 그동안 이 세상이 평화와 번영의 시대를 구가해왔다고 본다. 그러나 지리를 바탕으로 분석해 보건대, 이 두 체제는 폐기된다는 게 내 생각이다. 나는 작은 정부를 선호한다. 간섭하지 않는 체제가 부와 자유를 빨리 그리고 널리 보급하는 데 기여한다고 믿는다. 그러나 인구학적으로 보면 점점 역동성이 떨어지고 책임 소재가 불분명한 체제를 재정적으로 뒷받침하는 데 내 소득이 점점 더 많이 쓰이게 되리라고 분석한다. 내가 내린 결론이 내 마음에 들어야 할 필요는 없다. 이 책은 '이래야 한다'는 당위를 바탕으로 권고를 하려는 게 목적이 아니다. 앞으로 어떤 일이 일어날지를 예견하는 책이다.

『21세기 미국의 패권과 지정학』은 지리가 주는 장단점이 핵심적인 내용이다. 그러한 특징들이 어떻게 복합적으로 상호작용해서 오늘날 우리가 알고 있는 세상을 만들게 되었는지에 관한 책이다. 그러한 상호작용이 요동치면서 세상이 어떻게 바뀔지를 보여주는 책이다. 저물어가는 한 시대의 끝자락에서 가장 막강한 나라가 새로운 시대에 어떻게 더욱 막강한 나라로 변모하게 될지에 관한 책이다.

책 소개는 이 정도로 하고, 본론으로 들어가보자.

01

우리가
안다고
착각하는
세상

The World
We Think We Know

19 44년 7월 1일, 44개 동맹국과 이들의 식민지에서 온 730명의 대
표단이 미국 뉴햄프셔 주, 브레튼우즈(Bretton Woods)라는 스키
휴양지에 있는 마운트 워싱턴 호텔에 모였다. 바로 2차 세계대전 후 세계
가 맞을 운명을 결정하기 위해서였다. 고위급 금융인, 경제학자, 정부 각
료, 캐나다, 그리스, 뉴질랜드, 페루의 미래 지도자 등을 망라하는 유명 인
사들이 모였다. 그들은 뉴저지 주 애틀랜틱시티에서 야간열차를 타고 이
곳에 도착했는데, 휴양지 시설은 엉망이었다. 수돗물도 공급되지 않는 호
텔 방이 태반이었고, 얼음이나 코카콜라도 모자랐다. 호텔 종업원이 부족
해서 근처에 사는 보이스카우트들이 차출되었다. 이 호텔의 지배인은 위
스키를 상자째 갖고 자기 집무실에 들어앉아 문을 걸어 잠그고 코빼기도
보이지 않았다. 이 회의를 조직한 주최 측과 주요 대표단—거의 3년 동안
머리를 맞대고 이 회의를 준비해온 미국의 해리 덱스터 화이트(Harry
Dexter White)와 영국의 존 메이너드 케인즈(John Maynard Keynes)—이
염두에 두었던 개막일의 모습과는 전혀 딴판이었다.

그러나 시작은 이렇게 불길했지만, 대표단은 화이트와 케인즈가 제시
한 의제 검토에 착수했고 3주에 걸쳐 다자간 협상을 한 끝에 세계은행(the
World Bank), 국제통화기금(the International Monetary Fund), 국제부흥
개발은행(the International Bank for Reconstruction and Development)을
설립하기로 했다. 이 기구들은 전쟁으로 초토화된 유럽을 회생시키고 오
늘날까지 지속되고 있는, 자유무역이 지배하는 세계 경제 체제의 근간을
마련했다.

적어도 역사는 그렇게 기록하고 있다.

두 은행과 기금은—사실상 협상 자체조차도—지엽적인 안건이었다. 브
레튼우즈에서 열린 이 회의에 참석한 이들은 자신들이 미국과 협상을 할
처지가 아니라는 사실을 알고 있었다. 그들은 그저 화이트를 비롯한 미국

인들이 하는 얘기를 경청하러 왔을 뿐이었다. 그리고 그들은 미국인들의 얘기를 듣고 경악했다.

회의 개막 전날 화이트를 비롯한 미국 대표단은 자신들의 입지가 유리하다는 사실을 잘 인식하고 있었다. 미국은 전쟁에서 연합국 진영을 진두지휘하고 있었다. 시실리에서 노르망디에 이르기까지 사실상 미국이 미국 장비와 미국 연료를 가지고 전쟁을 수행하고 있었다. 전선에서도 미국의 군사력이 대부분의 전투를 수행했고, 미군은 다른 모든 연합국과 연합국에 대항한 추축국(독일, 일본, 이탈리아)의 전투인력을 모두 합한 것보다 2배 정도 많았다. 노르망디 상륙작전 같은 대규모 전투 정도가 다국적군의 결의를 보여준 전투라는 찬사를 받았다. 태평양에서 미국은 홀로 고군분투했다. 회의에 참석한 대부분의 대표단에게 미국은 단순한 구세주나 진행 중인 전투를 수행하기 위해 절실히 필요한 지원군이 아니라 미군 자체가 전쟁의 주체였다.

미국 국민의 압도적인 지지를 받고 있던 3선 대통령이자 많은 이들이 4선도 따 놓은 당상이라고 여긴 프랭클린 D. 루즈벨트(Franklin Delano Roosevelt)는 전쟁이 끝난 후 세계가 어떤 모습을 갖추어야 하는지에 대해 논하고 싶다는 뜻을 밝혀왔다. 이러한 사실만으로도 국제사회는 뜨악해 했다. 그때까지만 해도 경제적인 의미에서 "국제적인 체제"는 사실상 존재하지 않았다. 여러 유럽 국가들은 예전의 제국주의 경제 체제를 바탕으로 한 별도의 무역 체제를 유지하고 있었고, 이 체제 하에서 유럽 국가가 지배하는 식민지는 원자재를 공급하고 유럽 국가들은 이러한 원자재로 최종 상품을 생산해 식민지에 판매했다. 유럽 제국들 간에 거래된 무역 품목은 원자재든 특정한 제조 품목이든, 주로 각자의 "폐쇄적" 체제 내에서 조달할 수 없는 상품에 한정되어 있었다. 식민지를 보유한 제국 간 무역은 대부분 제국의 지도자들 사이에서 협상을 중재하는 데 발군의 실력을 발휘한 네덜란드인들처럼 상술이 뛰어난 사람들을 통해 이루어졌다. 개별적인 제국의 무역 활동은 자국의 해군력의 보호 하에 이루어졌다. 국적 상선을 보호하고 경쟁국의 상선들을 약탈하는 데 해군이 동원된 관행은 돛을 달고 노를 저어 항해를 한 관행만큼이나 오래된 관행이었다.

브레튼우즈 회의에 참석한 대표단이 그들이 알고 있는 과거의 체제는 막을 내렸다고 깨닫게 된 것은 바로 이 해군력이라는 요소였다. 그들이 설사 (미국의 도움 덕분에) 추축국으로부터 고국을 수복한다고 해도 해군력이 없었다. 해군력을 구축하기란 한 국가가 경제적으로 가장 번영하는 시기에도 시간과 비용이 막대하게 들어가는 프로젝트다. 따라서 전쟁으로 잿더미가 된 데다 점령까지 당했던 나라는 언감생심 엄두도 못 낼 일이었다. 당시에도, 미래에도 해군력을 재건하기 불가능했기 때문에 회의에 참석한 대표단들은 거의 대부분 무역을 통해 예전의 정상적인 상태를 회복하기란 불가능하다는 사실을 뼈저리게 인식하고 있었다. 그들은 향후 수십 년 동안 그들에게 국가안보나 경제적 번영 또는 두 가지 모두를 누리도록 도와줄 대상이라면 그게 누구든 그 대상의 처분에 따르는 수밖에 없었다.

케인즈를 비롯한 대표단은 예측 불가능한 중요한 변화에 직면하고 있다는 사실을 알았다. 앞으로 닥칠 놀라운 신세계에 관한 한 적어도 한 가지 측면만은 분명히 보였다. 해군력은 오직 하나만 존재하게 되리라는 점이었다. 미국이 뒤늦게 전쟁에 뛰어들기 전에 나치는 영국, 프랑스, 일본을 제외한 세계 모든 나라의 해군을 초토화시킬 역량이 있었다. 게다가 독일군이 프랑스 국적선을 장악하지 못하도록 하기 위해서 영국은 알제리 항구에 정박 중이던 프랑스 함대를 침몰시켰다. 그리고 (러시아는 물론이고) 미국이 독일과 일본을 격퇴하고 나면 자기들은 기껏해야 상선(商船)을 띄우는 데 그치리라는 사실을 믿어 의심치 않았다. 케인즈가 분명히 인식하고 있었듯이, 영국이 여전히 상당한 해군력을 보유한다고 해도 미국 함대에 비교하면 별 볼일이 없다는 사실을 잘 알고 있었다. 영국 영토에 주둔한 미국 지상군의 수가 영국군의 수를 능가하기 전에 이미 드러난 사실이었다. 이와 같이 명명백백하게 기울어진 운동장을 인식한 케인즈는 미국 대표단이 "다른 대표단들은 개의치 않고 자기들의 생각을 밀어붙이려고 한다."라고 기록했다.

미래에 프랑스 대통령(1947-54)이 될 뱅상 오리올(Vincent Auriol)과 총리(1954-55)가 될 피에르 망데 프랑스(Pierre Mendes France)를 비롯한 프랑스 대표단은 독일의 손아귀에서 모국을 구해준 미국에 대해 안도와 감사하는 마음 못지않게 불신과 우려를 품었다. 자국의 운명을 맡겨야 하는 대상이 적이 아니라 우방이기는 했지만, 오리올과 망데 프랑스는 취약한 처지에서 "협상"을 해야 했고, 그래서 아마도 그들은 18세기에 그들의 전임자들이 부지불식간에 만든 괴물이 이제 자신들을 삼키려 한다고 생각했을지도 모른다.

마운트 워싱턴 호텔에는 팽팽한 긴장감이 감돌았는데, 이는 단순히 기온이 높고 차가운 음료가 부족해서만은 아니었다. 오리올과 망데 프랑스를 비롯해 캐나다, 오스트레일리아, 덴마크, 벨기에, 인도, 멕시코, 브라질, 볼리비아, 콜롬비아, 에콰도르, 쿠바, 페루, 도미니카공화국 등에서 온 각국 대표단들은 화이트와 미국 대표단이 과거에 제국들이 늘 써왔던 방식대로 미국이 지배하는 평화 체제, 즉 팍스 아메리카나의 청사진을 공개하리라고 생각했다. 유럽 제국들의 광대한 보유지를 비롯해 유럽 국가들 자체의 영토까지도 미국의 전 세계적인 제국적 체제에 편입시키는 구상 말이다. 소련은 미국이 그렇게 하리라고 예상했고, 과거의 관계에서 미루어볼 때, 유럽과 미국의 입장이 바뀌었다면 유럽 국가들도 틀림없이 미국을 유럽이 지배하는 체제에 편입시키려 했을 게 틀림없었다.

제국적인 구상이든 아니든, 소련의 노보시비르스크(Novosibirsk) 외곽 어느 부근이 아니라 뉴햄프셔 주에서 열린 회의에 각국 대표단이 참석하고 있다는 바로 그 사실 자체가 그들이 누구에게 희망을 걸고 있는지에 대해 시사하는 바가 크다. 화이트와 미국 대표단은 다른 나라 대표단들이 오랫동안 쩔쩔 매도록 내버려두지 않았다. 미국 대표단은 천하무적의 막강한 힘을 지닌 입장에서 우러나오는 인내심과 깍듯하게 정중한 태도로 2단계로 구성된 계획을 제시했다. 미국 대표단이 제시한 첫 단계를 접하고 놀란 각국 대표단은 당혹스런 침묵에 빠졌다. 미국은 미국이 지배하는 평화를 강요할 의도가 전혀 없었다. 미국은 핵심적인 운송과 유통 교점들을 점유할 계획이 없었다. 소득이나 무역이나 재산에 대해 제국으로서 다른 나라에 관세를 부과할 계획도 전혀 없었다. 미국이 제국으로서 새로 확보한 전진기지마다 총독을 파견할 생각도 없었다. 물자가 집중되고 배분되는 기지 설치도, 관세 규제도, 할당량 규제도 할 생각이 없었다.

대신 미국 시장을 개방하겠다고 미국 대표단은 밝혔다. 미국에 상품을 수출하고자 하는 나라라면 누구든 그렇게 해도 된다고 했다. 미국은 전쟁으로 초토화된 유럽이 전쟁의 참화를 겪지 않은 미국 산업계와 경쟁할 처지가 전혀 아니라는 점을 인정했고, 따라서 시장 개방은 대체로 미국이 일방적으로 취하는 정책이었다. 미국은 관세를 인하하는 새로운 세계 체제의 구상을 제시했지만 구체적인 내용은 차후에 협상을 통해 결정하겠다고 했다.

예상했던 바와 전혀 딴판인 첫 단계만으로도 놀라 자빠질 지경인데 두 번째 단계를 접한 유럽 대표단들은 까무러칠 지경에 이르렀다. 미국은 자국 해군력을 동원해 누가 사고파는 화물이든 관계없이 모든 해상무역을 보호하겠다고 제안했다. 미국과 아무 상관없는 제3국끼리의 무역조차도 미국의 막강한 해군력으로 보호하겠다고 했다. 미국은 각국에 부과한 무역 관세로 자국의 곳간을 넘치도록 채워 넣을, 미국이 지배하는 체제는커녕 정반대의 체제를 제시하고 나섰다. 미국이 전적으로 비용을 부담하고 모든 해상 무역을 철저히 보호하는 동시에 인류 역사상 가장 규모가 큰 소비 시장인 미국에 대해 무제한의 접근 기회를 부여했고, 미국이 제시한 이 체제에 동참하는 국가들이 자국의 시장을 미국 상품에 개방하리라는 기대는 크게 하지 않겠다고 했다. 미국은 사실상 회의에 참석한 모든 나라의 경제를 간접적으로 지원하겠다고 약속한 셈이었다.

이게 웬 떡이냐 싶었든지, 아니면 미국 대표단이 더위를 먹어 머리가 어떻게 됐다고 생각했기 때문인지, 유럽 대표단들은 주저하지 않고 미국의 제안에 동의했고 1944년 7월 22일, 마운트 워싱턴 호텔의 골드 룸에서 미국이 제시한 조건을 비준했다. 화이트와 미국 대표단이 원하는 대로된 셈이다. 유럽 대표단들이나 세계가 미국이 제시한 계획을 어떻게 생각하든 이 계획은 미국이 지닌 독특한 장점들을 십분 활용하는 데 바탕을 둔 계획이었다. 미국이 지닌 막강한 힘의 주요 원천인 지리적 위치, 산업, 기술 발전이 복합적으로 작용해 만들어내는 독특한 힘 말이다. 바로 이 힘이 이 책에서 다룰 주제이다.

미국과의 거래

브레튼우즈에서 회의가 열리고 이듬해 제 2차 세계대전은 막을 내렸다. 나치 독일과 일본 제국은 패망했다. 미군은 소련 제국과 인접한 서유럽의 국경을 지켰다. 미국의 원조 덕분에 서유럽이 다시 제 발로 서게 된데는 미국의 원조물자도 한 몫을 했지만, 유럽을 기사회생시킨 결정적인 요인은 미국 시장이 서유럽이 생산한 볼트, 탁자, 자동차 등을 닥치는 대로 사들인 덕분이었다. 유럽을 폐허로 만든 폭탄 세례를 완전히 피해간 미국 경제는 유럽이 과거에 진출했던 그 어떤 시장보다도 드넓었고 유럽은 그런 시장에 접근함으로써 수출을 통해 전쟁 전의 풍요를 되찾았다.

초창기에 브레튼우즈 체제로 미국이 떠안은 부담은 거뜬히 견딜 만했다. 유럽은 폐허가 되었고 미국은 경제적으로 활력이 넘치고 있었다. 묻지도 따지지도 않고 받아들인 유럽 수출품들은 자선 활동보다 약간 더 강도가 높은 시혜일 뿐이었다. 그러나 유럽이 경제를 회복하면서 미국이 안는 부담도 커졌다. 그리고 이는 시작에 불과했다. 미국은 브레튼우즈에서 타결한 협상의 적용대상을 동맹국들에 국한하지 않았다. 협정 내용은 회의에 참석하지 않은 국가들, 즉 식민지였던 신생독립국들, 패전국들, 그리고 한때 앙숙이었던 경쟁국들에게까지 점차적으로 확대 적용되었다.

브레튼우즈 체제에 편승하는 국가가 늘어나면서 미국이 감당해야 할 비용도 늘어났다. 냉전은 종식되고 전 세계의 경제적 정치적 지향성이 바뀌었다. 브레튼우즈 체제의 유지비용은 점점 증가하고, 세월이 흐르면서 이 체제가 적용되는 지역도 계속 확장되어 마침내 거의 전 세계가 미국이 보장하는 네트워크에 편입되었다. 사실 브레튼우즈 협정은 일본과 한국에서 경제성장의 기적을 일으키고, 유럽경제공동체와 그 후신인 유럽연합을 구축하고, 중국을 세계 무대에 등장시키고, 미국의 무역적자라는 통계상의 괴물을 만들어낸 일등 공신이다.

그러나 여전히 풀리지 않는 의문이 많이 남아 있다. 미국이 이전의 주요 강대국들이 그러했듯이 보다 직접적으로 세계를 주도하는 역할을 맡는 대신 역사적 선례를 거스르고 이러한 체제를 제안한 이유가 뭘까? 애초에 어쩌다가 미국은 그런 거래를 할 만큼 거대해질 수 있었을까? 단도직입적으로 말해서 미국이 그런 엄청난 경제적 불이익을 감수하고 그런 거래를 제안한 이유가 뭘까? 경제적으로 불이익을 보는데도 불구하고 미국이 여전히 이 거래를 계속하는 이유는 뭘까? 제 2차 세계대전이 끝난 지 70년이 지났는데도 말이다. 마지막으로 미국이 경제적 불이익을 감수하더라도 현재 세계의 작동을 가능케 하는 이 체제를 유지해야 한다는 사명감을 미국은 얼마나 강하게 느끼고 있을까?

이러한 의문들이 오늘날 세계의 틀을 구성하고 있다. 이 책은 이러한 의문에 대한 해답을 모색하고 그 해답이 만들어갈 미래를 그려보는 작업이다.

케인즈를 비롯해 유럽의 대표단들은 1944년 7월, 세상이 천지개벽하고 위태롭다고 느꼈을지 모르겠지만, 그로부터 수십 년이 지난 지금, 당시에 구축된 세계 체제는 거의 변하지 않았다는 사실이 놀라울 따름이다. 브레튼우즈 협정 당시 미국은 세계 GDP의 4분의 1을 생산했는데, 이는 2014년에도 그대로다. 브레튼우즈 협정 당시 미국은 세계 국방비의 거의 절반을 차지했는데, 이 역시 2014년 현재 그대로다. 브레튼우즈 협정 당시 미국의 군사력은 세계 해군 함정의 절반을 좌우했는데, 이 역시 2014년에도 변함이 없다. 브레튼우즈 협정 당시 미국은 그 이전 80년 동안 한 번도 거르지 않고 십 년 단위로 경제 규모가 확대된 유일한 국가였고, 그 이후 70년을 보태 150년 동안 그 기록을 이어나가고 있다. 제 2차 세계대전이 야기한 참화로 미국은 세계에서 두 번째로 오랜 기간 동안 중단 없이 정부를 구성한 나라가 되었고 2014년 현재 여전히 이 기록을 유지하고 있다.[1] 브레튼우즈 협정 당시 미국은 한 세기 동안 자국 영토가 외국 군대의 군홧발에 짓밟히지 않은 유일한 나라였고, 이 기록은 오늘날까지도 여전히 깨지지 않고 있다.

아마도 이 글을 읽는 독자들은 대부분 미국이 세운 이 기록이 얼마나 강건하고 깨지기 힘든지 잘 깨닫지 못할지도 모르겠다. 미국의 전성기는 저물고 있다는, 오늘날 널리 퍼진 통상적인 인식과 미국이 보유하고 있는 이 기록이 어떻게 조화될 수 있는지 궁금해 하는 분들도 있을지 모른다. 그 통상적인 인식은 단순히 틀리는 데서 그치지 않는다. 비웃음을 살 만한 인식이다. 2014년 현재 우리는 미국의 막강한 힘이 사양길에 접어들기 시작하는 광경이 아니라 그 힘이 부상하는 서막이 마무리되는 광경을 목격하고 있다. 사실상 1944년에 브레튼우즈에 모였던 대표단이 한 경험 못지않게 심오한 국제 질서의 변화를 맞이하고 있다. 브레튼우즈 협정으로 구축된 자유무역 시대는 돌연 종말을 향해 가고 있다. 그러나 이를 대체할 큰 그림도, 음모도 존재하지 않는다. 우리 재량 밖에 있는 요인들은 우리가 안다고 착각하는 세상을 무너뜨리고 있을 뿐만 아니라 그 자리에 새로운 세상을 아무렇게나 구축하고 있다.

이 책은 네 부분으로 구성되어 있다. 2장부터 4장까지로 이루어진 첫 부분에서는 지리적 위치가 국가들 간에 상호작용하는 데 어떤 영향을 미치는지에 대해 살펴보겠다. 특히 특정 국가가 다른 국가보다 더 막강해지는 이유와 궁극적으로 미국이 다른 나라들보다 훨씬 막강한 이유를 집중적으로 분석해보겠다. 두 번째 부분을 구성하는 3장에서 7장까지에서는 현재의 시점을 파고들어서—각각 독립적으로—동시에 부상하고 있는 추세들을 하나하나 살펴보도록 하겠다. 이러한 추세들은 모두 임계점을 이미 한참 넘어섰고, 이제 돌이키기가 불가능하며 우발적이기까지 하다. 새로운 맥락에서 브레튼우즈 협정을 되짚어보고 동시에 전 세계의 인구 구조 변화라는 시한폭탄과 중요한 국제적 요인으로서 셰일(Shale) 산업의 부상도 다루도록 하겠다.

이 책의 나머지 부분에서는 미래를 예견해보도록 하겠다. 8장부터 10장까지는 2030년까지의 미래를 내다보면서 새로 부상할 세계의 모습을 탐색해보겠다. 대대적으로 수정된 미국의 동맹 체제가 어떤 모습을 띠게 되며, 어떤 나라가 공격적인 주요 강대국으로 부상할지에 대해 예측해보겠다. 마지막으로 미래에 닥칠 다섯 가지 위기와 근본적으로 변한 새로운 시대에 닥칠 주요 위협과 헤쳐 나가야 할 시련에 대해 언급하면서 이 책을 마무리하겠다.

일단 지금은 우리가 알고 있는 세상이 지금 이 모습을 갖추게 된 이유에 집중하자. 이를 알아내기 위해 주로 쓰이는 수단이 바로 지리적 위치의 중요성을 연구하는 지정학이다. 인간들 간의 상호 작용이 각각 강 유역과 산악 지대에서 어떻게 달리 나타나는지, 이러한 차이는 부, 문화, 군사전략을 어떻게 다변화시키는지를 연구하는 학문이다. 지정학은 (우리가 바라고 느끼고 추구하는) 이념적, 감성적, 규범적 요소들을 모두 걷어내고 오직 실재하는 요소만을 다룬다.

그러면 결국은 가장 기본적인 세 가지 지리적 요소들로 귀결된다.

첫째는 운송의 균형(balance of transport)이다. 국가 형성에 성공한 나라들은 자국 영토 내에서 손쉽게 인간과 물자를 실어 나른다. 이집트에는 나일 강이, 프랑스에는 센 강과 루아르 강이 그 역할을 했고, 로마 제국과 잉카 제국은 도로를 닦았다. 이동이 손쉬우면 국내 교역과 경제 발전이 활발해진다. 교역이 활발해지면 지역마다 특정 산업에 특화하게 되고 부가가치가 창출되며, 그 결과 지역 소득이 증가하고 창출된 자본은 학교와 시설 건축에서부터 해군 운용에 이르기까지 전천후로 쓰이게 된다. 이와 같이 끊임없는 상호 연결고리는 사람들이 결속되어 하나의 국가를 형성하는 데 가장 중요한 요인이다. 이러한 공통적인 이해관계는 정치적 문화적 통일체를 형성하는 근간이 된다. 극소수 아주 예외적인 경우를 제외하고는 인류 역사상 성공적으로 구축된 문화권은 하나같이 지역 내에서 활발한 경제교류가 밑바탕이 되었고, 이러한 경제교류는 예외 없이 손쉬운 운송수단이 가능케 했다.

그러나 내가 이를 운송능력의 "균형"이라고 한 점에 주목하기 바란다. 장기적으로 성공하려면 단순히 경제적 역동성만으로는 부족하다. 국가를 방어할 능력도 갖추어야 한다. 국내 교역이 활성화되려면—평원과 평원이 강으로 이어지는—지리적인 이점도 갖추어야 하지만, 인접 국가가 탱크를 당신의 앞마당에 떡하니 들여놓을 수 있다면 국내 교역망이 아무리 발달해봐야 말짱 헛일이다. 사막이나 산악 지대는 국경 역할을 톡톡히 한다. 바다라면 더 좋다. 바로 이러한 균형—국내에서는 운송이 손쉽지만 국경 너머로는 운송이 만만치 않은 여건—이 바로 국가를 구축하는 데 성공하는 비결이다.

두 번째 요인은 원양 항해(deepwater navigation)로 알려진 복합적인 기술의 혜택을 누릴 능력이 있는 나라인지 여부다. 여기에는 휴대가 간편한 나침반에서부터 대포에 이르기까지 모든 기술이 포함된다. 여러 가지 면에서 원양 항해는 운송 균형의 연장선상에 있다. 이 일련의 기술은 항해사들이 뭍이 시야를 벗어났을 때 자신의 위치를 파악하도록 해줄 뿐만 아니라 화물과 선원들이 천재(天災)와 인재(人災)를 극복하고 무사히 목적지에 도착하게끔 든든한 기술적 뒷받침을 해준다. 경제적인 면에서 볼 때, 원양 항해 기술을 이용해 국가는 지역 경제를 세계적 차원으로 확장하고 부를 축적할 기회를 파격적으로 늘리게 된다. 군사적으로 볼 때, 원양에서 활동이 가능한 나라는 자국 연안에서 한참 멀리 떨어진 지역에서 국가 안보를 위협하는 요인을 차단할 수 있다.

셋째, 산업화(industrialization)로 알려진 기술들의 조합이다. 조립공정, 상호 대체 가능한 부품들, 증기기관 등등이다. 원양 항해 기술이 운송의 균형을 세계적 규모로 확장했다면, 산업화는 이러한 확장을 몇 배로 증폭시켰다. 산업화는 기계를 이용해 노동력의 생산성을 높이는 동시에 생산을 풍력이나 수력이 아니라 석탄과 석유 같은 고출력 에너지 형태와 연결시켰다. 이러한 변화 덕분에 경제적 산출량은 몇 배로 증가했다. 산업화 덕분에 기술적으로 암흑시대에 묶여 있었던 방대한 지역들이 돌연 경제적으로 발전하게 되었다. 이것이 바로 브라질, 러시아, 인도 같은 나라들이 부상하게 된 궁극적인 원인이다.

이 세 가지 요인—운송의 균형, 원양 항해, 산업화—모두에서 미국은 자국에 적용하기에 최적의 지리적 이점을 누리고 있다. 여기서 두 가지 사실이 두드러진다. 첫째, 미국이 지닌 힘의 근원은 어떤 특정한 계획이나 이념이 아니라 지리적 위치에서 비롯되었으므로, 미국은 우연히 힘 있는 나라가 되었다고 본다. 우발적이라고까지도 하겠다.

둘째, 현대의 세계를 만든 각각의 기술들 가운데 그 어느 하나도 미국에서 탄생하지 않았다. 따라서 이 세 가지 요인이 등장하고, 중요성을 띠고, 인간이 처한 여건을 지배하게 된 경위와 이유를 알려면 다른 나라들과 다른 시대로 눈을 돌릴 필요가 있다. 그러고 나서야 비로소 이러한 기술들이 세계 그 어떤 지역보다 미국에 유리하게 작용한 이유와 과정을 탐색할 준비를 갖추게 된다.

우선 첫 번째 개념—운송의 균형—을 파악하려면 시간을 거슬러 올라가야 한다.

아주 오래전, 겁나게 머나먼 과거로.

호랑이가 끽연(喫煙)하던 아주 아득한 옛날로.

02

이집트:
이리저리
이동하는
기술

Egypt: The Art of
Getting from Here to There

이 리저리 옮겨 다니기는 어렵다. 무척 어렵다. 수로에서 육로로 다시 수로로 화물을 운반하느라 배나 카누의 노를 저어본 사람이라면 누구든지 육로보다 수로로 화물을 운반하는 게 훨씬 쉽다고 (아마도 열성적으로) 말한다. 그런데 여러분은 어느 정도나 훨씬 쉬운지 생각해본 적이 있는가? 미국 동부 해안 지역에 사는 미국인들이 이해할 만한 상황을 설정해 설명을 해보겠다.

한계를 지닌 지리적 여건

농부 스미스 씨를 소개한다. 19세기 초 스미스는 뉴욕 주 북부지역에 규모는 작지만 생산성이 높은 사과 과수원을 소유하고 있었다. 해마다 가을이면 그는 토바이어스(Tobias)라고 불리는 말 등에 250파운드 무게의 사과를 싣고 뉴욕 북부에 난 구불구불 굽이치는 길을 따라 장터로 향했다. 그런 지형을 따라 토바이어스가 운송할 수 있는 최대 무게였다. 스미스의 사과는 인기가 높았다. 그는 사과를 판 돈을 모아 사과나무를 더 심었다. 몇 년 만에 스미스는 수확한 사과를 실어 나를 수레를 마련하게 되었고, 토바이어스는 한 번에 2천 파운드에 달하는 사과를 수레에 실어 나르게 되었다. 해마다 날씨가 도와준 덕택에 스미스의 사과는 꾸준히 팔렸다. 스미스는 번 돈으로 땅을 더 사들였고 사과나무를 더 많이 심었다. 1825년 가을 무렵, 스미스에게 운이 찾아왔다. 기다리고 기다리던 이리 운하(Erie Canal)가 마침내 완공되어 가동되기 시작했다. 토바이어스는 이미 오래전에 은퇴해 풀을 뜯으며 유유자적하고 있었으므로, 스미스는 올버니(Albany)에서 새로 장만한 말 제디다이어(Jedediah)를 임대한 거룻배에 묶었다. 제디다이어는 한쪽 끝에서 반대편 끝까지 뉴욕 주를 가로질러 버펄로까지 30톤의 사과를 실어 날랐다. 버펄로는 이리 운하가 끝나고 이리 호수가 시작되는 지점이었다. 이리 호수의 수로 덕분에 스미스는 디트로이트처럼 멀리 떨어진 지역에서까지 사과를 팔게 되었다.

스미스의 사례에서 소개한 화물 운송량의 비율은 그로부터 거의 2세기가 지난 지금도 거의 변하지 않았다. 변한 것이라고는 기껏해야 띄어 쓰던 "마 력(horse power)"이 "마력(horsepower)"으로 바뀌었다는 사실뿐이다. 오늘날 화물선은 컨테이너-마일(container-mile)당 순 비용 17센트면 화물을 운송할 수 있는데, 세미-트레일러(semi-trailer) 트럭의 경우 순 비용이 2달러 40센트가 드는 거에 비하면 훨씬 저렴하다. 두 경우 모두 운영비와 운송수단 비용이 포함된 비용이다. 그러나 이렇게 현격한 차이가 나는 비용조차도 미국식의 다차선 고속도로에 접근할 수 있다는 조건을 전제로 계산한 비용이다. 이런 조건은 지구상의 지역 95퍼센트에서 존재하지 않는 조건이다. 이러한 비용의 차이는 또한 육로로 운송되는 화물은 다른 자동차보다 훨씬 효율적인 세미-트레일러 트럭으로 운송된다는 전제를 하고 있다. 독자 여러분께 이 책을 배달한 택배회사 UPS 트럭 같은 자동차 말이다. 여러분이 가족용으로 쓰는 자동차는 무시하고 계산한 비용이다. 게다가 운송수단 자체의 가격과 유지비용도 고려하지 않은 운송 비용이다. 예컨대, 미국에서 주와 주를 연결하는 고속도로망은 미국 도로에서 자동차들이 달린 총 마일리지로 계산한 교통량의 4분의 1에 지나지 않으며, 연간 유지비용은 1,600억 달러가 든다. 이와 비교해볼 때 2014년에 육군공병(Army Corps of Engineers)이 미국의 모든 수로를 유지하는 데 책정한 예산은 겨우 27억 달러에 불과했고, 해상운항은 유지비용이 없다. 자동차 관련 비용—미국인들이 연간 자동차보험에 지출하는 1,000억 달러에서부터 미국 전역에 있는 11만 개에 달하는 주유소 건설에 든 1,300억 달러, 자동차를 제조하거나 운행 중인 자동차에 정비 서비스를 제공하기 위해 필요한 전 세계적 공급망에 이르기까지—을 포함하면 육로와 수로 운송비의 비율은 인구밀도가 높은 평원지역의 경우 40대 1 에서 인구가 희박한 고지대의 경우 70대 1까지 격차가 벌어진다.

값싸고 손쉬운 운송 수단이 지닌 이점은 두 가지다. 첫째, 당신이 돈을 많이 벌게 된다. 값싼 운송수단을 이용하면 수익성이 높은 시장을 찾아 더 먼 지역까지 상품을 보낼 수 있다. 역사적으로 보면 이는 자본을 창출 하는 주요 수단이었을 뿐만 아니라 정부의 정책이나 한때를 풍미하고 사 라지는 경제적 열풍이 무엇이든 영향을 받지 않고 온전히 독자적으로 돈 을 벌 수 있는 방법이기도 했다. 원유, 곡물, 사람, 상품 등에 통용되었다. 기업 전문용어로 말하자면 마르지 않는 화수분이라고 할 수 있다. 둘째, 화물과 사람을 운송하기 쉬우면 수요가 늘어난다. 값싼 수로 운송수단이 있으면 그 운송 체제에 이해관계가 걸린 다른 사람들이 무엇에 관심이 있 고 어떤 근심거리가 있는지 접하게 되고 수로망에 관계된 모든 사람이 서 로를 (문자 그대로) 한 배를 탄 공동운명체로 여기게 된다. 이러한 끊임없 는 상호 교류를 통해 국가는 정체성을 확립하고 하나의 정치체로서의 결 속력을 공고히 하게 된다. 수로 망이 발달하지 않은 지리적 특징을 지닌 지역에서는 나타나지 않는 현상이다.

근대 이전까지만 해도 한 사람이 아는 세상은 꽤 작았다. 이는 단순한 물리학의 문제였다. 바퀴 덕분에 육로 이동이 쉬워졌지만 물건들을 수레 에 실어 끝없이 펼쳐진 대지를 가로질러 운반하려면 엄청난 에너지가 필 요했다. 많은 에너지가 필요했기 때문에 사람들은 음식을 구하기 위해 몇 마일 이상은 나가지 않았다. 음식을 운반하느라 하루 종일 애쓴 사람은 누구든지 경작하는 일에는 관여하지 않았다. 거의 모든 일을 육체노동으 로 감당해야 했기 때문에 한 농가에서 여분으로 생산할 수 있는 식량의 양은 매우 적었다. 냉장 기술과 방부제가 발명되기 이전 시대에는 식량을 몇 마일 이상 옮긴다는 게 헛수고였다. 군대조차도 자체적으로 관리하는 공급망을 18세기에 가서야 갖추게 되었다. 그때까지 군대는 보급품을 조달하기 위해 이방인들의 호의에 의존하거나 방어능력이 없는 이방인들을 약탈해야 했다.

이러한 이유로 도시의 규모는 작았다. 아주 작았다. 1600년대 초 산업시대가 막 동트기 시작할 때까지만 해도 우리가 대도시라고 여기는 세계적인 도시들—뉴욕, 런던, 파리, 베를린, 로마, 도쿄, 상하이—의 크기는 8제곱 마일을 넘지 않았다. 한 변이 3마일을 넘지 않는 정사각형 정도의 크기다. 사람이 무거운 짐을 지고 운반하는 데 두 시간 걸리는 거리였다. 오늘날 대부분의 공항보다 훨씬 작은 규모다. 당시 도시들이 이보다 컸다면 사람들이 집까지 식량을 실어 나르고 나면 다른 일을 할 시간이 없었을지 모른다. 도시 주변의 농장들은 평화로운 시기에조차도 도시 거주자들이 굶어죽지 않을 만큼 여분의 식량을 생산하지 못했을지 모른다. 행정업무도 마찬가지다. 징세 공무원, 경찰, 환경미화원이 자기가 맡은 구역을 효과적으로 관리하기가 물리적으로 불가능했을 테고, 그러면 정부도, 행정 서비스도, 외부 세상의 위험으로부터 민간인들을 보호할 능력도 갖추지 못했을지 모른다. 이러한 자연적인 한계 이상으로 도시의 규모를 키우려한 문화권은 기근과 콜레라에 시달렸고, 오래 지나지 않아 다시 8제곱 마일 규모로 되돌아갔다.

도시의 규모가 이처럼 작았기 때문에 우리가 근대 세계라고 알고 있는 세상을 구축하는 데 수천 년이 걸렸다. 먹고 살려면 거의 인구 전체가 식량을 생산하는 농업에 매달려야 했다. 정착생활을 하지 않은 (역사적으로 야만인이라고 불리는) 소수가 하루 종일 식량을 경작하지 않고도 먹을 것을 구할 방법을 생각해냈다. 바로 남의 식량을 약탈하는 방법이었다. 농부들이 살아남을 수 있는 유일한 방법은 자기들 가운데 일부가 군인이 되어야만인들로부터 식량을 지키든가 공학자가 되어 방어 체계를 구축하는 방법뿐이었다. 그렇다고 해도 농사에 관여하지 않는 사람들도 여전히 먹고 살아야 했다. 대부분의 지역에서 배불리 먹을 식량을 생산하는 동시에 약탈당하지 않도록 방어 체계도 구축하는 데 적정한 균형점을 찾기란 쉽지 않았다. 도시화—당시 시대 상황을 고려할 때, 몇몇 가구가 서로 가까이 오두막집을 지으면 도시로 여겨졌다—된 지역은 드물고 임시방편이었으며 세계 인구 규모는 오랫동안 아주 낮은 수준에 머물렀다. 역사학자들은 이 시대를 뭐라고 이름 지을지 갑론을박하는데, "문명화 이전(precivilized)"이라는 용어가 대세인 듯하다. 나는 이 시대를 단도직입적으로 이렇게 칭한다. 살기 고달팠던 시기.

첫째도, 둘째도, 셋째도 지리적 위치

그런데 대략 8000년 전 변화가 일어나기 시작했다. 기원전 6000년 무렵, 몇몇 부족들이 오늘날의 수단이 위치한 사바나 기후지역을 벗어나 나일 강 범람원(floodplain)으로 이주했다. 쉽게 내린 결정이 아니었다. 당시에 농사를 지었던 모든 정착지들에서 농경생활은 수렵채집 생활을 보완하는 방편이었다. 농경생활이 주가 아니었다. 사바나 지역의 드넓은 평원에는 사냥감이 넘쳤고 과일, 견과류, 구근류가 풍족했다. 이와는 대조적으로 나일 강 하류 지역은 사막을 관통하고 있었다. 초원 지대의 최대 너비는 범람원 너비—기껏해야 마일로 한 자릿수—를 넘지 않았고 우기에는 인간을 비롯해 동물들의 생명을 지탱해줄 다 자란 식물들이 모두 씻겨 내려갔다. 홍수가 휩쓸고 지나간 뒤에는 진흙투성이의 불모지로 변했고 이는 다시 뜨거운 열기에 바싹 마르고 갈라졌다. 나일 강 유역을 곡창 지대로 변모시키기 위해서 수세기에 걸쳐 사람들은 건기에 쓸 물을 저장하고, 또 해마다 홍수가 난 뒤에는 토양이 씻겨 내려간 경작지를 객토하느라 등골이 휘게 노동을 해야 했다.

그렇지만 나일 강 하류에 정착한 초기 정착민들은 힘든 노동에 보상을 받았다. 나일 강은 지구상에서 거의 유일하게 두 가지 혜택을 안겨주었다. 첫째, 비옥한 토양과 안정적인 물 공급과 같이 농사에 필수적인 조건이 완벽하게 갖추어졌다. 막강한 나일 문명을 일으킨 원동력은 사막에 가뭄에 콩 나듯 내리는 비가 아니라 에티오피아 고지대에서 주기적으로 쏟아져 내려오는 급류와 아프리카 대호수들의 범람이었다. 계절적인 홍수로 씻겨 내려오는 토양의 자양분은 강기슭 바깥에서 얻을 수 있는 양보다 훨씬 많았다. 나일 강은 해마다 일정한 주기를 두고 물을 충분히 공급했기 때문에 심한 가뭄은 말 그대로 가뭄에 콩 나듯 발생했다.

어쩌면 이보다 훨씬 중요한 요인은 두 번째 요인인지도 모른다. 나일 강 하류 지역은 안전했다. 나일 범람원의 능선에 올라서면 사방으로 천 마일까지 시야에 들어왔고 어느 방향에서 보나 경관은 똑같았다. 사막이 끝없이 펼쳐졌다. 운송 기술로 치면 인간이 감당할 수 있는 분량의 짐이 한계였던 당시 상황에서 보면 적대적인 세력—사자든 야만인이든—이 사막을 건너 나일 강 하류 지역까지 도달하기는 불가능했다. 사람이 생존 가능할 만큼 충분한 물이 있고 외부세력으로부터 안전한 여건에서 번성할 수 있는 지역은 세상에 몇 군데밖에 없었다. 나일 강 유역은 바로 그 가운데 한 지역이었다.

이러한 요인들—비옥한 토양, 지역 강우량으로부터 독립적인(따라서 훨씬 안정적인) 물 공급, 외부세력의 침략으로부터 안전한 여건—이 복합적으로 작용해서 식량의 잉여생산이 가능했을 뿐만 아니라 방어에 전념할 상비군을 설치하고도 노동력이 남아돌았다. 이러한 잉여 노동력은 관개

시설을 확장하고(식량의 잉여생산 분을 더 늘리고), 군대를 양성하고(인접한 도시와 그 도시의 식량생산 능력을 접수하고), 도시를 둘러싸는 장벽을 건설하는 데 동원되거나(안보를 더욱 튼튼히 함으로써 안보에 할당된 인력을 줄이고 식량생산에 이러한 잉여 노동력을 더 투입하고), 야금술에서부터 책 저술에 이르기까지 문명이 발달하는 데 필요한 모든 활동에 동원되었다. 간단히 말해서 특정한 유형의 지리적 위치 덕분에 이집트 문명의 발상은 거의 따 놓은 당상이었다.

그 이후 2000년에 걸쳐, 소규모 부족 중심으로 정착 농경생활을 하던 이들은 일련의 도시국가들로 통합되어 서로를 방어해주게 되었고, 나일 강에서 발생하는 문제들을 해결하는 데 보다 효율적으로 노동력을 투입하게 되었다. 노동력을 고도로 조직화하고 특화하면서 기원전 3600년에는 구리를 발견해 돌파구가 마련되었다. 구리라고 하면 별 볼일 없다고 생각할지 모르지만 인간은 일단 금속을 제련하고 주조하는 방법을 터득하자 나무와 돌로 만든 도구들을 금속으로 대체했고, 노동자—그리고 농부—한 사람 한 사람의 생산성은 폭발적으로 증가했다. 그 결과 인구가 증가하면서 더 큰 규모의 도시들이 더 많이 생겨났고, 더 크고 복잡한 정치 체제가 등장했다. 동맹을 맺은 도시국가들은 여러 왕국으로 통합되었고 왕국들끼리 서로 우위를 차지하려고 다투었다. 기원전 3150년 무렵 지중해 연안과 오늘날 아스완 시가 위치한 지역 사이에 있는 나일 강 유역의 쓸모 있는 영토들은 몽땅 단일한 정부의 지배 하에 들어갔다. 막강한 권력을 행사한 이집트 파라오 시대가 개막되었다.

고대 문명이 탄생한, 사막 끝자락에 위치한 강기슭 지역은 나일 강 유역뿐만이 아니었다. 메소포타미아 하류와 인더스 강 하류 지역도 나일 강 유역과 비슷한 지리적 특성을 띠고 있고, 따라서 나일 강 유역에서 문명이 발생한 이유와 비슷한 이유로 그와 유사한 문명이 태동했다. 그러나 문자와 도로 건설과 같은 기술적 측면에서 뿐만 아니라 보다 규모가 크고 복잡한 통치 체제로 정치적인 조직화를 이루었다는 점에서는 고대 문명 발상지 가운데 나일 문명이 유일하다. 이집트는 또한 가장 오랜 기간 동안 지속된 고대 문명으로서 동시대 다른 고대 문명들보다 2000년 더 오래 유지되었다.

이집트의 성공 비결은 뭘까? 이집트는 여러 세력을 통합한 반면 다른 문명권은 분산된 상태에 머물러 있었던 까닭은 무엇일까? 이집트 문명은 거기서 파생된 여러 다른 문명들보다 훨씬 오랫동안 지속되었는데 어떻게 가능했을까?

이 의문에 대한 답을 찾으려면 처음에 언급한 운송의 균형 원칙으로 되돌아가게 된다. 운송은 만만한 일이 아니다.

이집트: 목적지에 도달하는 게 가장 힘들다

이집트 주변을 둘러싼 완충 지대는 메소포타미아와 인더스 강 유역보다 월등히 뛰어났다. 티그리스 강과 유프라테스 강은 둘 다 (아시아 대륙 남부에서 발칸반도에 이르는 지역으로서 고대에 '소아시아'라고 불린) 아나톨리아 고원 지대에서 시작되지만, 자그로스 산 위에서 보면 티그리스 강은 시야를 벗어나는 경우가 드물다. 산악 지대에서 물건을 운반하기는 어려울지 모르지만 대부분의 산악 지대는 공기에서 수분을 얻을 수 있을 만큼 고도가 충분히 높다. 비가 내리는 지역에서는 식량을 얻을 수 있다. 심지어 농사도 지을 수 있다. 아나톨리아 고원 지대와 자그로스 산악 지대에는 인류 역사가 기록되기 시작한 시점만큼이나 오래전부터 인간이 거주했다. 인더스 강의 경우, 상류에 위치한 지류들은 갠지스 강 유역과 직접 연결되어 있기 때문에 그보다 훨씬 넓은 강기슭과 정기적으로 접촉할 수 있었다. 주변에 사막이 있어서 메소포타미아와 인더스 지역에의 접근을 여러 방향에서 차단했지만 모든 방향에서 차단하지는 못했다. 이 두 지역의 지리적인 위치는 문명을 탄생시킬 만큼 외부의 침략으로부터 안전했지만 외부의 세력이 접근하기가 불가능하지는 않았고, 따라서 이집트처럼 여러 세력이 통합할 시간적 여유가 없었다.

이와는 대조적으로 이집트의 경계는 다른 고대 문명들과는 달리 아주 독특하다. 서쪽으로는 나일 삼각주의 서쪽 변방에서부터 유목생활을 하지 않는 인구의 삶을 뒷받침할 만큼 충분한 양의 비가 정기적으로 내리는 지역(오늘날의 리비아 벵가지 지역)까지 600마일에 달했다. 건조하고 뜨거운 허허벌판이 600마일 이어진다면 이를 가로질러 약탈을 하기는 무리다. 동쪽으로부터의 육로를 통한 침략이 가능성이 더 높긴 하지만 확률은 그다지 높지 않다. 시나이 반도는 성경에 묘사된 바와 마찬가지로 인간이 살기에 척박하고 삼각주와 요르단 강기슭 사이에 놓인 300마일에 달하는 지역은 오늘날까지도 난공불락의 장애물이다. 남쪽에서부터 접근하기는 훨씬 용이해 보인다. 사막을 터벅터벅 걸어서 가로지르기보다는 나일 강을 따라 접근하는 게 훨씬 힘이 덜 든다. 그러나 남쪽에서부터 강을 거슬러 올라감에 따라 나일 강기슭이 좁아지기 때문에—곳곳에 깎아지른 협곡도 있고 설상가상으로 급류(해당 지역에서는 이를 폭포(cataracts)라고 일컫는다)를 만나기도 한다—장장 900마일에 달하는 굽이치는 경로를 거슬러 올라가야 비로소 어느 정도 인간이 살 수 있는 지리적 위치와 기후(오늘날의 수단 카르툼 지역)에 도달하게 된다. 이 경로를 따라 여러 군데에 방어 체제를 구축하기는 매우 쉽다.

다시 말해서 이집트에 도달하려면 크게 단단히 마음을 먹어야 한다는 뜻이다.

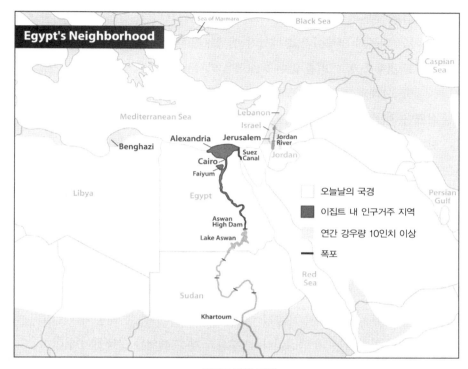

이집트 주변 지역

    그러나 이집트 내에서는 상황이 완전히 딴판이다.

    이집트 내에서 나일 강이 하는 역할은 두 가지다. 첫째는 너무나도 자명한 역할인데, 바로 식량의 대량 생산을 가능케 하는 역할이다. 강 주변에서 시야에 들어오는 땅은 모조리 경작지로서 고대뿐만 아니라 고전 시대, 중세, 심지어 산업화 시대 초기까지를 통틀어 그 어떤 지역보다도 잉여 식량을 꾸준히 생산해낸 지역이다. 이러한 잉여생산 식량 덕분에 인류 역사의 거의 전 시대를 통틀어(오늘날의 방글라데시를 제외하고) 가장 인구 밀도가 높은 지역이 탄생했다.

이집트 주변의 사막이 완충 지대 역할을 하는데다가, 명실상부한 침략이 아닌 외부의 영향이라고 해봤자 이집트의 대규모 인구에 희석되어서 이집트 정부는 별 어려움 없이 통제력을 발휘했다.

　　둘째, 고대의 기준으로 볼 때 이집트 내륙 지방에서는 이동하기가 아주 쉬웠다. 아스완 하구부터 기슭은 평지이고, 건기에 강은 유속이 아주 느린 호수로 변한다. 수위가 변하지 않기 때문에 하구를 따라 이동하려면 자욱한 안개를 헤치면서 한참을 가야 한다. 그러나 이집트에서는 북쪽에서 남쪽으로 바람이 불기 때문에 강 상류로 거슬러 올라가기가 순탄하다. 나일 강 유역에서 강기슭을 따라 오가는 운송 체계는 티그리스, 유프라테스, 인더스 강이—급류가 흐르고 강우량이 일정하지 않으며 바람의 도움도 받기 힘들고 도처에 모래톱이 산재해 있기 때문에—절대 넘보지 못할 방식이다.

　　특정 지역 내부에서의 운송과 내부와 외부를 넘나드는 운송이 난이도에서 차이가 난다는 게 핵심이다. 외부와의 운송 체계를 구축하기가 어려웠기 때문에 수세기 동안 외부 세력의 침략으로부터 자유로웠던 만큼 이집트는 고립된 상태에서 화려한 생활을 구가했다. 이집트 내에서는 운송이 용이했기 때문에 통치를 효율적으로 하게 되었고 그 결과 5000년 전에 단일한 왕국으로 통합되었다. 이집트 역사상 첫 1500년 동안 외부세력은 이집트 핵심부에 침투하기가 불가능했다. 그러나 나일 강 유역 내에서 이집트 정부는 강을 따라 구축된 운송 체계를 이용해 인력, 물자, 통치도구, 심지어 거대한 암석 덩어리까지 별 어려움 없이 운반했다.

　　나일 강의 수많은 지류들과 평평한 지형 덕분에 이집트 문명권은 강을 따라 띠처럼 길게 펼쳐졌다. 파라오는 배를 타고 강을 따라 내려가면서 물에 발을 딛지 않고도 왕국의 곳곳을 눈으로 샅샅이 점검할 수 있었고 또 실제로도 그렇게 했다. 스마트폰을 쓰는 요즘 세상에서는 대수롭지 않은 일 같겠지만, 종이가 발명되기 전인 당시에는 혁신적인 방법이었다. 강 유역의 어느 지역이라도 세금 징수원이 접근 가능했고 이러한 징수 활동 덕분에 정부는 사회의 모든 측면을 확고하게 장악하게 되었다. 식료품점이 삽시간에 곳곳에 생겨나 지역에서 기근이 발생할 경우 고통을 덜어주었다. 근대까지도 여러 문화권을 괴롭히던 인구폭락과 반란은 이집트에서는 발생빈도가 훨씬 낮았다. 군대를 신속히 소집할 수 있었기 때문에 반란은 신속히 진압되었다. 군대의 기동력 덕분에 정부는 문제가 커지기 전에 싹을 도려낼 수 있었다. 세상과 단절되어 안락한 삶을 누리면서 이집트는 번성했다.

그러나 단절된 여건이 장점으로만 작용하지는 않았다. 광활하게 펼쳐진 사막 때문에 침략자들이 나일 강 유역에 도달하기가 어려웠듯이, 이집트인들도 사막을 건너 바깥세상으로 진출하기가 쉽지 않았다. 나일 강의 면면은 이집트의 정체성의 핵심을 구성했지만 이집트인들은 나일 강 너머로 세력을 확장하지 못했다. 나일 강의 서쪽 지류에서부터 파 들어가 건설한 대운하 덕분에 파이윰 만의 범람을 조절하게 되었고, 추가로 500제곱 마일의 토지에 작물재배가 가능해졌지만 그 이후로 이집트의 농경지 확장은 20세기까지 답보상태에 머무르게 되었고 500제곱 마일 추가로 개발된 농경지도 하상(河床)에서 서쪽으로 겨우 20마일까지 확장되는 데 그쳤다.

바깥으로 더 멀리까지 진출한 사례는 거의 알려지지 않았다. 나일 강은 사막을 관통해 흐르기 때문에 고대 이집트든, 그 이후의 이집트든 나무는 찾아보기 어렵다. 선박을 건조하는 데 필요한 얼마 안 되는 나무들은 대부분 왕실용 유람선에서 기념 건축물에 이르기까지 왕가의 자존심을 과시하는 대역사(大役事)에 쓰였다. 갈대로 엮은 배는 모세 같은 성서 속의 인물들이나 탔다. 오랜 세월 동안 이어진 이집트 왕조 시대를 통틀어 나일 강을 중심으로 한 핵심 영토 바깥으로 세력을 확장하려는 시도는 딱 한 번 있었다. 기원전 1500년 무렵 투트모스 1세가 터키 남쪽 하타이 (Hatay) 주에 이르는 레반트(Levant, 시리아, 레바논, 이스라엘을 아우르는 동부 지중해 연안 지역)를 점령했던 때이다. 이마저도 정복한 당사자인 파라오의 일생보다 오래 가지는 못했다. 외부와 단절된 이집트는 바깥 세상에 대한 지식이 부족했다. 얼마나 세상물정에 어두웠던지 이집트의 지도자들은 남쪽으로 흐르는 강이 있다는 사실을 접하고 충격을 받았을 정도였다.[1]

그러나 사막 완충 지대 덕분에 이집트는 외부로부터 안전했지만 파라오의 권력—그리고 이집트의 정체성—은 관개지와 척박한 사막이 만나는 지점에서 멈췄다. 비옥한 영토와 척박한 모래땅을 구분하는 경계선이 너무나도 분명해서 펜으로 정확히 따라 그을 수 있을 정도였다. 이런 단순한 이분법적인 특성—내부적으로 운송이 손쉽지만 외부와의 연결은 어려운 특성—덕택에 이집트는 최초로 국가 정체성을 형성했고 중세시대까지도 세계 최대의 국가로 손꼽혔지만, 동시에 지역 무대에서 중요한 역할을 하는 데 제약이 되었다.

이러한 특징은 이집트인들의 민족성을 형성하는 데 크게 기여했다.

나일 강 유역에서 시야에 들어오는 지역은 모두 식량 생산이 가능했기 때문에 전국적인 식량 유통 체계를 개발할 절박한 이유가 없었다—이 때문에 일반적인 운송 체제, 구체적으로 말하면 해상 운송 체계의 구축은 국가의 소관이 되었다. 군대와 관료 집단은 이 지역에서 저 지역으로 쉽게 이동할 수 있었고 실제로도 이동했지만, 평민은 그렇지 못했다. 중앙 통제 개념이 확고하게 자리 잡고 있었기 때문이다. 우리가 역사를 통해 익히 알고 있듯이, "평민"이라는 용어는 정확한 표현은 아니다. 사막에서는, 사막의 범람원에서 조차도, 저절로 식량이 생산되지는 않는다. 건기를 대비해 강물을 저장해두는 일은 일 년 내내 해야 하는 노동집약적인 일로서 상당이 높은 수준의 계획과 조직화가 필요하다. 중앙 정부의 계획과 조직화에 실패하면 몇 달 안에 반드시 기근이 발생했다. 사람들은 자신이 태어난 지역에 깊이 뿌리를 내렸고 철저하게 관리되었다. 달리 선택의 여지도 없었다. 농사를 짓지 않는 마을이 없었고, 침략자들이 나일 강 유역에 접근하기 어려운 만큼이나 이집트인들도 나일 강 유역을 벗어나기가 어려웠다. 이집트가 위치한 지리적인 여건은 그저 단순한 노예제도가 아니라 대대적인 노예제도를 만들어낼 운명을 안겨주었다.

게다가 다소 색다른 유형의 노예제도를 구축할 운명이기도 했다.

오르막이 있으면 내리막도 있는 법…

필요는 발명의 어머니라는 말이 맞다. 파라오 역사에서 첫 왕조시대(대략 기원전 3150년부터 기원전 1650년까지의 기간)의 경우 인접한 문명권과 정보를 교환할 필요도 그럴 능력도 없었다. 농경, 운송, 교육에서의 발달은 통일과 더불어 멈추었다. 이집트인들은 잉여 식량 생산량을 한층 더 늘리거나 문명을 진일보시키려고 애쓰거나 나일 강 유역 너머까지 세력을 확장하려고 애쓰는 대신, 잉여 노동력을 기념비 건축에 몽땅 투입했다. 그들은 거대한 암석을 높이 쌓는 기술은 일취월장했지만, 기술혁신은 멈춰버렸다.[2]

그러나 이집트만 그러했다.

다른 지역에 있는 문화권들은—심지어 메소포타미아와 인더스 고대문명도—끊임없이 시련을 겪었다. 그들에게 생존은 투쟁이었다. 기근에 맞서는 투쟁, 자연에 맞서는 투쟁, 서로에게 맞서는 투쟁이었다. 그들은 이집트는 전혀 겪지 않은 문제들을 극복하기 위해 새로운 기술을 개발했다. 문자의 발명은 문해(文解)로 이어졌다. 구리의 발견은 청동의 발견으로 이어졌다. 창은 칼로 발전했다. 가축을 길들이면서 전차도 발명하게 되었다. 대부분의 사람들이 고대 이집트에서 발명되었다고 알고 있는 이 모든 기술들은 사실은 이집트가 발명한 게 아니다. 이집트는 관개시설을 갖춘 농경기술, 기본적인 공학, 소규모 선박, 상형문자를 최초로 개발했지만 그 외에는 기술을 개발할 절실한 필요를 느끼지 않았다. "파라오"라는 단어 자체도 외래어다.

머지않아 이러한 "새로운" 기술들 가운데 상당한 물량의 화물을 운반할 수 있는 두 가지—길들인 낙타와 돛단배—는 이집트의 몰락을 초래하게 된다. 외부 세력들은 이러한 기술을 이용해 이집트의 완충 지대인 사막을 뚫을 수 있게 되었고, 외부세력들은 하나같이 막강하고 천하무적이라고 여겨졌던 이집트 문명이 실제로는 역동성 없고 뒤떨어진 문명이라는 사실을 깨닫게 되었다. 외부 세력들은 또한 이집트 인구의 상당수가 노예였기 때문에 나라를 지키기 위해 싸우겠다는 동기부여가 되어 있지 않다는 사실도 깨달았다. 사막이라는 장애물을 극복하는 데 필요한 기술을 갖춘 이라면 누구에게든 이집트를 정복하기는 식은 죽 먹기였다.

이집트는 가장 위대한 문명으로 자리매김하는 대신 지중해 연안을 지배하려는 야심을 품은 이라면 누구든 쉽게 정복 가능한 만만한 곡창 지대로 전락했다. 정복 세력은 일단 나일 강을 확보하자 피라미드 건설에 투입된 노동력을 식량 생산에 투입했다. 식량의 잉여 생산 분은 나일 강 유역을 벗어나 정복 세력이 지중해를 장악하는 데 쓰였다.[3]

이집트는 기원전 1620년 처음으로 (서구사회에서는 가나안 원주민으로 흔히 알려진) 이민족 지배자인 힉소스(Hyksos) 왕조에 주권을 빼앗겼고 기원전 1세기 로마에 정복당하기 전까지는 독립국 지위를 되찾았다가 빼앗기기를 반복했다. 기원전 1세기부터 이집트를 통치한 이들은 그리스 도시국가, 페르시아 제국, 이슬람 제국, 오스만 제국, 나폴레옹 군대, 동인도회사 등 고대, 중세, 산업화 시대의 내로라하는 정복자들을 망라했다. 이집트인들은 다시는 피라미드를 건설하지 않았다. 그리고 로마에 정복당한후 이집트인들은 제 2차 세계대전 이후 유럽 식민지 시대가 붕괴될 때까지 단 하루도 독립국가로서의 지위를 누리지 못했다.

이렇게 된 이유는 전적으로 사람과 물자의 운송이 이집트 국경 내에서는 용이했지만 국경을 벗어나면 거의 불가능했기 때문이다.

03

기술혁명:
원양 항해와
산업화

Technological Revolutions:
Deepwater Navigation
and Industrialization

사람들이 사는 방식을 바꾸는 기술들은 많이 있지만 세상이 돌아가는 방식을 바꾸는 기술은 흔치 않다. 이유는 간단하다. 지리적 여건은 좀처럼 바뀌지 않기 때문이다. 사람들이 지리적 여건과 상호작용하는 방식을 근본적으로 바꾸는 기술은 아주 드물다. 강 유역에 정착해 지역 내에서 저렴한 비용으로 교역을 하고 지역적 정체성을 구축하든지, 아니면 그냥 고립된 상태에서 빈곤한 삶에 머무르게 된다. 산악 지대에 거주하면 문화적으로, 군사적으로 외부와 단절된 채 살면서 독자적인 특성을 띠게 되든가, 아니면 제국의 흥망성쇠에 따라 같이 부침을 겪으며 살아간다. 지리적 여건은 바로 이런 다양한 방식으로 인간의 경험을 형성해왔다.

그런데 어떤 기술들의 조합은 대단히 성공적으로 널리 보급되어서 사람들과 국가들이 상호작용하는 규범들을 완전히 변모시키기도 한다. 이러한 기술들의 조합은 그 시대를 규정하게 된다.

독자 여러분도 앞의 2장에서 예측했겠지만, 농경 정착생활을 통해 등장한 기술들도 인간의 삶의 방식을 변모시킨 흔치 않은 기술의 조합에 속한다. 관개시설, 작물 특화 등의 기술 덕분에 인간은 수렵채집 생활에서 벗어나 직접 토지를 경작해 미리 세운 계획에 따라 원하는 작물을 집중적으로 재배하고 한 장소에 정착해 살게 되었다. 일단 작물 재배 주기를 파악하고 나면 인구가 증가해 잉여 노동력이 생겼고 이러한 노동력은 도로를 건설하고 장벽을 쌓고 건물을 짓는 등 문명이라는 명칭에 걸맞은 모든 것들을 만들어내게 되었다. 기원전 6000년 무렵부터 농경 비법이 이집트와 메소포타미아 같은 지역에서 널리 퍼져 나갔고, 이러한 비법을 채택한 지역은 고대 문명을 건설하고 서로 교류하고 경쟁했다.

그 후 5000년에 걸쳐 개발된 기술들 덕분에 인간은 농경 기술을 한층더 발달시켰지만 처음에 농경생활이 초래했던 근본적인 변화를 일으키지는 못했다. 구리와 철은 나무와 돌을 사용하던 때에 비해 생산성을 향상시켰다. 대포와 소총은 사거리와 적에게 치명상을 입힐 확률을 높여주었고, 전투기법의 변화를 초래했다. 세세한 부분들은 속속들이 전부 바뀌었지만, 안정성과 국력은 꾸준히 안정적으로 풍족하게 식량을 공급하는 역량에서 비롯된다는 핵심적인 원칙은 변하지 않았다. 그러다 지난 500년 동안 비로소 여러 가지 기술로 구성된 두 묶음의 기술이 연달아서 인간이 처한 여건을 파격적으로 변모시키게 되었다. 그 가운데 한 가지 기술묶음에 대해 살펴보기 전에 우선 인간의 삶을 변모시키는 힘을 지닌 기술이 모든 것을 변모시키기 전에 세상은 어떤 모습을 띠고 있었는지를 이해할 필요가 있다.

초강대국이 되려다 만 오스만 제국

운송의 균형을 염두에 두기 바란다. 화물을 운송하는 일은 어렵다. 그런데 육로보다는 해로로 화물을 운송하기가 훨씬 쉽다. 주로 해상 운송 수단이 잘 발달되어 있는 나라들이 성공하는 경향이 있긴 하지만, 국가로서의 성공을 뒷받침한 해상 운송 수단에는 구체적인 특징이 있다.

1400년 이전의 세계에서는 진정한 의미에서의 해상 운송은 거의 존재하지 않았다고 보는 게 맞다. 신속하지도 않았고, 제때에 이용할 수도 없었으며 안전하지도 않았다. 문제는 시야였다. 뭍이 시야에서 사라지고 나면 현재의 위치가 어딘지, 어느 방향으로 가야 목적지에 도달하게 되는지 대충 짐작해야 했고, 뭍에 도착할 때까지 식량이 동나지 않고 날씨가 돌변하거나 바다가 배를 삼키지 않기만을 바라야 했다. 뭍을 가시권 내에 두고 항해를 해야 했기 때문에 원양 항해에는 큰 한계가 있었고, 연안 지역에 거주하는 주민들은 누가 자기 거주지 연안을 따라 항해하는지를 까다롭게 따졌다.

이 시대에 권력의 지속성을 지닌 주요 국가들은 두 부류로 나뉘었다. 한 부류는 운항 가능한 강이 있어서 강 유역을 따라 문화적 영향력을 쉽게 확장하고, 지역 내 교역으로 부를 축적하고 자기 영향권을 확장해 얻은 물자들을 이용해 경쟁자로부터 자신을 보호할(또는 경쟁자를 정복할) 역량을 갖춘 부류였다. 또 다른 부류는 뭍에 둘러싸인 바다, 즉 내해에 의존해 살지만 방향을 잃을 염려는 없을 정도로 공해로부터 분리된 적정한 면적의 바다를 면한 부류다. 이러한 바다는 강만큼 효용성이 뛰어나지는 않지만 공해 상에서 비롯되는 위협을 막아내고 역내 운송과 교역을 가능케 해준다. 프랑스, 폴란드, 러시아, 몇몇 중국 제국들이 첫 부류에 속하고 스웨덴, 덴마크, 페니키아, 일본이 두 번째 부류에 속한다.

해상 운송이 발달하기 이전인 이러한 시대에 유럽의 패권국으로 부상할 뻔한 나라가 하나 있다. 그 이유는 강과 바다를 다른 나라들보다 훨씬 적극적으로 활용할 여건을 갖추었기 때문이다. 오스만 제국은 마르마라해 연안에서 탄생했는데, 이 바다는 공해와 거의 단절되다시피 한 내해로서 역내의 문화적 통일성을 촉진한다는 측면에서 강의 기능을 할 만큼 작으면서도 상당한 규모의 역내 교역을 가능케 할 만큼 컸다. 게다가 마르마라해는 고립된 위치에 있지 않았다. 북동쪽으로는 흑해, 남동쪽으로는 에게해와 동지중해를 면하고 있었는데, 오스만 제국은 탁월한 해상력을 발휘해 이 세 내해를 모두 지배했다. 유럽 최대의 강인 다뉴브 강 하류는 흑해로 흘러 들어가는데, 오스만 제국은 이를 이용해 유럽 북쪽으로 비엔나까지 세력을 확장했다. 당시의 기준으로 보면 오스만 제국은 그 어느 나라보다도—그리고 유럽의 경쟁국들을 모두 합한 것 이상으로—비옥한 토지와 강과 바다를 쉽게 이용할 여건을 갖추고 있었다.

무역도 한몫 했다. 최적의 명당자리인 이스탄불을 근거지로 삼아 오스만 제국은 유럽과 아시아 사이에서 이루어지는 육상과 해상 무역, 그리고 흑해에서 지중해로 이어지는 육상과 해상 무역을 완전히 장악했다.

이 교역로들 가운데 가장 규모가 크고 수익이 짭짤했던 교역로는 그 유명한 실크로드였다. 이 교역로를 통해 모든 향신료들이 유럽에 전해졌다. 후추, 생강, 계피, 정향, 육두구, 메이스(mace, 육두구 껍질을 말린 향료), 커민(cumin), 새프런(saffron) 등등은 요즘 기준으로 보면 크게 호사스러운 품목이 아니라고 생각될지 모르지만, 이 향신료들은 오직 남아시아와 동남아시아에서만 구할 수 있었다. 해상 운송(ocean transport)은 믿을 만한 수단이 아니었고, 아프리카 대륙은 지도조차 없었던 당시에는 믿을 만한 물길은 없었다. 아시아 지역의 향신료를 손에 넣을 수 있는 유일한 방법은 실크로드를 따라 중국, 중앙아시아, 페르시아, 그리고 궁극적으로는 오스만 제국이 장악한 영토를 가로지르는 방법뿐이었다.

수백 명의 중간상인들이 관여하고 엄청난 거리를 이동해야 했고, 이슬람 오스만 제국이 그리스도교가 지배하는 유럽으로 향하는 향신료에 엄청난 세금을 부과했기 때문에 유럽 상류층은 식량에 소비하는 만큼의 비용을 향신료를 사는 데 쏟아부었다. 오늘날 아랍의 산유국들이 오일달러를 벌어들이듯이 향신료 교역을 통해 엄청난 규모의 부가 유럽에서 투르크족에게 이전되었다.

지구상에서 최적의 전략적인 요충지에 위치해 있고, 유럽에서 가장 긴 강에 접근 가능했으며, 적당한 규모의 3개의 내해와 접해 있고, 당대의 가장 수익성 높은 교역로의 혜택을 톡톡히 본 오스만 제국은 한 번의 전투로 유럽 대륙 전체를 손아귀에 넣을 기회를 맞았다. 1529년, 오스만 제국은 다뉴브 강 물목에 있는 비엔나를 공격했다. 오스만 제국이 이겼더라면 알프스 산맥과 카르파티아(Carpathia) 산맥 사이로 난 넓은 육로를 거침

없이 통과해 제국이 지닌 모든 물자들을 쏟아부어 북유럽 평원을 정복했을지도 모른다.

그러나 그들은 실패했다. 세상은 이미 변해 있었기 때문이다.

원양 항해 I: 평원의 확장

투르크인들이 15세기와 16세기에 패권을 장악하려고 애쓰는 동안, 기술 혁명은 인간과 인간이, 나라와 나라가 서로 교류하는 방식뿐만 아니라 자신들이 거주하는 지역의 지리를 이용하는 방식까지도 바꾸고 있었다. 구세계에서 천대받았던 땅이 신세계에서 번성하기 시작했다. 그 반대 현상도 일어났다. 신기술은 마르마라해를 지구상에서 가장 풍요롭고 가장 안전한 지형에서 가장 낙후된 지역으로 변모시켰고, 따라서 오스만 제국은 서서히 몰락의 길로 접어들었다.

다음과 같은 신기술들이 발명되면서 예전에는 죽음을 무릅써야 가능했던 해상 운송의 성격을 바꾸어버렸다.

- **나침반**(14세기). 어디로 향하는지 아는 게 얼마나 중요한지는 절대로 과소평가해서는 안 된다. 서유럽과 주변 바다는 구름이 잔뜩 낀다. 10월에서 3월까지는 특히 심하다. 태양이나 별이 가려진 채로 영국 해협, 비스케이 만, 지중해를 통과하는 일은 위험천만하기 때문에 해상 화물운송은 구름이 짙게 드리워져 항해가 불안정한 계절을 피해 이루어졌다. 나침반이 등장하면서 반드시 화창한 날이 아니어도 항해가 가능해졌고 화물운송이 가능한 계절이 확대되었다. 예컨대, 이탈리아 상인들은 레반트 연안에 일 년에 한 차례가 아니라 두 차례 호송을 받는 선박을 보내

향신료를 실어 날랐다. 나침반의 원형이 최초로 만들어진 시기는 11세기 중국으로 거슬러 올라간다고 추정되지만, 14세기에 가서야 유럽인들은 "건식(乾式)" 나침반을 개발하게 되었다. 초창기 나침반은 자력(磁力)을 띤 금속 필라멘트를 물 위에 띄워 방향을 가늠하는 방식이었기 때문에 바다가 잔잔하지 않으면 무용지물이었다.

- **직각기**(cross-staff, 15세기). 일단 어디로 항하고 있는지 방향을 파악하고 나면 현재의 위치를 파악할 필요가 있다. 직각기는 움직이는 가로대가 달린 막대로서, 익히 알려진 천체와 수평선 사이의 각도를 측정해 위도를 알려준다. 나중에 보완된 형태의 직각기, 즉 후각기(backstaff, 1594)를 사용하면 문제의 천체(태양이 눈을 상하게 하는 경우가 종종 있었다)를 보지 않고도 위도를 파악하게 되었다. 시간이 흐르면서 이 기술은 선원의 아스트롤라베(mariner's astrolabe)와 데이비스 쿼드란트(Davis quadrant)라는 기구로 진화했다. 직각기와 후각기, 그리고 나침반을 함께 사용하면 선장은 망망대해 위에서도 풍속을 참고해 현재의 위치를 파악할 수 있었다.

- **카벨 기법**(Carvel Technique, 15세기). 중세시대의 선박은 여러 장의 목판을 겹쳐서 못을 박아 만들었다. 만들기는 간단했지만 배가 너무 무겁고 수선하기 어려웠다. 따라서 선박의 속도와 화물 적재량을 상당히 제약했고 항해 적합성이 현저히 떨어졌다. 카벨 공정은 목재로 골격과 틀을 만든 다음 외부에 판자를 부착하는 형태이기 때문에 못을 전혀 쓸 필요가 없었다. 그 결과 훨씬 가볍고 빠르고 안전한 배를 만들게 되었고 배의 크기를 확장하기도 쉬워졌다. 선박 크기의 확장은 무역 선박에 특히 중요했다. 이제 더 많은 화물을 운송하게 되었을 뿐만 아니라 선박의

측면 높이를 확장해서 대서양의 폭풍우와 거친 파도가 갑판에 몰아닥쳐 선원들을 쓰러뜨릴 염려도 없어졌다. 판자를 여러 장 겹쳐 못을 박는 전통적인 선박 제조공법보다 훨씬 고난도의 기술이 필요하다는 게 유일한 단점이었다. 따라서 쉽게 채택하기 힘든 공법이었고, 이러한 기술력을 갖춘 몇몇 나라가 한 세기에 걸쳐 세계 해상무역을 지배하게 되었다.

- **포문**(gunport, 1500년 무렵). 함포와 이를 뒷받침하는 장비들은 엄청나게 무겁고 이 장비들을 갑판 위에 두면 안전을 심각하게 위협할 뿐 아니라 배가 침몰하기도 한다. 따라서 함포를 잔뜩 싣는 배는 극히 드물며, 대부분의 선박은 최소한의 함포를 뱃머리에만 설치해둔다. 포문이 있으면 함포를 갑판 밑에 두고 갑판 밑에서 발사할 수도 있다. 그렇게 되면 선박의 무게중심이 상당히 낮아지기 때문에 배가 전복될 위험이 줄어드는 동시에 침입자들이 선박에 올라타 함포를 탈취할 위험도 낮아진다 (입구만 닫으면 되니까). 또한 선박 측면을 따라 함포들을 배열해 두면 선박에서 발사 가능한 화력이 20배 증가해 배 한 척만으로도 어떤 적도 물리칠 수 있다.

이런 기술들을 거의 모두 개발하고 다듬고 이용 가능하도록 만든 두 나라가 있는데, 이 두 나라는 오스만 제국과 아무런 관계도 없는 나라였다.

유럽 서쪽 끝에 있는 반도는 이베리아다. 오스만 제국이 부상하던 시기에 이베리아 반도에 거주하던 포르투갈과 스페인 사람들은 내세울 만한 이점이 없었다. 유럽의 주요 지역들 가운데 거의 유일하게 이베리아 반도에는 상당한 길이의 강도 없었고 아주 협소한 해안지역 몇 군데뿐이었으며, 사람들은 대부분 일련의 협곡을 따라 거주했다. 따라서 1300년대의 이베리아 반도는 당연히 유럽에서 가장 빈곤한 지역이었다. 이 두 나라는 아랍의 침략을 받아 거의 7세기 동안 무어족의 지배를 받았다는 사실도 아무런 도움이 되지 않았다.

이베리아 반도 사람들이 기술 역사의 새 장을 열게 된 이유는 빈곤 때문도, 역사적인 요인도 아니었다. 바로 지리적인 위치 덕분이었다. 유럽 대륙의 서쪽 끝에 위치한 이베리아인들은 향신료 교역에 관여하려면 추가로 중개인들—주로 프랑스 정부나 이탈리아 무역상들—을 거쳐야 했다. 이러한 추가적 조치로 인해 이베리아인들은 훨씬 비싼 가격에 향신료를 구입해야 했으며, 향신료 공급 물량은 적대적인 국가의 정치적 술수에 볼모로 잡히기 십상이었다.

이베리아인들에게는 선택의 여지가 별로 없었다. 유럽에서 계속 낙후된 지역으로 살든가 아니면 게임의 규칙을 바꿀 방법을 모색해야 했다. 그들은 오스만 제국을 에둘러갈 방법을 찾아야 했다. 이탈리아인도, 해적도 우회할 방법을 찾아야 했다. 아니, 사실상 전 세계를 우회할 방법을 찾아야 했다. 그리고 그들이 생각해낸 해법은 원양 항해 기술이었다.

접근 가능한 영역이 새로이 확장되면서 스페인은 대서양을 건너 서반구를 지배하게 되었다. 아메리카 대륙에서 조달한 금과 은은 스페인이 서유럽 제국들 가운데 가장 막강한 제국으로 부상하는 데 핵심적인 역할을 했다. 스페인의 군사력은 오스만 제국의 지위를 무너뜨리는 데 결정적인 역할을 했다. 스페인은 아펜니노 반도(지금의 이탈리아)를 침략하면서 이 반도의 남부와 서부를 점령했을 뿐만 아니라 오스만 제국이 장악한 지중해를 빼앗았다. 스페인은 또한 먼 지역까지 힘을 행사할 수 있는 해군력 일부를 지중해 서부 지역에 항시 주둔시켰다. 원양 항해 기술이 개발되기 이전 시대에 쓰던 선박을 여전히 이용하고 있던 오스만 제국은 해군 작전을 겨우 상대국 상선에 대한 공격으로 하향조정해야 했다. 오스만 제국은 엄청난 양의 물자를 다뉴브 강 유역 군사 작전에서 지중해 유역의 자산(가

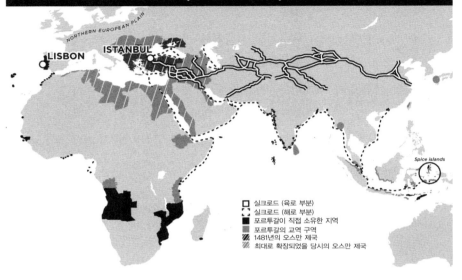

오스만 제국, 포르투갈, 실크로드

장 중요한 자산은 이집트 곡창 지대)을 지키는 쪽으로 전환해야만 했지만 세는 점점 기울어갔다.

엄청난 위력으로 오스만 제국의 지위를 위협한 나라는 스페인이었지만, 결국 오스만 제국을 무너뜨린 주인공은 포르투갈이라는 작은 나라였다. 포르투갈이 남아시아에 도달하기 전까지만 해도—오스만 제국이 장악한 향신료 교역의 해운산업 부문을 포함해—이 지역의 해상 화물운송은 순전히 연안을 중심으로 5월과 6월에는 동쪽으로, 8월에는 서쪽으로 부는 계절풍에 의존해 행해졌다. 해양에서는 연중 바람이 불었지만 변덕스러웠고, 따라서 이 지역의 선박들은 안정적으로 항해를 하거나 돌풍을 이겨낼 수가 없었다. 이에 반해 포르투갈의 원양 항해 기술로 인도양을 항해하기는 식은 죽 먹기였다. 포르투갈 선박들은 오스만 제국과 아시아 향신료 시장의 연결고리를 끊은 다음 향신료 교역 물량을 모두 리스본으로 돌림으로써 핵심적인 향신료 생산 지역을 직접 관장했다. 두 대륙에 걸쳐 있는 제국을 유지하는 데 막대한 군사비가 들었고, 왕복으로 22,000마일에 달하는 거리이기는 했지만 포르투갈에서 향신료 가격은 90퍼센트 하락했다. 실크로드와 오스만 제국의 연결고리는 단절되었고 오스만 제국이 지역 맹주로 등극하는 데 기여한 수입은 뚝 끊겼다. 이는 전적으로 오스만 제국의 12분의 1 크기밖에 안 되는 작은 나라가 품은 야심 때문이었다.

한 세기(16세기)라는 짧은 기간에 이베리아 반도의 사람들은 유럽의 낙후지역에서 경제적 군사적으로 앞선 강대국으로 급부상했다. 그러나 그들보다 앞섰던 투르크족과 마찬가지로 이베리아인들의 성공은 그들이 세운 제국과 부를 앗아가는 일련의 사건들을 촉발시켰다. 지리적 여건과는 달리 기술은 이동 가능하고, 기술은 끊임없이 이동하다가 그 기술이 가장 잘 활용될 수 있는 지역에 정착한다. 농경기술이 이집트에만 머무는 데 그치지 않았듯이, 이베리아인들이 오스만 제국을 무너뜨리는 데 기여한 원양 항해 기술은 유럽 서쪽 끝 지역을 벗어나 널리 퍼져나갔다. 대륙에 접한 이베리아 반도에서 비롯된 원양 항해 기술이 바다로 둘러싸인 지역에 정착하게 되었다는 사실은 전혀 놀랄 일이 아니다.

원양 항해 II: 영국의 부상

영국이 섬나라라는 사실로 미루어 볼 때 영국인들 상당수가 선박에 일가견이 있다는 점은 전혀 놀랄 일이 아니다. 하지만 영국을 유럽의 (많은)

다른 해상 문화권과 구분 짓는 특징은 선박이 상대해야 하는 바다가 지닌 특징이다. 영국인 대다수는 대영제국의 남동부, 템스 강 주변에 거주한다. 템스 강은 유럽의 다른 강들과 마찬가지로 문화적 통일성과 역내 교역을 가능케 해주었지만 혹한에 조수간만의 차가 심하고 폭풍이 휘몰아치는, 세계에서 가장 위험한 바다인 북해로 빠져나간다. 북해를 항해한다면 긴장을 조금이라도 늦추고 항해해도 되는 날은 연중 단 하루도 없다. 1588년 스페인이 영국을 침략하려다가 함대의 절반 이상이 전복된 사건에서 알 수 있듯이 말이다. 북해의 혹독한 여건은 인간이 바다를 섭렵하는 데 왜 그토록 오랜 세월이 걸렸는지 잘 보여주는 사례이고, 영국의 해군력은 바로 이와 같은 혹독한 시련을 견뎌내면서 단련되었다.

해군은 육지에 갇힌 국가들이 넘보기 힘든 유연성을 제공했고, 고도로 숙련된 막강한 해군력을 바탕으로 영국은 유럽에서 천하무적의 우위를 점하게 되었다. 영국은 해군력을 바탕으로 교역상대국을 마음대로 바꾸고 다른 경쟁자들보다 경제적으로 항상 한 발 앞서 나아갔다. 해군력 덕분에 영국은 원하는 지역에 원하는 시기에 군사력을 투입할 수 있었고, 늘 경쟁국들보다 군사적으로 한 발 앞섰다. 군사력과 경제적 압박을 손쉽게 재배치하는 능력을 갖춘 영국은 현재 자국과 갈등관계에 있지 않은 어떤 유럽 국가와도 동맹을 맺을 수 있었다.

영국은 이베리아인들이 지닌 원양 항해 기술이라는 비밀병기를 접하기 전에 이미 이런 우월적 지위를 누리고 있었다. 그리하여 원양 항해 기술을 입수하자 영국은 우월적인 해운 기반을 지렛대 삼아 세계 무대로 진출했다. 기술에서 앞선 영국 해군은 야금야금 세계로 뻗어나갔고, 이베리아 반도가 구축한 교역망을 장악했다. 1600년부터 1800년 사이의 기간 동안 남아시아와 극동아시아는 포르투갈의 영향권에서 강제로 이탈되었다. 대영제국은 감비아, 나이지리아, 남아프리카, 디에고 가르시아, 인도, 싱가포르, 홍콩에서 경쟁자들을 축출하고 이 지역들을 자국의 식민지로 편입했고, 포르투갈의 전성시대는 역사의 뒤안길로 사라졌다.

빠르고 보다 민첩한 영국의 선박들은 카리브해 깊숙이까지 침투해 들어가는 동시에 공해 상에서 스페인 함대의 안전을 위협했기 때문에 스페인은 안보를 위해 연안 식민지들을 봉쇄하고 해군력을 선단 호위에 투입할 수밖에 없었다. 스페인이 장기적으로 수입을 창출할 수 있는 지역들은 영국의 공격에 맞설 수 있는 인구 규모를 지닌 식민지들뿐이라는 사실이 곧 명백해졌다. 이에 맞서 영국은 신대륙에 자국의 식민지들을 구축하고 인구 규모로 서반구에서 스페인 세력을 축출하는 맞불작전을 놓았다.

그러나 원양 항해 혁명이 야기한 가장 오랜 기간 지속된 효과는 향신료 교역의 변화도, 오스만 제국의 멸망도, 대영제국의 부상도 아니었다. 바다가 사지(死地)에서 일종의 거대한 강으로 변모했다는 점이다. 원양 항해 기술은 세상을 활짝 열어젖혀 발견의 시대를 개막했고, 이는 다시 문화적, 경제적으로 세계를 응집시켰다. 세계 일주가 가능한 선박들 덕분에 주요한 문화권들은 다른 문화권의 존재를 인식하게 되었다. 이 선박들의 화물 선적용량은 이전까지만 해도 고립되어 있었던 강 유역들이 온갖 상대들과 교역하는 것을 가능하게 했다. 평화적이든 적대적이든, 교역이든 전쟁이든, 상호교류는 더 이상 국지적 차원이 아니라 세계적 차원에서 이루어졌다.

이는 영국처럼 해양성인 문화권에 더할 나위 없이 안성맞춤인 시대적 관행이었다. 영국은 압도적인 세계 강대국으로 부상했고, 북유럽, 중국 남부, 인도 아대륙, 아랍권에 이르기까지 다양한 문화권에 영국의 경제적, 군사적 현실을 받아들이라고 강요할 수 있었다. 영국 이전에 오스만 제국이 그러했듯이, 영국의 해상 지배력과 세계를 망라하는 제국은 영원히 지속될 듯이 보였다.

그러나 영국도 실패했다. 정착 농경생활, 원양 항해 기술과 마찬가지로 새로 등장한 일련의 기술들은 세상이 작동하는 방식을 바꾸어버렸다. 공교롭게도 영국의 지배를 종식시킨 기술들은 자생적인 기술들이었다.

섬나라인 영국은 대륙에 위치한 제국들처럼 막강한 육군이 필요하지 않았기 때문에 영국 왕실은 이베리아 반도의 군주들만큼 절대적인 권력을 누리지 않았다. 정부와 정치적, 경제적, 군사적 이해집단들이 공존했다. 영국이 이베리아 반도의 제국 체제에 도전장을 내밀 때가 됐지만 국가 자산만으로는 그 일을 해내기에 역부족이었다. 영국 왕실은 자기 휘하의 군대뿐만 아니라 각종 귀족들과 기업가들의 힘도 동원해야 했다. 왕실은 자신의 재량권을 다양한 민간 조직에 위임해 영국의 대의명분을 위해 다양한 이익사업을 추구하도록 했다. 그중 가장 유명한 조직이 바로 1600년에 창설된 동인도회사다.

영국이 창출한 수익이 자국에 쏟아져 들어오기 시작했고, 이러한 수익은 왕실 금고뿐만 아니라 이해관계자들의 주머니도 채웠으며, 이들은 새로 얻은 재원을 나름대로 유용하게 썼다. 이베리아 반도의 군주들과는 달리 영국 사업가들이 넓은 세상에서 포착한 것은 단순히 향신료와 귀금속 뿐만이 아니었다. 그들은 무한한 가능성을 지닌 시장을 보았다. 따라서 영국식 제국 체제는 단순히 식민지 수탈이 아니라 영국을 중심으로 한 교역 체계를 구축하는 게 목표였다. 경제적인 필요 때문에 개발된 원양 항해 기술과는 달리, 산업화는 기회의 산물이었다.

영국적 체제의 다양한 관심사들, 확장하는 제국에서 갑자기 지속적으로 쏟아져 들어온 부, 그리고 르네상스 운동과 더불어 시작된, 미신과 전통에서 이성과 과학적 탐구로의 전환은 새로운 종류의 기술혁명으로 이어졌다. 바로 산업혁명이다.

산업화 I: 신세계 만들기

산업화 이전의 세계에서는 무엇을 하든 물리적인 노동력, 풍력, 또는 수력이 필요했다. 인간이 처한 여건을 제약하는 3종 세트였다. 물리적인 노동력, 풍력, 수력 접근이 가능한 지역에서만, 그리고 물리적인 노동력, 풍력, 수력이 뒷받침할 수 있는 정도까지만 작업이 가능했다. 그보다 더 중요한 사실은 물리적인 노동력, 풍력, 수력을 마음대로 필요한 장소로 보낼 수 없다는 점이다. 적정한 규모의 인구를 뒷받침할 역량을 갖추지 않고서는 문명이 뿌리를 내리거나 번성하기는 불가능하다. 따라서 대체로 사막, 스텝 지대, 밀림, 산악기후 지대는 유럽이 달성한 수준의 부와 경제적 발전에 도달하기가 불가능하다. 원양 항해 기술은 원거리 운송비용을 (파격적으로) 낮추었고 그 덕분에 유럽 제국들은 먼 곳까지 진출하는 시늉을 내기는 했지만, 여전히 손쉽게 운항 가능한 수로를 보유한 지역들 간의 경쟁이 중요했다. 세계의 변방 지역들——즉, 지구상의 대부분의 지역들——은 여전히 개발되지 않은 미개척 지역으로 남아 있었다.

산업화 시대에 등장한 다음과 같은 기술들은 이런 상황을 완전히 뒤바꿀 가능성을 열어주었다.

- **증기와 석탄.** 18세기에 걸쳐 증기는 주요 동력 수단으로서 노동력, 풍력, 수력을 대체하기 시작했다. 근대에 최초로 발명되어 성공적으로 쓰인 증기기관은 일찍이 1712년 토머스 세이버리가 도입했는데, 이 기술을 이용하면 탄광에서 펌프로 물을 뽑아내 더 깊이 파 들어갈 수 있었다. 여러 가지 면에서 이 최초의 증기기관은 문자 그대로, 또 발전과정이라는 측면에서 공히 자가발전적인 기술이었다. 증기 펌프가 강력하고 안정적으로 작동할수록 더 많은 석탄을 생산할 수 있었고, 따라서 펌프를

가동하는 데 드는 석탄의 비용도 줄었다. 18세기 전 기간에 걸쳐 증기 엔진은 보다 강력해졌고, 보다 안정적으로 작동하게 되었으며, 크기도 훨씬 작아져서 휴대하기도 편해졌다. 관건은 가용 석탄이 있는지 여부였다. 풍력이나 수력과는 달리 석탄은 채굴한 지역에서 멀리 떨어진 지역에서도 에너지를 생산할 수 있는 고체물질이다. 게다가 물리적 노동력을 제공하는 사람과는 달리 동력을 필요한 지역까지 운송하는 동안 잠자리나 음식의 질을 두고 까다롭게 굴지 않는다. 가용 석탄이 점점 늘어나면서 동력을 생산하고 금속을 제련하고 결국 운송 수단을 발달시키는 데 널리 쓰이게 되었다. 어느 모로 보나 돌파구가 마련된 해는 1805년이었다. 1780년대에 일어난 파격적인 산업기술들이 충분히 성숙하면서 철강이 대량으로 보급되었고 철도와 철강선박을 만들 만큼 강도가 높아졌다. 증기기관은 크기가 작아졌고 철강선박과 철도기관차에 동력을 공급할 만큼 강력해졌다. 증기선 덕분에—원양이든 강이든—운항 속도가 빨라졌고 계절풍의 도움이 없어도 화물운송을 자유자재로 하게 되어 운송의 효율성도 높아졌다. 산업 건설 기법을 강에 적용해 수문을 만듦으로써 큰 선박들이 내륙 깊숙이 위치한 지역까지 들어가게 되었다. 철도 덕분에 일정한 지점들 사이에 인공적인 수로 건설이 가능해졌다. 강이나 천혜의 항구 같은 자연의 혜택을 받지 못한 지역들도 이제 내륙/뭍의 항구가 될 수 있었다. 철도 1마일을 까는 데 드는 비용은 대략 다차선 도로 1마일을 까는 데 드는 비용과 맞먹었지만 철도를 운영하고 움직이는 데 드는 비용은 도로 운영과 가동에 드는 비용의 4분의 1이 채되지 않았다. 그래도 철도는 여전히 해상 운송 비용의 두 배에 달하기는 했지만, 강과는 달리 철도는 사람이 만들 수 있었고 따라서 철도 교통을 뒷받침할 평평한 땅이 있는 지역이라면 어디든 경제개발을 가능케 할 강력한 원동력이 될 수 있었다. 출발지에서 목적지까지 도달하는 데 드는 시간은 몇 주와 몇 달에서 몇 시간과 며칠로 압축되었다.

- **화학물질.** 이 부문에서 두 가지 중요한 돌파구가 마련되었다. 바로 황산 (1746)과 탄산나트륨(1791)을 대량 생산하는 방법이 발명되었다. 이 두 물질은 유리, 염료, 치약, 세탁제에서 철강, 제지, 의약품, 비료에 이르기까지 전천후로 쓰이게 된다. 산업혁명 초기에 결정적인 역할을 한 물질이 바로 탄산나트륨이다. 말의 노동력을 빌리지 않고 석탄으로 에너지 생산이 가능해졌듯이 비료 덕분에 농장들은 생산성이 높아졌다. 애초에 비옥한 토지를 보유한 농장에는 금상첨화였다. 그러나 진정한 의미에서의 혁명은 땅이 척박한 농장에서 일어났다. 경작지가 급격히 확장되었고 에이커당 평균 수확량도 증가했다. 비료와 개선된 운송수단 덕분에 더 많은 양의 식량을 생산해 더 먼 지역까지 운송하게 되었다. 예전에 비하면 아주 적은 노동력만으로도 말이다. 에이커당 수확량이 급격히 늘어나자 농부들이 도시로 이주하면서, 산업에 투입할 노동력이 증가했다. 파격적인 변화를 가져온 또 다른 화학물질─1820년대에 발명된 저렴하고 강력한 시멘트─덕분에 오늘날 우리가 익히 알고 있는 근대의 상징물들이 탄생했다. 바로 고층빌딩, 교각, 대대적인 교통량을 감당할 수 있는 도로, 도시 규모의 하수시설 등이다. 식량 공급량이 증가하고 새로운 건축 기법이 등장하면서 기근과 더불어 질병의 온상이던 도시들은 더 이상 이런 고통에 시달리지 않게 되었다. 도시의 규모는 폭발적으로 커졌다. 1825년 무렵 런던은 세계 최대 도시로 부상했다.

- **상호 대체 가능한 부품들.** 1700년까지만 해도 소총이나 시계와 같은 정교한 제조품목의 부품들은 모두 같은 전문가가 만들었다. 그러한 부품들은 고도로 숙련된 기술을 지닌 노동자가 한 번에 하나씩 정성을 다해 만

들고 조립했고 수선하는 데도 그 못지않은 정성이 필요했다. 18세기에 고도의 정밀공법이 발달해 상호 대체 가능한 부품들이 개발되었고 19세기 초—선반에서부터 평삭판, 제분기에 이르기까지—기계공구들이 발명되고 제조되면서 정밀공법은 거의 모든 산업에 응용되기 시작했다. 이러한 기술 혁신 덕분에 고숙련 노동력의 수요가 감소했고, 1800년대 초 무렵에는 최초로 조립공장이 출현했다. 완성품의 내구성이 급격히 증가했다. 숙련된 기술자의 손에 맡기지 않아도 부품만 있으면 누구든지 망가진 제품을 수선할 수 있게 되었다. 섬유에서부터 무기제조에 이르기까지 모든 물건을 생산하는 데 있어서 생산량, 품질, 노동자의 생산성이 모두 몇 배로 폭증했다.

원양 항해 기술과 산업화 덕분에 거리라는 커다란 장벽이 허물어졌고 무역에 큰 변화가 왔다. 생산지 주민들이 다 소비하지 못할 만큼 생산량이 늘어났다. 영국이 아닌 다른 지역에서 산업혁명이 일어났다면 수요가 공급을 따라잡지 못해 제품가격이 폭락하고 시장이 와해되었을지도 모른다. 그러나 당시 영국은 (1707년 스코틀랜드와 통합한 후에 잘 알려지게 된 바와 같이) 해양 기술의 달인이었고 세계 전역에 펼쳐져 있는 방대한 군사적, 상업적 제국을 통치하고 있었다. 그 덕분에 영국은 (대량으로) 남아도는 생산품을 대영제국 내에 있는 지역 가운데 물길로 가닿을 수 있는 곳이라면 어디서든 팔아치울 수 있었다. 영국은 제국을 관리하는 데 필요한 행정적 비용을 모두 (손쉽게) 회수했고, 그러고도 남아도는 재정으로 해군력을 더욱 증강하고 산업발전에 더욱 박차를 가했다.

원양 항해 기술로 스페인이 한동안 유럽의 패권 경쟁에서 월등한 우위를 누렸듯이, 산업화 덕분에 영국의 우월적 지위는 한층 더 신장되어 명실상부한 유럽의 패권국가로 등극하게 되었다. 그러나 대영제국이 이베리아보다 원양 항해 기술을 지렛대로 활용하기에 훨씬 적합한 지리적 이점을 누렸지만, 유럽에서의 지리적 이점이 산업화의 궁극적인 원인은 아니었다.

산업화가 가능하려면 엄청난 양의 자본이 필요하다. 그래야 산업기지를 구축하고 노동자들에게 기술을 가르칠 수 있다. 또한 산업기지에서 일할 노동력도 엄청나게 많이 필요하다. 영국은 자본이 있긴 했지만 대부분이 영국 내에서가 아니라 제국에서 동원하는 자본이었고, 영국의 인구는 기껏해야 중간 정도 규모에 불과했다. 영국의 성공은 제국과 연관되어 있었고, 대영제국의 태양은 절대로 저물지 않는다는 말을 들으면 기분이 짜릿하긴 했겠지만 세계 전역에 펼쳐져 있는 물류와 공급 체계를 제국 전체의 15퍼센트에 불과한 인구로 관리하는 일은 만만치 않았고 위태로웠다.

이베리아 반도에서 시작된 원양 항해 기술이 그 기술을 보다 잘 활용할 수 있는 지역으로 확산되었듯이 산업화도 같은 길을 걸었다. 1850년 무렵이 되자 독일이 부상할 차례가 되었다.

사면초가 독일

베를린은 순전히 경제적인 관점에서 보면 지구상에서 가장 명당자리를 차지하고 있는 도시인지도 모른다. 엘베 강의 운항 가능한 지류인 슈프레 강과 하벨 강이 만나는 지점에 자리 잡고 있다. 베를린은 체코슬로바키아 북부 카르파티아 산맥에서 발원해 동독과 폴란드 국경을 따라 발트해로 흘러 들어가는 오데르 강에서 겨우 60마일 지점에 위치해 있고, 하벨 강은 이 두 강의 유역을 서로 연결할 수 있을 정도로 동쪽 끝까지 닿아 있다. 이 덕분에 베를린은 한 개 이상의 강을 이용하는 해운 체계를 갖춘, 지구상의 몇 안 되는 지역에 손꼽힌다.

베를린과 직접 닿아 있는, 이 두 개의 강뿐만이 아니다. 서쪽 가까이에는 라인 강이 있는데, 이는 북유럽의 금융—산업 중심지로서, 남쪽 끝인 스위스 바젤까지 물길로 운항이 가능하고, 독일, 프랑스, 네덜란드를 수없이 많은 지류들이 거미줄처럼 연결하고 있다. 동쪽 가까이는 비슬라 강이 자리 잡고 있다. 이 강은 유라시아 초원 지대가 펼쳐지기 직전에 접하게 되는 마지막 주요 물길이다. 남쪽 가까이에는 유럽에서 가장 긴 동시에 남쪽을 향해 흐르는 몇 안 되는 강 가운데 하나인 다뉴브 강이 있다. 다뉴브 강은 알프스 산맥과 카르파티아 산맥을 관통할 만큼 물살이 센 유일한 강이기도 하다. 베를린에 자리 잡은 경제중심지는 부가 창출되는 유럽의 어느 지역이든 도달 가능한 위치에 놓여 있다. 베를린의 물길들 덕분에 독일은 북부, 발트해, 흑해를 경제적으로 연결할 대규모 제국의 심장부로 등장할 잠재력을 지녔다. 베를린이 발전하도록 간섭하지 않고 내버려둔다면 말이다.

그러나 독일은 늘 간섭을 받아왔다.

독일의 지리적 위치에는 세 가지 결정적인 취약점이 있기 때문에 대부분의 국민들이 꿈이나 꿔볼 만한 명당자리를 차지했는데도 늘 불안정하고 빈곤한 나라에 머물렀다.

첫째, 독일은 스페인이나 섬나라 영국처럼 대륙의 서쪽 변방이 아니라 북유럽 평원의 한복판에 있다. 독일이 부를 창출할 잠재력은 엄청나지만, 독일 영토는 지리적으로 취약하다. 동쪽으로 폴란드와 접한 국경은 방어하기가 불가능한데, 폴란드의 동쪽 국경은 더욱 취약하다. 독일의 서쪽 국경도 마찬가지로 방어하기가 어렵다. 유럽에서 가장 막강한 힘을 지닌 프랑스와 접하고 있다. 비엔나 건너편, 유럽 남동쪽에 위치한 발칸반도의 신흥국들의 정세도 불안정하고, 해양 강대국들이 긴 해안선을 따라 이 지역 국가들을 괴롭히기는 누워서 떡먹기이다. 과거에 몇 차례 점령하기까지 했다.

북유럽 평원 한복판에 위치한 독일은 일찍이 유럽이라는 개념이 존재했을 때부터 유럽의 패권을 차지하기 위한 세력들이 격돌하는 주요 격전지가 되어왔다. 독일은 여섯 개 나라와 국경을 접하고 있다. 폴란드, 체코공화국, 스위스, 프랑스, 네덜란드, 덴마크이다. 영국, 노르웨이, 스웨덴, 리투아니아, 러시아, 헝가리, 이탈리아와도 가깝다. 경쟁국들과의 근접성이나 경쟁국들의 국력 면에서 보면 독일은 지구상에서 전략적으로 가장 골치 아픈 환경에 놓여 있다.

둘째, 경쟁자들에게 완전히 포위된 위치에 있었기 때문에 독일은 통일된 국가로 존재했던 적이 거의 없다. 사방팔방으로 흐르는 독일의 강들은 서로 다른 바다로 흘러 들어가고, 이로 인해 도시마다 경제적 풍요를 누리기 위해서 추구하는 목표가 모두 제각각이다. 독일 중부지역—하르츠 산맥—은 미국의 보스턴과 뉴욕 사이에 애팔래치아 산맥이 끼어 있는 것과 같다. 하나도 아니고 여섯이나 되는 강대국들과 국경을 접하고 있는 베를린은 오랜 세월 동안 국경지역뿐만 아니라 라인 강과 오데르 강 유역 대부분을 비롯해 내륙지역까지도 통제하기가 쉽지 않았다. 일찍이 10세기에 템스 강 유역에 중앙집권 정부를 세운 영국과는 달리, 독일 최초로 설립된 국가의 원형이라고 할 브란덴부르크는 15세기에 가서야 비로소 국가로서 자리 잡기 시작했다.

셋째, 브란덴부르크는 성공적인 국가로 자리 잡을 만한 지리적 특징들을 갖추고 있지도 않았다. 주요 생산품이 밀이든 섬유든 자동차든, 거리는 소득의 수준을 결정하는 핵심적인 요소이다. 도달 가능한 시장이 클수록 대량 공급과 높은 수요를 연결 짓기가 훨씬 용이하다. 다시 말해서 프랑스 포도주를 이웃나라 벨기에서는 적정 가격에 살 수 있지만, 칠레에서는 특별한 때나 마실 수 있을 만큼 비싸다.

독일은 독자적으로 바다에 접근할 방법이 없었다. 독일은 1720년에 가서야 스웨덴 제국으로부터 오데르 강 유역의 슈테틴을 탈환하면서 마침내 자국 주요 강들의 삼각주에 위치한 도시들 가운데 하나를 겨우 장악하게 되었다. 그랬어도 독일의 해양 접근성은 매우 제한적이었다. 덴마크의 질란드 섬은 발트해와 북해 사이의 통행을 규제할 최적의 위치를 점하고 있다. 독일은 1871년 베를린이 엘베 강 삼각주에 있는 함부르크를 독일 제국에 편입시키면서 비로소 완전한 해양 접근권을 확보하게 되었다. 다른 유럽 국가들은 일찍이 1700년(이베리아 반도의 경우는 1600년)에 원양 항해 기술을 이용해 접근 가능한 지역을 확장하고 경제적 풍요를 누렸지만, 독일은 운송수단을 비싼 도로에 의존하는 데 머물렀고, 따라서 원양 항해 기술로 가능해진 경제적 발전 수준에 못 미치는 상태에 발이 묶여 있었다.

그런데 산업화로 처지가 바뀌었다.

산업화로 독일은 완전히 변모했다.

산업화 II: 거물 독일

지리는 권력 투쟁의 균형을 형성하고 지역 경제의 특징을 결정짓는 데 그치지 않고 문화에도 영향을 미친다. 독일은 지리적 취약점 때문에 나름대로의 독특한 방식으로 발전했다.

- **지방정부.** 수많은 나라들과 국경을 접하고 있고 중부유럽의 강들이 중구난방으로 흐르는 지리적 특성으로 인해 베를린에 자문을 구하기 위해서

지방정부들이 접근하기란 쉽지 않았기 때문에 지방정부들은 자율적으로 행동하는 방법을 터득해야 했다. 지방정부들은 역내에 있는 가용물자—재정, 노동, 기술, 군사에 이르기까지—를 총동원하는 수밖에 없었다. 모국의 국력이 주변 경쟁국들이 지닌 국력의 5분의 1에 불과하고 도시가 지닌 힘은 오스트리아처럼 인접한 제국의 100분에 1에 불과하다면 가용 자원을 총동원해야 살아남을 수 있다. 지방 지도자들과 보좌진들은 탁월한 조직력을 길렀고, 지식인에서부터 금융가, 학자 (그리고 오늘날의 노동조합)에 이르기까지 모든 이들을 동원해 각자 주요 도시의 이익을 증진시키는 데 발군의 실력을 발휘했다. 다른 문화권들과는 달리 독일에서 지방정부의 공직자 자리는 고결한 소명을 받드는 직책으로 여겨졌고, 따라서 지방정부는 최고의 인력을 유치할 수 있었다.

• **기간 시설.** 사방으로 뻗어 흐르는 지역 강들과 여러 나라와 국경을 접하고 있는 환경으로 인해 이와 같이 대단한 경쟁력을 갖춘 도시들은 운명을 개척하기 위해 각자도생했고 때로는 경쟁국과 협력하기도 했다. 바바리아, 뷔르템베르크, 바덴 같은 남부 지방들은 모두 다뉴브 강 체제에 편입되어 있었기 때문에 인접한 비엔나와의 밀접한 문화적, 경제적 관계를 소중히 여겼다. 서쪽의 알자스-로렌과 라인란트 전역은 프랑스나 네덜란드와의 접촉이 더 빈번했다. 슐레스비히와 홀스타인은 독일인이 많이 거주하는 지역이었지만 1800년대까지도 덴마크의 일부였다. 베를린은 독일인 모두를 하나의 운명공동체로 결집할 방법을 모색해야 했다. 그 결과 모든 독일인들을 전 지역을 아우르는 인공적인 운송 체계로 연결하는 놀라울 정도로 선진적이고 미래지향적인 기간 시설을 구축하는 정책을 실행하게 되었다. 독일은 일찍이 1840년에 전국을 철도망으로 연결하게 되었다—독일이 정치적 통일을 달성하기 30년 전이었고,

미국이 두 번째 도로를 건설할지를 두고 갑론을박하던 때다. 독일 철도망 건설에는 막대한 비용이 들었다. 허리가 휠 정도로. 그러나 독일을 하나로 결집시키려면 도리가 없었다. 브란덴부르크는 시대에 따라 명칭이—브란덴부르크에서 프러시아로, 다시 독일연방에서 결국 독일제국으로—바뀌고 세가 확장되면서 철도망은 더욱 중요해졌다. 새로 획득한 영토는 경쟁 국가들과 기존의 운송망으로 연결되어 있었기 때문에 이러한 연결고리를 끊고 베를린으로 연결하는 길을 새로 만들어야 했다.

- **품질 추구.** 대내외적으로 경쟁이 치열해지면서 중앙정부는 뛰어난 능력과 미래를 내다보는 국가 계획을 세울 자질을 갖추어야 했다. 이질적인 인구들과 지역들을 하나로 묶는 데 필요한 물자들은 저절로 생기지 않았다. 서로 다른 강들을 연결하는 운하가 저절로 건설될 리가 없었고, 외부세력에 노출된 작은 나라를 훨씬 막강하고 부유하고 기동력 있고 수적으로 우월한 이웃 나라들로부터 보호하는 일은 희망한다고 저절로 이루어지지 않았다. 따라서 독일은 실력을 갈고 닦아야 했다. 1717년 무렵 프러시아는 이미 의무교육을 실시하고 있었다. 영국보다 150년 앞섰다. 독일은 상비군을 설치하는 선견지명을 발휘했고, 1740년 무렵 유럽에서 인구 규모는 열두 번째에 불과했지만 네 번째로 규모가 큰 군사력을 보유하게 되었다. 1860년 무렵, 프러시아는 프랑스보다 산업 발전에서 낙후되어 있었고 영토 면적도 프랑스의 3분의 1이 채 되지 않았지만, 총길이로 치면 프랑스보다 훨씬 긴 철도망을 보유하게 되었다. 기술의 발달은 단순히 국가 기간 시설이나 독일의 탁월한 군사력에만 반영되는 데 그치지 않고 독일 사회의 위계질서에도 반영되었다. 독일연방은 세계 최초로 산업가와 과학자에게 군사력을 보유한 군주들(military princes)과 동등한 사회적 지위를 부여했다. 기업가들은 정기적으로 총

78

리를 비롯해 모든 직급의 정부 관료들에게 자문을 제공했고, 후에는 황제에게까지도 자문을 제공했다.

- **자본 확보.** 지리적인 제약으로 발생하는 이 모든 복합적인 문제들을 해결하는 국가적인 계획—상비군 설치, 기간 시설 개발, 교육, 산업기반 구축—을 실행하려면 재원이 필요하다. 그리고 그러한 재원은 인구에서 비롯된다. 민간 저축은 정부와 연관된 금융기관으로 흘러 들어갔고, 지방과 중앙정부의 유능한 관료들은 나라에서 필요한 부문에 재정이 흘러 들어가도록 했다. 그 결과 여러 가지 효과가 발생했다. 정부에서 추진하는 사업들이 우선적으로 재정적 지원을 받았고, 따라서 독일의 지방과 중앙 정부들은 비용이 많이 드는 기간 시설들을 건설하고 상비군을 유지하게 되었다. 아직 농부를 징병하던 시절에 말이다. 중앙정부는 지방의 은행들을 강력한 몇 개의 지역 은행으로 통폐합해서 국가의 필요에 부응하도록 촉구했고, 독일 금융계를 산업계 및 정부와 융합시켰다.

이러한 혁신적인 정책들이 복합적으로 작용해 독일은 문제가 발생하거나 적이 부상할 때마다 막강한 위력을 발휘해 물리쳤고, 유럽에서 손꼽히는 강자로 부상하기도 전에 유럽 여러 나라들은 독일을 절대로 만만하게 봐서는 안 될 상대로 간주하게 되었다. 독일은 여전히 몸집은 왜소한 이웃나라였지만 막강한 군사력과 뛰어난 공학기술을 갖춘 작지만 강한 나라가 되어 있었다.

독일의 혁신적인 정책들이 지닌 진정한 위력은 이러한 산업기술들이 중부 유럽으로 누출되기 전에 이미 이러한 산업기술들을 완벽하게 다듬고 십분 활용해 그 혜택을 톡톡히 누렸다는 데 있다.

프러시아의 산업화는 출발은 고통스러웠다. 영국은 자국의 잉여 생산품을 힘이 미치는 지역이면 어디든 억지로 팔아넘길 능력이 있었고 실제로 그렇게 했다. 이 때문에 아메리카 대륙에 있는 영국 식민지들에서는 혁명이 일어났다. 독일에서도 혁명이 일어날 뻔했다. 값싸고 품질 좋은 상품들이 끊임없이 쏟아져 들어오면서 독일이 애써 구축한 가내수공업과 조합을 중심으로 한 산업들을 초토화시켰다. 경제가 침체하면서 1848년 혁명의 도화선이 되었다. 프러시아는 중앙정부가 계획을 세우는 체계와 막강한 군사계급 덕분에 혁명을 불발시키고 불만분자들을 대거 축출한 덕에 버텨낼 수 있었다.

제조업 기반이 무너지자 프러시아가 할 수 있는 방법은 한 가지밖에 없었다. 독일의 장점인 품질 개선에 집중해 당대의 기술을 더 탁월한 뭔가로 발전시키는 방법이었다. 그 결과, 독일에서의 산업화는 여러 가지 결정적인 면에서 다른 지역의 산업화와는 달랐다.

첫째, 산업화가 전 지역에서 일어났다. 다른 유럽 국가에서는 수도에서 산업혁명이 발생했다. 재정은 수도에 집중되고 수도에서 집행되었고, 도로와 철도도 수도를 중심으로 방추형으로 뻗어나갔기 때문에 변방지역으로 갈수록 혜택을 보지 못했다. 그러나 독일의 경우 가장 오지에 있는 변방도시에 거주하는 주민들에 이르기까지 모두 경영에 탁월한 수완을 발휘했고 산업화가 뿌리를 내리는 데 필요한 도로 기간 시설들을 이미 건설한 상태였다. 독일의 도시들은 하나같이 산업화의 씨가 싹틀 비옥한 토양을 갖추고 있었다. 런던에 버금가게 막강한 도시는 없었지만, 무작위로 열 개 정도 도시를 합하면 영국의 핵심적인 도시를 능가했다. 게다가 독일에는 40개에 달하는 지방 도시들이 있었다. 산업화가 진행되면서 독일 도시들은 각각 방추형 철도망을 구축했다. 중앙정부는 독일의 여러 지역들이 하나의 국가로서 서로 연결되도록 하기 위해 각 도시가 건설한 방추형 철도망의 중심부를 세계 최초의 진정한 전국적인 철도망과 연결했다.

낙후된 몇몇 지역이 있었지만 주변에서 증가일로에 놓인 역내 교역의 덕을 보게 되었다.

둘째, 산업화가 훨씬 빠른 속도로 진전되었다. 해안지역이나 주요 항만 도시도 없던 15세기의 브란덴부르크는 자본이 빈곤한 나라였다. 무자비할 정도로 효율적으로 자본을 아껴서 쓰지 않으면 안 되었다. 이와는 달리 1870년대의 독일제국은 중부 유럽의 물길 대부분을 장악했고 덴마크, 오스트리아, 프랑스와의 전쟁에서 승리해 획득한 전리품들이 넘쳐났다. 독일의 유능한 정부들은 내각에 기업가들을 등용했고, 민관 합동으로 구성된 내각은 투자가 필요한 프로젝트에는 빠짐없이 재정이 넉넉히 지원되도록 만전을 기했다. 고용, 경제성장, 생산량이 폭발적으로 증가했다. 영국이 산업화되는 데는 150년이 걸렸다. 그러나 독일의 산업화는 40년이 채 못 되어 완성되었다.

셋째, 독일의 산업화를 통해 탄생한 기술들은 대거 군사적 목적에 응용되었다. 대부분의 유럽 국가들은 산업기술을 군사 부문에 응용할 때 양에 초점을 맞췄다. 총과 군복과 운송수단을 늘리는 데 초점을 두었다. 독일은 산업 기술이 근본적으로 신기술이라는 점을 숙지하고 전쟁을 수행하는 방식 자체를 바꾸었다. 산업화 시대에 접어들 당시 독일이 세계 최고 수준의 문해율을 갖추고 있지 못했다면 이는 불가능했을지 모른다. 이러한 높은 문해율은 양적으로 우월한 경쟁자들보다 앞서려면 질적인 우위를 유지해야 한다는 절실한 필요가 있었기 때문에 가능했다. 이러한 월등한 교육 체계가 가장 크게 빛을 발한 부문이 바로 일반 사무직의 혁신이다. 명령 체계의 위아래로 정보를 전파하는, 일종의 군대 내의 중간관리자 집단을 말한다. 군에 입대하려면 대학졸업 학력이어야 했다. 지방정부의 전문성과 학계, 산업계, 금융계의 인재들을 한데 모은 일반 사무직 직원들이 달성한 업적은 두 가지이다. 점점 더 큰 대포를 개발하도록 해서 이를 바탕으로 군사 전략가들이 전략을 다시 수립했고, 독일의 철도망을 십분 활용할 새로운 병참 체계를 구축했다. 이 두 가지 업적으로 독일은 군사력에서 탁월한 우위를 점하게 되었다. 유럽의 해양 국가들은 종종 해군의 기동성을 이용해 서로를 견제하고 치명적인 충돌(paralyzing conflicts)을 피했다. 그러나 수십 문의 장거리 대포의 지원을 받는 독일의 직업군인 수천 명이 철도를 타고 돌격해 내려와 전투지가 아니라 전선을 며칠 만에 오가는 데는 당해낼 재간이 없었다. 3대에 걸쳐 정교하게 다듬은 결과, 기술, 병참, 군사력을 적절히 혼합한 독일의 기습공격 기법은 전 세계에 알려지게 되었다.

마지막으로 산업화를 통해 독일은 전무후무할 정도의 수준으로 하나의 국가, 하나의 국민으로 통합되었다. 모든 지방정부들이 산업화의 혜택을 보았다. 산업화는 1인당 소득, 건강, 생활수준을 전례 없는 수준으로 끌어 올렸기 때문에 일반 사람들이 그와 같이 신속하게 오랜 세월 동안 꾸준히 삶이 개선된 시기를 인류역사에서 찾으려면 동물을 가축으로 길들이기 시작한 때로 거슬러 올라가야 한다. 부가 증가하면서 정부의 정통성도 강화되었다.[1] 산업화의 발생지인 영국에게 정부의 정통성은 단지 장식물이 었다. 영국인들은 이미 원양 항해 기술과 전 세계를 망라하는 제국을 건설해 그 혜택을 톡톡히 누렸고 부유해져 있었다. 그러나 독일에서는 정통성 확보가 본질적으로 크게 다르지는 않았지만 몇 배는 더 신속하고 광범위하게 이루어졌다. 그 이전의 천 년 동안 독일은 유럽에서 대접받지 못했고, 수세기 동안 시련을 이겨낸 끝에 그럭저럭 정체성과 안전, 존엄성을 확보하게 되었다. 독일은 산업화를 통해 한 세대만에 북유럽 평원의 가장 가난한 국가에서 가장 부유한 국가로 손꼽히게 되었고 수세기 동안 독일을 괴롭혔던 강대국들(폴란드, 덴마크, 오스트리아, 프랑스)과의 네 차례에 걸친 충돌에서 그들에게 결정적인 패배를 안겨주게 되었다.

그 다음 세대에서는 독일의 지방정부들이 모두 오토 폰 비스마르크라는 외교의 달인이 지배하는 단일한 제국으로 통합되었고, 그 제국은 유럽의 거물이 되었다. 샤를르마뉴 대제가 사망한 이후 독일을 이탈했던 독일 도시들은 철도망을 서로 연결해 동지 관계를 맺었는데, 이들의 관계는 낙후된 오지의 마을이 막강한 런던과 연결된 경우와는 질적으로 달랐다. 경제적, 문화적 효과는 전율을 느끼게 할 정도로 대단했다. 우여곡절 끝에 마침내 통일된 그저 그런 문화권이 탄생한 게 아니라 그 전례를 찾아보기 힘들 정도로 자신들이 구축한 정체성과 정부에 대해 열광하는 문화권이 탄생했다.

독일은 경제, 금융 산업, 인구, 군사력에서 재빨리 경쟁자들을 물리쳤다. 세계 최초로 인구의 대다수가 도시에 사는 국가가 되었고―이는 산업화 시대에 숙련 노동력을 육성하고 활용하는 데 결정적인 요건이었다―1900년 무렵 나머지 유럽 지역에 있는 산업화된 주요도시를 모두 합친 것보다 더 많은 도시들이 독일에 존재하게 될 정도로 독일의 수많은 지방 중심지들이 성장했다. 대규모 대학교와 연구실험실을 설치하고, 이 둘을 지방정부, 기업과 직접 연결시켜 독일 산업계가 융자에서 인력, 과학연구에 이르기까지 모든 지원을 받을 능력을 갖추게 되었고, 오늘날까지도 유럽에 퍼져 있는, 국가경제 발전의 견인차 역할을 하는 기업조직의 모델이 탄생하게 된 최초의 국가가 바로 독일이었다. 독일은 신중하고 끈질기게 과학에서든 산업에서든 발명된 모든 파격적인 신기술을 국가 전략의 모든 측면에 응용했고, 이는 효율적이고 작은 승용차 엔진에서부터(이 부문에서는 카를 벤츠, 루돌프 디젤, 코틀립 다임러, 에밀 옐리네크가 공을 세웠다. 메르세데스는 옐리네크가 자기 딸의 이름을 따서 지은 명칭이다), 현대의 제약 산업(그레고르 멘델, 로베르트 코흐, 프리드리히 바이엘, 폴 에를리히), 대포(알프레드 크럽)와 전격전에 이르기까지 전천후로 응용되었다.

독일의 급격한 부상은 그 속도만으로도 유럽의 체제를 혼란에 빠뜨렸고, 독일은 다른 모든 유럽 강대국들을 한꺼번에 물리칠 뻔했다.

여기서 중요한 단어는 바로 "뻔"이다.

독일이 세계대전에서 패한 이유는 운이 없어서가 아니다. 독일보다 앞서 부상한 영국, 그리고 그 이전에 부상한 이베리아 반도 국가들과 마찬가지로 애초에 독일의 부상을 견인한 원동력은 지리적 위치와 기술의 상호작용이었다. 간단히 말해서, 원양 항해 기술도 산업화도 확산을 멈추지 않았다. 영국은 이베리아보다 원양 항해 기술을 더 잘 이용했고, 독일은 영국보다 산업화를 더 잘 활용했지만, 이 두 요소를 둘 다 한층 더 잘 활용하기에 적합한 또 다른 지리적 입지가 있었다.

04

우연히
등장한
초강대국

Enter
the Accidental Superpower

미 국을 논하려면 어디서부터 시작해야 할까? 가장 단시간에 가장 적은 피를 흘리고 매우 저렴한 가격에 세계에서 가장 알짜배기 땅을 물려받았다는 사실에서 시작해야 할까? 북아메리카에는 초기 미국인들을 경쟁 관계인 캐나다와 멕시코에 거주하는 사람들로부터 보호해준 장벽이 있다는 사실부터 거론해야 할까? 미국 영토는 영국보다 원양 항해에 훨씬 적합하고 독일보다 산업화에 훨씬 적합하다는 사실부터 거론해야 할까? 19세기부터 20세기 초까지 유럽인들은 자기파멸적인 전쟁에 골몰하느라 곧 자기들을 무색하게 할 신흥 국가에 관심을 둘 여유가 없었다는 사실부터 시작해야 할까?

이 모두가 중요한 요인이다. 너무나도 중요하기 때문에—이 모든 요인이 복합적으로 작용하지 않고—사실상 어느 한 가지만으로도 미국이 초강대국으로 부상하는 데는 충분했을지도 모른다. 따라서 이 장에서는 이 요인들을 모두 살펴보도록 하겠다. 그러나 이러한 이점들은 세계적인 관점에서 볼 때는 타의 추종을 불허하는 이점이지만, 사실상 부차적인 요인들이다. 미국이 세계를 지배하는 데 결정적인 기여를 했다고 할 또 다른 요인이 있다. 바로 수로망이다.

미시시피 강은 세계에서 가장 긴, 배가 다닐 수 있는 강으로서[1] 멕시코 만에서 시작되는 강어귀에서 미네소타 주 트윈 시티에 있는 종착지까지 장장 2,100마일에 달한다. 이는 막강한 다뉴브 강보다 3분의 1이 더 길고 라인 강의 세 배에 달하는 길이다. 게다가 미시시피 강 말고도 운항 가능한 주요 강이 미국에는 11개나 더 있다. 미국에서 온난한 기후 지역에 위치한 강들의 길이를 모두 합하면 14,650마일에 달한다. 중국과 독일의 경우 각각 2,000마일, 프랑스가 1,000마일 정도 된다. 아랍권의 경우 이러한 강들의 길이를 모두 합해봐야 겨우 120마일에 불과하다.

그런데 미국의 수로에는 길이 말고도 독특한 이점이 있다. 지구상 그 어떤 지역에서도 찾아보기 힘든 지리적인 특징이 있다. 바로 방벽 역할을 하는 섬들이다. 평평하고 나지막한 섬들이 동부 연안과 멕시코 만의 4분의 3에 달하는 해안선을 따라 미국 본토와 나란히 줄지어 있다. 띠를 이루어 본토를 보호하는 요새 역할을 하는 이러한 섬들 덕분에 외부에 노출된 3,000마일 길이의 해안선이 서로 연결되고 차폐된 수십 개의 만으로 변모한다. 조수간만의 차는 이러한 지형으로 어느 정도 완화되고 일련의 섬들은 바다에서 뭍으로 밀어닥치는 가장 혹독한 날씨만 빼고 대부분의 날씨를 막아주는 역할을 충실히 해내기 때문에 체사피크 만에서 텍사스-멕시코 국경까지 안전하게 운항이 가능하다. 이러한 연안 수로로 인해 미국은 3,000마일 길이의 강을 덤으로 얻게 된 셈이나 마찬가지이다.

그러나 미국 해운 체계가 지닌 가장 두드러진 점은 세계 다른 지역에 있는 물길에서는 거의 찾아보기 힘든 독특한 특징을 지녔다는 점이다. 미국의 해운 체계는 명실상부한 망(network)조직이다. 미시시피 강에는 운항 가능한 여섯 개의 지류가 있는데, 이 지류들도 대부분 각각 몇 개의 지류로 갈라진다. 미시시피 강이 멕시코 만으로 흘러 들어가는 지점에서 선박들은 요새 역할을 하는 섬과 연안 수로에 직접 접근하게 된다.

이러한 미시시피 강의 물길과 연안 수로 체계를 합하면 미국에 있는 수로 총길이 17,600마일 가운데 15,500마일을 차지한다. 미국(그리고 북미)의 다른 수로들을 제외한다고 해도 이는 여전히 지구상에 있는 다른 수로들을 모두 합한 것보다 훨씬 긴 수로다. 결과적으로 미국은 양적으로도, 집중도로도 세계 그 어느 나라도 따라오기 힘든 자본창출의 기회를 갖고 있으며, 그러한 기회는 하나로 통합된 체계에 고도로 집중되어 있다.

이러한 체제의 규모와 상호연결성이 복합적으로 작용하면 다음과 같은 여러 가지 결과를 낳는다.

- 무엇보다도 우선 이러한 수로를 기반으로 구축된 문화는 어처구니없을 정도로 자본이 풍부해진다. 운송에서는 거리가 핵심적인 요소다. 운송 비가 저렴하면 더 멀리까지 화물을 실어 나르게 되고 물자를 대량 공급 하는 지역에서 대량 수요가 존재하는 지역으로 상품을 효율적으로 운송 할수록 상품이 경쟁 가능한 범위는 확대된다. 미국의 경우 이 덕분에 상 품이―네브라스카 주의 옥수수든, 테네시에서 생산된 위스키든, 텍사스 원유든, 뉴저지에서 제조된 철강이든, 조지아 주 복숭아든, 미시간에서 만든 자동차든―미국 땅을 벗어날 필요도 없이 아주 적은 비용으로 강 수로망을 따라 어디든 도달 가능하다. 싼 비용 덕분에 추가로 발생한 수 익만 해도 엄청나기 때문에 미국은 지구상에서 가장 자본이 풍부한 지 역으로서 이 자본을 아이폰에서부터 항공모함 전투단에 이르기까지 미 국인이(또는 정부가) 마음대로 사용할 수 있다.

- 미국이 통상적으로 자본을 투자할 필요도 없었던 부문은 인공적인 기간 시설이다. 대부분의 나라에서는 정부가 형성되고 규모가 커지는 핵심적 인 요인은 지정학적으로 기간 시설을 만들 필요가 있기 때문이다. 독일 이 가장 대표적인 사례다. 도로와 철도 건설은 비용이 만만치 않게 들기 때문에 세금을 걷을 필요가 있고 그러려면 정부가 구성되어야 한다. 미 국은 다르다. 강들이 직간접으로 경제적 진출을 가로막는 많은 장애물 들을 제거해주고 개발비용을 낮게 유지시켜 준다. 미국 초기의 소규모 자작농―자기 땅을 소유하고 경작한 개척자 가족들―조차도 땅을 간 지 몇 달 만에 이러한 수로를 통해 곡물을 수출할 수 있었다. 이는 작은 정 부를 추구하고 고도의 기업가정신을 함양하게 된 비결이다. 미국은 또 한 경제적으로 발전하면서 기존의 강 수로망을 보완할 철도와 도로망을 건설하게 되었고, 해상 운송의 혜택을 보지 못한 내륙지방을 외부와 연

결시켰다. 새로 구축한 인공적인 운송 체계는 강 수로를 통한 운송을 어느 정도 대체하기는 했지만 다른 운송 체계들은 수로 운송 체계와 지속적으로 경쟁해야 하기 때문에 운송방법이 어떻든 상관없이 운송비의 상승을 막는 효과가 있다.

• 미국의 지리적 여건은 대대적인 소비자 기반을 구축하는 데 안성맞춤이다. 정부가 제한적이면, 세금 부담이 낮고 국민들 주머니에 돈이 더 많이 남게 된다. 가용 자본이 많으면, 융자를 받기도 쉽고 그렇게 되면 소비자와 기업 공히 그 기반을 확장할 능력이 생긴다. 상품을 운송하기가 쉬우면 식량을 자급하기 어려운 지역에까지 식량을 운반할 수 있다. 따라서 특화하기 알맞은 환경이 조성되고, 특화되면 교육 수준, 생산량, 소득 수준이 꾸준히 개선되며 경제의 여러 부문이 서로 연결된다. 미국은 타의 추종을 불허하는 세계 최대의 소비자 시장이다. 남북전쟁 직후부터 쭉 그래왔다. 2014년 현재 미국의 소비자 기반은 대략 11조 5천만 달러에 달한다. 2위부터 여섯 나라—일본, 독일, 영국, 프랑스, 중국, 이탈리아—의 소비자 기반을 다 합한 것보다 크고, 여섯 나라 중 그 어느 나라보다도 세 배 이상은 되며, 브릭스(BRICs, 브라질, 러시아, 인도, 중국)의 소비자 기반을 합한 것의 두 배에 달한다.

• 강은 통일을 촉진하고, 통합된 수로망은 방대한 영토를 하나로 결속하는 특성이 있다. 운송비가 저렴하면 운송 경로를 따라 위치한 지역들의 경제적 사회적 교류를 촉진한다. 특화 수준이 높을수록 교류해야 할 필요성이 높아진다(여러분이 거주하는 도시에서 자동차를 생산한다면 철강, 전자, 식량, 목재 등등을 수입해야 한다). 이와 같이 상호의존도가 높으면 순전히 경제적인 특성을 훌쩍 넘어서는 특징들을 띠게 된다. 경제가 다

변적이고 밀접하게 연관되면 문화적, 정치적으로도 다변적이고 밀접한 결속력을 갖추게 된다. 더할 나위 없이 유용한 천혜의 기간 시설을 부여받은 미국이 강대국 가운데 가장 강력한 국가 정체성을 가진 나라로 손꼽히는 데는 그만한 이유가 있다.[2]

미국은 천혜의 수로 덕분에 엄청나게 풍부한 자본을 창출하고 놀라울 정도로 높은 수준의 정치적 통일성을 달성했으며, 소비자 중심의 강력한 경제 체제를 구축하게 되었다는 점에서 세계적으로 유일무이한 사례다. 게다가 광활한 영토를 보유한 나라치고는 인력과 재원 측면에서 비교적 작은 정부로 이 모두를 달성했다니 실로 놀랍다.

그런데 이는 그저 시작일 뿐이다.

뭍(그리고 물)

부차적인 요인들 가운데 첫 번째로 거론할 대상은 미국의 땅이다. 위도 48도 아래에 위치한 땅은 대부분 온난한 기후 지역에 속한다. 사람이 거주하고 작물을 경작하기에 충분할 만큼 온화한 동시에, 치명적인 질병을 옮기는 곤충들의 서식을 제약할 만큼 서늘하다. 로키 산맥은 매우 험준하지만 세계의 내로라하는 산맥들—알프스, 히말라야, 안데스—과는 달리 산사태의 위험이 적은 (따라서 연중 개방이 가능한) 여섯 개의 주요 통행로가 있다. 이 가운데 세 통행로는 주요 대도시 지역들—솔트레이크 시티, 라스베이거스, 피닉스—을 품을 만큼 널찍하다. 로키 산맥 동쪽으로는 개발을 물리적으로 제약하는 장애물이라고 해봐야 겨우 하나뿐—애팔래치아 산맥—이고, 이 산맥에는 십여 개의 통행로가 있다.

가장 접근하기 쉽고 유명한 통행로인 컴벌랜드 협로(Cumberland Narrows)는 미국에서 최초로 인공적으로 만든 기간 시설—포토맥에서 오하이오(그리고 여기서 미시시피로)까지 연결되는 국립도로—로서 오늘날 미국의 동서를 잇는 고속도로 I-40의 동쪽 지역 출발점이다. 두 개의 강과 직접 연결된, 최초로 건설된 이 도로의 양쪽 끝은 서로 겨우 130마일 떨어져 있다. 미국 연방을 구성한 최초의 13개 주의 동부 연안을 미시시피 만과 연결하는 데 130마일이면 족했다는 뜻이다. 통일된 국가의 면모를 갖추기 위해서 인위적으로 수천 마일의 운송망을 건설해야 했던 독일과는 천양지차로 건국 초기 미국인들은 통나무 판자만 몇 마일 깔면 그만이었다. (로키 산맥 동쪽의 거의 전 지역을 비롯해) 위도 48도 아래쪽에 위치한 지역 가운데 대략 3분의 2는 접근성이 뛰어난데, 이 지역의 90퍼센트는 반경 150마일 이내에 운항 가능한 수로가 있다.

금상첨화로 쓸모 있는 영토 대부분은 경작하기 쉬운 하나의 큰 땅덩어리다. 중서부는 그야말로 광활하다. 1억 3천 9백만 헥타르에 달하는, 막힘없이 펼쳐진 대지는 세계 최대의 비옥한 경작지다. 이 평원의 중심부는 습도가 높지만 온화한 기후이기 때문에 옥수수와 대두 생산에 안성맞춤이다. 서부 지역은 로키 산맥의 비 그늘(산맥에서 바람 부는 방향의 반대편 사면에 위치한 건조한 지역)에 위치하고 있기 때문에 상당히 건조하고 따라서 다양한 품종의 밀을 생산하기에 이상적이다. 흉년에도 중서부에서는 밀이 10억 부셸, 대두 25억 부셸, 옥수수는 자그마치 90억 부셸이 생산된다.

미국의 수로와 마찬가지로 미국의 토지는 그 자체만으로도 미국을 세계 초강대국의 지위에 올려놓는다. 그런데 이러한 토지들이 미국의 세계 최고의 수로와 거의 완벽하게 겹친다는 사실을 감안하면 이런 토지들의 가치와 중요성은 몇 배로 증가한다.

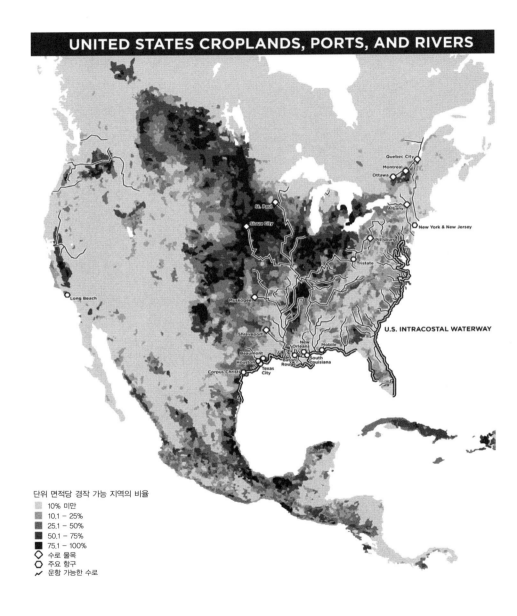

UNITED STATES CROPLANDS, PORTS, AND RIVERS

Quebec City
Montreal
Ottawa
Albany
New York & New Jersey
Pittsburg
Tristate
St. Paul
Sioux City
Long Beach
Muskogee
Shreveport
New Orleans
Mobile
Beaumont
South Louisiana
Houston
Baton Rouge
Corpus Christi
Texas City
U.S. INTRACOSTAL WATERWAY

단위 면적당 경작 가능 지역의 비율
10% 미만
10.1 – 25%
25.1 – 50%
50.1 – 75%
75.1 – 100%
◇ 수로 물목
○ 주요 항구
↗ 운항 가능한 수로

미국의 경작지, 항구, 강

세계 최대의 강 수로망—미시시피 강과 6,000마일에 달하는 운항 가능한 지류들—은 세계 최대 경작지와 완벽하게 겹친다. 연안 수로는 텍사스 평원뿐만 아니라 남동부 전역까지 접근 가능하다. 새크라멘토 강과 샌프란시스코 만은 캘리포니아 주의 센트럴 밸리를 담당하고 컬럼비아와 스네이크 강은 농업에 유용한 지역인 워싱턴 주와 오리건 주를 담당한다. 로키 산맥의 비 그늘에 위치한 대평원의 서쪽 자투리 지역을 제외하면 미국의 농지 가운데 운항 가능한 수로에서 150마일 밖에 위치한 지역은 하나도 없다. 그 덕분에 자본과 농작물과 운송 체계를 미국 인구 대부분이 이용 가능하다. 미국 총인구 3억 1천 4백만 명 가운데 2억 5천만 명 정도가 미국의 운항 가능한 수로에서 150마일 이내에 살고 있다.

이와 같이 수로와 곡창 지대가 중첩되는 덕분에 역내(미국 내) 경제 개발의 기회가 풍부하다. 대부분의 나라들은 지리적 제약 때문에 육로를 이용해 자국 내의 다른 지역으로 상품을 운송하기보다는 상품을 연안지역으로 운송하고 거기서 다시 세계 각국으로 운송하는 게 훨씬 비용이 덜 먹힌다. 미국은 자국 내 상품 유통이라는 호사를 누리는 덕분에 세계 무역 체제에 대한 의존도가 역사상 GDP의 15퍼센트를 넘어본 적이 없다.

세계적으로 미국에 견줄 만한 대규모 비옥한 토지가 있는 지역도 있기는 하지만, 이들은 거의 모두 내부적으로 통일되고 집중된 체계로 발전할 잠재력이 없다.[3]

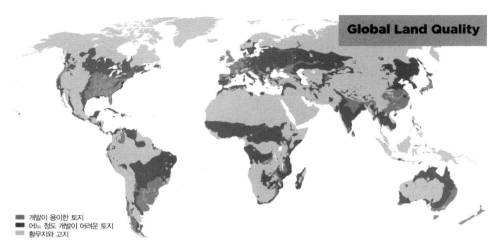

개발이 용이한 토지
어느 정도 개발이 어려운 토지
황무지와 고지

세계의 토질

세계적 곡창 지대와 황무지

한 나라의 지형, 고도, 기후를 복합적으로 고려하면 그 나라의 잠재력을
예측하는 훌륭한 지표가 된다. 고도가 5000피트 이상이면 보통 산악 지대
이며, 따라서 운항 가능한 수로가 존재할 가능성이 없다. 철도는 고지에서
는 무용지물이고—경사도가 0.25퍼센트만 되어도 기차가 운송 가능한 화
물 적재량이 절반으로 줄어든다—곳곳에 솟은 산등성이가 장애물이 되기
때문에 한 지역에 건설한 기간 시설은 다른 지역에 혜택을 주지 못한다.
열대기후 역시 기간 시설 구축을 매우 어렵게 만들고, 전염병도 전략적인
계산에 넣어야 한다. 사막, 툰드라, 타이가(침엽수림 지대)에는 대규모 인
구가 거주하기 불가능하고, 설사 거주한다 해도 지역 내에서 자체적으로
필요한 물자를 조달해야 한다.

이러한 황무지와 고지에서는 세계적으로 뻗어나간 강대국이 탄생한 적이

94

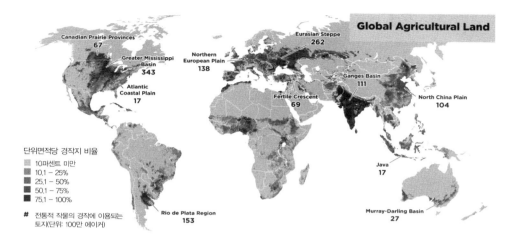

세계의 경작지

없다. 열대기후 지역에 강대국이 탄생한다면 대규모 인구를 뒷받침할 수 있을지는 모르지만 이 지역 또한 상당한 제약에 부딪치게 된다.

이와 같이 척박한 토질의 정반대편에는 온화하지만 작열하는 열기가 없고, 물이 있지만 과도하게 습하지 않은 황금 지대가 있다. 지난 500년 동안 등장한 주요 강대국은 모두 이와 같이 개발하기 쉬운 온화한 지역에서 탄생했다. 미국에서 개발이 용이한 토지는 세계에서 가장 드넓은 평원인 동시에 수로망과 거의 완벽하게 일치한다는 사실은 순전히 우연이다.

그 같은 불모지와 비옥한 지역 사이에는 대규모 자본이 지속적으로 투입될 때에만 개발이 가능한 토지가 있다. 지난 60년 동안 많은 경제적, 정치적 활동들이 바로 이처럼 어느 정도 개발이 힘든 지역에서 일어났다.

위 지도는 지리학적인 이론이 현실에서 어떻게 적용되는지를 보여준다. 세계에 있는 대부분의 농지는 개발이 쉬운 지역에 위치해 있다는 사실은 놀라울 게 없다.

중심부를 보호하라

지정학적인 로또에 당첨된 덕분에 생산성도 높고 자본을 많이 창출하는 미국의 토지는 대부분 지구상에서 물리적으로 가장 안전한 지역으로 손꼽힌다. 이러한 안전도는 지역적 완충 지대, 지역 세력들, 해양 완충 지대, 잠재적인 해외 경쟁자, 이렇게 네 가지 차원으로 생각해볼 수 있다.

지역적 완충 지대

북미에 위치한 미국 영토 내에서는 이동하기가 쉬운 반면 멕시코나 캐나다 중심부에서 국경을 넘어 미국 중심부로 들어가기는 매우 어렵다.

미국 남쪽 국경지역은 사막이거나 고지대이거나 고지대에 위치한 사막이다. 남쪽 국경의 북쪽 면은 비교적 평지이며, 남쪽 면은 험준하다. 국경 지역에 있는 공동체들을 제외하고 남쪽 국경 500마일 내에 거주하는, 상당한 규모의 멕시코 인구는 치와와와 몬터레이 두 부족뿐이고, 이 두 부족들도 험준한 산악 지대 500마일을 사이에 두고 떨어져 있다. 텍사스 독립 전쟁 당시 멕시코 장군 산타아나가 깨달았듯이, (오늘날) 멕시코 영토 내에는 미국 영토를 공격하기 위해 중간 기착지 역할을 할 만한 지역이 없다. 1846-48년에 치러진 멕시코-미국 전쟁에서 미국은 중간 기착지가 없다는 점, 두터운 완충 지대, 월등한 운송 체계를 십분 활용해 점점 기동력이 저하되고 지쳐가는 멕시코 군을 전략적으로 앞지를 수 있었다—미국이 전함과 제트기를 발명하기 전의 일이었다. 전쟁이 마무리될 무렵, 미국은 (캘리포니아를 비롯해) 멕시코 영토의 절반을 함락했다—침투하기 쉬운 지역 절반을 말이다.

캐나다와 미국의 국경은 훨씬 길고 지형이 변화무쌍하며, 두 나라를 분리해 놓는 데 훨씬 효과적인 지형이다. 캐나다-미국 국경의 동쪽은 산맥과 나무가 빽빽이 들어찬 숲이 펼쳐져 있어 운송 체계를 구축하기가 대단히 어렵고 오늘날까지도 기간 시설은 취약하다. 서쪽 끝은 로키 산맥이 버티고 있는 국경 지대로서 국경 이쪽이든 저쪽이든 중간 기착지로 쓸 만한 지형이 수백 마일을 가도 찾아보기 어렵다. 갈등이 발생할 가능성이 있는 유일한 지점이 캐나다 밴쿠버 섬과 미국 북서부 끝자락인 워싱턴 주 사이에 있는 조지아 해협이다. 캐나다가 이 해협을 장악하면 시애틀과 터코마의 근거지인 퓨젓사운드로 가는 수로가 봉쇄된다. 그런데 이 지역의 인구 (불)균형은 미국에게 대단한 이점으로 작용한다. 미국 태평양 연안의 3개 주 인구를 합하면 캐나다 브리티시컬럼비아 주의 인구보다 10배 많다.

캐나다-미국 국경지역의 중간 부분—대초원 지대에서 중서부까지 이어지는 국경—은 촘촘히 연결되어 있다. 그런데 이는 미국이 아니라 캐나다에 매우 불리하게 작용한다. 이 국경의 남쪽에서는 끊임없이 토지가 개간되고, 천혜든 인공적이든 운송 기간 시설이 끊임없이 개선되면서 인구가 계속 늘고 있다. 이와는 대조적으로 국경 북쪽에서 캐나다로 진입하면 일련의 도시들—캘거리, 레지나, 위니펙—에 도달하게 되는데, 이런 도시를 벗어나면 허허벌판이 끝없이 이어진다. 대초원 지대는 경제적으로 미국 지향적이고 문화적으로는 미국의 중서부 특성까지도 느껴진다. 브리티시컬럼비아와 캐나다 동부 핵심 지역을 물리적으로 연결하는 고리는 기껏해야 매우 취약하고 겨울마다 단절되기 일쑤다. 그러나 남쪽 큰 나라와의 연관성은 실질적이고, 다면적이고, 다양하며, 대체로 기능적이다.

지역 세력들
미국이 개발하기에 최적의 지리적 여건을 갖추었다면, 멕시코는 정반대다. 좋게 말해서 멕시코 전체가 남쪽에 늘어선 로키 산맥이라고 보면 된다. 미국의 최악의 땅이 멕시코의 최고의 땅과 놀라울 정도로 비슷하다는 뜻이다. 산악 지대가 대부분인 지형이 으레 그렇듯이 운항 가능한 강도 없고 경작 가능한 대평원도 없다. 미국의 남동부나 컬럼비아 계곡과는 전혀 딴판이며 중서부만도 못하다. 산골짜기마다 몇몇 토호들이 지역의 경제적 정치적 권력을 장악한 구조가 고착되어 있다. 멕시코는 통일된 하나의 국가라고 하기보다는 지역 권력가들이 끊임없이 이합집산, 합종연횡하는 수많은 작은 멕시코들의 집합체라고 보는 게 타당하다. (그리고 중앙정부는 여러 지역을 하나로 결속시키려고 애쓰지만 대부분 헛수고에 그친다.) 지역들이 서로 단절되어 있는 멕시코를 보면, 자본집약적인 기간 시설이 가장 절실히 필요한 나라는 보통 그런 기간 시설을 구축하는 데 필요한 자본을 창출할 역량이 가장 부족한 나라라는 역설을 여실히 보여주는 전형적인 사례다. 1873년 멕시코가 (산업화 이전) 자국의 하나뿐인 주요 항구인 베라크루스에서 멕시코시티까지 첫 철도를 완공한 무렵, 미국은 이미 가동 중인 철도가 5만 마일에 이르렀다.

캐나다도 멕시코와 비슷하게 통합에 골머리를 앓는다. 지형상 국토가 다음과 같이 다섯 조각으로 나뉘기 때문이다.

- 캐나다 로키 산맥은 브리티시컬럼비아와 대초원을 나눈다.
- 반복된 빙하작용으로 토양이 깎여나가고 암석이 부서진 캐나다 순상지(楯狀地)는 대초원과 온타리오 주를 갈라놓는다. 1,000마일에 달하는 구불구불한 운송로 하나가 순상지를 관통해 다른 지역들로 연결된다.
- 바로 이 순상지가 온타리오 주와 퀘벡 주를 갈라놓는다. 이들을 연결하는 기간 시설이 세인트로렌스 강을 따라 지나간다.
- 세인트로렌스 만은 퀘벡을 해양 지역들과 분리하는데, 이 해양 지역들은 단일 운송로에 의해 연결된다(본토 해양 지역을 말한다. 섬 해양 지역

들은 고립되어 있다). 여러 가지 면에서 이러한 지역은 각각 독립적인 국가로 기능한다.

캐나다의 지리적 자산이 하나 있다면 바로 운항 가능한 수로—세인트로렌스—가 있다는 점인데, 이 세인트로렌스 수로는 미국 5대호와 합류하기 때문에, 캐나다가 수로로 운송하는 교역품은 미국인들의 취향에 따라 결정된다. 사실상 이 점은 캐나다 전체에 적용되는 정서다. 캐나다의 지역들은 거의 대부분 경제적으로 자기들끼리 서로 통합하기보다 미국과 통합하기가 훨씬 쉽다.

멕시코와 캐나다 말고는 이론상으로라도 미국 영토에 발을 들여놓을 수 있는 나라는 없다. 엄밀히 말하면, 북미와 남미는 파나마 해협으로 연결되어 있지만, 파나마는 습지 특성이 강해서—유럽이 최초로 이 지역을 탐험한 지 500년이 지난—지금까지도 이곳에는 북미와 남미를 연결하는 도로가 단 하나도 없다.

해양 완충 지대

북미에서 미국을 위협할 만한 군사력의 존재를 생각하기가 어려운 만큼이나 아메리카 대륙 외의 지역에서 미국을 군사적으로 위협할 만한 세력을 생각해내려면 상상력의 빈곤을 절실히 느끼게 된다. 바다는 훌륭한 완충 지대 역할을 하므로 유럽과 동아시아의 대규모 인구와 원치 않는 교류를 할 가능성을 극도로 제한한다. 나폴레옹이나 히로히토 같은 지도자들이 뼈저리게 경험했듯이, 바다를 건너 침략을 하려면 물자를 수송하는 데 상당히 골치를 앓아야 한다. 수륙 양면 공격을 하려면 군사적 기간 시설, 장비, 수륙 양면 공격을 하는 경우 말고는 아무 쓸모없는 군대훈련 등이 필요하다. 자국의 국경 보안에 끊임없이 신경을 써야 하는 프랑스나 독일 또는 러시아 같은 나라들에게는 수륙 양면 공격은 고사하고 그런 공격 능력을 갖추기조차도 사치에 불과하다. 세력이 절정에 달했을 때의 나치 독일은 가장 좁은 부분이 겨우 21마일에 불과한 영국 해협을 건너기 어렵다는 이유로 영국을 침공할 계획을 접었다. 유럽에서 미국까지 최단 거리는 3,000마일이 넘는다.

이와 같이 거리상의 제약을 감안할 때, 미국 바깥의 세계는 1812년 전쟁에서 미국의 발전을 훼방 놓을 절호의 기회를 놓쳤다. 미국은 아메리카 대륙 바깥에서 온 세력으로부터 단 두 차례 침략을 당했는데, 1812년 전쟁이 그중 하나다 (다른 하나는 미국 독립전쟁이다). 결정적인 전투는 1814년 9월 매켄리 요새에서 벌어졌다. 영국은 워싱턴 D.C.를 포위해 함락했다. 수륙 양면으로 볼티모어를 향해 북진하기 3주 전의 일이다. 당시에 볼티모어는 그 지역에서 가장 큰 도시였고 영국 화물선들을 약탈해온 사략선(私掠船, 전시에 적의 상선을 나포할 허가를 받은 민간 무장선) 선원들이 결집하는 곳으로 악명이 높았다. 또한 북부 주들과 남부 주들을 육로로 연결하는 유일한 지역이기도 했다. 서쪽으로 앨러게이니 산맥이 있고 모든 도로는 체사피크 만을 끼고 돌았는데, 체사피크 만은 다시 그 곳의 주요 도시와 하구로 이어졌다. 이 못지않게 중요한 점은 미국은 내륙 지역 전체가 볼티모어에 의존하고 있었다는 사실이다. 애팔래치아 산맥을 관통하는 컴벌랜드 협로는 서쪽에 접해 있고 미국 정부가 포토맥 강을 오하이오 계곡과 연결하는 도로 건설에 착수한 지 겨우 3년째 되는 시기였다. 뉴올리언스까지 몇 달 걸려 배를 타고 내려가 다시 미시시피 강을 타고 오하이오로 올라가는 대신, 이 새로 건설된 국립 도로를 이용하면 볼티모어를 통해 바로 피츠버그와 그 너머에 있는 지역까지 연결되었다.

영국은 볼티모어만 장악하면 다른 전투지역들은 신경 쓸 필요가 없고 신생국인 미국은 북부, 남부, 내륙으로 쪼개지게 된다. 미국으로서는 다행스럽게도 조지 아미스테드 장군이 매켄리 요새에서 결사 항전한 덕택에 영국 사령관들이 자국의 가용한 군사력으로 이 요새를 함락하기는 어렵다는 결론을 내리게 되었다. 세월이 흐르면서 자세한 내용에 대한 기억은 미국인들의 뇌리에서 희미해졌지만, 영국 함선 갑판 위에서 이 전투를 지켜본 한 미국인 포로가 이 전투가 어떻게 마무리되었는지 기록했는데 그 내용을 모르는 미국인은 없다. 바로 프랜시스 스캇 키(Francis Scott Key)가 쓴 "성조기여 영원하라(Star-Spangled Banner)" 가사이다.

미국은 이 전투에서 귀에 착착 감기는 노래만 얻은 게 아니라 전략적 취약점과 해양에 접근하는 전략에 대해서도 터득했다. 볼티모어를 함락하려는 영국의 시도—사실상 전쟁 그 자체—는 캐나다와 카리브 해에 전초기지가 없었다면 불가능했을지 모른다.

미국은 자국의 어느 지역들이 이용당했고 자국의 외교와 군사정책들을 수정하게끔 만들었는지 눈여겨보고 이러한 지역들이—또 이와 유사한 어떤 지역도—그러한 목적으로 다시는 이용되지 않도록 만전을 기했다.

- 1812년 전쟁이 끝난 후 영국은 나폴레옹의 몰락 이후의 유럽을 재구성하는 데 몰두했다. 미국은 캐나다에 외교적, 경제적, 군사적 압박을 가해 영국으로부터 떼어내 중립적인 국가로 전환시키는 데 성공했다.
- 1800년대 후반에 미국은 알래스카(1867)를 매입했고 하와이 군도 (1898)를 합병했다. 이를 통해 아시아의 잠재적인 적대세력들을 2,600마일 이상 밀어냈다. 하와이를 벗어나 처음 도달하게 되는 섬다운 섬은 2.4제곱 마일 크기의 산호초인 미드웨이인데, 이 섬은 하와이나 알래스카로부터 1,300마일 더 떨어져 있다. 미국은 1903년 군사력으로 미드웨이를 수중에 넣었다.
- 1898년 스페인-미국 전쟁에서 미국은 푸에르토리코를 실질적으로 장악

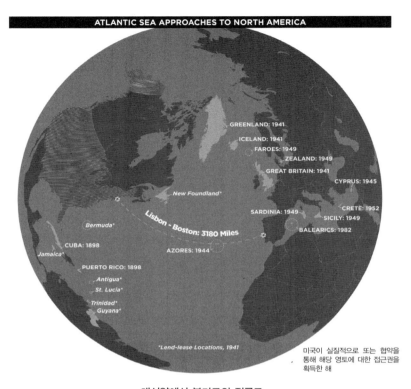

GREENLAND: 1941
ICELAND: 1941
FAROES: 1949
ZEALAND: 1949
GREAT BRITAIN: 1941
CYPRUS: 1945
New Foundland*
CRETE: 1952
SARDINIA: 1949
SICILY: 1949
Bermuda*
BALEARICS: 1982
Lisbon - Boston: 3180 Miles
CUBA: 1898
AZORES: 1944
Jamaica*
PUERTO RICO: 1898
Antigua*
St. Lucia*
Trinidad*
Guyana*
*Lend-lease Locations, 1941

미국이 실질적으로 또는 협약을 통해 해당 영토에 대한 접근권을 획득한 해

대서양에서 북미로의 접근로

했고 쿠바도 사실상 장악했다. 이로써 미시시피 만에서 플로리다와 유카탄 해협을 경유해 바깥세상으로 나가는 길을 봉쇄할 가능성이 있는 적대적인 세력이 사라졌다.

• 미국은 제 2차 세계대전 초기에 전시무기대여협정을 체결해 영국이 대서양 서쪽을 장악할 가능성을 원천봉쇄했다. 이 협정의 조건에 따라 미국은 서반구에서 운용 가능한 거의 모든 영국 항구들을 무료로 99년 동안 조차(租借)할 수 있게 되었다.

PACIFIC APPROACHES TO NORTH AMERICA

SINGAPORE: 1965
TAIWAN: 1945
JAPAN: 1945
PHILIPPINES: 1898
ALASKA: 1811
Tokyo - Seattle: 4750 miles
MARIANA ISLANDS: 1945
GUAM: 1898
AUSTRALIA: 1941
MICRONESIA: 1945
MIDWAY: 1903
HAWAII: 1898

미국이 실질적으로 또는 협약을
통해 해당 영토에 대한 접근권을
획득한 해

태평양에서 북미로의 접근로

　제 2차 세계대전에 참전한 직후 즈음해서 미국은 이미 북아메리카에
대한 공격에 이용될 가능성이 있는 모든 접근로를 장악한 상태였다.

　물론 접근로는 양방향으로 작동한다. 미국은 북미대륙 외부에서 비롯
되는 침략으로부터는 대체로 안전하지만 미국이 유럽과 아시아를 침략하
는 데 이용 가능한 경로들은 다양했고, 실제로 제 2차 세계대전에 이를 십
분 활용하기도 했다. 종전 무렵 미국은 아이슬란드, 시실리, 영국과 같은
전초기지들을 십분 활용했을 뿐만 아니라 전후 북대서양조약기구를 통해
질란드, 아조레스 제도, 사이프러스, 페로스 제도 등과 같은 섬들을 미국

이 주도하는 방어망에 편입시켰다.

아시아에서 해양을 통해 미국에 접근하기도 쉽지 않다. 동아시아 해안 연안에는 단순한 일련의 군도가 아니라 인구밀도가 상당한 수준에 달하는 섬나라들이 연이어 있다. 일본, 대만, 필리핀, 인도네시아, 말레이시아, 싱가포르 등이다. 영국과 마찬가지로 모두 다 나름대로 온전한 모습을 갖춘 국가들이다. 이들의 공통점은 뭘까? 언젠가 그중 한 나라가 힘이 세지면 나머지 나라들을 끝장낼지 모른다는 두려움이다. 과거에 이러한 두려움 때문에 그들은 일본에 적대적이었고(그리고 미국에 우호적이었고), 현재는 이러한 두려움 때문에 그들이 중국에 적대적인 태도를 취하고(그리고 미국에 우호적인 태도를 취하고) 있다. 2014년 현재 이들 모두가—일본을 포함해서—미국의 동맹국이다. 그 결과 미국은 현재 미국의 동맹 구조, 해양에서의 우월성, 유라시아 강대국들이 미국을 공격하기가 대체로 불가능하다는 사실 등을 차치하고도, 이미 본토는 겹겹의 방어막으로 둘러싸여 있다.

이제 미국이 경쟁자들의 침략으로부터 거의 자유로운 이유가 자명해진다. 그런 시도를 할 만한 역량을 갖춘 나라가 하나도 없기 때문이다.

유라시아 강대국의 부재

북미 침공에 성공하려면 아주 까다로운 세 가지 전제조건을 충족시켜야 한다. 첫째, 가장 뻔한 전제조건으로 본토에 3억이라는 인구가 사는 나라와 한판 붙으려면 인구 규모가 엄청나야 한다. 이론적으로라도 그런 시도를 할 수 있는 인구 규모를 갖춘 나라는 중국, 인도, 유럽연합 전체, 러시아뿐이다.

둘째, 다른 대륙으로 건너가 수륙 양면 공격을 감행하려면 (엄청난 규모의) 군대 이상의 힘이 필요하다. 선박을 건조해 그 배로 지구 반 바퀴를 돌아 육지를 기반으로 방어할 능력을 갖춘—가장 두드러진 방어 방법은 전투기를 출격시키는 방법이다—나라에 침투하려면 막강한 산업과 뛰어난 기술력이 필요하다. 현재 세계에서 두 번째와 세 번째로 막강한 해군력을 보유한 나라들은 과거에 미국과 한판 붙은 적이 있는 두 개의 유일한 해양 강대국인 일본과 영국이다. 그런데 두 나라 모두 미국의 동맹이다. 이 두 나라를 제외하면 군사적인 해상 수송 능력을 어느 정도라도 갖춘 나라는 단 한 나라도 없다.

셋째, 마지막으로 애초에 침략할 함대를 건조할 전략적 재량이 있어야 한다. 내륙 국경이 있는 나라는 어떤 나라든 국경을 수비하고 방어할 육군이 반드시 있어야 한다. 그러나 해군은 매우 비용이 많이 드는 사치재다. 아니면 기껏해야 보조적인 군사력으로 쓰인다. 전선을 방어하는 일상적인 임무는 육군이 수행하지만, 해군은 기동력이 뛰어나기 때문에 주로 원정 임무를 수행하는 데 적합하다. 국경의 안전이 확보되어 있을 경우에는 원정 군사력이 유용하지만, 국경의 안전이 확보되지 않는 경우에는 대체로 무용지물이다. (적이 탱크를 이끌고 당신 나라의 국경을 넘어 쳐들어 올 수가 있는데 지구 반대편까지 도달 가능한 소수 정예 군사력이 무슨 소용이 있나?) 무엇보다도 바로 이 단순한 사실 때문에 세계 역사상 상당한 해군력을 갖춘 나라들이 손에 꼽을 정도이다. 소련이 국력이 절정에 달했을 때 조차도 북미는 고사하고 영국 침공을 고려할 만큼 충분한 군사적 여력이 없었다. 다시 말하지만 이 점 때문에 원정이 가능한 해군력을 갖춘 나라는 미국의 동맹인 두 나라, 일본과 영국뿐이다.

다른 대륙까지 진출해서 대륙적 규모의 침략에 성공하려면 여러 요인들과 힘이 필요하며, 설사 이런 요인과 힘을 모두 갖추었다고 해도 성공하기는 매우 힘들다. 인류 역사상 딱 한 번 이러한 시도가 성공한 사례가 있는데, 미국이 공격을 당한 사례가 아니라 공격을 한 사례였다.

원양 항해와 미국

미국은 위에서 언급한, 엄청난 이점을 누리는데다가, 지구상에서 미국보다 원양 항해 기술에 적합한 지리적 여건을 갖춘 나라는 없으며, 이 덕분에 미국은 세계 역사상 유례없는 막강한 해양 세력으로 부상했다.

영국이 18세기와 19세기에 바다의 절대적 강자로 군림했던 까닭은 간단하다. 섬나라는 선원과 선장을 육성하고 선박과 함대를 건조하는 데 있어서 대륙 국가보다 유리할 수밖에 없다. 육군에 물자를 집중적으로 투입할 필요가 없기 때문에 해군력을 키우기가 유리하다. 막강한 상선(商船)을 키울 역량은(섬나라가 육로로 교역하기란 불가능하다) 막강한 군함을 구축하는 데도 적용된다.

미국도 이와 똑같은 이점을 누린다. 몇 배는 더. 미국은 엄밀히 말해서 섬나라는 아니지만 이웃나라인 캐나다나 멕시코는 육로를 통해 미국을 위협할 능력이 없기 때문에 사실상 섬이나 마찬가지다. 미국은 섬이나 다름없는 대륙 국가로서, 중간 규모 크기의 국가인 영국이 자국에 적용 가능한 원양 항해 기술을 몇 곱절은 더 잘 활용할 능력을 갖추고 있다.

게다가 미국의 수로들은 규모가 크고 전략적으로 완벽한 입지에 분포되어 있다. 미국의 강들은 피츠버그, 세인트폴, 수시티, 털사 같이 내륙 깊숙이 위치한 도시들을 항구도시로 완전히 탈바꿈시킨다. 다른 어떤 나라보다도 월등한 내륙 수로들이 뻗어 있으니 미국이 으뜸가는 해양 세력이 되는 건 따 놓은 당상이지 않은가?

맞다. 그러나 거대한 대륙국가인 동시에 도처에 수로들이 산재해 있다는 사실은 미국을 원양 항해 기술의 궁극적인 본거지로 만드는 이유의 시작에 불과하다.

항구

미국은 세상의 나머지 나라들을 모두 합한 것보다 훨씬 큰 항구건설 잠재력을 지녔다.

항구를 건설하려면 해안선이 그에 적합해야 한다. 바다에 접한 대부분의 연안은 항구로 쓰기에 적합하지 않다. 조수간만의 차 때문에 기간 시설을 구축하는 데 많은 비용이 든다—부두가 수심이 깊은 곳까지 연장되어야 선박들이 조수간만의 주기와 상관없이 안전하게 항구에 정박할 수 있다. 폭풍은 더 골치 아픈 문제다. 바람이 일으키는 피해—설상가상으로 허리케인이 야기하는 폭풍우—로 몇 마일 내륙에 위치한 지역까지 초토화될 수 있다. 이 때문에 대부분의 항구들은 만에 위치하고 있다. 바다가 한 방향으로부터만 타격을 가할 수 있기 때문이다.[4] 만은 드물지는 않지만 어디에나 있다고 할 수는 없으며 아주 긴 해안선이라해도 만은 몇 개 되지 않는다. 예컨대, 아프리카 대륙의 해안선은 길이가 16,000마일에 달하지만, 항구를 안전하게 보호할 만한 충분한 능력이 있는 만은 겨우 열 군데밖에 되지 않으며, 그 가운데 세 군데는 남아프리카에 있다.

항구가 들어서려면 애초에 항구를 뒷받침할 후배지(後背地)가 있어야 한다. 이 점에서 북유럽은 유럽이 지배 세력으로 부상하기 전 수세기 동안 꽤 많은 난관에 봉착했다. 이 지역의 연안은 중국의 북부 지역과 마찬가지로 늪과 진흙투성이였기 때문이다. 남위 22도선 위쪽의 브라질—대략 리우데자네이루가 위치한 위도—도 별반 다르지 않다. 남위 22도선 아래쪽의 브라질 연안은 중국 남부 지역과 마찬가지로 전부 깎아지른 절벽이다. 오스트레일리아의 해안은 항구 건설이 가능할지도 모르지만 기후가 너무 건조해서 사람이 거의 살지 않는다—북아프리카 해안 지역과 마찬가지다. 러시아 해안은—대부분의 캐나다 해안 지역과 마찬가지로—북극 바로 아래 위치해 있다. 그나마 아프리카에서 지리적으로 접근 가능한 몇몇 연안 지역은 배후에 늪, 사막, 밀림 지역이 펼쳐져 있다. 사하라 사막 이남 아프리카의 경우 전 지역을 통틀어 상당한 규모의 도시를 뒷받침할 수 있는 연안 지역이 겨우 네 군데뿐이다(그 가운데 두 군데는 역시 남아프리카에 있다).

이는 미국과 비교하면 천양지차다. 풍부한 해안선, 도시 건설이 가능한 후배지, 선박운항이 가능한 깊은 물길로 치자면 퓨젓사운드, 샌프란시스코 만, 체사피크 만은 세계 3대 최대 최적의 자연항이다. 체사피크 만 하나에만도 러시아의 블라디보스토크에서 파키스탄의 라호르에 이르는 아시아 대륙 전체의 해안보다도 항구를 짓기에 안성맞춤인 부지가 훨씬 더 길다. 뉴욕 항과 모바일 만 같은 그외 지역들은 "그저" 세계적 수준의 항구 지역에 불과하다.

게다가 미국에는 방벽 역할을 하는 섬들이 있다. 이 섬들은 가장 막강한 폭풍도 막아내고 조수간만의 차이도 경감해준다. 해안선을 띠처럼 두르고 방벽 역할을 하는 섬들은 일정한 간격을 두고 떨어져 있기 때문에 섬과 섬 사이의 물길을 통해 대양에 접근하기도 쉬운 한편, 섬들이 도처에 산재해 있기 때문에 멕시코 만과 동부 해안을 따라 항구를 건설할 여력은 어처구니없을 정도로 풍부하다고 하는 게 가장 정확한 설명이다. 방벽 역할을 하는 이러한 섬들 덕분에 텍사스 주만 해도 세계적 수준의 원양 항구가 13군데나 있고, 이 가운데 상당히 빈번하게 이용되는 항구는 겨우 절반 정도이며, 추가로 항구가 들어설 여력은 적어도 이의 세 배쯤 된다. 그럼 미국은 왜 항구를 더 건설하지 않을까? 미국은 이미 필요를 충족시키고도 남을 만큼의 항구들을 갖고 있기 때문이다. 미국이 건국된 이래 역사의 대부분의 기간 동안 세계 최대의 농산물과 공산품 생산국이자 수입국이자 수출국 지위를 누려왔는데도 말이다.

근교 수로

항구건설 여력이 차고 넘친다는 사실 외에도 미국이 실제로 장악하고 있는 수로는 미국 내의 하천에 건설된 수로 체계뿐만이 아니다.

쿠바 섬과 유카탄 반도, 그리고 플로리다 반도는 멕시코 만으로의 접근을 두 개의 해협으로 제한하는데, 이름도 창의적으로 유카탄 해협과 플로리다 해협으로 붙여졌다. 이 두 해협 때문에 아메리카 대륙 외부에서 온 세력들은 멕시코 만에서 마음대로 휘젓고 다니지 못한다.

멕시코 만 내에서는 미국을 당할 나라가 없다. 이 지역에서 활발하게 이용되는 수십 개의 항구들 가운데 미국 소유가 아닌 항구는 베라크루스 항구뿐이다. 멕시코는 해군력이 별 볼일 없기 때문에 미국은 한 번도 아니고 두 번씩이나 베라크루스를 점령해 멕시코에 자국의 의지를 관철시켰다. 멕시코는 육로를 통해 미국에 도전할 힘도 없고, 미국은 수로를 통해 멕시코를 완전히 제압할 힘이 있기 때문에 멕시코 만은 사실상 미국의 호수나 다름없다. 남북전쟁 이후로 미국은 멕시코 만 해안을 따라 방어 시설을 구축할 지를 놓고 걱정할 필요조차 없었다는 뜻이다. 독일의 U-보트가 동부 해안에서 수백만 톤의 화물을 침몰시키고 있을 때조차도 말이다.

북쪽에 위치한 캐나다의 유일한 수로—세인트로렌스 강—또한 사실상 미국의 수로나 마찬가지다.

1871년 캐나다는 겨울이면 얼어버리는 세인트로렌스 강과 5대호의 폭포라는 제약을 극복하기[5] 위해서 세인트로렌스 강에 일련의 수문과 웰런드 운하를 건설하기로 했다. 그러나 1890년대 무렵 캐나다는 세인트로렌스 강을 통해 대서양과 5대호를 연결하는, 훨씬 대규모의 수로 건설을 위해 협력하자고 미국에 제안했다. 캐나다는 미국을 설득하기 위해 두 나라가 인접한 국경에 위치한 수로를 개선하면 캐나다보다 미국이 훨씬 더 이득을 본다는 점을 강조했다. 캐나다의 주장이 옳았다. 5대호를 대서양과 연결하면 덜루스, 밀워키, 시카고, 클리블랜드, 디트로이트 같은 지역들은 명실상부한 해양 항구로 변모하게 된다.

그 후 몇 십 년 동안 캐나다의 제안에 대해 미국이 보인 반응은 아무리 좋게 말해도 시큰둥했다. 미국 정부는 미국이 협력하든 말든 캐나다가 어차피 수문시설을 건설하리라고 봤다. 퀘벡 주와 온타리오 주의 경제 교류를 활성화할 운송 체계를 구축하는 사업이 국가적으로 절실했기 때문이다. 그렇게 하지 않으면 캐나다의 영어권 지역과 불어권 지역의 분열이 더욱 안 좋게 변질될 위험을 감수해야 했기 때문이다. 미국은 또한 자국이 이 역사(役事)를 재정적으로 지원하든 말든 상관없이 캐나다가 노력해 얻은 과실을 무한히 누릴 수 있다는 사실을 알고 있었다. 이 수로 체계는 국경을 따라 건설되므로 운하의 일부는 미국 쪽 국경에 위치할 수밖에 없었다. 캐나다가 이 수로 체계를 작동시키려면 미국의 승낙이 반드시 필요했다.

미국은 승낙하는 대가로 분명한 가격을 제시했다. 캐나다 너희가 비용을 대라, 그리고 우리는 수로 전체에 대해 무한한 접근권을 누리겠다. 결국 캐나다가 건설비용은 70퍼센트 이상, 유지관리 비용은 거의 전부를 부담해야 했고, 세인트로렌스 바닷길은 1959년에 가서야 완전히 가동되기 시작했다.

세계 최고의 명당자리

보다 폭넓게 세계적인 차원에서 보면, 미국의 지리적 여건은 더할 나위 없이 미국에 유리하게 작용한다.

미국은 대서양과 태평양 양안에 상당한 규모의 인구가 살고 있는 유일한 나라다. 태평양 연안에 5천만 명, 대서양 연안에 그 두 배의 인구가 거주한다. 따라서 세계 최대의 두 교역 지대 모두에 대규모로 접근 가능한 나라는 미국뿐이다. 이는 두 가지 결과를 낳는다.

우선 첫째, 너무나도 뻔한 얘기지만, 세계 양대 교역 지대에 쉽게 접근 가능한 유일한 나라로서 미국은 세계 모든 시장에 도달 가능하고, 한때 반짝하는 경제성장의 순간을 십분 활용하기에 최적의 여건을 갖추고 있다.

둘째, 첫 번째 만큼 뻔한 건 아니지만, 이처럼 전 세계 시장들과 교역이 가능하기 때문에 미국은 커다란 덩치가 무색하게 아주 민첩하게 교역 포트폴리오를 바꿀 수 있다. 미국은 충분한 기간 시설을 바탕으로 아시아 경기가 침체에 빠지면 태평양 연안의 주민들은 유럽과 교역을 하고, 유럽의 경기가 침체되면 대서양 연안의 주민들은 아시아와 교역하면 된다. 이같이 교역 상대를 쉽게 바꿀 수 있기 때문에 미국은 전 세계가 세계적인 요인들로 인해 경기침체에 빠졌을 때라야 비로소 영향을 받는다. 점잖게 말해서 그렇다는 얘기고, 노골적으로 말하자면 제 2차 세계대전 이후로 세계 때문에 미국이 경기침체를 겪은 적은 없지만 미국이 경기 침체에 빠지면 어김없이 세계 경기에 영향을 미쳤다.

산업화와 미국

나는 마르크스의 이론에 그다지 열광하지는 않는 사람이지만 몇 가지 바른 말을 하기는 했다. 산업화는 절대로 달성하기가 쉽지 않다. 첫째, 산업화는 기존의 경제활동을 거의 전멸시키고 사람들이 서로, 또 바깥세상과 교류하는 방식을 파격적으로 바꿔놓는다. 둘째, 철저하고 광범위한 산업화가 이루어지려면 노동과 자본, 항시 굶주린 시장에 대한 접근이 필요하고, 산업화가 성공적으로 진행된다고 해도 사회에 심대한 압박을 가하게 된다. 따라서 어떤 나라든 산업화가 야기하는 현실에 각자 나름대로 적응해야 하고, 나라마다 지리적 여건이 다르기 때문에 산업화의 성격도 나라마다 다르다. 세계에서 산업화를 보다 성공적으로 달성한 두 나라는 소련과 독일 제국이다. 산업화를 제대로 하기는 쉽지 않다.

그런데 미국이라면 얘기가 다를지도 모른다. 어쩌면.

미국은 산업화하는 과정에서 세계 어느 나라보다도 어려움을 덜 겪었고 훨씬 성공적으로 이뤄냈다. 미국의 지리적 여건이 다른 나라들과는 두드러지게 다르기 때문이었다. 미국의 산업화 과정을—산업화 과정이 미국에서는 얼마나 순탄하게 진행되었는지—이해하려면 독일의 산업화 과정에서 나타난 특징들과 미국을 비교해보면 된다.

지방정부

독일은 지방정부들의 역량이 뛰어나야 했다. 지방정부들은 물리적으로 중앙정부 베를린과 긴밀히 연결되어 있지 않았고, 베를린과 물리적으로 가까이 있는 몇몇 지역사회들조차도 애초에 중앙정부의 도움에 의존할 처지가 되지 못했다. 베를린은 물자를 국방에 총동원해야 했다. 1700년대에 유행했던 말이 있다. "프러시아라는 나라에 군대가 딸려 있는 게 아니라 군대에 프러시아라는 나라가 딸려 있다." 지방정부는 각자 자기 지역에 있는 물자를 총동원해 주변의 적대적인 국가들 틈바구니에서 자기를 보호해야 했다.

한편 미국의 산업과 발달 과정은 전혀 딴판인 양상을 띠었다. 미국의 지리적 여건은 독일의 지리적 여건과는 천양지차였기 때문이다. 독일은 비교적 작은 영토가 여러 조각으로 나뉘어 단절되어 있고 문화적 경제적

정치적 군사적으로 훨씬 우월하고 규모도 훨씬 큰 이웃 나라들과 맞장을 떠야 했기 때문에 늘 전전긍긍했다. 미국은 그렇지 않다. 미국의 영토는 위도 상 훨씬 남쪽에 위치해 있고, 경작 기간이 훨씬 길다. 토양도 더 비옥하다. 특히 중서부가 그렇다. 미국의 강들은 그 길이를 모두 합하면 독일에 있는 강들의 길이를 모두 합한 것의 여덟 배에 달하고, 유럽의 어느 경작지보다 훨씬 물대기가 쉽고 비옥한 땅을 지나간다. 토지가 차고 넘쳐서 건국 초기 미국 정부는 무상으로 토지를 나누어줘야 했다. 게다가 미국의 평원은 막힘없이 연속적으로 펼쳐진 하나의 땅덩어리인 반면 라인 강과 엘베 강 사이에 끼어 있는 독일 중부에는 성가시게도 한복판에 산맥이 버티고 있어서 오늘날까지도 지방정부에 대해 베를린 중앙정부가 영향력을 행사하기가 쉽지 않다.

미국에서는 진입 장벽들이 우스울 정도로 작다. 여섯 달 분의 물자를 적재할 수 있는 대형 포장마차인 코네스토가 웨건은 물가상승률을 감안해서 오늘날의 가격으로 기아 자동차 한 대 값(약 11,000달러)이면 구할 수 있었다. 착수금만 어느 정도 있으면 서부로 진출한 다음 곡물을 수출해 단 일 년만에 현금을 손에 쥘 수도 있었다.

이러한 경작지들은 독일의 경작지보다 훨씬 안전하기까지 했다. 1812년 전쟁으로 캐나다와의 국경이 확정되었고 캐나다는 지금까지 이 국경을 한 번도 침략한 적이 없다. 멕시코와 미국의 국경은 세계 최대의 완충지대로 손꼽힌다. 미국의 비옥한 토지와 잘 연결된 수로망은 독일이 도저히 따라갈 수 없는 것이었고, 외부의 위협으로부터 안전한 미국의 지리적 여건은 독일이 언감생심 꿈도 못 꿀 일이었다. 미국인들은 중앙정부의 통치 압박에 시달리지도 않았고, 건국 후 첫 한 세기 동안은 통치를 받지도 않았다. 독일은 노동력과 자본을 조금도 허투루 쓰지 않고 최대한 효율적으로 활용해야 했지만, 미국은 산업화 시대에 필요한 토지, 노동력, 자본이 차고 넘쳤기 때문에 걱정을 할 필요도, 계획을 세울 필요도 없었다. 독일이 효율적으로 산업화를 이룬 이유는 달리 도리가 없었기 때문이다. 미국에서는 민간 기업가와 사업가들이 산업화를 주도했다. 산업화에 투입해야 하는 물자들이 차고 넘쳐서 보통 시민들은 정부의 지원이나 조직화가 없이도 각자 나름대로 자기 위치에서 산업화를 추진할 수 있었다.

기간 시설

독일은 분열되어 있는 지역들을 단일한 국가로 결집시키기 위해서 인위적으로 기간 시설을 구축해야 했다. 라인 강 서쪽에 위치한 라인란트와 남부 지방을 베를린의 영향권 하에 두지 않으면 독일 지방들은 대부분 경제적으로나 정치적으로, 심지어는 문화적으로도 독일의 경쟁국들과 더 강한 동질성을 느끼게 될 위험이 있었기 때문이다. 미국을 구성한 최초의 13개 주도 어느 정도는 이러한 우려를 했다. 해양적 특성으로 미루어 볼 때, 13개 주는 "미국 국내" 경제 체제보다 영국의 제국적 체제에 편입될 가능성이 농후했다. 영국은 1812년 전쟁에서 이를 십분 활용했고, 정치적 목적을 달성하기 위해 해상봉쇄 조치를 선택적으로 강화했다 완화했다 했다.

그러나 영국이 적극적으로 문제를 일으키지 않는 한 미국은 외부에서 비롯된 문화적, 경제적 위협에 직면하지 않았다. 북동 지역의 산맥과 삼림지역은 캐나다와의 의미 있는 통합을 막았고, 멕시코와의 사이에는 고지대 사막이 버티고 있었다. 미국에게 인공적인 기간 시설은 단일국가로서 결집하기 위해서는 비싼 대가를 치르더라도 구축해야 하는 전제조건이 아니라 불필요한 사치였다. 건국 초기 미국인들은 천혜의 "기간 시설"인 북미지역의 수로 체계를 원 없이 이용했다.

미국 역사상 첫 반세기 동안 미국이 연방정부 차원에서 추진한 기간 시설 사업은 딱 하나다. 앞서 언급한 국립 도로망이다. 이 도로망에서 출발해 오하이오 강, 미시시피 강, 그리고 이들과 연결된 강들을 이용하면 원하는 곳 어디든 갈 수 있었다. 그 정도로 간단했다. 일단 배를 타면 뭍에 발을 딛지 않고도 피츠버그에서 수시티와 세인트폴로, 또는 머스코기와 슈레브포트로, 또는 뉴올리언스를 가로질러 연안지역이나 마이애미, 서배나, 햄튼 로즈, 뉴욕 시티, 보스톤까지 어디든 갈 수 있었다. 천혜의 통합 체제가 부여하는 이점이라 할 수 있다.

독일처럼 세세한 부분까지 관리하느라 애쓰지 않아도 미국에서 경제발전은 저절로 이루어졌다. 한 지역의 농부들은 똑같은 농작물을 경작했고 따라서 애로사항도 똑같았다. 스스로 만들 수 없는 도구들, 곡물을 하역하고 운송할 부두와 선박들, 자녀들을 교육시킬 학교, 번 돈을 맡겨둘 은행 등이 필요했다. 농부들이 있기만 하면 수로를 따라 작은 마을이 조성되고 농산물 집산 도시가 우후죽순 생겨났다. 규모가 더 큰 마을들(규모가 더 큰 은행들)은 해운 체계를 따라 요지에 자연스럽게 형성되었다. 두 강이 만나는 지점, 항로 물목 등이 바로 그런 요지들이다. 시카고, 피츠버그, 루이빌, 찰스턴, 세인트루이스, 슈레브포트, 올버니, 미니애폴리스, 인디펜던스(오늘날에는 캔자스시티로 더 잘 알려져 있다), 멤피스가 그러한 사례들이다. 소규모 자작농들은 부지불식간에 범위에 있어 전국적이지만 지역에 기반을 둔 교육 체계와 금융 체계를 만들어낸 셈이다. 워싱턴 중앙정부로부터 별 도움을 받지 않고도 말이다.

유럽에서 미국으로 산업기술들이 확산될 무렵, 미국에는 이미 새로운 기술을 적용할 역량을 갖춘 교육 체제와 금융 체제를 자체적으로 구축한 도시 중심지가 50개에 이르렀다. 인구가 밀집한 지역 중심지에는 필요에 따라 기간 시설이 확장되었고, 독일의 경우처럼 전략적 관심사에 대해 중앙정부가 국가적 차원에서 해결책을 찾기보다는 지역의 경제적 관심사에 대해 지역 차원에서 해결책을 모색했다. 남북전쟁이 발발하기 직전에 전국적인 차원에서 더 빠른 운송수단이 필요해지자 건설 붐이 일었지만 중앙정부가 이를 관리하지는 않았다. 강도 귀족(robber baron)이라고 불린 악덕기업가들에게 몇몇 토지 이권을 허락하자 50년이 채 못 되는 기간 안에 작은 마을과 강 유역들이 촘촘히 연결되었다. 속도는 독일보다 느렸지만 결과적으로 1890년 무렵 장장 164,000마일에 달하는 세계 최대의 인공적인 운송망이 탄생했다. 중앙정부가 거의 관여하지 않고, 비용을 크게 들이지 않고도 말이다.

자본 확보

독일에서는 모든 게 조율되어야 했다. 큰 나라와 끊임없이 경쟁해야 했고 늘 뒤처져 있었으며, 늘 수적으로 열세였고 늘 위협에 시달렸기 때문이다. 이 모든 문제들을 헤쳐 나가려면 대단히 유능한 조직뿐만 아니라 자본도 필요했다. 교육시킬 돈, 도로를 건설할 돈, 철도를 건설할 돈, 공장 지을 돈, 군대를 유지할 돈, 기술 발전에 쓸 돈이 필요했다. 어디선가 필요한 돈을 마련해야 했다. 베를린 중앙정부는 독일 은행들에게 독일이 국가적 차원에서 제대로 기능하도록 하는 조직망의 일원이 되도록 강요했다. 금융가들은 군 장성, 정치가, 기업가들과 머리를 맞대고 독일이 어떻게 이러 저러한 문제들을 해결해야 할지 결정하고, 결정을 실행하는 데 한몫을 했다. 마지막 한 푼까지 몽땅 이러한 은행들로 흘러 들어갔고, 중앙정부는 이들 은행들의 도움으로 국익이 걸린 사업이라면 공공이든 민간이든 상관없이 우선적으로 재정적 지원을 했다. 부정적인 측면으로는, 독일에서는 대출을 받기가 매우 어렵다는 점이다.[6] 긍정적인 측면으로는, 독일 중앙정부가 당장 닥친 위기가 무엇이든 이를 해결하는 데 부족한 자원들을 더 잘 배분할 수 있다는 점이다.

중앙정부와 기간 시설 구축에 접근하는 방식에 있어서 미국과 독일이 서로 다르다고 한다면, 자본에 접근하는 방식은 그야말로 천양지차다. 16,000여 마일에 달하는, 미국의 통합된 수로와 지리적 여건으로 세계에서 최고로 비옥한 경작지를 보유한 미국은 자본이 남아돈다. 개발비용이 저렴하고 지방정부를 전략적으로 위협하는 세력이 전혀 없기 때문에 자본의 효율성을 높여야 하는 압박에 시달리지 않는다. 간단히 말하면, 미국은 세계 최고의 자본 기반을 갖추고 있지만 자본의 필요도는 가장 낮은 나라이다.

조직화는 전혀 필요 없고 비교적 적은 양의 자본이 필요하기 때문에 미국 중앙정부는 자본을 모으고 관리하고 투자하고 빌려주고 빌리고 되갚는 방식을 규제할 필요를 거의 느끼지 못했다. 대신 미국은 자본이 필요한 곳이면 어디든 그곳으로 흘러 들어가도록 시장에 맡겨두었다.

그 결과 세계 최초로 진정한 의미에서 통합된 금융 체제가 탄생했다. 아무런 제약도 받지 않는 자본 덕분에 지역에 금융규제 당국을 설치할 필요가 없었다. 이러한 통합된 금융 체제의 장점은 오늘날에 와서 2007년 금융위기가 닥쳤을 때 그 빛을 발했다. 몇 시간 만에 연방준비은행 의장과 연방예금보험공사 의장, 재무장관이 회의를 소집해 머리를 맞대고 긴급 구제책을 만들어냈고, 며칠 만에 7,000억 달러 전액을 지원하더니 그 후 몇 주 동안 지속적으로 긴급 구제책을 수정 보완했다. 수도 워싱턴 D.C.에서 한 발짝도 움직이지 않고도 말이다. 독일은 지역마다 나름의 금융 체제가 있고 말단에서 중앙까지 정부가 다층적인 구조이기 때문에 유럽 금융 위기 때 독일이 직면한 문제들을 파악하는 데만도 몇 달이 걸렸고, 유럽 전체에 적용할 정책을 두고 유럽 연합의 다른 회원국들과 여덟 번의 정상회담을 포함해 4년 동안 협상을 해야 했다. 이 정책은 지금도 여전히 협상 중이고 계획대로 550억 유로 전액을 지출하려면 2025년은 되어야 가능하다.

질의 추구

독일은 수세기 동안 국제적으로 치열한 경쟁을 해야 했고 끊임없이 외부세력의 위협에 노출되어왔다. 미국은 거의 걱정할 필요가 없는 문제들이었다. 미국은 루이지애나 주를 매입한 이후부터 세계에서 가장 자본을 풍부하게 창출할 수 있는 지리적 여건을 갖추게 되었다. 1850년 무렵 미국은 인구 규모 면에서 캐나다와 멕시코를 합한 인구의 세 배에 달했고, 200년 동안 자국 영토에 크게 위협을 가하는 세력도 없었다. 미국은 유유자적할 여유가 생겼고 실제로도 그런 경우가 종종 있었다.

더 정확히 말하자면 미국이 안고 있는 "문제"는 뭐든지 풍요로운 나라라는 사실이다. 농업, 기술, 금융 부문에서 세계 최대이고, 데이터를 어떻게 수집하느냐에 따라서 세계 최대의 산업 국가이기도 하다. 미국은 이러한 지위를 150년 동안 누려왔다. 가용 토지, 노동력, 자본은 그 규모 면에서 인류 역사상 전례가 없고, 개발에 필요한 투입 물자들이 모두 저렴하기 때문에 남들보다 앞서기 위해 최선을 다할 필요가 없다. 몸집을 계속 키울 수 있는데, 굳이 더 잘해야 할 필요가 있을까?

- 독립과 동시에 미국은 그동안 분쟁 중이던 오하이오 유역을 확보함으로써, 신생국 미국이 접근할 수 있는 유용한 토지가 두 배로 늘었다.
- 겨우 한 세대 후 루이지애나 영토를 손에 넣으면서 영토가 다시 두 배로 늘었다.
- 컬럼비아 강 주변의 영토에 대한 영국과의 거래를 통해 미국의 영토는 최초 13개 주의 영토와 비슷한 크기만큼 더 늘었다.
- 텍사스를 합병하고 멕시코-미국 전쟁을 치르면서 미국의 영토는 (그때까지 누적된 영토 기준으로) 3분의 1이 더 늘었다.

게다가 미국은 지금도 여전히 성장할 여지가 많은 나라다. 이상적인 수준에 못 미치는 일부 미국 영토를 제외하더라도 미국의 인구밀도는 제곱마일당 180명인데. 이는 이탈리아나 독일의 3분의 1, 영국의 4분의 1, 일본의 5분의 1에 불과하다.

초강대국의 탄생

북미의 지형적 특징들 덕분에 미국은 거의 무한하게 자본을 창출하고 고갈되지 않는 시장에 접근하고 방위비를 적게 들이고 힘을 과시할 수단을 쉽게 찾을 수 있다. 그러나 지리적 여건이 아무리 유리하다고 해도 성장하려면 시간이 필요하다. 독립전쟁 초기에 미국 인구는 (약 250만 명) 프랑스 인구의 10분의 1에 불과했다. 최적의 여건을 상정하고 추산을 해 봐도 미국이 강하든 약하든 국가의 기반을 형성하는 농장, 항구, 마을, 산업 등 모든 기간 시설의 기반을 구축하려면 몇 세대는 걸린다. 그리고 신생국의 국경이 확장될 때마다 이러한 기간 시설을 구축하는 데 필요한 시간은 더 늘어난다.

미국에서 본격적인 산업화는 1850년에 가서야 시작되었고 1861-65년 남북전쟁 기간 동안 갑작스레 멈춰버렸다. 더 정확히 말하자면 자본이 군사비 지출로 전용되었다. 그러나 1865년 이후에는 미국의 안보 환경이 그 본연의 특성을 회복했다. 미국은 다시 한 번 군사력을 유지하기 위한 비용을 경제 개발에 쏟아붓게 되었다. 남북전쟁 후 30년 동안 계속된 재건 기간 동안 미국의 남부와 북부는 정치적으로 하나가 되지 못했지만 유럽이 그전 2세기에 걸쳐 개발한 모든 기술들을 미국 영토에 모조리 응용했다. 1860년에서 1890년 사이에 미국의 철도 길이는 다섯 배로 늘어나

164,000마일에 달했고, 북부를 남부와 중서부를 지나는 두 개의 대륙횡단선을 통해 서부 해안지역과 연결하는 사통팔달의 철도망을 구축했다. 1840년에는 뉴욕에서 샌프란시스코까지 가는 데 몇 달이 걸렸지만[7] 1870년에는 8일로 줄었다. 전보 기술도 발달해 도시화의 손길이 닿거나 철도가 지나가는 곳이면 어디든 즉각적인 통신 교환이 가능했다. 재건 시대가 마무리될 무렵 미국은 다시 세계 최대 경제 규모, 최대 시장, 밀과 옥수수의 최대 생산국, 철강의 최대 생산국으로 부상했다. 마침내 안전하고 발전한 통일 국가를 구축하게 된 미국인들은 "실현될 게 확실한 운명(manifest destiny)"을 그보다 더 대단한 운명과 맞바꿨다.

해양 국가는 본질적으로 하나같이 공격적이다. 해양 국가는 갈등이 발생하는 시기와 장소를 자유자재로 선택할 수 있는 우월한 기동성을 십분 활용한다. 해양 국가는 월등한 운송 능력을 이용해 갈등이 발생했을 때 자국 군이 양적으로 우월한 지위를 점하도록 만전을 기한다. 그리고 해양 국가는 자본에서도 우위를 점하기 때문에 자국 군은 질적으로도 우위를 점하게 된다. 더 멀리까지 더 신속하게 진출해 더 오랫동안 주둔하고 더 강한 화력을 집중할 수 있다. 이런 면에서 미국은 과거의 막강한 해양 국가들과 비슷하다.

그러나 미국은 두 가지 결정적인 면에서 과거의 해양 강대국들과는 다르다. 과거의 해양 국가들은 하나같이 내륙에 위치한 경쟁국들과 국경을 마주하고 있었거나, 아니면 지리적으로 대륙과 매우 가까이 있었다. 영국 해협, 대한 해협, 라페루즈 해협[8]은 대서양과 태평양의 광활한 넓이에 비해 그 규모가 초라할 정도로 작다. 영국과 일본은 대륙으로부터 침략을 당할 수 있고 실제로도 침략을 당해왔다. 따라서 역사를 통틀어 영국과 일본은 먼저 공격하는 군사전략을 써왔지만, 그들의 지위에 도전장을 내밀 나라나 연합 세력들이 있는지 살피는 데 경계를 늦추지 말아야 했다.

이로 인해 이 두 나라가 딱히 방어적인 나라는 아니더라도 어느 정도 신중한 나라가 된 것은 분명하다. 이와는 대조적으로 1815년 이후로 부분적으로나마 미국 영토를 침략하려고 한 나라는 단 하나도 없었다. 1890년대에 미국이 부상했을 당시 세계의 지정학적 환경조차도 미국에 유리했다. 영국이 지배하는 세계는 과거의 뒤안길로 사라진 뒤였다. 독일이 부상하면서 영국 해군은 유럽 공해에서 더 많은 시간을 보내야 했다. 미국 해안까지 가서 미국을 못살게 굴 만큼 남아도는 해군력이 없었다.

그리고 몸집 크기도 중요하다. 해양 국가들은 대부분 영국 제도나 일본 혼슈와 같이 미국 미시건 주보다 약간 작은, 비교적 적당한 규모의 영토를 보유하고 있다. 작은 섬에서 구할 수 있는 물자는 제한적이다. 영국과 혼슈처럼 거의 절반 정도가 쓸모없는 고지대라면 더욱더 그러하다. 이들이 명실상부한 막강한 국가가 되려면 인력이든 시장이든 원자재든 더 많은 물자를 확보해야 한다. 따라서 제국으로 확장하는 수밖에 없다. 반면 미국은 자국 영토의 대부분이 활용 가능하다. 에너지에서 시장에 이르기까지 중요한 물자는 무엇이든 자급자족이 가능하기 때문에 미국은 유사한 위험에 노출되지 않고도 바깥으로 과감히 세를 뻗어나갈 수 있었다.

이러한 요인들이 복합적으로 작용하면 미국은 이전에 등장했던 그 어떤 세력과도 비교할 수 없는 전혀 다른 힘을 지니게 된다. 공격은 가차 없이 하고 전략적으로 패배에 민감하게 반응할 필요가 없다. 해외에서 참혹할 정도의 손실을 입어도 미국이 지닌 힘의 기반은 손상되지 않는다. 그 힘은 미국의 지리적 여건이 지닌 특성에 뿌리를 두고 있기 때문이다. 영국이 제국을 잃으면 2등 국가로 전락한다. 마지노선이 함락되면 프랑스는 멸망한다. 그러나 미국은 해외에 보유하고 있는 영토를 마지막 한 뼘까지 모조리 잃는다고 해도 여전히 인류 역사상 가장 막강한 나라다. 독일인들이 더 뛰어난 산업가든, 영국인들이 더 뛰어난 선원이든 상관없다. 몸집 크기와 외부 세력으로부터 고립된 지리적 여건만으로도 미국은 두 나라를 거뜬히 능가하고도 남는다.

국제적인 상황 변화에 전혀 영향을 받지 않는 지정학적 입지 덕분에 미국은 세계 무대에 다시 등장하자마자 세상사에 대한 최종적인 결정권자가 되었다.

- 1898년, 미국은 필리핀, 쿠바, 푸에르토리코를 비롯해 스페인 제국이 해외에 보유하고 있던 영토를 거의 전부 차지했다. 전쟁이 끝날 무렵 미국은 160척의 함선을 보유하고 있었는데 이 가운데 114척은 철강으로 제조된 함선으로서 해군력으로는 세계에서 다섯 손가락 안에 들었다.
- 1899년, 미국은 문호개방 정책을 채택하고 중국과의 교역을 적극적으로 추진했다. 이 정책은 일본의 재량권을 제한하기 위한 목적으로 추진되었고 따라서 곧 일본의 군사적 반응을 촉발할 게 불 보듯 뻔했다. 중국에서의 교역 이권은 대부분 유럽이 갖고 있었지만, 일본이 행동에 돌입할 경우 동아시아를 보호해 줄 힘이 있는 나라는 유럽 국가들 가운데 단 하나도 없었다. 그러나 미국은 그럴 능력이 있었다. 미국의 문호개방 정책으로 아시아에서 유럽의 존재가 사라지게 될 여건이 마련되었다.
- 1904년, 시어도어 루즈벨트 미국 대통령은 먼로 독트린에 대한 자신의 정견을 발표했다. 그는 남미에서 유럽이 행사하는 그 어떤 영향력도 최소화하기 위해서 미국이 선제적으로 남미 문제에 개입하겠다는 뜻을 분명히 밝혔다. 그 후 20년에 걸쳐 미국은 이 지역에 서른두 차례 파병했는데 단 한 번도 유럽 국가의 저항에 부딪히지 않았다.
- 1905년, 루즈벨트 행정부는 러일 전쟁 종식을 중재해 분쟁지역을 양국에 분할했는데, 그 결과 러시아와 일본은 경제적 이해관계가 얽히고설키게 되었을 뿐만 아니라 지금까지 러시아와 일본에는 없었던 것이 생

기게 되었다. 바로 지상의 국경이다. 이 평화협정은 미래에 군사적 갈등을 야기할 게 불 보듯 뻔했다.

- 미국은 1914년 파나마 운하를 완공했다. 미국의 힘을 유지하기에 미국의 영토만으로는 충분치 않기라도 하다는 듯이 미국은 이제 멕시코, 중미, 그리고 남미의 북부 3분의 1을 경제적으로 미국의 관할 구역에 영구히 묶어버렸다. 파나마 운하는 미국의 해군 함정들이 대서양 권역과 태평양 권역을 오가는 데 걸리는 시간을 거의 한 달 정도 단축시킴으로써 미국보다 앞서 부상했던 과거의 어떤 해양 국가도 갖지 못했던 전략적 유연성을 더해주었다.

- 1917년 미국은 제 1차 세계대전에 가장 마지막으로 뛰어든 주요 참전국이 되었고, 이 전쟁에서 미국은 거의 승리를 눈앞에 둔 상태에 있던 독일의 항복을 받아냈다. 미국은 러시아를 회생시키고 독일에게는 굴욕을 주는 평화협정을 이행하도록 하는 데 기여했지만, 독일이 재건하고 재무장할 수 있는 가능성을 열어두었다. 이로 인해 제 2의 갈등이 촉발될 가능성이 불 보듯 뻔했지만 미국의 영토에서 아주 멀리 떨어진 곳에서 촉발될 게 확실했다.

1917년부터—미국이 스페인-미국 전쟁으로 다시 세계 한복판에 뛰어든 지 겨우 20년째인 해—미국은 유럽 문제를 좌지우지하는 결정적인 요인이 되었지만 거꾸로 유럽은 미국에 대해 그런 영향력을 발휘하지 못했다. 보기 좋지도 않고 유쾌하지도 않았지만 그렇다고 선례가 없었던 것도 아니다. 인류 역사에 등장했던 해양 세력은 하나같이 대륙에 위치한 경쟁국들이 자국에 도전할 수 있는 해군력을 바다에 띄우기보다는 대륙 국가들끼리 서로를 견제하게 만들려고 애썼다. 미국을 다른 해양 국가들과 차별화하는 특징은 미국 본토는 아주 비옥하고 멀리 떨어져 있기 때문에 다른 대륙에서 발생한 혼란과 갈등과 유혈사태가 미국까지 확산되지 못하게 한다는 점이다.

세계를 재가동하기

이것이 세계를 지배하는 나라가 세계를 지배하게 되는 구체적인 요인들이다. 운송의 균형은 부와 안보를 결정한다. 원양 항해 기술은 도달 범위를 결정한다. 산업화는 경제적 근력을 결정한다. 그리고 이 세 요인이 복합적으로 작용해서 외부세력에의 노출 정도에서부터 지구력, 경제적 주기, 미래에 대한 전망에 이르기까지 모든 것을 결정한다. 미국은 이 세 가지 요인으로 미루어 볼 때, 세계 최고의 지리적 여건을 갖추었다는 점에서 억세게 운이 좋은 나라고, 1890년부터 미국은 마침내 이 지리적 여건을 지렛대 삼아 세계의 초강대국이 되었다.

미국이 그 막강한 힘을 처음으로 십분 활용한 사건이 바로 제 2차 세계대전이다. 미국은 제 2차 세계대전에 참전함으로써 세계의 군사적 갈등의 진행 방향을 결정하는 것 이상의 힘을 발휘했다. 미국은 우리가 현재 살고 있는 세상의 모습을 완전히 뒤바꿔놓았다. 미국이 세상의 면모를 완전히 바꿈으로써 더할 나위 없이 야릇한 일이 발생했다.

바로 지정학이 먹혀들지 않게 되었다.

05

지정학을
매수(買收)하다

Buying Off Geopolitics

대부분의 나라들에게 지정학은 무자비하다. 지형이 험준한 땅에 거주하거나 험악한 이웃들 틈에 끼어 살면 무슨 일을 하든지 선택의 여지가 별로 없다. 상황이 어떤 선택이든 허락한다고 해도 말이다. 투르크 족이 다뉴브 강을 거슬러 올라간 이유는 자국 영토가 안전을 보장할 만큼 넓거나 안전하지 못했고 그 외에는 달리 향할 곳이 없었기 때문이다. 이베리아 반도 사람들은 새로운 항해 기술을 개발해 교역을 시작했다. 그렇지 않았다면 그들은 유럽에서 한 발짝도 나가지 못하고 갇힌 채 낙후된 빈곤한 지역에 머물렀을지 모른다. 영국은 해군력이 절실히 필요했다. 섬나라였기 때문이다. 해군력이 아니었다면 영국은 영국 해안에 다다를 역량을 갖춘 다른 해양 세력에게 먹히고 말았을지 모른다.

미국은 여러 가지 면에서 이러한 법칙을 증명해주는 예외적인 사례다. 미국 영토의 물리적인 형세는 인간이 거주하기에 적합할 뿐만 아니라 힘을 키우기 안성맞춤이다. 적대적인 이웃나라와 국경을 접하고 있지도 않고 대규모 군대를 이끌고 쳐들어올 능력이 있는 적대적인 세력도 없으며 경제력은 당할 자가 없으니, 미국은 실수를 해도 나라가 위태로워지지 않을 여지가 매우 크다. 이라크 전쟁처럼 미심쩍은 전쟁에 뛰어들거나 오바마케어처럼 복잡하기 이를 데 없는 정책을 실행하고도 대체로 별 피해 없이 수습할 수 있는 나라는 미국뿐이다. 대부분의 나라의 경우 지도자를 잘못 뽑으면 나라가 거덜난다. 이와는 달리 미국은 너무 거대하고 세상과 너무나도 멀리 떨어져 있으며, 저력이 대단하기 때문에 아주 미심쩍은 정책을 실시하거나 정책에 실패한 지도자도 재선이 가능하다.

그러나 미국은 계획을 세울 필요가 없고 어쩌다보니 우연히 초강대국 지위를 얻게 되었다고 해서 계획을 세워본 적이 없다는 뜻은 아니다. 그리고 미국이—바람직하든 바람직하지 않든—계획을 세우면, 세계는 다시 만들어진다. 이러한 미국의 계획들 중 하나는 세계의 면모를 근본적으로 바꿔놓을 뿐만 아니라, 오늘날 우리가 살고 있는 세계에 가장 중요한 영향을 미치게 된다.

미국이 근본적으로 세계를 어떻게 변모시키는지 이해하려면 인류 역사상 가장 파괴적이었던 전쟁을 살펴봐야 한다.

초강대국 지위의 한계

제 2차 세계대전은 여러 가지 이유로 인류 역사상 가장 중요한 전쟁인데, 그중 두 가지 이유가 두드러진다. 첫째, 참전국들이 모두 여러 가지 산업기술을 완전히 자기 것으로 만들었다는 점에서 진정한 의미에서 산업국가들 간에 발생한 최초의 군사적 충돌이다. 독일은 1800년대 중반에 지상전에 산업화 기술을 도입했지만, 덴마크, 오스트리아, 프랑스를 일사천리로 패배시킨 사실로 미루어 볼 때, 당시 독일의 적국들은 아직 산업화 기술을 익히지 못했음이 분명하다. 제 2차 세계대전이 시작될 즈음 모든 주요 참전국들은 산업화를 완성했고, 기관총과 군복 제조에서부터 식량 배급 등 병참(兵站) 기능에 이르기까지 산업화 기술을 응용했다. 산업화로 생산성과 생산량이 몇 배로 증가한 만큼 파괴력 또한 몇 배는 증가했다. 전례 없는 새로운 규모로 전사자가 대량으로 발생했다. 적게 잡아도 5,000만 명이 전사했다고 추정된다.

그러나 제 2차 세계대전이 남긴 가장 분명한 자취는 파급력도 파괴력도, 참전한 나라의 수도 아니다. 참전국들 가운데 한 나라가 마침내 성숙한 국가로 당당히 서게 되었다. 미국이 참전했기 때문에 아무도 전쟁이 어떻게 마무리될지 의심하지 않았다.

미국은 다른 서유럽 국가들의 군사력을 무색하게 할 정도로 대규모 군사력을 전장에 투입했을 뿐만 아니라, 영국과 소련 등 동맹국들에게 장비와 물자를 공급했고, 게다가 또 다른 전장에서 또 다른 전쟁을 치르는 동시에 순전히 물량공세로 독일의 U-보트 전략을 무너뜨렸다. 독일, 이탈리아, 일본 등 세 추축국에게는 설상가상으로, 미국의 핵심적인 영토는 직접적인 위협을 받지도 않았기 때문에 미국은 자국 방어에 물자를 투입할 필요도 없었다. 1943년 중반 무렵 미국은 모든 전장에서 벌어진 거의 모든 전투에서 공세를 취했다. 어쩌다가 추축국이 주도권을 쥐게 되는 경우는 가뭄에 콩 나듯 있었기 때문에 그런 사례들은 기념비적인 대결로 미국 역사에 기록되었다. 벌지 전투(Battle of the Bulge)[1]나 카세린 요충지(Kasserine Pass) 전투가 바로 그런 사례들이다. 당연히 연합국이 이겼지만, 그래도 추축국들은 미국의 분노를 사고도 3년 동안이나 버텼다.

미국이 전쟁에 쏟아부은 인력과 물자의 절대적인 양은 엄청나지만 전쟁이 종식된 후 미국이 누리게 된 전략적인 입지에는 비할 바가 아니다.

- 독일과 소련은 각각 700만 명과 2,600만 명, 즉 총인구의 11퍼센트와 15퍼센트를 잃었다. 미국은 "겨우" 42만 명의 전사자를 냈다. 독일 전사자 수의 35분의 1, 소련 전사자 수의 45분의 1에 불과하다.
- 종전 무렵 미국은—우방국으로서—영국, 서독, 프랑스, 이탈리아, 일본, 네덜란드, 벨기에, 덴마크, 오스트리아, 노르웨이에 군대를 주둔시켰다. 미국을 뺀 나머지 세계에 대한 유럽의 지리적 이점이 여전히 월등했기 때문에 전후 잿더미로 폐허가 되었어도 미국이 주둔한 서유럽 국가들의 경제력은 모두 합해서 세계의 4분의 1을 차지했다.
- 미국을 제외하면 산업을 재건할 능력을 지닌 나라가 거의 없었다. 영국이 사력을 다하고 있었지만, 미국이 제공한 물자와 자본에 거의 전적으로 의지했다. 소련이 유일하게 독자적인 체제를 갖추고 있었는데, 앞서

3년 동안은 미국의 물자에 의존했었다. 소련은 미국의 원조를 받았음에도 불구하고 여전히 미국의 경제 생산량의 3분의 1이 채 되지 않았다.

- 전쟁으로 전 세계의 산업 역량과 소비 역량이 거의 대부분 파괴되었을 뿐만 아니라 제국의 군사력도 대부분 파괴되었다. 소련이 유일하게 여전히 군대를 보유하고 있었지만 해상 운송 역량이 없고 해외 파병이 불가능한 육군에 불과했다.

- 미국은 해양을 장악했다. 1939년 중반에 미국은 총 400척이 채 못 되는 함선을 보유하고 있었는데, 그 가운데 해상 전함이 178척, 잠수함이 58척이었다. 그로부터 겨우 6년 후인 전쟁 마지막 날 미국은 1,000척이 넘는 해상 전함과 잠수함을 비롯해 총 6,800척이 넘는 함선을 보유하게 되었다. 이에 못지않게 중요한 사실은, 전쟁 전 강대국이었던 나라들의 주요 해군 전함들이 몽땅 바다 밑바닥에 가라앉았다는 점이다. 유일하게 영국이 예외였는데, 예전과 달리 유럽 해역을 벗어나면 지원 없이는 활약하기 불가능한 수준이 되었다. 16세기 초 해양시대가 도래한 이후 처음으로 해양에서 활약하는 해군은 단 하나밖에 없게 되었다.

세계적으로 유례없이 한 나라에 군사력이 대거 집중된 사례였다.

전리품을 어떻게 처리할지가 문제였다. 한 가지 뻔한 해결책은 미국이 추축국과 서유럽 제국들을 흡수하고 팍스 아메리카나, 즉 미국이 지배하는 평화 체제를 구축하는 것이었다. 점령당한 유럽 국가들과 미국에 맞서는 소련은 당연히 그렇게 되리라고 예상했다. 자기들도 그동안 서로에게 그렇게 해왔고, 해양시대가 도래한 이후에는 자국의 힘이 미치는 전 세계 모든 곳에 대해 그렇게 해왔기 때문이다.

그러나 세계를 직접 통치하는 방식은 미국의 스타일과는 맞지 않았다. 다른 나라보다 도덕적으로 고결해서가 아니라 현실적인 이유에서였다.

그때까지 미국과 싸웠던 그 어떤 적과 비교해도 미국은 수적으로 우월했지만, 점령은 미국의 장점을 살리는 데 적합한 방법이 아니었다. 미국이 지배하는 평화 체제를 구축하려면 물자를 집중하고 유통시킬 주요 요충지들을 장기간 점령하고, 대대적으로 도시지역을 평정하고 점령지 주민들이 자신들이 소유한 부와 소득의 상당한 부분을 점령자들에게 갖다 바치도록 만들어야 한다. 다시 말하면, 광범위하고 노동집약적이며 강도 낮은 점령 전쟁을 수행해야 한다는 뜻이다. 끝없이. 미국이 수적으로 우세이긴 했지만 그래도 여전히 해양 세력이었다. 해양 세력은 고도의 기동력을 갖춘 군사력과 월등히 우월한 화력을 분쟁지역에 신속히 투입해 적을 속전속결로 섬멸하고 적이 육군을 재배치하기 전에 신속히 빠져나가는 전쟁을 선호한다. 장기간 점거하려면 새로 손에 넣은 광활한 지역 전체에 군사력을 파견해 주둔시키고 지역 주민들을 감시해야 한다. 그러려면 미국이 해양세력으로서 보유한 기동성이라는 장점은 포기해야 한다.[2]

점령 전술은 차치하고, 미국이 지배하는 평화가 제시하는 전략적인 그림은 그다지 전망이 밝지도 않았다. 1946년을 시작으로 소련과의 냉전이 이미 시작되었다는 사실이 분명해졌다. 소련 군사력은 수적으로 우월할 뿐만 아니라 유라시아 북부 대부분의 지역에서 명백하고 현존하는 위협이 되고 있었다. 팍스 아메리카나 체제를 도입하면 미국은 점령지에서 자금과 물자를 조달하고 점령지 주민들로 하여금 미국 제국을 유지하기 위해 싸우도록 해야 하는데 이를 설득하기가 쉽지 않았다. 그러려면 영국, 프랑스, 이탈리아, 독일, 네덜란드, 아랍, 페르시아, 인도, 중화민국, 일본, 한국이 대오를 이탈하지 않도록 미군 수백 만 명을 파견해야 할 뿐만 아니라 수적으로 우세한 소련과 중국 공산 세력의 군사력에 맞서 방어선을 사수할 미군 수백 만 명이 추가로 필요했다. 미국은 막강했지만 세계 대부분의 지역을 점령하기에는 수적으로 역부족이었다. 팍스 아메리카나 체제를 실행하려면 "평화적 시기"에 필요한 미국 육군이 전시에 필요한 육군의 수준을 능가해야 했다.

이와는 대조적으로 소련 군사력은 점령을 목적으로 구축되었다. 러시아는 국경지역에 지리적인 장애물이 없다. 안보를 확보하려면 간단히 2중 전략을 쓰면 된다. 국경 가까운 지역을 모조리 점령해 전략적 완충 지대로 확보하고 정보 기관을 주민들 사이에 침투시켜 말썽을 부리지 않고 얌전히 굴게 만들면 된다. 우크라이나, 아르메니아, 중앙아시아를 점령하는 데 이용한 바로 이 수법을 소련은 1946년에 이미 체코슬로바키아, 불가리아, 라트비아에 무자비하게 적용해 성공을 거두고 있었다. 1940년대 말이 되자, 미국이 전쟁에서 최고의 승전국이 되었지만 더 많은 군사력과 훨씬 단순한 공급망을 보유하고 있고 더 많은 사상자를 인내해낼 수 있고, 정치적 목적을 달성하기 위해 민간인들에게 대대적인 폭력을 아무렇지도 않게 기꺼이 행사할 의지가 있는 소련에 맞서 전리품을 지키고 지속적으로 관리할 만한 힘이 부족하다는 사실이 명백해졌다.

미군과 소련군이 직접 맞붙으면 승산이 없었다. 미국에게 필요한 것은 단순히 방어의 부담을 나눌 동맹이 아니라 붉은 군대의 괴력에 기꺼이 맞설 의지와 열의가 있는 동맹이 필요했다. 스탈린그라드에서 단독으로 나치 독일을 섬멸시킨 후 여전히 사기가 하늘을 찌르고 있었던 바로 그 붉은 군대에 맞설 동맹 말이다. 그런 군대에 맞서려면 강력히 동기가 유발된 군사력이 필요했다.

특히 엄청난 뇌물을 먹여야 했다. 그리고 미국이 고심 끝에 생각해낸 계획은 역사상 가장 위대한 전략적 신의 한수였다. 미국은 그런 계획을 수립하고 난 후 1944년 7월 1일, 제 2차 세계대전 당시의 연합 국가들을 뉴햄프셔에 불러 모아 회의를 열었고 새로운 세계에 대한 미국의 비전을 제시했다. 여기서 다시 브레튼우즈로 돌아가보자.

자유무역을 무기삼아 평화를 유지하다

다음과 같이 3대 목표로 구성된 미국의 계획은 가히 혁명적이라해도 과언이 아니었다. 미국은 이를 "자유무역"이라 이름 지었다.

- **미국 시장에 대한 접근.** 그때까지만 해도 자국 시장에 대한 접근을 통제하는 게 세계적으로 지상 과제였다. 수입을 통제할 능력을 강제로 포기하게 되는 경우는 보통 주요 전쟁에서 패배했거나(1871년 프랑스의 경우) 정권이 완전히 붕괴될 위기에 처했을 때(20세기 초 투르크)였다. 외교관과 장성들이 수행해야 하는 핵심적인 임무는 자국의 기업들이 접근할 시장을 확보하는 일이었다. 미국 시장은 전쟁에서 살아남을 가능성이 있던 단 하나의 시장이었으므로 접근해볼 만한 유일한 시장이었다.

- **모든 해상 운송의 보호.** 자국의 모든 화물을 약탈자로부터 보호하고 교역로를 장악하는 문제는 과거에 매우 중요했다. 따라서 각국은 무시 못할 규모의 군사력을, 특히 공해 상에서, 자국 상선과 화물을 보호하는 데 투입했다. 경쟁국들도 자국의 군사력을 동원해 다른 나라의 상선을 약탈할 게 뻔하기 때문이다. 18세기와 19세기에 세계 도처에서 세를 확장하던 대영제국은 해군 전략을 끊임없이 수정해야 했다. 네덜란드, 프랑스, 터키 등의 끊임없는 약탈 시도를 막아내야 했기 때문이다. 미국이—전 세계에 힘이 미칠 수 있는 유일한 나라—모든 해상 운송을 보호하겠다고 했다. 그러니 더 이상 해군이 필요한 나라는 없었다.

- **전략적 우산.** 화룡점정으로 미국은 미국이 계획한 체제에 합류하는 나라는 모두 소련으로부터 보호해주겠다고 약속했다. 여기에는 핵우산에 이

르기까지 모든 게 포함되었다. 한 가지 조건이 있었다. 냉전은 미국이 원하는 방식으로 싸우도록 내버려둔다는 조건이었다.

이 거래 조건을 받아들일지 여부는 생각해볼 필요도 없었다. 연합국 가운데 미국의 대대적인 원조 없이 경제적으로 회생하거나 소련으로부터 독립을 유지할 수 있다고 생각하는 나라는 하나도 없었다. 선택의 여지가 없었다. 유일하게 잠재력 있는 소비 시장이 있고, 유일하게 가용 자본이 있으며, 유일하게 안보를 보장할 군사력이 있는 미국이라는 나라와 제휴하든지 아니면 철의 장막 저편으로 사라지든지 양자택일해야 했다.

냉전의 전략적 경쟁이 확고하게 자리를 잡아감에 따라 미국은 지정학적 대결에서 요충지가 어디인지 파악하고 핵심적인 국가들에게 무역 체제에 동참하라고 제안할 수 있었다. 전후 처음으로 확장 전략을 추구하면서, 미국은 다름 아닌 패배한 추축국들에게 접근했다.

미국의 서구 동맹국들이 미국과의 거래가 자국에게 이득이 된다고 생각했다면 독일과 일본은 그것이 꿈인지 생신지 믿기지 않을 정도였다. 독일과 일본이 애초에 제 2차 세계대전을 일으킨 주된 이유는 접근 가능한 물자를 확보하고 시장을 확대하기 위해서였다. 독일은 폴란드의 농산물, 저지대 국가들(벨기에, 네덜란드, 룩셈부르크)의 자본, 중부유럽의 석탄, 프랑스의 시장을 탐냈다. 일본은 중국의 인력과 시장, 동남아시아의 자원이 욕심이 났다. 이제 철저히 패배한 두 나라에게 미국은 전쟁 전에도 감히 꿈도 꿔보지 못한 경제적 접근을 제안하고 있었다. 아무런 위험을 감수하지 않고 지구 반대편에 있는 풍부한 자원과 고갈되지 않는 시장에 접근할 기회였다. 그들이 치러야 하는 대가는 "기껏해야" 두 나라가 자체적으로 달성 가능한 수준보다 훨씬 튼튼한 안보를 미국이 보장한다는 조건을 수용한다는 것뿐이었다.

브레튼우즈는 삽시간에 확대되었다.

- 인도가 독립 직후 바로 동참함으로써 소련이 남아시아에 발을 들여놓을 전략을 세우기가 까다로워졌다.
- 발트해 연안의 대부분을 장악하고 있고 지역적으로 막강한 해군력과 공군력을 자랑하는 스웨덴이 1950년대에 동참함으로써 소련이 발트해를 안전하게 이용할 수 있는 여지를 차단해버렸다.
- 남미에서 가장 발전한 아르헨티나가 1960년대에 소련의 반대편 진영에 합세함으로써 남미에서 소련이 영향력을 행사하는 데 한계가 생겼다.
- 1973년 제4차 중동전쟁인 욤 키푸르 전쟁에서 이스라엘에 패한 이집트도 브레튼우즈 체제에 뛰어들었고 이로 인해 소련은 중동과 지중해 연안에서 최대의 고객을 빼앗겼다.
- 인도네시아(1950), 싱가포르(1973), 태국(1982)도 동참하면서 소련이 동남아시아에서 가장 요충지인 지역에 침투할 기회가 차단되었고 남아시아나 동남아시아에서 소련이 해군력을 과시할 희망이 사라져버렸다.

브레튼우즈의 뿌리치기 힘든 유혹은 1960년대에 중국과 소련이 서로 반목하게 만드는 데 결정적인 역할을 했다. 미국과 중국이 뜻밖에 동반자 관계를 맺으면서 당연히 베트남 전쟁 시기에 동남아시아에서의 전략적 계산이 달라졌지만, 큰 그림에서 볼 때 아주 지엽적인 문제였다. 소련은 태평양 연안을 따라 많은 영토를 소유하고 있었지만 자국이 접근 가능한 쓸 만한 항구는 천진과 하이난 섬 같은 중국 지역들뿐이었다. 중국이 브레튼우즈에 합세하고 나자 소련에게 남은 원양, 부동항은 캄차카 반도에 있는 페트로파블로브스크뿐이었다. 이 기지는 러시아에서 인구밀도가 높은 중심지들로부터 너무 멀리 떨어져 있어서 물자를 공수하는 방법밖에 없었다.

중국도 나름 절박한 처지에 놓여 있었다. 압도적으로 우월한 기술에 힘입은 미국에 비해 중국은 한국전쟁에서 사망자의 비율이 미국의 네 배에 달했다. 중국은 해양 국가인 미국이 결국은 흥미를 잃고 본국으로 돌아가리라는 사실을 알고 있었다. 그러나 1969년 중국은 소련의 국경과 접하고 있는 우수리 강을 따라 "동맹"인 소련과 분쟁에 휘말렸다. 소련의 군사기술은 미국의 군사기술 못지않게 우수하면서도, 군대가 바다를 건너올 필요가 없었다. 소련군은 이미 지상에 진을 치고 주둔해 있었다. 중국이 인해전술을 쓰면 소련도 인해전술로 맞서게 된다. 다른 점이라면 소련의 인해전술은 탱크와 전투기로 뒷받침된다는 점이다. 중국은 그러한 전략적 계산을 바꾸지 않는 한, 북부 국경 지대에서 승산 없는 전쟁에 직면할 수밖에 없었다.

중국은 산업화를 해야 했다. 그러려면 자본이 있어야 했다. 원자재, 기술, 시장, 바닷길에 대한 접근도 필요했다. 그러려면 미국이 필요했다.

그러나 두 나라는 서로에 대한 자국민의 인식을 바꿀 필요도 있었다. 1971년 일본 나고야에서 열린 세계 탁구선수권대회에서 행운이 찾아왔다. 대회에 참가한 미국대표단원 글렌 코완이 실수로 중국선수단의 버스에 올라탔는데, 차 안에서 중국 챔피언 장제동이 그에게 다가왔다. 통역의 도움을 받아 짧은 대화를 나눈 두 사람은 선물을 교환했는데 두 사람 사진이 일본과 세계 매체에 대서특필되었다. 〈타임〉지는 이를 "세계에 울려 퍼진 탁구공 소리"라고 했다.

그 후 삽시간에 두 사람의 우호적인 잡담은 비중 있는 정치적 교류로 진화했다. 같은 해 말 중국은 미국대표단을 초청해 연속 시범경기를 개최했다 (1949년 중국에서 혁명이 일어난 후 처음으로 중국을 방문한 미국인들이다). 미국은 이에 화답하는 의미에서 중국에 대한 무역제재 조치를 해제

했다. 그리고 1972년 2월, 리처드 M. 닉슨 미국 대통령은 중국을 방문해 브레튼우즈를 비롯해 여러 가지 사안을 논했다.

미국이 짠 계획은 단순히 제국주의 시대와 완전히 결별하게 되는 데 그치지 않고 소련을 제외하고 지구상에서 조금이라도 비중이 있는 국가와는 모조리 적극적이고 열성적으로 상호 협력하게 되는 결과를 가져왔다. 총 한 발 쏘지 않고, 팔을 비트는 정도 이상의 무력도 쓰지 않고 미국은 역사상 최대 규모의 동맹을 구축했고 소련의 주변을 적대국들로 두텁게 둘러싸게 되었다. 소련의 붉은 군대에 맞서 기꺼이—심지어 열렬하게—미국의 제1 방어선 역할을 하려는 적대적 국가들로 말이다.

소련은 미국이 뒷받침하는 동맹에 맞서봤자 승산이 없었다. 한쪽엔 북미, 서유럽, 일본, 한국, 대만, 오스트랄아시아(Australasia), 그리고 그밖에 미국이 노골적으로 매수해 동맹에 합세하도록 만든 중국과 같은 핵심적인 몇몇 국가들로 구성된, 미국 주도의 해상 및 무역 동맹이 버티고 있었다. 이 전례 없는 막강한 동맹에 맞서는 측은 소련 제국으로서, 소련이 점령한 중부유럽의 위성국가들과 쿠바, 예멘, 모잠비크, 북한, 시리아 등 빈곤하기 이를 데 없는 오합지졸 동맹국들로 구성되어 있었다. 이들은 전 세계에 흩어져 있었고 소련이 그들의 충성심을 사려면 그 지역에 군대를 주둔시키든가 돈으로 매수해야 했다. 한쪽은 자금, 시장, 해양을 가로지를 능력을 장악했다. 또 다른 쪽은 그렇지 못했다. 미국은 소련 제국 전체보다 훨씬 경제적으로 규모를 갖춘 상태에서 냉전에 돌입했고 냉전이 끝날 무렵, 미국이 제공한 경제적 혜택을 발판으로 경제발전을 추진해 소련의 생활수준을 능가하게 된 나라는 한국을 비롯해 한 둘이 아니었다.

물론 어떤 계획이든 부작용이 있기 마련이다.

첫째, 모든 나라가 자신의 안보 정책을 미국에 위임한 것에 대해 미국과 같은 해석을 하지는 않았다. 유럽의 많은 나라들은 미국이 당연히 유

무역 중심지　■ 브레튼우즈 창설회원국　■ 냉전기 매수대상국　■ 냉전종식 후 전향국　■ 비동맹국

브레튼우즈 체제 하에서의 세계

럽의 제국들이 지속되는 것을 반대하지 않는다고 생각했다. 단지 이제는 미국의 보호를 받게 됐다는 사실만 바뀌었을 뿐이라고 생각했다. 그러나 미국의 의도는 달랐고, 일부 유럽 국가들에게 미국의 의도를 제대로 알리기 위해서 약간 조치를 취해야 했다. 전쟁발발 전에 주요 해양 강대국들이었던 영국과 프랑스의 태도가 가장 불량했다. 1956년 수에즈 운하 위기는 미국이 전후 경제회복원조를 철회하고 전 세계적인 반대여론을 조성하는 데 앞장섬으로써 공개적으로 영국과 프랑스에 망신을 주는 것으로 마무리되었다. 미국이 누가 대장인지 제대로 알아듣도록 본때를 보여준 가장 대표적인 사례다. 다음 세대 동안 모든 주요 식민지들은 독립을 얻게 되었다. 그러나 미국은 그 나라들 중 하나도 접수하지 않았다. 미국에게는 그들이 필요하지 않았기 때문이다. 미국의 목표는 유럽의 손아귀에서 세계를 풀어주고 유럽 국가들을 브레튼우즈 체제에 의존하도록 만드는 것이었다.

예전에 유럽 제국의 식민지였던 나라들이 대거 독립하면서 이 목표는 달성되었다. 이 지역들의 물자 공급망 관할권이 미국 해군의 손에 들어갔고 유럽 국가들이 애초에 해군력을 보유할 구실을 없애버렸기 때문이다.

둘째, 동맹국의 안보를 보장하기로 한 미국은 약속을 행동에 옮겨야 했다. 동맹국들에게 해군이나 원정군은 필요 없다고 큰소리쳐 놓고 미국이 자국의 해군과 원정군을 이용해 동맹국들의 핵심적인 국익을 보호하지 않으면 아무 소용이 없었다. 그러기 위해서 미국은 해양 세력으로서의 전략적 이점들을 대부분 포기해야 했는데, 그 가운데 가장 중요한 이점은 전투할 시기와 장소를 선택하는 능력이었다.

미국은 여전히 원하는 대로 언제 어디서든 먼저 충돌을 일으킬 수 있었지만, 새로 구축된 동맹 체제 하에서는 적국들이 원하는 때와 장소에서 전투를 할 수밖에 없게 되었다. 미국이 브레튼우즈 회원국을 방어하기를 거부하면 동맹 체제 전체가 흔들리게 되기 때문이다. 미국이 한국에서 중국에 맞서기 꺼린다면 미국이 독일을 소련으로부터 보호해주겠다는 말을 누가 믿겠는가? 미국이 한국 전쟁과 베트남 전쟁에 참전해야 했던 이유는 싸우고 싶어서도 아니고, 지역 전략을 고려할 때 전쟁할 가치가 있어서도 아니다. 참전하지 않으면 미국에 대한 신뢰가 깨지고 그러면 동맹 체제 전체가 와해될 위험이 있었기 때문이었다. 미국의 새로운 대전략은 미국을 민첩하고 기동력 있고 공세적인 국가에서 대륙국가처럼 대규모 군사력을 주둔시켜야 하는 방어적인 국가로 변모시켰다. 독일, 터키, 한국과 같은 나라에 있는 미군 기지들은 소련을 직접 견제하는 역할 말고는 하등의 쓸모가 없다. 전통적인 해양 국가가 힘을 투사하는 데 전혀 도움이 되지 않는다.

세 번째 부작용은 관점의 부작용이다. 냉전시대 내내 미국과 소련 간의 지정학적 대전략은 첨예하게 부딪혔다. 그러나 한 단계 낮추어보면 얘기가 완전히 딴판이었다. 미국이 주도하는 체제는 지역에서의 지정학적 경쟁을 중단시키고 브레튼우즈 회원국들이 시장을 찾거나 교역로를 보호할 부담을 덜어주었는데, 이는 다분히 의도한 바다. 이로써 미국의 동맹국들은 오랜 숙적으로부터 자국을 방어할 책임에서 벗어났다. 그 오랜 숙적들이 대부분 이제 서로 동맹국이 되었다. 몇 가지 사례를 들어보자.

- 프랑스와 독일은 서로 상대국으로부터 자국을 방어하기 위해 무장할 필요가 없었다. 대신 두 나라는 협력해서 유럽연합이라는 초정부적 기구를 만들었다. 전쟁 전이었다면 아마 웃음거리가 되었을 일이다.
- 스웨덴과 네덜란드 같은 중간급의 유럽 국가들은 국방에는 최소한의 신경만 쓰면서 무역과 주요 거점들 간의 중개에 집중할 수 있게 되었다.
- 세계 무역로가 안전해지면서 물자가 생산되는 이러저러한 지점을 점령할 필요가 없어졌다. 세계에서 가장 오래전부터 밀을 생산해온 이집트는 2000년 만에 처음으로 마음껏 숨을 쉬게 되었다.
- 세계 곳곳의 유럽 식민지들은 자유를 되찾았다. 동남아시아 국가들은 동남아시아국가연합(ASEAN)을 결성했고 자기들끼리—역시 미국의 보호를 받는—자유무역 체제를 만들었다.
- 일본은 이제 더 이상 동아시아 주변 국가들을 괴롭힐 필요가 없어졌다. 미국이 안보를 책임지는 가운데 한국, 대만, 싱가포르는 세계에서 가장 역동적인 경제 3국으로 부상했다. 중국은 자국 역사상 처음으로 안전한 여건에서 외부로부터 방해받지 않고 통합을 추진하게 되었다.

오랜 세월 동안 경제를 성장시키고 안보를 튼튼히 하려고 애써온 나라들은 이제 두 가지 다 보장받게 되었다. 부와 안보는 최종 목표가 아니라 출발점이 되었다. 오늘날 우리가 선진국이라고 여기는 나라들은 결핍이 무엇인지 망각하게 되었고, 근대국가로 통합된 적이 없었던 드넓은 영토들은 유럽과 일본 제국주의의 위협이 사라지자 국가로 통합되었다. 지리적 결함은 그 효력이 중지되었고 과거에 서로에 대해 품은 적대감은 잠정적으로 보류되었다.

이로써 마지막—그리고 가장 심각한— 부작용에 다다르게 된다. 브레튼우즈 체제에 동참한 많은 나라들—독일, 한국, 중국과 대만, 아일랜드, 싱가포르 등—은 단순히 수출을 통해 안정을 확보하기 위해 브레튼우즈를 이용하는 데 그치지 않았다. 그들은 자국의 경제 체제를 재구성해서 위험으로부터 자유로운 국제적 해상 운송과 미국 시장에 대한 손쉬운 접근을 십분 활용했다. 이러한 나라들을 비롯해 수많은 나라들이 이제 자국의 경제적 방편을 현 체제의 지속에 의존하고 있다. 그리고 세계적으로 세를 어느 정도 확장한 나라들조차도 해외무역망을 보호할 군사력이 없다. 그런 군사력이 있다고 해도 대부분 자국의 해안지역을 순찰하는 정도에 그치고 그 이상의 역량은 없다.

겁먹은 신세계: 값비싼 골동품

그러나 브레튼우즈 체제로부터 경제적인 혜택을 받을 필요가 없는 아주 중요한 나라가 하나 있다. 그 체제를 설계하고 실행하고 지금은 뒷받침하고 있는 바로 그 나라다.

미국에게 브레튼우즈 체제는 경제 전략이 아니라 전략적 수단이다. 따라서 미국은 그 체제를 중심으로 군사력을 설계하고 배치한다. 미군은 전세계에 배치되어 있고 미국의 해군은 해로가 봉쇄되지 않도록 순찰을 하고 있다. 그러나 미국은 브레튼우즈 체제를 중심으로 자국의 경제 체제를 재정비한 적이 없다. 그리고 브레튼우즈가 탄생한 지 70년이 지난 오늘날에도 미국 GDP에서 수출이 차지하는 비중은 11퍼센트에 불과하다. 수출 비중으로 치면 미국은 세계에서 경제적으로 고립된 에티오피아, 아프가니스탄, 르완다, 수단과 같이 미국과는 어울리지 않는 나라들과 같은 부류에 속한다. 그러나 전쟁 그리고/또는 내륙이라는 지리적 여건으로 인해 세계와의 교류가 아주 미미한 이런 빈곤국들과는 달리 미국이 고립되어 있는 이유는 국내시장에 무한한 기회가 존재하기 때문이다. 미국의 국내시장의 규모와 지방들 간의 연계성은 따라올 나라가 없다.

따라서 미국에게 세계무역은 지엽적인 문제에 불과하다. 그리고 과거 70년 내내 그랬듯이 지금도 세계 무역 체제가 지속되는 까닭은 오로지 미국이 그 체제를 유지하는 데 드는 비용을 전담하고 있기 때문이다. 그런데 그 체제를 유지해야 한다는 책임감은 꽤 오래전부터 서서히 잠식되어 왔다. 냉전 후 미국의 세 대통령—빌 클린턴, 조지 W. 부시, 버락 오바마—은 확장하는 자유무역 체제를 뒷받침하는 일에서 서서히 손을 떼려는 노력을 지속해왔다.

- 클린턴은 세계무역기구(WTO)와 북미자유무역협정(NAFTA) 협상을 물려받아 비준과 집행을 완료했는데, 이 두 체제는 미국이 관여한 가장 중요한 무역 체제이다.
- 부시는 세계무역기구 체제를 심화시키는 다음 단계로 나아가기 위한 협상을 주도했지만 마무리짓지 못했다. 그가 주도하고 완성한 새로운 자유무역 지대들은 중앙아메리카 국가들 같은 인접국들이나 오스트레일리아, 콜롬비아, 한국과 같은 동맹국들과 체결한 무역협정이다.
- 오바마는 어떤 나라와도 새로운 자유무역협정을 주도하지 않았고 단지 전임자들이 시작한 협상을 실행하거나 계속 진행하기만 했다.

군사적 관점에서 볼 때 자유무역을 실행하는 데 드는 비용은 만만치 않다. 미국 해군은 연간 족히 1,500억 달러를 쓴다(해병대는 추가로 300억 달러를 쓴다). 그리고 무엇보다도 수출에 특화해온 나라들은 지난번 경제 호황이 절정에 달했을 때 미국에 7,000억 달러라는 어마어마한 무역적자를 안겨주었다.

미국과 경쟁하는 초강대국이 존재하는 여건에서는 그 정도 비용지출을 정당화하기는 어렵지 않았다. 그러나 여러분도 알다시피 냉전은 1989년에 막을 내렸고 그로부터 겨우 3년 후 소련은 붕괴했다. 소련이라는 폐허를 딛고 러시아가 등장했지만 국력, 야망, 위협으로 볼 때 소련과는 비교가 되지 않을 정도로 초라하다. 오늘날의 러시아를 견제하는 데는 세계적인 동맹 체제가 필요하지 않다.

현 체제에 닥쳐오고 있는 위기는 사실 매우 단순하다. 세계 경제가 돌아가게 하는 모든 것―에너지 공급 시장에 대한 안정적인 접근에서부터 미국시장에 생산품을 판매할 수 있는 능력, 자본의 자유로운 이동에 이르기까지―은 미국이 지금까지 헌신적으로 브레튼우즈 체제를 유지해온 데 따른 직접적인 결과다. 그러나 미국은 이 체제에서 더 이상 전략적 이득을 얻지 못하고 있는데도 체제 유지비용은 여전히 부담하고 있다. 어느 시점에 가서―다음 주가 될지도 모르고 10년 후가 될지도 모르지만―미국이 자국의 우선순위를 재조정하게 되면 브레튼우즈 체제의 근본원칙과 자유무역 질서의 기반에 종말을 고하게 된다.

이 사태가 일어나기만 해도 엄청난 타격이 발생하지만, 이는 세계 질서를 산산조각 내는, 곧 닥칠 세 가지 격동 가운데 하나이자 시작에 불과할 뿐이다.

06

인구 구조의
격변

The Demographic
Roller Coaster

개 개인은 저마다 행위가 제각각이고 어느 특정한 개인이 무슨 행동을 할지 예측하기란 거의 불가능하다. 그러나 이 개인들을 커다란 집단으로 묶으면 개인이 지닌 임의적 특성은 집단의 행동 유형으로 바뀐다. 젊은이는 자녀를 양육한다. 나이든 사람은 은퇴한다. 아기는 운다. 인구 자료를 연구하는 전문가인 인구학 학자는 인구 전체가 어떤 행동을 할지 예측하는 게 본업이다. 그런 의미에서 인구학은 인구의 기본단위를 국가로 간주하는 지정학과 겹치는 부분이 상당히 많다.

인구학에는 해석의 여지가 거의 없다. 예컨대, 스무 살 먹은 Y세대가 집단으로서 하는 행동은 마흔 살 먹은 X세대 집단의 행동과 확연히 다르고, 예순 살 먹은 베이비붐 세대와는 천양지차다. 마찬가지로, 어떤 연령대이든 그 연령대의 인구 규모는 거의 정해져 있다. 사망률을 적용해보면 특정한 연령집단은 일정기간이 지나면 약간 더 규모가 작아지게 된다. 다시 말해서 오늘날 생존해 있는 Y세대의 수는 고정되어 있다는 뜻이다. 이 단순한 수치를 바탕으로 10년 후에 35세인 인구의 수가 얼마나 될지, 20년 후에 45세인 인구의 수가 얼마나 될지 상당히 정확하게 예측 가능하다.

어떻게 그렇게 자신 있게 장담하느냐고? 이는 단순히 자료와 불가항력의 문제이다. 자료와 관련해서는, 일단 사망률과 출생률—최소한의 제구실이라도 하는 국세청 공무원이라면 누구라도 제시할 수 있는 정보—만 알면 인구 구조를 계산해내기는 간단하다. 불가항력이라 함은 스무 살짜리를 마구 만들어내기는 불가능하다는 뜻이다. 그럴 기회는 이미 20년 전에 물 건너갔고 지금부터 스무 살 먹은 인구 수는 계속 내리막길을 걷게 된다. 베이비붐 세대, X세대, 심지어 Y세대도 더 이상 늘어나지 않는다. Z세대는 더 만들 수 있다. 이 세대는 아직 형성되는 중이므로 계속 늘어나다가 2019년에 가서 Z세대의 인구 성장판이 완전히 닫히게 되면 차세대가 시작된다.

인구학과 지정학을 결합하면 정치적 불안정성에서부터 경제적 성과에 이르기까지 뭐든지 예측하는 일련의 막강한 도구들을 손에 쥐게 된다. 지정학에서 "정치" 부분이 얼마나 복잡하고 끊임없이 변하는지를 고려한다면 인구학의 고정성과 상당히 높은 수준의 확실성은 신선하기까지 하다.

즉, 인구 구조 자료를 면밀히 검토하기 전까지는 낙관은 금물이라는 뜻이다. 지정학적으로 보면 자유무역시대는 막을 내리고 있다는 분석을 하게 되듯이, 인구 구조를 보면 지난 70년 동안 당연하게 여겼던 소비주도 성장 시대도 끝이 보인다는 결론에 도달하게 된다.

인구 구조, 자본, 기술

산업화는 인류 역사에서 숱한 변화를 일으켰는데, 출생률이 가장 중요한 변화로 손꼽힌다.

산업화 이전에는 대부분의 사람들이 농사를 지었다. 산업화 이전에는 농사를 지으려면 등골이 휘었다. 토지를 일구고 작물을 심고 잡초를 골라내고 물을 대고 수확을 했다. 가축을 먹이고 보살피고 지키고 도살했다. 곡물을 모아서 탈곡하고 자루에 담아 끌고 창고에 저장했다가 내다 팔았다. 늘 할 일은 많고 시간과 인력은 부족했다. 인류역사 대부분의 기간 동안 소와 말이 부를 가늠하는 지표였던 게 당연하다. 가축의 노동으로 부를 창출했으니 말이다. 부유하지 않은 사람들에게는 자녀가 있었다. 자녀는 무료로 부릴 수 있는 노동력이었다. 다행히도 농부들은 자녀를 만드는 비결을 알고 있었다. 그래서 자녀를 많이 낳았다.

산업화 후에는 농업의 생산성이 매우 높아졌다─작물 한 부셸을 거둬들이는 데 드는 인력과 노동시간이 (확) 줄었다. 농업의 생산성이 높아지자 남아돌게 된 노동력은 산업중심지인 도시로 몰려들었다. 더 높은 임금을 주는 제조업에서 일자리를 구하기 위해서다. 시간이 흐르면서 대대적인 도시화가 진행되었고 도시의 인구밀도가 증가하면서 거주공간에 대한 수요가 공급을 앞지르면서 임대료가 치솟았다. 도시의 비좁고 비싼 공간에서 살게 되면서 자녀는 더 이상 무료로 부릴 수 있는, 꼭 있어야 할 일손이 아니라 경제적으로 여유 있는 사람들이나 누리는 사치가 되었다.

간단히 말하면, 산업화로 출생률이 급감했다. 이러한 변화가 얼마나 근본적이고 신속하게 이루어졌는지는 몇몇 요인들에 따라 천차만별이다. 농업의 기계화, 지역의 산업적 발전을 뒷받침할 자본을 그 지역에서 조달할 능력, 시골에서 도시지역으로 쉽게 이주 가능한지 여부 등등이 그런 요인들이다. 고도로 조직화되고, 고도로 자본이 축적되고, 얽히고설키는 기간 시설망을 구축한, 비교적 작은 규모의 독일이 1890년에 인구 대다수가 도시에 거주하는 최초의 국가가 되었다. 오늘날 남아 있는 독일의 시골은 후손들을 위해 보존한 노천 박물관 같은 느낌을 준다. 각지로 뻗어나간 미국인들은 1920년에 가서야 대다수가 도시에 거주하게 되었고, 오늘날에조차도 미국은 주요 국가들 가운데 가장 도시화가 덜 된 나라에 머물러 있다.

산업화 후 시대의 자본의 이동경로를 그려보면 (오늘날까지도 주요도시들은 대부분 탁월한 운송 중심지에 위치해 있고, 가장 탁월한 운송 중심지는 여전히 강이기는 하지만) 산업화 이전인 과거처럼 강 중심의 수로 체계를 따라가기보다는 노동력이 있는 곳을 따라간다. 근로자의 소비지출이 경제 성장을 견인하고 근로자의 저축이 금융 건전성을 결정하지만 모든 근로자가 똑같지는 않다. 일단 국가가 산업화되면 중요한 차이는 인종도, 민족도 지리적 여건도(지정학 분석가인 내 입장에서는 허걱(!)할 일) 아니다. 바로 연령이다.

금융의 관점에서 보면 인구는 네 집단으로 나뉜다. 첫째, 아동이다. 아이들은 일은 안 하지만, 먹고 입어야 하고 살 곳도 필요하고 학교도 다녀야 한다. 엄청 쓰기만 하면서 생산은 전혀 하지 않는다. 아동은 경제 체제에 빨대를 꽂고 빨아대기만 하고 때로는 말썽을 부려 부모들이 제정신을 잃게 만든다. 이 모든 행동을 속죄할 날이 오기는 한다. 세월이 흐르면 아이들도 자라서 일을 하고 세금을 내게 된다.

두 번째 집단은 청년층 근로자다. 이 연령집단—대략 18세에서 45세—은 엄청나게 소비한다. 생애 최초로 집과 자동차를 구매한다. 이들은 자녀를 양육하면서 아이들을 먹이고 입히고 잠자리를 제공하고 학교에 보내는 데 드는 모든 비용을 벌고 쓴다. 이따금 본인 자신이 학교에 다니기도 한다. 집단 전체로 보면 전문성이 높지도 않은데, 이는 (두둑하지 못한) 연봉이 증명해준다. 이 집단은 소득 잠재력으로 볼 때 가장 밑바닥이지만 생애 동안 닥칠 그 어느 시기보다도 생활하는 데 많은 비용이 필요한 시기다. 신용카드로 빚을 지고, 대출을 받아 집과 자동차를 장만하고—본인과 자녀 교육을 위해— 대출받은 학자금도 여전히 갚고 있다. 그들은 엄청나게 지출을 하고 엄청나게 대출을 받지만 저축에는 인색하다. 사회 전체로 보면 경제 성장은 대부분 부채(負債)가 주도하는 소비에서 비롯된다.

세 번째 집단은 장년층 근로자다. 이 집단에게 힘든 시절은 끝났다. 자녀들도 독립했다. 주택마련 대출도 거의 다 갚았다. 자동차도 온전히 그들 소유다. 빚이 있기는 하지만—빚 없는 사람이 어디 있는가?—소득 대비 부채 비율은 그들의 자녀들에 비하면 아주 낮은 편이다. 단순히 이 집단이 진 부채 비율이 상대적으로 낮아서일 뿐만 아니라 소득이 상대적으로 더 높기 때문이기도 하다. 50대와 60대 연령인 사람들은 대출을 받아야 할 필요는 낮은 편이면서도 소득 잠재력에서는 절정에 있다. 낮은 부채 비율과 높은 소득으로 세금도 많이 낸다. 그래서 정부는 장년층 근로자들을 무척 좋아한다.

이러한 장년층 근로자들은 자본이 빈곤한 청년층 근로자들과는 반대로 자본이 풍부하다. 이들은 여유 자금을 대부분 다양한 목적을 달성하는 데 투자하고 은퇴 후를 준비하는 데 쓴다. 여유 자금을 늘리기 위해 국내든 해외든 주식, 증권, 뮤추얼펀드 등 다양한 방식으로 투자를 한다. 시장이 부침을 겪어도 별 문제 아니다. 장기적인 안목으로 투자하기 때문이다. 지속적으로 저축을 하므로 시장이 폭락해도 이를 싼 자산을 매입할 기회로 삼고 저렴한 가격에 매입한 자산의 가치가 상승하기를 기다린다. 장년층 근로자들은 정부를 비롯해 경제 체제 전체에 대량의 자본을 공급하고, 빠른 경제 성장을 견인하는 곳에 투자하는 경향이 있다. 빠르게 성장하는 부문이 수익률이 높기 때문이다.

마지막 네 번째 집단은 은퇴한 사람들이다. 이들이 금융 부문에 대거 참여하는 방식은 대출을 주로 하는 청년층이나 여유 자금을 저축하는 장년층과는 매우 다르다. 이들에게는 투자하는 시절은 끝났다. 자금을 모을 만큼 모았기 때문에 이제는 모아놓은 부를 야금야금 꺼내 쓴다. 가능하다면 이자로 먹고 살지만, 보통 머지않아 원금에 손을 대야 하는 상황에 부딪힌다.

이 집단은 여유 자금이 매우 풍부한 여건에 놓여 있지만, 은퇴 전인 다른 집단들과는 확연히 다른 투자 행동양식을 보인다. 그들은 원금 가치가 하락하는 상황을 감내하지 않는다. 투자손실을 새로운 소득으로 보전할 방법이 없기 때문이다. 그들은 거의 전 재산을 국내에 보유한다. 시장의 부침은 오늘의 적일 뿐만 아니라 남은 생의 적이기도 하기 때문이다. 환율변동 위험이든, 요동치는 주식시장이든, 기업 내 정치적 암투를 둘러싸고 떠도는 온갖 추문이든 시장을 들썩이게 하는 어떤 형태의 불안정도 달가워하지 않는다. 주식과 역동성은 기피한다. 국채와 양도성예금증서는

INDIA DEMOGRAPHY: 2015

여성   남성

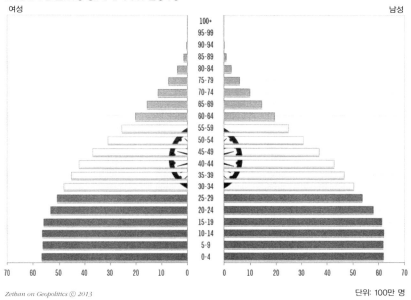

Zeihan on Geopolitics © 2013

단위: 100만 명

인도의 인구 구조: 2015년

환영한다.

결론적으로 말하면, 은퇴자 집단은 새로운 투자를 하지 않거나 투자를 해도 경제성장을 크게 견인하지는 않는 부문에 투자를 한다. 하지만 그러한 투자마저도 시간이 감에 따라 점점 줄어들게 된다. 게다가 그들 대부분 연금을 받게 된다. 수요를 창출하고 경제 성장을 견인하는 청년층 근로자들이나 자본과 투자를 활성화하는 장년층 근로자들과는 달리 인구 집단으로서의 은퇴자들은 경제 성장의 발목을 잡게 되며 이들이 모아놓은 자금이 줄어들면서 경제에 주는 부담은 늘어나게 된다.

"정상적인" 인구 구조에서 인구 집단들의 분포는 아주 간단하다. 유아

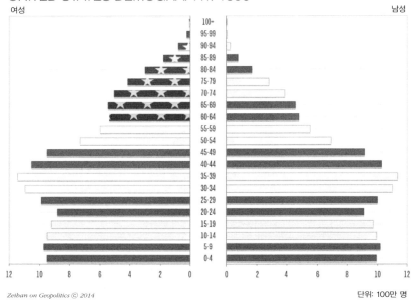

UNITED STATES DEMOGRAPHY: 1996

여성   남성

Zeiban on Geopolitics © 2014   단위: 100만 명

미국의 인구 구조: 1996년

가 가장 많고 영아, 아동, 십대 등등 연령층이 높아질수록 점점 그 수가 줄어든다. 연령층이 높아질수록 사망하는 사람이 늘어나 해당 연령층의 인구가 점점 줄어들어 마지막으로 은퇴자 연령층에는 소수만 남게 된다. 어린 아동들을 가장 밑에, 노년층을 가장 위에 두고 나이를 5년 간격으로 구분해 해당 연령의 인구수를 차례로 탑처럼 쌓아올리면 인구학 학자들의 발명품인 인구 피라미드가 만들어진다. 2015년 인도의 인구 피라미드는 정상적인 인구 구조의 패턴을 보여주는 대표적인 사례이다.

　이런 구조 하에서는 자본을 창출하기가 어렵다. 자본을 창출하는 장년층 근로자가 그리 많지 않은 반면 자본이 필요한 청년층은 많기 때문이

DEVELOPED STATES DEMOGRAPHY: 1996

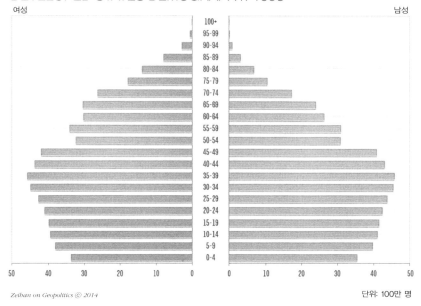

여성

남성

100+
95-99
90-94
85-89
80-84
75-79
70-74
65-69
60-64
55-59
50-54
45-49
40-44
35-39
30-34
25-29
20-24
15-19
10-14
5-9
0-4

50   40   30   20   10   0   0   10   20   30   40   50

Zeiban on Geopolitics © 2014

단위: 100만 명

선진국의 인구 구조: 1996년

다. 그 결과 자동차를 구매하든, 스텔스기를 구매하든 대출 비용이 상당히 높아지는, 자본시장이 비교적 경직된 성향을 보이게 된다. 그런 체제는 만성적으로 성장 부진에 시달리게 되는데, 그 원인을 추적해보면 결국 자본이 부족하기 때문이고, 이는 다시 그 근본적인 원인이 인구 구조에서 비롯된다는 사실이 드러난다. 금융이든, 산업이든, 기술이든, 노동이든 투자가 이루어지려면 투자해서 회수하는 수익 전망이 밝아야 한다. 지나치게 단순화한 표현인지는 모르지만, 돈은 돈 취급을 받는다. 투자에 따른 위험이 납득할 만해야만 주머니에서 돈이 나간다. 이와 같은 인구 구조의 특성을 지닌 경제 체제에서 은행과 투자자들은 냉정하게 판단한 후에야 자금을 투자한다.

그러나 산업화가 진행되고 수십 년에 걸쳐 출생률이 하락하면 인구 구조가 완전히 딴판으로 변한다. 자녀는 더 이상 경제적으로 반드시 있어야 하는 존재가 아니라는 인식이 자리를 잡으려면 시간이 걸리고, 평균적인 가구 규모는 몇 해가 아니라 몇 세대에 걸쳐 줄어들게 된다. 청년층은 곧 지배적인 연령 집단이 된다. 개개인으로 보면 이들은 예전만큼 소비를 하지만 자녀보다는 자기 자신을 위해서 더 많이 소비를 한다. 기저귀나 스쿠터만 덜 사는 게 아니라 정부가 교육에 지출해야 하는 비용—미국의 모든 주에서 주 예산의 가장 큰 부분을 차지하는 부문이다—도 줄인다.

대부분의 선진국에서 청년층 근로자 집단이 냉전이 종식되면서 폭증했다. 예상대로 청년층 근로자 집단은 선진국 진영을 통틀어 전례 없는 수준의 경제성장을 이룩했다. 미국에서는 이 집단을 베이비붐 세대라고 한다.[1] 총인구에서 차지하는 비율로 볼 때 미국 역사상 가장 규모가 큰 세대다. 이러한 인구 구조는 자본의 비용을 치솟게 만들었어야 마땅하다. 그런데 그런 일은 일어나지 않았다. 지정학이 개입했고—서구 진영에 나타난—결과는 마법과 같았다.

첫째, "평화 배당금"이 있었다. 방위비가 줄어들면서 많은 서방국가들의 예산은 두 세대 만에 처음으로 흑자로 돌아섰고 여유 자금은 경제적으로 생산적인 부문에 쓰였다. 시중의 여유자금을 빨아들인, 레이건 시대의 예산적자 시절은 막을 내렸다. 대신 모든 가용 자금은 민간 부문으로 쏟아져 들어갔다. 미국에서만도 방위비가 줄어들기 시작하고 10년째 되던 무렵 순수하게 절약된 방위비가 (당시의 달러 가치 기준으로) 연간 1,500억 달러에 달했다.

둘째, 미국 달러가 세계의 기축통화로 부상했다. 1992년 2월, 유럽은 유럽공동화폐를 창설하는 마스트리히트 조약에 서명했다. 유로는 1999

년에 가서야 널리 도입되었지만 나라마다 서로 다른 화폐를 모두 폐기한다는 선언만으로도 부를 축적하는 수단인 화폐로서의 유로 가치는 급락했다. 유럽이 실행하기로 한 범정부적인 경제 실험에 자기 돈을 투자하는 위험을 감수하려는 이는 거의 없었다. 일본 중앙은행에서부터 한국의 대기업인 삼성, 이탈리아 마피아에 이르기까지 현금을 손에 쥐고 있는 이는 모조리 대거 도이치마르크와 프랑과 리라를 달러로 환전했다. 얼마나 많은 자금이 미국 금융시장으로 쏟아져 들어왔는지를 보여주는 믿을 만한 자료는 없지만(마약밀매업자들이 미국 연방준비은행에 성실하게 보고할 리가 없지 않은가), 유입되는 자금을 수용하기 위해서 연방준비은행이 어떤 조치를 취해야 했는지를 가늠하기는 매우 쉽다. 1994년(달러 수요가 폭증한다는 사실을 연방준비은행이 인지한 해)부터 2002년(유로 가치의 하락이 마침내 멈추고 달러 수요가 줄어든 해)까지 연방준비은행은 폭증한 달러 수요를 감당하기 위해 달러 공급량을 두 배 이상—2조 달러 증가—늘려야 했다. 이와 같은 대대적인 통화 팽창 정책은 보통 부정부패가 만연하고 정세가 불안하고 해외 원조에 의존해 살아가는 나라의 특기다. 돈을 대량으로 찍어내면 물가상승 폭탄을 맞게 된다. 그러나 현금이 미국을 빠져나가기는 커녕 미국으로 밀려들어왔기 때문에 미국은 오히려 1960년대 이후로 가장 낮은 물가상승률을 보였다.

셋째, 소련의 자금이 미국으로 도피했다. 평균적인 러시아인은 하룻밤 사이에 자기가 저금한 돈이 종이쪽지로 변해버려도 속수무책이었지만, 부패한 공직자와 새롭게 등장한 정경유착의 상징인 올리가르히라고 불리는 러시아 신흥재벌은 급변하는 지정학적 질서에서 수익을 올릴 방도를 찾아냈다. 유럽 각국의 화폐는 폐기된다고 이미 공개적으로 발표된 상황에서는 미국 달러가 유일한 자금 도피처였다. 평범한 러시아인들은 달러를 침대 밑에 숨겼지만 러시아 정치인들과 올리가르히는 자기 돈을(구린

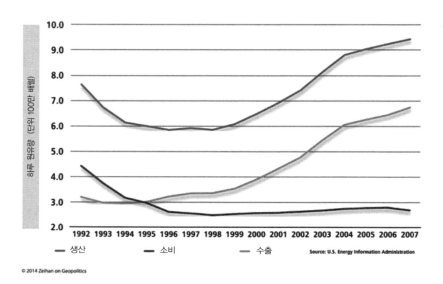

Russian Oil Production, Consumption and Exports

하루 원유량 (단위 100만 배럴)

| 10.0 |
| 9.0 |
| 8.0 |
| 7.0 |
| 6.0 |
| 5.0 |
| 4.0 |
| 3.0 |
| 2.0 |

1992 1993 1994 1995 1996 1997 1998 1999 2000 2001 2002 2003 2004 2005 2006 2007

— 생산   — 소비   — 수출   Source: U.S. Energy Information Administration

© 2014 Zeihan on Geopolitics

러시아의 원유 생산, 소비, 수출

돈이든 아니든) 미국 은행에 예치했다. 실제로 러시아에서 빠져나간 자금이 얼마나 되는지는 지금까지도 여전히 러시아에서 뜨거운 논쟁을 불러일으키는 대화 주제지만, 그게 수백억 달러든 수천억 달러든 상관없이 몽땅 서구진영으로 흘러 들어갔다는 사실이 중요하다. 게다가 러시아 산업 기반은 무너졌지만 러시아의 원자재 생산은 줄어들지 않았다. 러시아는 잉여 생산분을 눈치도 보지 않고 세계 시장에 쏟아부었다. 9년 연속해서 한 해에 원유를 하루에 50만 배럴씩 시장에 풀었다. 러시아가 주요 생산자인 광산업 분야라는 분야마다 족족 러시아는 투매를 했다.

이러한 지정학적 변화 때문에 20-30대 연령층은 보통 비싼 값을 주고 자본을 빌려야 한다는 기존의 규칙이 깨졌다. 자본 가격이 폭락하면서 소

154

비주도 성장이 치솟는 데 그치지 않고 폭발했다. 클린턴 정부에서 어느 정도 자제했던 정부지출이 베이비붐 세대의 소득상승(따라서 세수도 상승)과 복합적으로 작용해 미국의 예산적자는 지속적으로 줄어들었고 연방정부는 1998-99회계연도에 흑자에 돌입하면서 민간 부문에 투입될 여유 자본이 더 늘어났다. 소련이 몰락한 후 누렸던 횡재의 약발이 다할 즈음 동아시아 금융위기가 발생하면서 원자재 수요—원유는 배럴당 10달러 밑으로 폭락했다—가 거덜났고 동아시아 전역을 탈출한 자본이 미국으로 쏟아져 들어왔다. 미국이 에너지에 쓰는 비용은 GDP의 4퍼센트에서 1퍼센트 이하로 줄었고 적게 잡아도 1조 달러에 달하는, 동아시아를 탈출한 자본이 미국으로 도피했다. 모두 (아주 적게 잡아도) 5조 달러의 외국 자본—오로지 짭짤한 수익과 안전한 투자만을 생각하는 외국 자본—이 1990년대 미국 경제 체제에 밀려들어왔다.

그러더니 상황은 미친 듯이 더 좋아졌다. 미국 시장에 홍수처럼 쏟아져 들어온 자본은 세계적인 자본 쓰나미로 변했다. 이번에 이를 야기한 주인공은 지정학이 아니었다. 인구 구조였다. 청년층 근로자는 소비를 주로 하고 경제성장을 견인하며, 장년층 근로자는 저축을 많이 하고 자본을 창출한다고 한 얘기를 기억하리라 믿는다. 1990년대가 지나고 2000년대가 되면서 미국과 유럽의 인구 구조는 변했다.

베이비붐 세대는 장년에 접어들었고 자녀는 대부분 둥지를 떠났다. 주택 대출금도 거의 갚았다. 이제 은퇴자금을 모으고 있었다. 소비는 줄고 순자산은 늘었다. 1990년대가 성장의 시대였다면 2000년대는 투자의 시대였다. 전통적인 인구 구조가 마침내 지정학의 요인을 압도하고 새로 자금을 시장에 쏟아부었다. 그러나 이번에는 그럴듯한 일회성 사건들이 만들어낸 자금이 아니라 서구진영 전체의 인구 구조가 만들어낸 신용자금이었다. 2014년 미국에서 확정갹출형 연금인 401(k)계좌의 평균 잔액은

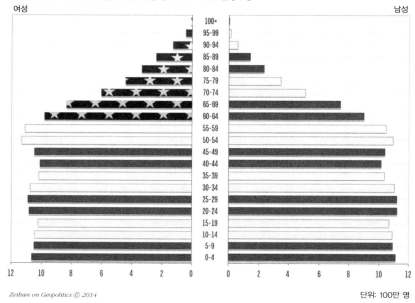

UNITED STATES DEMOGRAPHY: 2015

여성

남성

100+
95-99
90-94
85-89
80-84
75-79
70-74
65-69
60-64
55-59
50-54
45-49
40-44
35-39
30-34
25-29
20-24
15-19
10-14
5-9
0-4

12 10 8 6 4 2 0   0 2 4 6 8 10 12

Zeiban on Geopolitics © 2014

단위: 100만 명

미국의 인구 구조: 2015

90,000달러를 찍었다. 은퇴 생활 자금으로는 얼마 되지 않는 것처럼 들릴지 모르지만, 여러 가지 은퇴자금원 가운데 하나에 불과한 401(k)의 총 잔고가 4조 달러나 된다. 미국의 다양한 (사회보장성 공적 연금과 무관한) 연금이나 주택 같은 다른 개인 자산들을 고려하지 않고도 저축금액이 17조 달러나 된다. 그러나 아찔할 정도로 자본이 쏟아져 들어온 1990년대도 그저 슬슬 몸 풀기에 불과했다.[2]

미국(그리고 인구 구조가 비슷한 북유럽)은 이 많은 돈을 다 소화할 재간이 없었다. 베이비붐 세대는 지출이 절정인 시기가 이미 지났을 뿐만 아니라 이들 다음 세대인 X세대는 지출 면에서 보면 베이비붐 세대와 비교

DEVELOPED WORLD DEMOGRAPHY: 2015

여성

남성

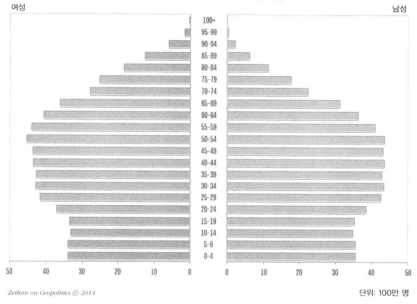

Zeihan on Geopolitics © 2014

단위: 100만 명

선진국의 인구 구조: 2015

대상도 되지 않았다. 베이비붐 세대는 총인구에서 차지하는 비율로 볼 때 미국 역사상 가장 규모가 큰 세대인 반면 X세대는 가장 작은 세대였다. 소비와 성장은—당연히—둔화되었다. 신용대출(credit)은—당연히—치솟았다. 신용대출 비용이 전례 없는 수준으로 폭락했다. 집을 장만할 계획이 있거나 신용카드를 발급받으려는 사람에게는 2000년대야말로 최적기였다. 미국과 유럽은 아무리 해도 넘치는 자금을 다 소화할 수 없었고, 여유 자금은 온 사방으로 흘러 들어갔다. 남유럽으로. 중남미로. 저개발 아시아 지역으로. 구소련으로. 어디든.

　그러나 일시적인 현상이었다. 곧, 머지않아 다 끝나게 된다.

겨우 몇 년 후면 장년층 근로자들—가장 먼저 미국 베이비붐 세대—이 대거 "장년층 근로자"에서 "은퇴자"로 바뀐다. 그렇게 되면, 이들은 더 이상 주식이나 회사채 같은 고성장 투자 수단에 다달이 새로운 자금을 투입하지 않는다. 대신 그들은 현금을 비롯한 저위험 자산들로 구성된 정적인 투자 자금(static investment pool)에서 돈을 꺼내 쓰게 된다. 그러면 잔치는 끝난다. 그렇게 되면 베이비붐 세대가 수적인 우위를 이용해서 투표로 도입한 노후 복지 정책에 돈을 댈지는 X세대에 달려 있다. 동시에 X세대는 세계적으로 1차적인 자본공급자로서 베이비붐 세대를 대체하게 된다. 베이비붐 세대의 수가 X세대의 수보다 4분의 1 더 많으므로 자본은 부족하게 된다.

한동안 우리를 집요하게 괴롭힐 이러한 인구 구조적, 재정적 불안정성은 다음과 같은 여러 가지 다양한 결과를 초래하게 된다.

- 베이비붐 세대가 주도한 자본 노다지는 수십 개 부문에서 거품을 만들었다. 뭔가가 지나치게 많이 존재하는 체제는 으레 그러하듯이 비효율성이 난무하게 된다. 석유가 넘쳐난 베네수엘라에서 어떤 일이 벌어졌는가? 휘발유 1리터를 푼돈이면 살 수 있었고 길거리에서 하이브리드 자동차는 보기 힘들었다. 방글라데시에 노동력이 넘칠 때는? 시간당 최저임금이 푼돈이라 국민은 사실상 노예나 마찬가지였다. 2000년 닷컴 회사 거품이 터졌을 때는 어땠나? 기본적으로 다 똑같은 개념이다. 너무나도 많은 사람들이 너무나도 좋은 기회다 싶어 너무 많은 자본을 폭발적으로 증가하는 인터넷 기업에 쏟아부었다. 해당 부문의 거품의 크기와 붕괴하는 방식에 따라 회복하는 데 몇 달에서 몇 년이 걸린다. 그러나 금융 거품은 종류가 완전히 다르다. 너무 자금이 많으면 금융계는 그 자금을 아무 데나 마구 쑤셔 넣고, 한때 유행하는 아무 투자처나 다 재

정적 지원을 받게 되고 그러면 경제 전체가 거품이 부글부글 끓어오른다. 닷컴 거품은 인터넷 부문에서 다른 부문으로 그다지 확산되지 않았고, 따라서 뒤따른 경기침체는 미국 역사상 가장 짧고 가장 피상적이었다. 그러나 베이비붐 세대의 투자자금 때문에 금융계에 낀 거품은 미국 경제 체제―에라, 모르겠다, 세계라고 하자―에 현금을 마구 쏟아부었다. 이로 인해 나타난 결과 가운데 하나가 바로 2007년 서브프라임모기지 부동산 거품과 붕괴다. 그러나 크든 작든, 미국 내든 해외든 베이비붐 세대의 금전 세례에서 혜택을 입지 않은 부문은 하나도 없다. 따라서 크든 작든, 미국 내든 해외든 이들이 은퇴해 돈이 빠져나가게 되면 피해를 입지 않을 부문이 없으리라고 본다.

- 개발도상지역은 자금의 유입으로 활력이 솟구쳤다. 자체적으로는 절대 여분의 자본을 창출하지 못하는 나라들―브라질, 러시아, 인도가 머리에 떠오른다―은 세계 시장에서 원하는 대로 자금을 빌릴 수 있었다. 이런 나라들이 폭발적으로 증가했다. 중국의 자금수요는, 국내외의 황당할 정도로 싼 자금에 힘입어, 지속 불가능한 수준을 훌쩍 넘어 치솟았다. 그 결과 상품가격이 올랐고, 이는 원자재 수출에 의존하는 개발도상국들의 경기활황을 한층 더 부풀려놓았다. 다시 말하는데, 브라질과 러시아는 특히 경기가 좋아 보였고, 심지어 아프리카도 역사적으로 지금까지 늘 죽을 쒔던 과거와는 달리 상당히 전망이 밝아 보였다. 많은 개발도상국들이 유럽보다 훨씬 신중하게 자본을 이용하기는 했지만―이를테면 기간 시설에 대한 투자―여기에도 똑같은 문제가 있다. 융자해줄 자본이 끊기면 성장은 멈추게 된다. 선진국이 선진국인 이유는 자체적으로 자금을 조달할 역량을 지니고 있기 때문이다. 선진국이 아닌 나라가 선진국이 아닌 이유는 자체적으로 자금을 조달할 능력이 없기 때문이다. 한 세대 혹은 네 세대마다 여러 가지 요인들―베이비붐 세대처

럼—이 복합적으로 작용해서 이런 나라들은 한동안 지리적 여건을 극복
하게 된다. 그러나 그것도 한때뿐이다. 그 한때가 지금이다. 그리고 그
런 시절은 거의 끝나가고 있다.

• 지난 몇 년 간 벌어진 재정 절벽과 예산을 둘러싼 갈등은 적어도 향후
15년 동안 계속된다. 수적으로 거대한 베이비붐 세대가 은퇴하면 정부
는 높은 연금과 의료비 지출로 휘청거리게 된다. 그런데 수적으로 열세
인 X세대가 주된 납세자가 되면 현재의 세금 부담을 떠안을 능력이 있
는 인구가 줄어들게 된다. 그럼 방법은 두 가지밖에 없다. 세금을 급격
히 인상하든가 연금혜택을 급격히 줄여야 한다. X세대가 이 둘 중에 어
느 쪽을 선호하는지는 분명하지만, 이들이 원하는 대로 될 만큼 정치적
입김이 세지 않다. 노후의 안락한 삶을 위해 하나로 똘똘 뭉친 베이비붐
세대는 미국 역사상 가장 몸집이 큰 목표집단이다. 게다가 그들은 부모
와 함께 살기를 원하지 않는 자식들—이른바 Y세대—로부터 어느 정도
정치적 지지를 기대해 볼 수도 있다. 베이비붐 세대/Y세대 해법은 어쩌
면 단순하다. X세대를 쥐어짜면 된다.

• 어쩌면 가장 황당한 결과는, 인류 역사가 기록된 지 2000년이 흘렀고
세계 경제 패턴이 20세대를 지나왔는데도 불구하고, 사람들이 장년기에
들어선 베이비붐 세대가 겪은 20년의 짧은 기간 덕분에 세상이 작동하
는 방식이 완전히 바뀌었다고 굳게 믿게 된 상황이다. 그렇게 생각해도
무리는 아니다. 이는 단지 경험의 문제다. 35세에서 55세 사이의 미국
인들—여기에는 베이비붐 세대 거의 전부가 포함된다—의 인생 경험과
직업은 이러한 초고도 성장과 풍부한 자본으로 가장 왜곡된 시기인
1990년부터 2005년 사이에 형성되었다. 초고도 성장과 막대한 부와 저
렴한 신용대출이 "정상"이라고 생각하는 덫에 빠지기가 매우 쉽다.[3] 그
러나 베이비붐 세대와 같은 인구팽창은 전례가 없었고, 되풀이될 가능

160

성은 없다. 마찬가지로 냉전이 끝나고 일어난 자본 도피는 한 세대에 한 번 정도 있을 법한 사건이다. 고성장과 풍부하고 값싼 자본이라는 호시절은 횡재였다고 보는 게 훨씬 정확하다. 이 마법의 조합은 우리가 살아 있는 동안에는 다시 오지 않는다. 최대한 빨리 온다고 해도 Z세대가 오늘날의 베이비붐 세대만큼 나이를 먹는 2065년이나 되어야 하고, 그나마도 2020년에 출생하기 시작하는 세대가 Z세대보다 훨씬 규모가 작아야 가능하다.

변화는 이미 본격적으로 진행되고 있다.

2014년 현재, 베이비붐 세대는 이미 나이가 들 만큼 들어서 소비주도 고성장은 미국의 인구 구조만으로는 이제 불가능하다. 2020년 무렵이면 베이비붐 세대 가운데 가장 젊은 연령층이 55세가 되고 이 연령층에 속하는 이들은 대부분 은퇴하게 되며, 전부가 주식과 해외투자 같은 고위험도 투자처에서 연금이나 정부채권처럼 위험회피적인 투자처로 돈을 옮기게 된다. 몇 년이라는 짧은 기간 내에 금융 부문 전체가 완전히 뒤집히게 된다. 자본을 제공하던 거대한 세대 대신에, 규모가 작은 세대가 등장하게 된다. 자본 비용은 역사상 최저에서 역사상 최고에 근접할 정도로 치솟게 된다. 특히 역사상 가장 덩치가 큰 은퇴 집단의 연금과 의료비 지출을 고려하면 말이다.

무엇보다도 우려스러운 사실은 이게 순전히 미국에서만 나타나는 현상이 아니라는 점이다. 선진국 진영 전체에서 장년층 인구 비중이 전례 없이 높아지면서 지금은 대규모 잉여 자본이 창출되고 있고, 이로 인해 자본 비용과 투자에 대한 고수익 가능성이 하락하고 있다.[4] 선진국은 하나같이 현재 미국과 같은 형태의, 은퇴 직전인 인구와 장년층 진입 직전인 근로자 인구 사이의 역전현상이 일어나고 있다. 일본의 두터운 베이비붐 세대는 미국의 베이비붐 세대보다 10살 정도 나이가 많은 반면 스페인의 동세대는 대략 15살 정도 어리다. 나머지 나라들은 이 두 나라의 중간 어디쯤에 해당한다. 이는 만성적인 저성장과 자본가격의 상승을 유발하는데, 두 현상이 발생하는 시기가 정확히 일치하지는 않는다.

꺼져가는 빛에 분노하라

자, 그렇다면 인구 고령화 문제에 국가는 어찌 대처하고 있을까? 한 마디로 "형편없이" 대처하고 있다.

장황하게 설명하자면 다음과 같다.

미국 베이비붐 세대 일부—그리고 다른 나라에서 이에 상응하는 세대들—는 은퇴를 조금 늦추고 더 오랫동안 일을 해서 노후자금을 추가로 마련하려 할지도 모른다. 그렇게 되면 전반적인 경제 체제 조정에 필요한 자본을 제공하는 데 조금 더 기여하게 될지도 모른다. 개인적 관점에서나 정부의 관점에서나 몇 년 더 일하면 재정적으로 분명히 도움이 된다. 그러나 한계가 있다. 근로자 생산성—그리고 결과적으로 소득—은 64세를 기점으로 하락하게 되고 미국인의 은퇴연령은 이미 67세까지 가 있다. 한 푼이 아쉽기는 하지만 더 오랫동안 일하겠다고 선택하는 (또는 그럴 수밖에 없는) 대부분의 근로자들은 수익이 체감하는 세상으로 더 깊숙이 빠져들고 있다.

이 시점에서 절실히 필요한 것은 고령자들의 생존 능력보다는 근로 능력을 개선하는 기술을 집중적으로 연구하는 일이다. 그러려면 연금정책뿐만 아니라 노령자 의료보험인 메디케어와 빈곤층 의료보험인 메디케이드 같은 의료정책들을 상당 부분 손댈 필요가 있다. 현재의 정책 기조는 생존 기간을 최대한 연장하는 게 목표로 되어 있기 때문에 (고수익) 생산성보다는 (고비용) 요양을 장려한다. 분명히 세심히 살펴볼 필요가 있는 정책 사안들이지만 시간이 문제다. 베이비붐 세대 가운데 가장 나이가 많은 사람들은 2007년에 은퇴하기 시작했고 가장 나이가 적은 사람들은 내가 이 책을 쓰는 현재 50대에 접어들었다. 미국이 다양한 노후 관련 정책들과 의료정책들을 지금 당장 개혁하고, 고령자의 생산성에 대한 대대적인 연구에 착수하고 자금을 지원한다고 해도, 10년은 걸려야 비로소 고령 근로자의 생산성에서 유의미한 변화가 나타나게 된다—10년이면 이 연구 결과를 적용할 베이비붐 세대 인력이 더 이상 남아 있지 않게 된다. 그런데도 그런 시도를 해볼 가치가 있을까? 물론이다. 그러나 그러한 노력은 문제가 완전히 드러나기 전까지는 점점 심각해지는 문제 해결에 아무런 영향을 미치지 못한다.

인구 구조를 역전시키는 방법은 어떨까? 이론적으로는 가능하긴 하지만 실현 가능성은 낮다. 자녀를 바라지 않는 청년층에게 아이를 더 낳으라고 설득하기는 쉽지 않다. 자녀 양육은 청년층이 할 수 있는 일들 가운데 가장 비용이 많이 드는 일에 손꼽힌다. 자녀양육에는 기회비용이 수반된다. 자동차 대신 유아원에, 여행 대신 기저귀에 돈을 쓰고 직장에서의 승진 대신 자식문제로 속을 썩여야 한다. 앞으로 인구 구조의 재앙이 닥치리라는 사실을 깨닫고 인구 불균형을 바로잡기 위해 흥미로운 방법들을 시도해본 나라들이 몇 있지만, 모두 끔찍한 부작용에 시달렸다.

지난 2006년, 러시아는 인구 구조 문제를 돈으로 직접 해결하기로 하고 아이를 낳는 여성들에게 현금을 지급했다. 자녀의 수에 따라 액수는 천차만별이었고, 자녀양육에 필요한 비용을 출생 후 첫 몇 년에 걸쳐 나누어 지급했다. 러시아는 그 덕에—거의 세계 최고 수준의—낙태율이 줄어들고 출생률이 높아지는 반짝 효과를 보았다. 그러나 몇 달 후 버려지는 신생아가 급증했다. 여성들이 정부지원이 없었더라면 낙태했을 아이를 낳고 정부가 지원하는 양육비를 챙긴 다음 원하지 않았던 아이를 근처 고아원 앞에 버리고 사라졌다. 러시아 고아원이 얼마나 끔찍한 곳인지를 감안한다면—러시아에서는 고아가 입양되는 경우가 드물고 열네 살에 고아원에서 퇴출된 아이들은 거리로 내몰려 거의 백만 명에 육박하는 떠돌이 아이들 집단에 합류한다—인구 구조를 개선하기 위해 러시아가 실행한 이 정책은 기껏해야 언 발에 오줌 누기였다.

사회복지 제도가 훨씬 잘 갖추어져 있는 나라들은 어떤가? 스웨덴이 또 다른 좋은 사례다. 스칸디나비아반도의 심장부인 스웨덴에서 출산을 앞둔 여성들은 세계에서 가장 인심 좋은 복지 혜택을 누린다. 부모는 둘이 합해서 16개월의 출산휴가를 낼 수 있고, 이 가운데 13개월 동안은 출산 전 소득의 80퍼센트를 받게 된다. 출산휴가를 한꺼번에 몽땅 쓰지 않아도 된다. 아껴뒀다가 자녀가 여덟 살이 되기 전까지만 쓰면 된다. 게다가 여성은 자녀가 여덟 살이 되기 전까지는 언제든 근무시간을 4분의 1 줄일 수 있다. 줄인 근무시간에 해당하는 임금은 받지 못하지만 말이다. 더군다나 자녀를 더 낳으면 이러한 복지 혜택이 축적된다. 3년 동안 세 명을 출산한 여성은 출산휴가를 4년 받게 되는데 이 휴가는 막내가 여덟 살이 될 때까지 다 쓰지 않아도 되며, 맏이가 여덟 살 될 때까지는 근무시간을 자그마치 4분의 3이나 줄일 수 있다. 2008년에는 아버지들이 자녀양육에 적극적으로 동참하도록 장려하기 위해 혜택이 추가되었다.

이 정책으로 스웨덴은 유럽에서 최고의 출산율과 가장 건강한 인구를 자랑한다. 그런데 여기에는 어두운 면이 있다. 젊은 여성이 구직할 때 고용주는 이 여성이 몇 년 정도 휴직을 하리라는 점을 예상해야 한다. 그렇다고 해도 이 고용주는 법적으로 이 여성이 비운 자리를 그대로 두어야 하고 출산휴가 기간인 수 년 동안 임금을 지급해야 한다. 그러자 예상했

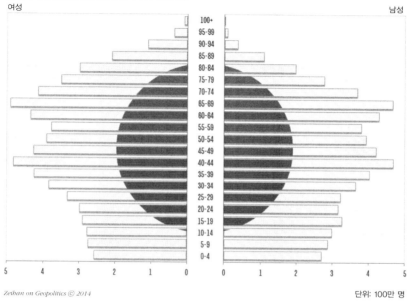

Zeihan on Geopolitics © 2014

단위: 100만 명

일본의 인구 구조: 2015년

던 일이 일어났다. 스웨덴의 젊은 여성들은 선진국들 가운데 가장 높은 실업률과 불완전 고용률에 시달리고 있고, 서구의 다른 나라 여성들보다 기업, 대학교, 심지어 정부 부문에서도 고위직에 오를 확률이 훨씬 떨어진다.

러시아와 스웨덴 사례가 보여주듯이 사람의 생활방식을 바꾸는 일은 결코 쉽지도 않고, 비용도 많이 들고, 부작용도 만만치 않다. 그래도 여전히 바꿀 필요는 있다. 2015년 일본의 인구 피라미드를 보면 무엇이 가능하고 무엇이 불가능한지 감이 잡히게 된다.

일본은 지구상에서 인구가 가장 고령이고 가장 빠른 속도로 고령화되어가는 나라다. 1억 2천 6백만 명 인구 가운데 족히 3분의 1이 60세 이상이다. 1900년 이후로 일본의 기대수명 중앙값(median)은 44년에서 83년 이상으로 증가했다.

25만 명 이상인 일본의 노인들이 장수하는 이유들 가운데 확인 가능한 분명한 이유가 하나 있다. 관으로 영양공급을 하기 때문이다. 병원이나 요양원에 몸져누운 노인들의 위장에 관을 삽입한다. 이 노인들은 평균 81세로 관을 꽂은 채 대략 2.3년을 더 사는데, 여기에 드는 비용—거의 나라에서 지원해준다—이 한 해에 500만 엔이다. 영양공급 관을 삽입하는 수술이 최근 몇 년 들어 얼마나 흔해졌는지, 이제는 의사들이 환자 가족들과 환자들에게 물어보지도 않고 관 삽입수술을 하는 경우가 태반이다.

영양공급 관은 알츠하이머에서부터 당뇨에 이르기까지 수많은 노인요양 문제의 일환으로서 정부의 지출 정책과 밀접한 연관이 있다. 소중한 가족친지의 수명을 연장하기 위해 관 삽입과 같은 수술에 1달러 쓸 때마다 교육이나 도로 건설에 쓸 재정이 1달러 줄어든다. 이러한 문제를 풀 바람직한 해결책이 절실히 필요한 나라는 일본뿐만이 아니다. 세계적으로 고령화가 급속도로 진행되는 나라의 수는 70개국 이상이다.

이 문제를 인구 구조 차원에서 해결하기란 거의 불가능하다. 일본이 오늘 당장 국가적인 차원에서 자녀 낳기 운동을 벌인다고 해도 인구 구조가 정상화되어 재정적인 이득을 보게 되려면 2075년이나 되어야 한다.

왜 그렇게 오래 걸릴까? 아이만 많이 낳는다고 인구 구조의 불균형이 해소되지는 않는다. 이 아이들이 성장해서 번듯한 근로자가 되어 자본을 창출하게 되기까지 기다려야 한다. 손상된 인구 구조를 바로잡으려면 족히 60년은 걸린다(소득과 투자 역량이 절정에 달하는 장년층 근로자가 되는 데 걸리는 시간이다). 그것도 지금 세대가 언젠가는 60세가 될 아이를 낳는다는 전제하에 가능하다.

이보다는 40대가 계속 자기 나이에 맞게 행동할 가능성이 훨씬 높다. 게다가 이들도 계속 나이가 들고 있다. 앞으로 10년이면 일본의 베이비붐 세대 가운데 가장 젊은 사람들이 50세가 되는데, 이 시점에서 인구 구조가 정상적으로 회복되기란 생물학적으로 불가능하다.

일본의 상황은 여러모로 지금부터 악화일로를 걷게 된다. 청년층은 현재보다 줄고, 경제성장도 둔화된다. 은퇴인구는 더 늘어나 연금지출도 지금보다 더 증가한다. 이를 종합적으로 고려하면 일본의 부채 부담은 앞으로 계속 증가일로를 걷게 되고 그 부채를 탕감할 역량도 악화된다. 이런 처지에 놓인 나라는 일본뿐만이 아니다. 앞으로 제11장과 14장에서 다루겠지만, 유럽과 중국도 곧 일본의 뒤를 따르게 된다.

설사 일본을 비롯한 이러한 국가들이 빠르게 고령화하는 인구 구조에 적응하고 경제적 정치적 응집력을 유지한다고 해도, 세상은 빠른 속도로 이들에게서 멀어지고 있다. 고령화가 훨씬 느린 속도로 진행되고 있는 동시에 인구 구조가 이미 회복되고 있는 한 나라가 있기 때문이다.

예외적인 미국: 청년층, 이민, 인구 재생

미국에서 인구 역전은 일시적인 현상일 뿐이다.

첫째, 미국은 거의 모든 다른 주요 국가보다 전체적으로 인구가 젊다. 미국은 다른 나라들보다 뒤늦게 도시화가 진행되었고, 광활한 영토 덕분에 미국의 도시화는 비좁은 아파트 단지가 아니라 교외 단독 주택의 형태를 띠었다. 따라서 미국의 경우, 자녀의 수가 줄어드는 현상이 다른 나라보다 더 늦게 일어났고 강도도 덜했으며, 그 결과 비교적 젊은 연령층이 인구 감소 현상을 역전시킬 더 큰 역량을 갖게 되었다.

둘째, 미국은 다른 문화권보다 훨씬 수월하게 이민자들을 자국 문화에 동화시켰다. 미국은 정착자들이 일군 사회로서 국적이라는 개념과 정부라는 개념이 불가분의 관계가 아닌 나라로 손꼽힌다. 이게 무슨 소린지 좀 구체적으로 설명하겠다. 대부분의 나라에서는 지배적인 민족 집단이 특정한 지역에 자리를 잡는다. 잉글랜드인들이 템스 강 유역에 정착한 사례처럼 말이다. 초기에는 그 지역에 사는 민족이 정부를 구성해 그 민족의 애로사항과 그 지역이 안고 있는 문제를 해결하고 기회를 활용한다. 따라서 국적이라는 개념과 정부라는 개념이 처음부터 융합된다. 영국은 엄밀히 말하면 다민족 사회이지만 오늘날까지도 분명히 잉글랜드인들이 주도하는 사회다.

정착민으로 구성된 사회—캐나다, 오스트레일리아, 뉴질랜드 같은 나라들—는 다르다. 최초로 정착민들이 밀려올 때도 단일민족이 아니었다. 정착민들은 한 지역에 집중적으로 살지 않고 여러 지역으로 흩어져 정착했다. 특정한 지역에 거주하는 한 집단이 직면하는 특정한 문제들이 아니라 서로 다른 모든 지역에 사는 서로 다른 모든 민족들이 공통적으로 겪는 문제들을 해결하기 위해서 정부가 구성되었다. 구대륙의 정부들과 비교해 볼 때 이런 곳에 수립되는 정부는 당연히 다양한 민족, 다양한 지리적 여건, 다양한 역사적 경험을 반영하기 위해서 정부가 여러 차원으로—중앙, 지방, 지역—나뉘게 된다. 이로 인해 정착민 사회의 중앙정부는 특정한 민족의 전유물이 아니다. 구대륙의 체제와 정반대다.

지리적 여건을 관리하는 데 있어 이러한 상이한 접근방법의 영향은 이민과 관련하여 극명하게 달라진다. 전통적인 국가에서는 외부에서 온 사람은 누구든 외부인으로 간주된다. 시민권을 획득한 후에도 사회의 주류인 민족의 구성원 자격이 반드시 주어지지는 않는다. 오늘날 프랑스 도시에는 프랑스 주류문화가 프랑스인으로 간주하지 않는 2등 시민인 아랍인

들이 수백만 명 거주하고 있다. 그 결과 그들은 우범 지대—폭동으로 초
토화된 그 악명 높은 교외주택단지—에 살고 있고, 풍요로운 삶을 누리거
나 사회의 인정을 받을 방법이 별로 없다. 반대로 정착민 사회에서는 어
느 한 민족이나 지역이 체제를 장악하지 않기 때문에 외부인이 주류에 섞
여 동화되기가 상당히 쉽다. 그러한 체제를 구성하는 다양한 집단들은 국
적을 어느 한 민족을 바탕으로 한 개념이 아니라 여러 민족이 한데 모여
만들어진 개념으로 여겨왔기 때문에 새롭게 이 사회에 합류한 사람들도
그런 식으로 생각하게 된다. 반드시 시민권이 있어야 하는 것도 아니다.
그 결과 미국을 비롯해 정착민 사회는 인구가 감소하면 새로 이민을 받아
들여 문제를 부분적으로 해결할 수 있지만, 스웨덴이나 대만 같은 나라는
그러기가 불가능하다.

셋째로 가장 중요한 점은 미국의 인구 감소는 겨우 한 세대 동안 발생
한다는 사실이다. X세대 다음에는 베이비붐 세대의 자녀인 Y세대가 있
다. 미국에서 가장 수가 많은 세대의 자녀들이니 이 세대의 수도 만만치
않다. X세대의 수보다 35퍼센트 많다. 이러한 요인들 때문에 미국의 재정
적/인구 구조적 문제는 (인구 구조 변화에 걸리는 시간이라는 기준으로 볼 때)
놀라울 정도로 빠른 속도로 저절로 해소된다.

- 2030년이면 베이비붐 세대 가운데 가장 나이가 많은 계층은 여든네 살
  이 된다. 그때쯤이면 베이비붐 세대는 세상을 떠나게 된다. 은퇴할 때와
  마찬가지로 집단적으로 말이다. 죽은 자는 연금을 수령하지 않는다(시
  카고만 빼고. 시카고에서는 사망한 사람이 연금을 수령하는 사례가 있었
  다). 따라서 베이비붐 세대가 세상을 떠나면 엄청나게 무거운 재정적 부
  담을 덜게 된다.
- 2030년이면 X세대 가운데 가장 나이가 많은 계층이 예순다섯 살이 되

UNITED STATES DEMOGRAPHY: 2030

여성　　　　　　　　　　　　　　　　　　　　　　　　　　　　남성

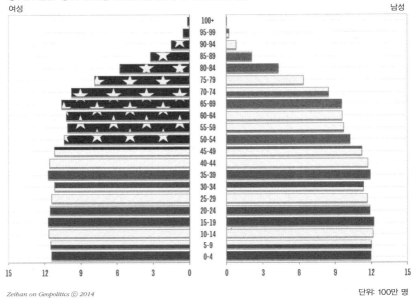

Zeiban on Geopolitics © 2014　　　　　　　　　　　　단위: 100만 명

미국의 인구 구조: 2030

고 X세대는 미국에서 구세대가 된다. 그러나 X세대는 그동안 익숙해진 생활방식을 유지하고 (세계는 고사하고) 나라의 재정에 보탬을 줄 정도로 수가 많지 않은 만큼, 나이든 베이비붐 세대가 야기하는 등골이 휠 정도로 무거운 재정적 부담에 비하면 은퇴한 X세대가 국가에 야기하는 재정적인 부담은 그 규모나 관리가능성 측면에서 깃털처럼 가볍다.

• 2030년이면 Y세대 가운데 가장 나이 많은 이들이 쉰 살이 된다. 나라의 곳간을 채우는 역할을 본격적으로 하게 되는 나이다. 수적으로 우세한 Y세대는 X세대가 엄두도 못 낼 일을 하게 된다. 바로 국가 체제를 재정적으로 충분히 뒷받침하는 역할이다.

DEVELOPED WORLD DEMOGRAPHY: 2015

여성

남성

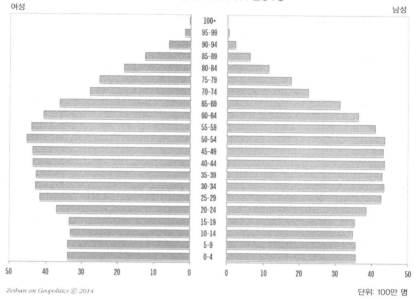

Zeiban on Geopolitics © 2014

단위: 100만 명

선진국의 인구 구조: 2030

Y세대가 인구 불균형을 하룻밤 사이에 바로잡지는 못한다. 그러나 Y세대가 장년층이 되어 그들의 부모가 현재 하고 있는, 자본을 창출하는 역할을 이어받게 되면, 미국의 인구 피라미드는 결국 훨씬 "정상적인" 형태를 띠게 된다. 그래도 재정적으로 상당히 빠듯하긴 하겠지만, 역전된 인구 구조는 더 이상 아니다. 시간이 흐르면 미국에서 자본의 가격은 보다 정상적인 수준으로 회복된다. 2030년이 지나면 미국은 "고통스러운" 단계를 뒤로하고 그저 "불편한" 정도에 이르게 되며, 그 무렵부터는 상황이 호전된다. 2040년 무렵이면 베이비붐 세대가 거의 모두 세상을 떠나게 되고 Y세대 전체가 가장 세금을 많이 내는 나이가 된다. 미국의 재정은 더

할 나위 없이 건전해진다.

그러나 미국 말고 다른 나라에서는 이런 현상이 일어나지 않을 가능성이 거의 확실하다. 미국은 선진국 가운데 유일하게 Y세대처럼 인구 구조를 역전시키는 세대가 존재하는 나라다. 선진국 진영의 다른 나라들에서는 미국의 베이비붐 세대에 해당하는 세대가 자녀를 많이 두지 않았다. 자기 세대를 대체할 만큼도 낳지 않았다. 따라서 미국은 재정적으로 고난의 시기가 2030년이면 끝나지만 나머지 지역은 은퇴자와 납세자 간의 불균형이 더욱 심화되고 세대가 어릴수록 그 수는 점점 줄어들고 경제성장은 점점 둔화되는, 이전과 다름없는 또 다른 한 해로 기록될 것이다. 미국을 제외한 선진국 진영—그리고 점점 더 많은 개발도상국들—은 만성적인 자본 빈곤과 지속적인 경기 침체가 일상화되는 돌이킬 수 없는 상황에 처하게 된다.

겁먹은 신세계: 관심 실종

인구 역전 현상이 세계 질서에 미치는 영향이 하나 더 있다. 세계에서 미국이 이탈하는 현상이다. 세계 무역이 가능하려면 성장하는 시장에 물건을 팔 수 있어야 한다. 제 2차 세계대전 후에는 미국이 그런 시장 역할을 했고 미국 시장은 타의 추종을 불허하는 최대 시장이 되어주었으며, 유럽과 브릭스(BRICs)의 터무니없이 낙관적인 전망에 따르면 적어도 향후 20년 동안 계속 미국이 그 역할을 하게 된다.

그러나 이러한 터무니없는 성장 전망치는 세계 대부분의 지역에서 만성적인 고령화가 진행되고 있다는 사실을 고려하지 않았다. 10년 안에 미국 시장이 세계 최대 시장 역할을 하는 게 중요한 게 아니라 인구 구조가 고령화하는 일본, 독일, 영국, 중국, 이탈리아, 캐나다, 스페인, 러시아, 한국, 네덜란드, 스위스, 벨기에, 남아프리카, 오스트리아, 그리스, 노르웨이, 덴마크, 포르투갈, 핀란드에서 소비 시장의 성장이 정점을 찍게 된다는 게 문제다. 이는 경제 규모 면에서 세계 30대 국가의 절반에 해당될 뿐만 아니라 애초에 미국이 브레튼우즈 체제를 만들 때 가담했던 대부분의 나라를 아우른다. 이 나라들이 더 이상 대량으로 소비를 하지 않으면 브레튼우즈 체제의 존속을 정당화하는 그나마 얼마 안 되는 경제적 명분은 사라지게 된다. 미국의 관점에서 보면 말이다.

이러한 시장의 둔화에다가 Y세대가 인구 구조를 정상화하는 미국의 상황을 복합적으로 고려해 볼 때, 빠르면 2030년이면 미국은 자본이 풍부한 유일한 나라, 경제가 성장하는 유일한 나라, 시장이 성장하는 유일한 나라로 부상하게 된다. 미국이 인구 구조를 정상화하기 위한 정책을 일부러 실행하지 않고서도 이렇게 된다는 뜻이다.

그것도 모자라서 미국은 이 모든 이점들이 지닌 효과를 몇 배 더 확대할 이점이 또 하나 있다. 이를 다음 장에서 다루겠다.

07

셰일(Shale)의
부상

The Rise of Shale

미국은 석유산업과 애증의 관계다. 미국은 자동차와 에어컨이라면 사족을 못 쓰지만, 굴착하던 유정이 폭발하거나 유조선에서 석유가 유출되어 오염이 발생하고, 지구온난화가 가속화되고, 환경이 훼손되는 사태는 끔찍이 싫어한다. 그렇지만, 미국인들이 아무리 목청 높여 불평을 해도 화석연료가 미국인들의 생활방식을 뒷받침한다는 엄연한 사실은 변하지 않는다. 미국 정부가 자체적으로 발표한 미국의 총 에너지 사용량—전기 생산이든, 화학물질 생산이든, 운송연료든—을 보면 34.7퍼센트가 석유, 26퍼센트가 천연가스, 17.4퍼센트가 석탄, 8.1퍼센트가 원자력, 5.5퍼센트가 수력에서 비롯되고, 태양열이나 풍력 등과 같이 수력을 제외한 재생가능 에너지원은 겨우 3.4퍼센트다. 총 에너지의 80퍼센트가 화석연료에서 비롯되는 셈이다. 이와 같은 애증의 관계는 셰일 산업에도 적용된다.

이와 같이 미국인들이 석유 산업에 대해 느끼는 양가감정을 설명하기 위해 셰일 산업에 대해 잠시 살펴보도록 하자. 단순히 셰일 개발은 기정사실이라는 점을 보여주기 위해서가 아니라—이 책을 쓰는 지금 미국이 생산하는 석유와 천연가스 산출량의 대부분을 이미 셰일 산업이 생산하고 있다—셰일 개발에 반대하는 여론이 곧 수그러들게 된다는 사실을 보여주기 위해서다. 그렇게 되면 셰일의 영향이 완전히 현실화되고, 이는 다시 향후 수십 년 동안 미국의 힘을 확고하게 다질 세계적인 추세들을 촉발하게 된다.

분위기 조성을 위한 지리학 맛보기

우선 석유[1]와 셰일에 대한 기본 지식부터 살펴보자.

대부분의 석유는 퇴적암의 층과 층 사이에 갇힌 생물체—보통 플랑크톤—에서 만들어진다. 수백만 년 동안 열과 압력이 가해지면 이 보잘것없는 생물의 시체들이 석유로 변하고, 이 석유가 암석을 뚫고 솟아오르다가 통과하지 못하는 지층에 도달한다. 이러한 불침투성 암반 때문에 석유가 큰 웅덩이처럼 고이게 된다. 지난 2세기에 걸쳐 세계 도처에서 채굴한 석유는 대부분 이러한 "통상적인 형태"의 유전에서 채굴되었다.

그러나 석유가 모두 빨대만 꽂으면 쉽게 빨아올릴 수 있는 웅덩이에 매장되어 있는 것은 아니다. 석유와 천연가스를 안에 품은 암석이 투과성이 없으면 생성된 석유가 서서히 한 지역에 고여 쉽게 채굴하게 되지 않고 생성된 위치에 갇혀 있게 된다. 이런 암석층에 갇힌 석유는 널리 분산되어 있고 암석입자들 사이에 갇혀 있다. 비유하자면 쿠키에 들어 있는 초콜릿 칩이 아니라 럼 케이크(rum cake) 안에 들어 있는 술인 셈이다. 럼이 들어 있기는 한데 구워진 반죽 속에 있는 셈이다. 이걸 억지로 꺼내는 게 보통 일이 아니다. 자료가 미비하긴 하나 가장 최근에 나온 예측에 따르면, 세계 석유의 90퍼센트가 이러한 지형에 갇혀 있다. 이러한 추정치가 한참 빗나갔다고 해도 세계의 석유 매장량은 10년 전에 우리가 생각했던 양의 두 배는 된다는 뜻이다.

이런 식으로 석유를 가두고 있는 암석층의 유형들 가운데 하나를 셰일이라고 부른다. 셰일은 퇴적암으로서 수천만 년 전에 바다 밑바닥에 쌓였다. 원래 해상(海床)에 있었기 때문에, 보통 수만 제곱 마일에 달하는 드넓은 지역에 길고 얇게 퍼진 상태로 발견된다. 다른 통상적이지 않은 형태의 석유매장지와 마찬가지로, 셰일 석유는 넓은 지역에 얇게 퍼져 있기 때문에 기존의 에너지 생산기술이 거의 무용지물이다.

따라서 에너지 산업계는 발상의 전환을 해야 했다.

서로 무관한 두 가지 기술이 통합되면서 셰일 시대가 개막되었다. 첫 번째 기술은 수평시추(horizontal drilling) 기술이다. 통상적인 형태의 유정(油井)은 수직으로 시추한다. 이 경우 엉뚱한 곳을 파 내려가면 끝이다. 수직으로 파 내려가다가 경사진 암석층과 만나거나, 파 내려가다가 뚫지 못할 만큼 단단한 암석과 만나면 끝이다. 수평시추 공법을 쓰면 수평으로 시추할 수 있을 뿐만 아니라 모서리를 돌아—심지어 여러 개의 모서리를 돌아—복잡한 암석층을 구불구불 이리저리 지나 정확히 원하는 지점에 도달 가능하다. 수직 유정에서는 보통 석유가 매장된 암석의 10피트 정도가 노출되지만, 수평 유정은 1마일까지 노출된다. 지진 탐지 기법의 도달 거리와 정확도가 개선되면서, 수평 시추는 기존의 유전의 생산성을 향상시키는 동시에 에너지 기업들이 예전에는 시추 불가능했던 매장지에 접근할 수 있게 했다. 기술력이 그다지 뛰어나지 않은 지역—예컨대 쿠바—에서는 수평시추 덕분에 육상에서 석유를 생산하는 기업들은 해안에서 시추를 하되 시추 축이 해저 밑으로 지나가게 함으로써 뭍을 벗어나 바다 몇 마일까지 도달할 수 있게 되었다.

두 번째 기술인 수압파쇄(hydraulic fracturing)공법은 수압으로 암석을 깨부수는 기술이다. 석유기술자는 90퍼센트가 물인 혼합물을 유정 갱도를 통해 암석층에 주사한다. 가스와 달리 액체는 압력을 줘도 압축되지 않기 때문에 암석에는 거미줄처럼 수십억 개의 자잘한 균열이 생기게 된다. 이 액체 혼합물에는 프로판트(proppant)—일종의 모래—가 섞여 있는데, 이 물질이 암석의 갈라진 틈으로 파고든다. 암석 자체가 이 액체 일부를 흡수하고 나머지 액체는 지표면으로 빨아올려져 재활용된다. 그러나 프로판트는 암석에 남아서 갈라진 틈을 벌려 놓는다. 이 틈을 통해 갇혀 있던 석유가 유정 갱도로 흘러나오게 된다.

요컨대, 수압파쇄공법은 투과성이 없는 암석을 어느 정도 투과성이 있게 만든다. 그러나 통상적인 석유 매장지에 형성된 암석층과 같은 투과성은 아니다. 소량의 석유가 오랜 세월에 걸쳐 위쪽으로 서서히 스며 나오게 하는 게 아니라, 파쇄공법은 특정한 방식으로 쪼개진 암석의 틈을 따라서만 석유가 곧바로 유정 갱도로 이동하게 한다.

이 두 가지 기술을 병행하는—시쳇말로 파쇄라고 부정확하게 알려졌다—기법이 바로 셰일 에너지 붐의 토대다.

파쇄공법의 특성은 예측 가능한 일련의 현상들을 촉발한다. 일단 석유가 갇혀 있는 곳까지 균열이 가면 상당한 속도로 석유가 흘러나온다. 처음에는 그렇다. 이러한 기법들로 매장된 석유를 뽑아내는데, 석유가 매장된 장소가 매우 외딴 곳이어서 균열에 의해 가까스로 연결된다는 점을 기억해야 한다. 균열로 직접 연결된 부분에서만 석유가 흘러나올 수 있고, 그것도 시추공(試錐孔)까지만 흘러간다. 그 결과, 처음에는 석유가 터져나오지만 이는 금방 고갈된다. 대부분의 지역에서 수명이 20년인 유정에서 생산 가능한 총량의 3분의 1이 시추를 시작한 첫 한두 해에 생산된다.

이와 같은 빠른 고갈은 셰일 산업이—성장은 고사하고—현재의 생산량이라도 유지하려면 해마다 아주 많은 유정을 시추해야 함을 뜻한다. 미국에서는 한 해에 5만 개의 유정을 파쇄공법으로 시추한다. 많다고? 맞다. 10여 년 전 파쇄공법이 도입된 이후 미국에서 유정의 총 숫자는 두 배로 늘어났다.

지속적으로 채굴 가능한 셰일

그런데 이 에너지는 미국이 아주 오랜 기간 동안 지속적으로 생산할 수 있는 에너지다. 생산율이나 매장량과 같이 생산 기준이 되는 정보와 관련된 정확한 자료를 제시하기는 어렵다. 그런 자료가 없어서가 아니라 셰일 산업은 새롭게 등장한 산업이라 변화무쌍하기 때문이다.

2012년 8월, 미국 에너지부 안에 있는 에너지정보국이 당시 셰일 에너지의 현황에 대해 포괄적인 보고서를 발표했다. 에너지정보국은 2011년 12월까지 수집된, 당시에 입수 가능한 최고의 자료를 이용해 보고서를 작성했다. 에너지정보국은 미국의 셰일석유 생산량을 노르웨이의 석유 생산량과 같은, 하루 200만 배럴로 보았다. 또한 향후 8년에 걸쳐 셰일 생산이 어떤 식으로 전개될지에 관한 전망도 내놓았다. 발표될 당시 이 보고서는 셰일 에너지의 현황에 관해 가장 정확한 정보를 담고 있었다.

그런데 겨우 1년이 지나 이 보고서는 완전히 시대에 뒤떨어진 무용지물이 되었다. 해마다 5만 개(또는 그 이상)의 유정이 시추되면서 서로 다른 수백여 군데의 법적인 관할권에 흩어져 있는 수많은 유정들을 일일이 장부에 기록해둔다는 게 현실적으로 불가능했다. 고부가가치 산업에서 흔히 그렇듯이 혁신을 하는 데는 정부의 승인, 등록, 심지어 신고도 필요하지 않다. 그러나 혁신이 일어나면 그 시점부터 그 혁신은 시추 근로자들이 작업을 하는 모든 유정에 적용된다. 그렇게 되면 새로운 기술이 계속 더해지면서 종합적인 기술이 산업계 전반에 확산된다. 2013년 12월, 에너지정보국이 포괄적인 보고서를 발표한 지 겨우 16개월 만에 셰일 석유 생산량은 하루 200만 배럴에서 380만 배럴로 증가했다—이는 캐나다의 석유 생산량보다 많을 뿐만 아니라 에너지정보국이 예측한 미국의 2020년 생산량보다 50퍼센트 많다. 이 책을 쓰던 2014년 중반에는 이 자료도 낡은 자료가 되었다. 2014년 현재 미국은 세계 최대의 에너지 생산국으로서 사우디아라비아보다 석유를, 러시아보다 천연가스를 더 많이 생산하고 있다.

미래에 미국은 셰일을 얼마나 생산하게 될까? 자세한 내용은 분명히 알기 어렵다. 계속 바뀌는 변수들이 많이 있고, 서로 천양지차인 지리적 여

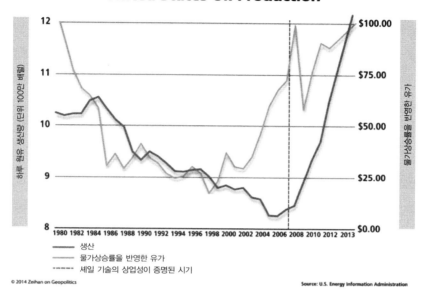

United States Oil Production

생산
물가상승률을 반영한 유가
세일 기술의 상업성이 증명된 시기

© 2014 Zeihan on Geopolitics

Source: U.S. Energy Information Administration

미국의 석유 생산

건과 규제 환경 하에서 운영되는 산업이라는 점을 고려하면 "평균치" 같
은 것은 존재하지도 않거니와 지금 어떤 예측치를 제시해도 이 책 원고가
인쇄에 들어갈 무렵이면 새로운 자료에 파묻혀버리게 될 게 뻔하다.

그러나 그러한 단서조항들을 차치하고도, 생산 공정의 거의 매 단계마
다 엄청나게 많은 새로운 지식과 기술이 축적되고 있다. 유정은 더 깊어
지고 수평 갱도는 더 길어지고, 파쇄공법은 조절하기 더 쉬워져 더 효과
적이 되고, 더 구체적인 이미지 촬영이 가능해지고, 지하수와 재순환된
물을 사용하는 경험이 더 많이 축적되면서, 더 효과적으로 매장지에 도달
하고, 더 낮은 비용이 들고, 더 높은 회수율을 달성하게 된다. 2012년부터
2013년에만도 이전과 똑같은 양의 셰일이 기존의 절반에 해당하는 수의

유정에서 생산되었다. 천연가스 생산의 "대략적인" 손익분기점 가격은 아마 2011년에 1,000세제곱 피트당 약 7달러에서 2014년에 5달러 이하로 하락했다. 마찬가지로 셰일 석유 생산의 손익분기점 가격은 10년 전에 배럴당 100달러에서 2011년에 85달러로 떨어졌고, 2014년에는 거의 70달러에 근접했으며, 이미 50달러에 육박하는 유정들도 많이 있다.

아무리 인색하게 잡아도 북미는 2020년이면 완전한 에너지 자급 상태가 된다. 셰일 시대가 동이 트고 있는 게 아니라 이미 셰일 시대에 살고 있다.

셰일을 받아들이기(직전)

그러나 미국인들은 여전히 셰일 산업을 신뢰하지 않는다. 2013년 9월 퓨리서치가 실시한 여론조사에 따르면, 응답자의 49퍼센트가 셰일 에너지 기술사용이 증가하는 데 반대했다. 구체적으로 말하면, 미국인들은 파쇄공법으로 엄청난 양의 물이 소모되고, 파쇄액은 좋게 말해서 독성이 있고 나쁘게 말해서 암을 유발하며, 파쇄액이 유정 갱도에서 누출돼 식수를 공급하는 상수도로 흘러 들어갈까 우려한다. 셰일 산업의 중요성과 성장 잠재력을 대중에게 설명하고 그들의 우려를 불식시키기는 쉬운 일이 아니다. (셰일 산업과 미국인들 모두에게) 다행스럽게도 셰일 관련 기술에 대한 대중의 불신은 단 몇 년이면 사라지리라고 본다. 그럴 만한 이유가 세 가지 있다.

첫째, 파쇄 과정에서 지표수를 사용하는 기법은 빠르게 퇴출되고 있다. 지표수에는 조류(藻類)와 박테리아가 많이 함유되어 있다. 이러한 불순물을 제거해야 파쇄에 적합한 물이 된다. 파쇄액에 함유된 물질 가운데 비용이 많이 드는 물질은 물을 정화하는 데 쓰는 다양한 화학물질이다. 수백만 갤런의 물을 트럭으로 실어 나르는 데 드는 비용(부피가 큰 화물일수록 운송비는 비싸다)을 고려하면 지표수 사용은 지역공동체의 삶의 질 문제이면서 그에 못지않게 셰일 산업의 경제성과 관련된 문제이다. 다행스럽게도 지표 밑을 뚫었더니 거의 모든 지역에서 지하 깊숙한 곳에 약간의 소금기가 있는 심층수 층이 발견되었다.[2] 에너지 기업들은 유기체가 살지 않고 마실 수도 없는 이 물이 파쇄액으로 쓰기에 훨씬 적합하다는 사실을 발견했다. 그리고 시추 현장에 뚫어놓은 천공(穿孔)을 통해 소금기 있는 이 물을 퍼올릴 수 있고 파쇄 첨가물질들을 현장에서 섞어 넣을 수도 있기 때문에 유정 하나당 필요한 수백만 갤런의 물을 트럭으로 실어 나를 필요가 없게 되었다.[3] 2016년 무렵에는 대량의 지표수는 짠 지층수가 없는 극소수 지역에서만 계속 사용된다.

둘째, 식수를 공급하는 대수층은 대부분 지표면에서 200피트 내에 위치하고 거의 모두가 600피트 내에 있다.[4] 파쇄는 90퍼센트 정도가 지하 1마일 남짓한 깊이에서 이루어지고 4,000피트 미만의 깊이에서 파쇄작업이 이루어지는 곳은 손에 꼽을 정도다. 파쇄로 만든 가장 긴 균열은 겨우 600피트에 불과하고 대부분의 균열은 길이가 200피트를 넘지 않는다.[5] 최근에 한층 개선된 공법으로 대부분의 균열의 길이는 40피트에 불과하다. 그렇다면 파쇄된 균열과 식수용 수원(水源) 사이에는 최소한 0.5마일의 암석—셰일 층은 침투가 불가능하다는 사실을 상기하기 바란다—이 놓여 있다는 뜻이다. 이 모두를 종합해보면 간단한 사실이 드러난다. 파쇄액이 지표 밑으로 침투해 식수를 오염시킨 사례는 단 한 건도 없었다. 내 말이 믿기지 않으면 오바마 정권 하에서 환경보호청이 뭐라고 했는지 보라. 트루먼 정권 이후로 미국에서 파쇄가 이루어진 120만 건 가운데, 파쇄액으로 인한 하층토 오염으로 환경보호청이 기업에 소환장을 발부한

사례는 아직 하나도 없다.[6]

환경보호청이 실제로 소환장을 발부한 사례들은 두 부류로 나뉜다. 첫째, 지표수 오염이 인용 사례의 90퍼센트 이상을 차지한다. 시추하는 기업들이 회수한 파쇄액을 지표수에 섞어 흘러 내보낸다는 얘기다. (이러한 관행은 셰일 시대 초기에 많은 주들에서 합법이었다.) 둘째, 다양한 형태의 메탄(천연가스의 또 다른 명칭)이 누출된 사례들이다. 유정 갱도에서든, 시추 갑판에서든, 운송 체계(이에 관해서는 나중에 좀 더 다루기로 하겠다)에서든 말이다.

셰일 에너지에 대한 대중의 반감이 줄어들 것이라고 보는 세 번째 이유는 부정적인 여론이 들끓었지만 실제로 파쇄액은 그다지 위험하지 않고 독성을 완전히 제거하는 방향으로 조금씩 진전되고 있다. 파쇄액에 혼합하는 화학물질들의 정확한 배합률은 기업비밀로 철저히 가려져 있지만, 성분 자체는 잘 알려져 있다. 파쇄액을 구성하는 성분은 대략 90퍼센트는 물, 9.5퍼센트는 모래다. 나머지 성분으로는 붕산염(세탁제의 주성분)이 압도적으로 많이 포함되어 있고, n-디메틸포르마이드(플라스틱), 에틸렌글리콜(부동액), 구아검(아이스크림 원료), 이소프로페놀(유리 세척제)이 소량 섞여 있다. 이런 액체는 마시지 않는 게 상책이겠지만, 전부 이미 일반 가정의 주방에서 사용하도록 허가가 난 성분들이다. 그렇지만 이러한 화학 혼합물질들을 제조하는 기업들은 일반 대중의 부정적인 인식을 예의 주시하고 이러한 혼합물질들에 함유된 독성을 완전히 제거하기 위해 꾸준히 애써왔다. 2012년 에너지 회사 핼리버튼은 식품산업에서 사용하는 성분들로만 제조한 파쇄액을 최초로 출시했는데, 이 파쇄액은 민주당 소속의 콜로라도 주지사 존 히켄루퍼가 직접 들이켜 마시는 바람에 유명해졌다.[7] 가격 차이는 평균 5-10퍼센트밖에 되지 않는다.

지표수 사용량이 급감하자 오바마 정권은 셰일 산업을 사실상 용인했다. 아, 그리고 파쇄액 자체는 토마토와 모짜렐라 치즈와 궁합이 상당히 잘 맞는다. 결국 셰일을 둘러싼 논란은 가라앉게 된다. 몇 년만 지나면 셰일 산업에 반대하는 목소리는 두 진영에 국한되리라고 본다. 원칙적으로 석유개발을 무조건 결사반대하는 환경보호주의자들과 셰일 산업에서 개인적으로 아무 이득도 볼게 없다고 생각하는 지역단체들이다. 이 두 부류는 미국 유권자들 가운데 무시할 수 없는 비율을 차지하는데, 그렇다고 해도 전체 인구의 10퍼센트 정도밖에 되지 않는다.

셰일: 미국적 특성이 물씬 풍기는 산업

따라서 미국에서 셰일 산업 개발은 이미 기정사실일 뿐만 아니라 곧 박차가 가해질 것으로 보인다. 셰일 산업이 더욱 주목할 만한 이유는 앞으로 상당 기간 동안 미국에서만 개발이 진행되는 데 머무를 것이기 때문이다. 2035년 이전에 셰일 기술이 북미 지역 외에 그 어디에서도 대거 적용될 가능성은 매우 희박하다. 이유가 뭐냐고? 셰일 산업이 성공한 이유는 앞서 논의했던, 미국적인 체제가 지닌 수많은 특징들 덕분이기 때문이다.

1. 넓고 깊은 자본 시장

파쇄 프로젝트에서 결실을 얻으려면 많은 돈을 투자해야 한다. 셰일의 면면이 모두 그러하듯이, 평균치라는 게 없지만, 개발 비용은 상상을 초월하고 보통 총 비용—도로, 파이프, 시추, 발밑으로 1마일을 파 들어갈 숙련된 기술을 지닌 인력—을 개발에 착수할 때 완불해야 한다. 시추 장비—인건비를 포함해서—임대료는 하루 10,000달러에서 100,000달러에 이르기까지 천차만별이다. 시추가 쉬운 유정은 "겨우" 여드레가 걸리기도 하지만, 시추하기 어려운 유정은 이의 다섯 배 되는 시간이 걸리기도 한다. 최저 비용은 보통 유정 하나에 600만 달러 정도다.

개발 비용을 회수하기 전까지는 기업이 셰일 프로젝트에 투입하는 투자금은 다른 곳에 전용할 수 없다. 주택 구입에 비유해 생각하면 된다. 담보대출을 다 갚기 전까지는 또 다른 한 채를 구입하는 데 필요한 자금을 마련하기 어렵다. 생산성 높은 셰일 유정이라고 해도 20년에 걸쳐 하루에 겨우 75배럴이 생산된다. 생산 가능 수량의 3분의 1이 개발을 시작하고 첫 해나 첫 3년 만에 생산된다고 해도 손익분기점에 도달하려면 적어도 1년(유가를 배럴당 100달러라고 가정할 때)이 걸린다.

이러한 금전적 요인으로 인해 셰일 산업이 발달 가능한 지역은 매우 한정된다. 금융 부문이 자금이 풍부하고 유동성이 크고 안정적이어서 수십억 달러 이상의 자금을 셰일 산업에 쏟아부어도 나머지 다른 경제 부문에 투자할 여력을 제약하지 않을 정도는 되어야 한다. 이 정도로도 셰일 산업이 논쟁의 대상인데, 미국에서 가용 자본이 한정되어 있어서 셰일 산업의 성공으로 이자율이 인상되고, 그로 인해 여러분이 갚아야 할 주택 대출금이 50퍼센트 증가한다고 상상해보라.[8] 지역/전국 융자자금이 엄청나게 풍부하지 않으면 셰일 산업 개발은 현실성이 없다. 다행스럽게도 미국은 세계 최고의 자본 도피처로서 가장 크고, 가장 깊고, 가장 유동성이 큰 자본 시장을 지니고 있다. 유럽에서도 셰일 산업 개발이 가능했을지 모르지만 금융위기가 닥치고 말았다. (셰일이 존재하지 않는) 일본을 제외하면, 셰일 산업을 활성화하기에 충분한 자금을 보유한 나라는 미국 말고는 세상 어디에도 없다.

2. 숙련된 기술을 보유한 인력
지하 수천 피트 밑에 있는 복잡하고 변화무쌍한 지질층까지 구불구불한 갱도를 파 내려간 다음 압축된 액체를 주사해 정밀하게 암석층을 파쇄하고 그 안에 갇혀 있는 탄화수소를 유정갱도로 빨아올리는 작업은 설명하기만큼이나 실제로 하기도 어려운 일이다. 게다가 유정 하나하나가 다 제각각이다. 똑같은 시추현장에 있는 두 개의 유정도 서로 다르다. 배짱 없거나 기술력 떨어지는 사람이 할 일이 아니다. 종사자 한 사람 한 사람이 자기 임무를 정확히 꿰고 있고, 공학에서 지질학, 화학,9 유체역학에 이르기까지 다양한 기술을 구사할 역량을 지녀야 한다. 국영화 정책의 일환으로 자리를 꿰찬, 국영석유회사의 건달들 몇 명이 할 만한 일이 아니다. 상사의 절대적인 신임을 받고, 작업 과정에서 변수가 생기면 작업을 조정할 재량이 있는 경험 많은 전문가만이 할 수 있는 일이다. 유정마다 고도로 숙련된 기술을 갖춘 석유엔지니어와 상사로부터 최소한의 지시만 받고 다양한 작업환경에서 일할 수 있는 지원 인력이 필요하다.

게다가 셰일이 용솟음치는 유정은 절대로 없다. 셰일 산업이 성공하려면 한 해에 수천 개의 유정을 시추해야 한다. 그러려면 타의 추종을 불허할 역량 있는 석유엔지니어들이 포진한 에너지 기업이 한 군데도 아니고 수십 군데도 아니고 수백 군데—심지어 수천 군데—가 있어야 한다.

중소기업 기반이 튼튼하고, 진입장벽이 낮고, 틀에서 벗어난 사고능력을 길러주는 선진 교육 체제가 존재하는 미국만이 셰일 산업이 번창하는 데 필요한 인력을 배출할 수 있다. 석유산업이 시작된 이래 지금까지 세계적으로 550만 개의 유정이 시추되었고, 이 가운데 400만 개는 미국에서 시추되었다. 지난 5년 동안 세계적으로 수평 유정의 99퍼센트는 미국에서 시추되었다.10 다른 나라도 다들 셰일을 다룰 기술을 갖춘 인력이 있을지 모르지만, 현재로서는 그 어떤 나라도 셰일을 산업으로 키울 엄두조차 내지 못한다.

3. 참여하는 대가로 지주에게 보상하는 법적 구조

셰일 산업에 뛰어들려면 인력과 장비를 집중적으로 쏟아부어야 한다. 수만 마일에 달하는 셰일 매장지를 개발하려면 지역 기간 시설—도로에 특히 무리가 간다—에 상당한 압박을 가하게 될 뿐만 아니라 아주 국지적으로 경기가 활황일 때 으레 발생하는, 식량부터 여흥, 숙박에 이르기까지 거의 모든 품목들에 대한 수요가 끊이지 않는다. 임대료에서부터 식료품 수요까지 모든 것의 비용이 적어도 세 배로 뛰고 인부들이 끊임없이 오고 떠나고, 출퇴근하고, 구조물을 건설하고 부수면서 발생하는 교통체증과 소음도 절대로 무시할 수 없다. 셰일 산업이 성공하려면 해당 지역에 금전적 이득을 제공하는 게 절대적으로 필요한데, 가장 좋은 방법은 지역사회에 수익의 일정 부분을 떼어주는 방법이다.

미국은 전체 토지의 약 3분의 2가 민간 소유—정착민이 세운 주에서 비롯된 나라라는 역사적 유산과 개척시대에 소작농이 땅을 일구었던 전통이 있다—이므로 기업들은 시추를 하려면 지주와 직접 계약을 체결해야 한다. 이렇게 되면 지주들을 백만장자로 만들어줄 뿐만 아니라—보통 계약을 맺는 지주들은 수익의 125퍼센트 지분을 얻게 된다—지방정부의 금고로 직접 돈이 쏟아져 들어간다. 지방정부가 에너지 생산과 지주의 소득, 그리고 토지에 과세할 수 있기 때문이다.

미국인들은 이를 당연하다고 생각할지 모르지만, 전혀 흔치 않은 관행이다. 세계 어느 나라를 가든 중앙정부가 하층토 사용권을 보유하고 있다. 지방정부와 지주는 실제로 셰일이 생산되어도 자기들 수중에 들어오는 돈—과세든, 개발비든, 생산 로열티든—은 한 푼도 없다. 오직 중앙정부만 금전적 이득을 본다. 또한 지역 지주협회는 고사하고 지주의 의사가 어떻든 상관없이 중앙정부가 언제, 어디에서 에너지를 생산할지를 결정한다. 사막과 툰드라 지대라서 시추해도 영향을 받을 주민이 없는 중동과

188

구소련 같은 지역에서는 그리 중요한 요인이 아니지만, 중국, 중남미, 유럽에서는 이 요인만으로도 셰일 산업의 운명이 결정된다.

4. 기존의 천연가스를 수집하고, 운송하고, 유통시키는 기간 시설

마지막으로 소개할 요건은 생산의 본질과 관련 있다. 셰일 유정은 그냥 석유만 생산하는 게 아니라 석유와 천연가스를 생산하는데, 바로 여기서 문제가 발생한다. 석유는 액체이므로 트럭으로, 바지선으로, 철도로, 송유관으로 원하는 곳이면 어디든 운송 가능하다. 운송 방법이 다양하기 때문에 생산된 셰일 석유는 신속하게 금전화된다. 여의치 않으면 펌프로 석유를 빨아올려 탱커 트럭에 저장해두고 파이프 시설이 가동될 때까지 기다리면 된다. 미국에서 가동 중인 유정들 가운데 족히 90퍼센트 이상이 석유와, 석유 못지않게 저장과 운송이 쉬운 석유 관련 액체들을 찾고 있다.[11]

그러나 천연가스는 기체다. 트럭으로, 바지선으로, 철도로 효율적으로 운송하려면 강력한 압력을 가해야 하는데, 이에 필요한 장비를 추가로 구입하려면 엄청난 비용이 들고 운송에 관여하는 모든 사람들의 안전도 고려해야 한다. 천연가스는 또한 저장하기가 쉽지 않다. 표준압력에서 천연가스 1,400세제곱 피트가 있어야 원유 1세제곱 피트가 생산하는 만큼의 전기를 생산할 수 있다.

쓰임새가 매우 다양한 석유와는 달리, 천연가스는 운송에 관한 한 닭이 먼저냐 달걀이 먼저냐 하는 문제에 봉착한다. 셰일 천연가스 산업에는 기존의 가압 송유관망을 기존의 수요지점과 연결하는 기간 시설이 필요하다. 기존의 시설이 없으면 처음부터 새로 건설을 해야 할 뿐만 아니라 없는 수요도 만들어내야 한다.

다른 형태의 기간 시설도 마찬가지다. 셰일 유정을 운영하려면 트럭이 수백 번 오가야 하고, 트럭이 오가려면 도로가 필요하다. 지금까지 개발된 적이 없는 처녀지에서 셰일을 개발하려면 거미줄처럼 얽히고설킨 운송망이 있어야 한다. 미국에서는 에너지를 생산하는 지역이 펜실베이니아, 텍사스, 오클라호마 같이 한 세기에 걸쳐 이러한 운송망이 이미 깔려 있는 주거지역과 겹쳐진다. 그러나 세계 대부분 지역에서 에너지 생산은 오래전부터 북해, 아라비아 사막, 또는 시베리아처럼 인구가 희박한 오지에서 이루어져왔다.

유럽과 아르헨티나는 기간 시설과 기존 시설 이용이라는 측면에서 거의 미국 못지않은 체계가 갖추어져 있다. 러시아와 오스트레일리아는 장거리까지 운송하는 송유관은 있지만, 도로망이 없다. 둘 다 없는 곳도 있다. 아무리 좋은 방법을 생각해낸다고 해도, 결국 기간 시설을 구축하려면 수조 달러가 들고 수십 년이 걸린다.

이러한 요건들을 골고루 갖추기란 무척 어렵다. 세계적으로 이러한 요건들 가운데 하나 이상을 충족시키는 곳이 거의 없고, 모든 요건을 충족시키는 나라는 오로지 미국 하나뿐이다.

셰일이 주는 혜택

셰일 에너지에서 비롯되는 이득은 뻔하다.

새로 등장한 산업이라면 으레 그렇듯이, 새로운 산업이 생기면 일자리가 창출된다. 신뢰할 만한 가장 최근의 자료에 따르면, 지난 2010년 셰일 산업 부문은 15만 개의 새로운 일자리를 창출했고, 운송, 채광, 철강 등 연관 산업에서 추가로 20만 개의 일자리를 창출했다.[12] 이렇게 많은 일자리가 창출되는 이유는 뭘까? 한 유정에서 채굴되는 생산량은 처음 한 두

해가 지나면 급격히 떨어지기 때문에 기존의 생산량을 유지하려면 시추를 계속 해야 한다. 따라서 점점 확대되고 성장하는 셰일 산업을 유지하려면 더 많은 엔지니어들이 필요하고 이와 더불어 생산과 관련된 모든 것들이 더 많이 필요하다.

천연가스는 이산화탄소, 황, 수은 등 어떤 배출가스를 기준으로 보아도 가장 깨끗하고 친환경적인 화석연료다. 셰일 덕분에 뉴욕 시는 1년도 안 걸려 연료를 석유—오염 정도로 치자면 석탄과 맞먹는다—에서 천연가스로 대대적으로 교체했다. 구체적으로 살펴보면, 천연가스를 태울 경우 대기 중에 배출되는 탄소는 석유보다 3분의 1이 적고 석탄의 절반이다—게다가 부수적으로 배출되는 황, 질소산화물, 수은, 또는 그 밖의 오염물질도 없다.[13] 바로 여기서 메탄 누출 문제가 불거진다. 연소되지 않은 메탄은 온실효과에 큰 영향을 주는 가스로서 100년이라는 시간을 기준으로 볼 때 이산화탄소보다 20배 많은 열기를 가둔다. 환경보호청의 발표에 따르면 셰일 가스 생산량이 대폭 증가했음에도 불구하고 미국의 메탄 배출량은 셰일 시대가 열린 이래로 5퍼센트 감소했다. 물론 그렇다고 해서 셰일과 관련된 메탄 배출이 전혀 없다는 뜻은 아니다. 천연가스가 석탄보다 환경에 이롭다는 주장이 먹히려면, 셰일과 관련된 메탄 배출량은 총생산의 3퍼센트 미만이 되어야 한다. 현재 환경보호청에 따르면, 셰일 산업은 이 배출수준에 약간 못 미친다. 이 수치를 더 낮추는 게 셰일 산업이 친환경적인 산업이라고 주장할 수 있을 뿐만 아니라 대중의 신뢰를 얻을 수 있는 최선의 방법이다.

셰일을 생산할 때 대량의 물이 필요하긴 하나 셰일 천연가스는 연료주기 전체로 볼 때 가장 물을 적게 쓰는 에너지원으로 손꼽힌다. 가공과 운송 과정에서 물이 전혀 필요하지 않기 때문이다. 생산된 에너지의 양에 비교해 물의 총사용량을 측정해보면 100만 영국열량단위(英熱量, British

Thermal Unit(Btu), 물 1파운드를 대기압 상태에서 화씨 1도 올리는 데 필요한 열량)당 1.1~1.6갤런이 필요하다. 이는 석탄이나 원자력의 5분의 1, 석유의 6분의 1에 불과하다.[14]

가격 요인도 있다. 셰일이 미국의 내륙지역에서 얼마나 많은 석유를 생산해내는지, 세계 전체와 비교해볼 때 미국에서 유가가 배럴당 10-15달러 하락했다. 아주 인색하게 계산해도 미국 소비자들에게 하루에 1억 달러를 아껴준 셈이다.

안보 요인도 있다. 셰일 에너지 덕에 알래스카와 하와이를 제외한 미국 48개 주에서 생산되는 석유 양이 대폭 늘게 되면, 오로지 이 48개 주에서 일어나는 사건만이 이 48개 주의 에너지 생산과 소비 패턴에 영향을 주게 된다. 체첸의 반란, 러시아의 진군, 노르웨이의 파업, 나이지리아의 폭동, 팔레스타인 자살폭탄테러, 이란의 엄포 등은 미국 에너지 정책에 예전만큼 영향을 미치지 못한다. 단 몇 년 안에 이러한 나라들은 미국 에너지 정책에 조금도 영향을 미치지 못하게 된다.

지금까지 셰일이 주는, 너무나도 뻔한 혜택들에 대해 알아보았다. 이제부터 그다지 뻔하지 않은 혜택들에 대해 알아보자.

셰일과 지리

공간적으로 가장 두드러지는 셰일 에너지의 특징은 전통적인 형태의 에너지들과 비교해 볼 때 그것이 생산되는 (또 생산될) 위치다. 다음 지도는 세계 주요 석유와 천연가스 매장지를 보여준다. 우리가 익히 알고 있는 바와 같이 시베리아, 페르시아 만, 오스트레일리아 북서부 대륙붕, 나이지리아, 흑해, 멕시코 만 같은 곳에 집중되어 있다. 하나같이 기술적으

야간에 촬영한 세계 지도: 전통적인 석유 매장지

로, 정치적으로 접근하기 어려운 곳이다. 이 지도를 밤에 찍은 지구의 사진과 겹쳐 놓았다. 왜냐고? 빛이 있는 곳이 돈 있는 사람들이 사는 곳이기 때문이다. 지난 70년 동안 지정학적으로 번민했던 문제는 생산지에서부터 밤에 불빛이 밝게 빛나는 소비지로 에너지를 운송하는 문제였다. 아랍 국가들의 석유 수출금지 조치에서부터 우크라이나 사태에 대한 유럽과 러시아의 갈등, 이란–이라크 전쟁, 이스라엘 관련 문제에 이르기까지, 이 모든 사안들은 하나같이 세계 에너지 정치의 색채를 물씬 풍긴다.

세일이 이를 바꿔놓고 있는데, 이러한 변화는 아주 쉽게 보인다—말 그대로 눈으로 보인다는 말이다.

내가 개인적으로 세일의 위력을 깨달은 순간은 2012년 12월 어느 쌀쌀한 밤이었다. 내 동업자이자 비행사인 웨인이 비행을 하다가 뭔가를 목격했다면서, 나더러 직접 봐야한다고 했다. 그래서 그가 조종하는 스카이호크 172R기를 타고 이륙했다. 한 시간 동안 오른쪽 날개 밑으로 I-35 고속도로를 따라 불길이 활활 타오르는 광경을 지켜보는 동안 내 동업자는 관제탑과 이따금 교신을 주고받았다. 어느 시점엔가 너무 열띠게 교신을 주고받은 나머지 몇 백 피트 급강하했다가 음속의 절반에 달하는 빠른 속도로 하늘을 가르던, 고래만한 알루미늄 덩어리를 가까스로 피했다. 웨인은 댈러스에 본사를 둔 그 항공사에 대해 그다지 고상하지 않은 표현을 연달아 쏟아냈다.

비행기가 급강하하면서 천장에 가 붙었던 위장이 제자리로 되돌아오고 마음이 진정이 되자 웨인이 바깥쪽으로 시선을 돌리라고 손가락으로 가리켰다. 애초에 비행기 고도를 낮추기는 할 작정이었다. 물론 그렇게 급하게 하강하려는 것은 아니었지만. 이제 텍사스 주에서 인구밀도가 가장 희박한, 샌앤토니오 남쪽 지역의 상공을 날고 있었다. 도로와 작은 마을들이 얽히고설켜 있는 가늘고 불규칙적인 거미줄 같은 광경 말고는 칠흑처럼 어두워야 정상이었다. 그런데 그게 아니라 북극에 가야 할 오로라가 길을 잃어 텍사스에 떨구어졌는지 지평선에서부터 눈부신 빛이 솟아오르고 있었다. 남서쪽으로 계속 날아가는데 이 오로라가 말도 안 되는 짓을 했다. 하늘로 올라가지 않고 땅 위에 머물렀다.

웨인이 엔진 굉음소리 때문에 들리지 않을까 싶은지 소리쳐 설명을 했다. "이글 포드(Eagle Ford) 셰일에서 타오르는 천연가스 불길이야." 웨인은 이 지명을 북부지역 사람처럼 발음했다. 띄어서 정확히 두 단어로. 내가 익히 들어온 "이글퍼드"가 아니라. "조금 있으면 이 불길이 자잘한 점으로 쪼개질 테니 두고 봐."

정말 웨인이 말한 대로였다. 지평선을 따라 이글거리던 빛은 수백 개의 점으로 응집되었고, 땅위를 달리는 자동차 전조등의 흰 불빛과 가로등의 푸르스름한 흰 불빛과 분명히 구분되는 주황색으로 빛나고 있었다. 마치 별자리 같이 수없이 많은 빛의 점들이 우리 시야에 들어오는 지평선을 따

야간에 촬영한 세계지도: 셰일 석유 매장지

라 끝없이 펼쳐져 있었고, 엉뚱한 장소에 나타난 오로라는 10마일 너머로 희미하게 보였다.

통계수치를 입력해서 셰일이 지닌 의의를 학문적으로 파악하거나, 셰일채굴 현장에 가서 셰일을 생산하는 데 얼마나 고도의 지력이 필요한지를 직접 목격하는 일과는 전혀 달랐다. 이런 식으로 체험하니까 정말 말도 못하게 어마어마하다는 느낌이 들었다. 내가 아이오와 출신 촌놈이긴 하지만 이래봬도 텍사스에서 10년을 살면서 웬만한 규모에는 눈도 꿈쩍하지 않게 되었는데 이건 차원이 달랐다.

오스틴 시로 돌아오는 길에 나는 비교적 최근에 제작된 지도를 꺼내보았다. 셰일 개발지역을 보여주는 지도였다. 인구밀도도 보여주었다. 이글포드는 미국에서뿐만 아니라 텍사스 주에서조차도 유일한 셰일 매장지는 아니라는 생각이 번뜩 들었다. 그래서 야간에 지구를 촬영한 최근의 인공위성사진을 살펴보았다. 우주에서 내려다본 바넷(Barnett), 퍼미언

(Permian), 헤인즈빌(Haynesville), 우드퍼드(Woodford), 파예트빌(Faye-tteville), 니오브레라(Niobrara), 앤트림(Antrim), 마셀러스(Marcellus), 바켄(Bakken) 같은 셰일 매장지들은 수십만 개의 유정 불빛으로 반짝이면서 미국이 세상을 바라보는 시각을 조금씩 바꿔놓고 있었다.

그래서 이렇게 해보았다.

전통적인 에너지 매장지역을 이미 알려진 셰일 매장지역으로 대체해 보았다. 그러자 두 가지가 눈에 띄었다. 첫째, 전통적인 에너지 매장지역과 셰일 매장지역은 거의 겹치지 않았다. 따라서 현재 에너지를 생산하는 사업자 가운데 지리적으로 축복을 받아 앞으로 셰일에 손을 댈 가능성이 있는 사업자는 그 누구라도 지금부터 10년 혹은 30년이 걸려야 셰일 개발에 필요한 기간 시설을 구축할 수 있게 된다. 그러면 세계 에너지 부문에는 지각변동이 일어나게 된다.

둘째, 보다 중요한 점은 미국을 수놓는 "불빛", 즉 인구밀집 지역은 거의 모두 셰일 매장지와 일치하거나 가까이 있다는 사실이다. 미국이 세계 에너지 공급망의 안전을 보장해주던 역할을 해왔는데, 더 이상 이 역할을 통해 미국이 얻을 이득이 없다는 뜻이다. 오로지 브레튼우즈 체제의 동맹국들을 위해 하는 역할일 뿐이라는 소리다. 또한 미국은 에너지 생산지와 소비지가 일치하는 몇 개 안 되는 나라들 가운데 하나라는 뜻이다. 이는 국가안보에 시사하는 바가 명확하다. 여러분이 거주하는 도시에 필요한 에너지를 가까운 교외에 있는 유정에서 얻게 되면, 특별히 공격적인 (준)군사적 도발 정도는 되어야 에너지 공급은 고사하고 에너지 가격에라도 영향을 미칠 수 있게 된다. 에너지 생산지와 소비지가 일치하면 에너지 운송 비용을 줄이는 데도 만만치 않은 효과가 있다. 석유를 운송하려면 석유가 필요하다. 세계 각지로 석유를 운송하려면 연료용 석유가 하루에 100만 배럴이 필요하다. 미국이 동반구에서 선박으로 들여오는 석유는 오늘날 상당히 긴 축에 속하는 해로를 경유해 들어온다. 셰일 생산량이 꾸준히 증가하면서 유조선이 장거리를 항해하는 빈도는 줄어들게 된다. 미국의 셰일 혁명으로 운송에 드는 석유가 절감되면서 세계 에너지 수요는 이미 하루 5만 배럴이나 줄어들었다.[15]

셰일, 운송, 전기

석유와 천연가스는 운송의 난이도나 시장가격이 서로 천양지차이지만, 그래도 천연가스가 계속 생산되는 까닭은 셰일 매장지에 이 두 가지가 서로 섞여서 발견되는 경우가 많기 때문이다. 석유를 생산할 때는 천연가스가 생산되기 마련이다. 대부분의 에너지 기업들은 셰일 석유를 생산할 때 덩달아 생산되는 천연가스를 폐기물로 여기지만, 그래도 천연가스를 수집하는 데 필요한 기간 시설을 구축하고 이를 전국적인 배급망에 연결하는 게 경제적으로 타당하다.[16] 그 결과 셰일 가스의 공급이 기존의 천연가스 수요를 크게 앞지르면서 지역에서의 천연가스 가격이 폭락하거나 기존의 천연가스 운송 시설이 감당하지 못하는 지경에 이르게 된다.

앞으로 셰일 산업이 더욱 활성화되리라는 전망을 뒷받침하는 다른 요인들은 차치하더라도, 이러한 가격폭락은 절대로 단기적으로 나타나는 일시적인 현상이 아니다. 첫째, 셰일 천연가스 생산에서 손익분기점 가격은 계속 하락하고 있고, 손익분기점 가격이 하락하면 수익성 있는 매장지가 늘어난다. 둘째, 미국처럼 셰일 붐을 누리는 나라가 나올 가능성은 희박하지만, 미국 기업들은 멕시코에서, 제약이 많기는 하나 캐나다에서도 작업이 가능하기 때문에, "지역" 공급량을 추가해 가격을 더욱 하락시킬 가능성이 있다.

셋째, 값싼 천연가스 때문에 생산자와 개발업자들은 천연가스 생산량을 제한하려고 고군분투하고 있다. 매장지 전역—멕시코 만 앞바다—이 폐쇄되는 경우까지 있다. 이러한 지역들은 이미 생산시설을 완벽하게 갖추고 있기 때문에 가격이 오르는 기미만 보이면 몇 달만 시설을 손보면 다시 가동시킬 수 있다. 이 점에서 셰일 매장지는 더욱 유리하다. 대부분의 셰일 개발업자들은 현재로서는 석유가 풍부한 매장지만 개발하고 있지만, 그래도 여전히 천연가스 생산에 필요한 도로와 법적인 기간 시설을 구축해야 한다. 그러한 지역에서 새로 셰일 가스 유정을 시추하는 데 걸리는 기간은 몇 년이 아니라 기껏해야 몇 주에서 몇 달이다. 셰일 유정 생산량은 시간이 가면서 급락하기 때문에 폭락했던 가격이 어느 정도 저절로 조정된다. 가장 좋은 점은, 가격이 폭등하면 이미 시추했던 유정에서 다시 파쇄공법을 활용해 생산율을 끌어올릴 수 있다는 점이다. 새로 시추 허가를 받거나, 계약을 새로 체결하거나 기간 시설을 새로 구축할 필요 없이 말이다.

그래서 어떻게 되냐고? 천연가스 가격이 1,000세제곱 피트당 5달러 이하에 머문다는 보장은 없지만, 5달러를 넘어 꾸준히 상승하면 생산량이—무엇보다도 신속하게—대량으로 다시 늘어나 가격이 다시 5달러 아래로 내려가게 된다. 미국은 앞으로 수십 년 동안 천연가스 가격이 낮은 상태에 머물러 있을 것으로 전망된다. 천연가스 가격이 유럽의 절반 이하이고 일본의 3분의 1 이하인 수준에서 말이다.

천연가스의 아주 낮은 가격이 좀처럼 변하지 않으면 여러 가지 결과를 낳는다. 이러한 가격폭락이 야기하는 가장 직접적인 영향은 수도, 전기, 가스 등과 같은 공공서비스 부문이 언제 어디서든 가능하기만 하다면 대거 천연가스로 갈아타게 된다는 점이다. 값싼 연료의 생산이 늘어나면서 셰일을 생산하는 지역의 전기료가 2008년에 빠르게 하락하면서 미국의

U.S. Electrictiy Prices

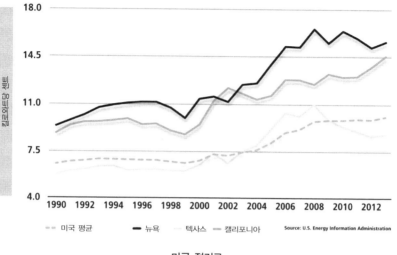

킬로와트당 센트

18.0	
14.5	
11.0	
7.5	
4.0	1990 1992 1994 1996 1998 2000 2002 2004 2006 2008 2010 2012

== 미국 평균   ● 뉴욕   텍사스   == 캘리포니아   Source: U.S. Energy Information Administration

미국 전기료

전국 평균 전기료가 인상을 멈추었고 미국은 이제 선진국 진영에서 가장 싼값에 전기를 쓰고 있다. 텍사스 주처럼 셰일을 대량으로 생산하는 지역에서는 전기료가 5분의 1이나 하락했다. 오로지 셰일을 생산하지 않기로 한 지역(태평양 연안)이나 미국 내 다른 지역에서 셰일 가스를 들여올 기간 시설이 없는 지역(남동부)만이 여전히 전기료가 상승하고 있다.

이와 같이 값싼 천연가스와 저렴한 전기료는 어떤 산업에든 엄청난 이익이 되지만, 특히 다른 어느 부문보다 이익을 보는 산업들이 있다. 중화학, 철강, 알루미늄, 플라스틱, 비료, 그리고 모든 유형의 제조업이 바로 그런 산업이다—바로 1990년대와 2000년대에 미국에서 해외로 빠져나간 일자리를 제공하는 산업들이다. 그런데 이런 일자리들이 이미 미국으로 돌아오고 있고, 제조업에서만도 이미 2008년부터 50만 개의 일자리가 생겼다. 셰일의 영향이 크다.

제조업 부문에서도 특히 주목할 만한 산업이 있다. 3-D 프린팅이다(적층가공(additive manufacturing)이라고도 불린다). 3-D 프린터는 금속가루나 플라스틱수지를 뿌린다. 레이저 프린터가 토너를 뿌리는 방식과 비슷하다. 그런데 3-D 프린터는 한 겹을 뿌리는 대신 몇 천 겹을 뿌려서 입체적인 물건을 만들어낸다. 이러한 물건들은 기계부품, 경첩, (스위스아미나이프, 시계, 목걸이, 소화기 같은) 절연제품까지도 한 번에 만들어낸다.

세계 대부분의 지역에서 3-D 프린팅 기술은 초보적인 단계에 머물러 있지만 미국에서는 여러 가지 다양한 특징들로 인해 셰일과 3-D 프린팅 기술이 융합되고 있다.

- 3-D 프린팅은 형틀을 이용하지 않기 때문에 한 번에 한 가지밖에 못 만든다. 그 덕에 맞춤제작이 활성화되고 미국 같이 고학력 인력이 풍부한 나라에서 디자인 관련 일자리가 창출되지만, 조립공정이(따라서 대량생산도) 없기 때문에 3-D 프린팅은 전기 소모 관점에서 보면 그다지 효율적이지 않다. (셰일 덕분에) 저렴한 전기료로 미국은 꿩 먹고 알 먹게 되었다.

- 부품을 교체해야 하든, 어떤 물건을 당장 그 자리에서 만들어야 하든, 3-D 프린팅은 중간 상인이 불필요할 뿐만 아니라 아랍의 해운회사, 베트남의 조립공장, 한국의 부품제조사, 러시아의 제철공장, 심지어 멕시코의 운송회사도 필요 없다. 3-D 프린팅은 제조와 소비가 같은 장소에서 이루어지도록 한다. 그 결과 공급사슬이 훨씬 간소화되고 운송연료가 덜 필요하게 된다. 3-D 프린팅 제작이 제조업 시장의 1퍼센트만 차지해도 운송에 드는 연료절약만으로 세계 석유소비를 하루에 5만 배럴 감소시킨다.

- 꼭 필요한 것만 찍어내므로, 표준 형틀이나 사출성형(Injection molding) 방법으로는 불가능한 물건들을 만들 수 있다. 표준에서 벗어나는 형태의 물건들, 심지어 기계부품이나 기어(gear)도 바로 프린터로 찍어낼 수 있다. 그러면 재료가 낭비되지도 않으므로 필요한 재료의 양을 대략 절반 정도 줄이면서도 결과물은 대략 두 배 정도 튼튼하게 만들어내게 된다.
- 수요와 공급 측면에서 미국이 이미 장악하고 있는 산업들이 그 어떤 산업들보다도 3-D 프린팅의 큰 수혜자다. 일정 기간 내에 생산해야 하는 제품의 양이 (수백만 개가 아니라) 수천 개인 산업, 강도 대 무게의 비율이 가능한 한 높아야 하는 산업, 며칠이 아니라 몇 시간 만에 망가진 것을 수리해야 하는 산업, 지적재산권법으로 또는 국가안보 차원에서 원천기술을 보호해야 하는 산업 등이 바로 그런 산업들이다. 항공, 자동차, 의료, 방위산업에 3-D 프린팅은 하늘이 내린 선물이다. 렉서스 자동차나 제트기 엔진의 부품을 수리해야 하는가? 익일 택배를 기다릴 필요가 없다. 프린터를 켜고 한두 시간만 기다리면 끝이다. 새로 탱크를 설계했는데 계속 오작동하는가? 잠정적으로 설계한 도면으로 실물을 프린트하면 개발기간이 몇 년에서 몇 달로 줄어든다. 팔뚝의 뼈가 산산조각 난 환자를 치료해야 하는가? 멀쩡한 팔뚝을 스캔해서 이미지를 반대로 뒤집은 다음 대체할 뼈를 프린트하면 된다.

3-D 프린팅 산업은 새롭기 때문에 얼마나 널리 그리고 얼마나 빠르게 확산될지 예측하기는 어렵다. 끊임없는 혁신이 일어나는 산업의 미래를 예측하기란 매우 어렵기 때문이다. 그러나 다음 사항을 염두에 두기 바란다. 2011년 현재 소매용 3-D 프린터는 플라스틱만 사용할 수 있었다. 2013년 현재 고급사양의 소매용 프린터는 금속도 사용 가능하고, 종이에

서부터 테플론, 크리스털, 줄기세포까지 망라하는 200개 이상의 다양한 재료를 사용하는 프린터를 기계판매점, 그리고 이와 비슷한 사업장에서 사용 가능해졌다. 2014년 1월에는 최초로 여러 가지 재료를 이용하는 프린터가 출시되었다. 현재 이 프린터는 수지, 플라스틱, 고무 같은 서로 비슷한 재료들만 프린트할 수 있다. 그러나 몇 년 안에 구리나 실리콘 같은 재료들도 프린트할 수 있게 된다. 그렇게 되면 집에서 새 컴퓨터를 찍어내게 된다. 미국 시스템디자이너에게는 무한한 가능성이 열려 있다. 미국 소비자에게 최종 상품을 제공하는 공급사슬에 묶여 있는 아시아의 컴퓨터부품 제조업체들과 그외 모든 이들에게는 청천벽력과 같은 사태다.

현재 자동차 광을 위한 엔진블록에서부터 식료품, 우주정거장에 이르기까지 뭐든지 실험적인 원형이 제작되고 있다. 그러나 셰일과는 달리 3-D 프린팅 기술은 미국을 벗어나 전 세계로 확산될 게 분명하다. 그러나 셰일 때문에 앞으로 최소한 10년 동안 이 기술은 미국에서 가장 집중적으로 응용된다.

겁먹은 신세계: 미국, 과거를 청산하고 새 출발하다

셰일이 미국, 미국의 힘, 그리고 이로 인해 넓은 세계에 엄청난 영향을 미치리라고 예상된다. 가장 분명한 점은 에너지를 국내에서, 안정적으로, (천연가스와 전기의 경우) 놀라울 정도로 적정한 가격에 확보하게 되면서 미국은 경제적으로도, 전략적으로도 다른 모든 선진국들보다 한 수 위에 놓이게 되었다. 미국은 이미 세계 경제 체제와 명목상으로만 연결되어 있고 셰일의 등장만으로도 경상수지 적자를 절반으로 줄이기 직전에 놓여있다. 에너지 수입 절감만으로도 그렇다는 뜻이다. 셰일이 온갖 경제 부문에서 초래하는 부수적인 이익은 고려하지 않고 말이다.

이와 같이 미국의 셰일 산업이 낳는 수많은 효과들은 세계 체제에 재앙을 부를 가능성이 있다. 미국은 지난 30년 거의 전 기간 동안 세계에서 가장 에너지를 많이 수입하는 나라였다. 그런데 이제는 세계 에너지 수입국 명단에서 완전히 빠지게 될 상황에 이르렀다.

이로 인해 "단순히" 시장에 엄청난 영향을 주는 데 그치지 않고 훨씬 여파가 크리라고 예상된다. 5장에서 미국이 세계 동맹을 구축하고 유지하기 위해 세계 무역 체제를 어떻게 새롭게 설계했는지에 대해 논했었다. 미국의 동맹국들 가운데 에너지 수출국은 거의 전무했기 때문에 생산지에서 소비지로 에너지가 원활하게 유통되도록 하는 게 그 체제의 일환이었다. 미국은 무역을 가능케 하려고 에너지 유통 경로를 보호했고, 동맹 체제를 유지하기 위해 무역을 활성화했다. 미국의 셰일 혁명 때문에 미국은 동맹국들이 여전히 의존하고 있는 공급 체계에서 분리되고 있다. 거대한 음모 같은 것은 없다. 그저 미국이 세계 경제 체제로부터 빠르게 이탈하도록 촉진하는 사건과 추세들이 등장하고 있을 뿐이다.

그러나 가장 큰 파괴력을 지닌 요소는 시간이다. 미국은 브레튼우즈 체제에서 이탈하고 있고, 세계 각국에서 인구 구조는 역전되고 있으며, 셰일 때문에 미국과 나머지 세계를 가장 끈끈하게 연결해주는 고리가 헐거워지고 있는데, 이 모든 현상이 동시에 일어나고 있다. 이 가운데 어느 한 가지만으로도 세계 체제는 중심부까지 뒤흔들리기 십상이다. 이런 일들이 동시에 일어나면 세상은 천지개벽하게 된다.

다음 장에서는 이 모든 현상들은 종합적으로 다뤄보겠다. 우리가 아는 세계의 종말이라는 표현도 부족하다. 현재의 세상을 대체할 새로운 세상은 그야말로 혼돈 그 자체다.

08

다가오는
세계 무질서

The Coming
International Disorder

기술, 개발, 오늘날의 세계

현재의 세계 체제는 역사적인 기준에 비추어보면 그야말로 괴상하다. 역사상 최초로 어떤 나라든지 자국의 공급 사슬의 어느 부분도 방어할 필요 없이 세계 곳곳의 시장에 접근할 수 있다—대부분의 경우 심지어 국경 조차도 지킬 필요가 없다. 과거에는 주요 제국들에게만 허용되었던 전략이 지금은 우루과이, 한국, 온두라스, 튀니지, 캄보디아 같은 다양한—그리고 전통적으로 국력이 약한—국가들의 핵심 전략이다. 브레튼우즈 규정과 그 핵심인 미국의 자유무역 확산 전략은 인위적이고 전략적 계산에 의해 추진되어왔을지 모르지만, 역사상 가장 평화롭고 풍요로운 시대를 낳았다. 모두가 비교적 안전한 여건에서 경제적 사회적 개발이라는 게임에 참여했다.

과거는 이 체제와 얼마나 달랐는지를 우리는 쉽게 잊는다.

수세기 동안 기술이 발달하면서 예전에는 거의 존재하지 않았던 가능성이 조성되었다. 사람들은 충분한 자본만 갖추면 기술을 이용해 지리적 여건을 부분적으로나마 극복하고 생산적으로 만들 수 있다. 극복하기 힘든 지리적 여건일수록—밀림, 산악 지대, 늪 지대, 침엽수림 지대, 사막 등 그 어디든—그 지형을 쓸모 있게 만드는 데 많은 비용이 들어가고, 계속 그 상태를 유지하는 데도 더 많은 비용이 든다.

경제적 사회적 개발은 기술과 자본을 사용할 방법을 알아내는 일이고, 무엇이 가능한지 뿐만 아니라 무엇이 타당성이 있는지를 파악하는 일이다. 경제학자들은 이를 기회비용이라고 일컫는다. 예컨대, 오지에 있는 오두막에 도달하기 위해 산꼭대기까지 도로를 낼 수 있는데, 봄에 얼음이 녹아 홍수가 나도 견딜 만큼 튼튼하게 만들고, 통행이 가능하도록 겨울에는 제설을 하고, 여름에도 산사태 파편들을 치우고 보수할 수 있다. 그러

206

나 이런 도로를 건설하고 유지하는 데 드는 만큼의 물자로 저지대에 도로를 건설하면 50배는 더 길고 수만 명이 이용할 도로를 건설할 수 있다. 두 사례 다 가능하지만, 어느 쪽이 효율적이고 생산적으로 물자를 이용하는 방법이고 따라서 훨씬 더 타당성이 있는지는 뻔하다.

타당성은 결국 비용으로 귀결된다. 돈이 넉넉하지 않으면 선택의 여지가 별로 없다. 융자를 받을 수 있는 경우에는, 융자 비용이 얼마나 드는지가 문제다. 융자 비용이 낮을수록 선택지가 더 많아진다. 이 이상 복잡할 것도 없다. 2012년 미국에서 평균 주택가격은 25만 달러였다. 주택담보대출 이자가 4퍼센트라면 다달이 1,200달러를 갚아야 한다. 이자율이 8퍼센트로 상승하면 월 상환액은 1,800달러가 된다. 대출이자가 낮을수록 집을 장만하는 게—또는 평수를 넓혀 이사 가는 게—훨씬 타당한 선택이다. 이 개념은 경제 전체에도 똑같이 적용된다. 자본을 확보하기가 쉽고 가격이 적정하다면 경제활동이 활발하게 이루어진다. 소비가 늘어나고 기간 시설이 더 많이 건설되고 개발도 활발해진다.

어떤 나라든 자국의 개발에 투입할 수 있는 일정량의 국내 자본이 있지만, 나라 밖에서 추가로 자본을 들여오면 개발에 박차를 가할 수 있게 된다. 원양 항해가 등장하기 전의 세계에서는 개별적인 강 유역에서 이루어지는 무역과 화물운송에서 자본이 창출되었다. 돈이 빠듯했다. 융자를 받을 수 있다고 해도 가격이 비쌌다. 세상은 서서히 변했다. 개발한계선(development line)—통합된 경제적, 정치적 체제의 힘이 미치지 못하는 변경지역, 또는 15세기 유럽 같이 만인이 만인에 대해 투쟁하는 홉스적 세계라면 최전선(front line)—이 코앞에 있었다. 외국의 투자는 보통 외국의 군대와 결부되어 있기 때문에 절대로 외국자본을 일부러 찾아나서는 나라는 없었다. 인간사회의 발달은 강 유역을 중심으로 이루어졌는데, 작은 섬들과 같은 강 인근의 소규모 지역들이 짧은 도로로 하천 운송 체계에 연결되었다. 최저 개발비로 최고의 생산성을 보이는 지역—경제적으로, 전략적으로 개발이 수긍이 가는 토지—만 개발되었다. 이러한 논리에 따라 성장한 도시들이 파리, 오사카, 스톡홀름, 런던, 제노바, 이스탄불, 코펜하겐, 그리고 암스테르담이다.

원양 항해 기술로 유럽 국가들이 자국 내의 안전한 강 운항 체계를 벗어나 제국을 구축하면서 세계는 변했다. 유럽 내 국경마다 분쟁이 끊이지 않았고, 유럽 바깥의 광활한 영토를 두고 제국들은 각축전을 벌였다. 제국의 중심부와 제국이 새로 획득한 영토 간에 교역을 통해 서로 부를 쌓았고 돈이 오갔다. 여유 자금을 이용해 추가로 획득한 영토를 개발하면서 제국과 식민지에서 공히 개발한계선은 뒤로 물러났다. 이전 시대에는 개발 후보지에 이름도 올리지 못했을 영토들이 개발 대상에 추가되었다. 강을 따라 즐비한 늪 지대에서 물을 빼냈고, 척박한 땅에서는 돌을 골라내고 농지로 만들었으며, 예전 같았으면 귀한 자본으로 개발을 정당화하기에는 외부에 너무 노출되어 있다고 여겼을 지역을 방어하기 위해 장벽을 건설했다. 이 모델을 토대로 등장한 도시가 부에노스아이레스, 시드니, 뉴욕, 케이프타운, 바르셀로나, 함부르크, 리버풀, 아바나, 광저우다.

산업화 기술로 또 다른 변화가 일어났다. 작물이 풍성하게 자라고 새로 건물이 들어섰다. 전에는 불가능했던 방식으로 말이다. 개발한계선이 물러났다고 하기보다는(물론 맞는 말이기는 하다) 새로 다시 그어졌다는 게 더 정확하다. 고립된 마을들이 보잘것없는 도로 하나를 통해 강 유역과 연결되는 대신 철도가 이 두 지역 사이를 연결함으로써 개발을 촉진했다. 섬처럼 서로 고립되어 있던 토지들이—토지와 토지 사이에 놓인 많은 지역을 포함해서—합쳐져 훨씬 통합된 형태를 띠게 되었다.

세계적 차원에서 보면 산업화 덕분에 도시로 성장할 잠재력이 있는 지역들은 필요한 물자라면—철강, 목재, 심지어 사람과 운송에 필요한 기간 시설까지—뭐든 수입해 빈손으로 대도시를 구축했다. 무엇이 가능한지를 규정한 기존의 법칙은 통하지 않았다. 자본을 충분히 투자할 의지만 있으면 됐다. 이와 같이 급조된 도시들은 전략적인 입지를 구축하고 지금까지 접근 불가능했던 물자들을 소비하거나 보잘것없고 낙후된 오지를 화려하게 변신시켰다. 산업화가 세를 확장하면서 상품의 생산과 소비는 서비스(자동차, 스니커, TV에서 영화, 익일택배, 인터넷에 이르기까지)의 생산과 소비로 이어졌고, 도시 인구는 단순한 노동력이 아니라 그 자체로 소득과 자본을 창출할 능력을 갖춘 안정적인 수입원이 되었다. 가능성은 무한했지만 여전히 타당성이 개발의 발목을 잡았다. 너무 문제가 많아서 투자를 정당화하기 불가능한 개발 프로젝트도 있었고—예컨대, 제정 러시아는 산업화를 이루지 못했다—어떤 지역들은 말 그대로 정말 겁나게 머나먼 오지였다. 제 2차 세계대전 종전 때까지만 해도 세계는 이렇게 돌아갔다. 이런 식으로 탄생하거나 재창조된 도시들이 모스크바, 상파울로, 캘거리, 마닐라, 싱가포르, 덴버다.

그 시점에 미국이 브레튼우즈 체제를 통해 세계 경제 구조를 만지작거리면서 또 다른 변화가 일어났고, 이로 인해 개발한계선은 훨씬 밖으로 밀려났다. 선진국들이 모조리 동맹관계가 되면서 국방비 지출이 급감했고, 개발에 더 많은 물자를 투자할 여유가 생겼다. 선진국들은 이제 마음껏 미국 시장에 물건을 내다 팔게 되었고, 더 많은 자본이 흘러 들어오면서 개발에 쓸 물자들이 더 많아졌다. 강은 더 이상 경제성장의 견인차 역할을 할 필요가 없어졌다. 처음부터 새롭게 운송 체제를 구축하기에 충분한 자본이 마련되었기 때문이다. 이와 같이 엄청나게 많은 자본이 축적되면서 선진국들의 영토는 거의 모두 개발되었다. 그리고 필연적으로 선진국 자본 가운데 일부는 더 넓은 세상으로 흘러 나가 과거에 제국의 식민지였던 신생 독립국들에까지 도달했다. 냉전이 종식되면서 이 과정은 더욱 촉진되었다. 역사에 가속도가 붙은 느낌이었다. 산티아고, 포트하코트, 다카, 멕시코시티, 베이징, 서울이 세계적인 성장 중심지로 변신했다.

단 몇 년 만에 역사에 다시 가속도가 붙는 듯했다. 베이비붐 세대가 장년층에 접어들면서 안 그래도 자본이 풍부한 세계에 돈이 해일(海溢)처럼 밀려왔다. 나이 들어가는 베이비붐 세대가 창출한 자본이 얼마나 남아돌아 갔던지 산업화 시대에 그려진 개발한계선이 또다시 더 밀려났다. 아주 멀리까지. 경제학에서 가장 기본적인 법칙—수요와 공급—에 따라, 막대한 양의 자본은 고수익을 창출할 투자처를 찾지 못해 애를 먹었고, 투자할 기회가 있는 곳이라면 어디든 마다않고 몰려들었다. 미국에서는 이러한 자본이 부동산으로 빨려 들어갔고, 이는 서브프라임 사태로 이어졌다. 유럽에서는 유로가 도입되면서 남유럽 국가들이 쉽게 차관을 도입하도록 해주는 정책이 실행되었다. 대규모 자금을 운용해 본 경험이 없는 이러한 나라들로 인해 유럽 금융 위기가 닥쳤다. 브라질, 러시아, 인도, 중국으로 자본이 쏟아져 들어가면서 브릭스(BRICs)가 부상했지만 곧 "부서진 벽돌(BRIC bust)"이라는 냉소적인 표현으로 불리게 되었다. 세계 도처에서, 내로라하는 제국의 변방으로만 알려진 지역들이 인기 있는 투자지역으로 부상했다. 리마, 두바이, 루안다, 위한, 반다르아바스, 하노이, 뭄바이가 바로 그러한 도시들이다.

베이비붐 세대가 대거 노후 준비에 나서면서 세계는 비옥한 투자처를 찾는 자본이 홍수를 이루었다. 예전 같으면, 세계 자유무역 체제 하에서 조차도, 절대로 자본을 유치하지 못했을 지역들에도 자본이 물밀듯이 밀어닥쳤다. 세계적인 차원에서 경제개발이 가속 페달을 밟기 시작했다. 브레튼우즈 체제 시대가 상궤를 벗어났다고 한다면, 베이비붐 세대가 창출한 경제 활황은 탈선한 채 폭주하는 열차였다. 상궤를 벗어난 상태에 탈선한 폭주기관차가 등장하자 경제적, 정치적으로 아주 적은 비용만으로

도 수많은 이들이 부와 안보를 누리게 되었다. 궤도이탈과 폭주기관차가
만나면서 오늘날의 세상이 그 모습을 갖추게 되었다.

괴상한 모습이었다.

- 미국의 감시 하에 브레튼우즈 동맹국들이 사이좋게 지내게 되면서 정상
  적인 지정학적 요인들이 작동을 멈췄다. 브레튼우즈 체제 이전 시대에
  경제 강국들 간에 심심치 않게 일어났던 군사적 갈등은 이들이 브레튼
  우즈 체제에 합류한 이후로 씨가 말랐다. 1946년 이후로 브레튼우즈 참
  여국 가운데 서로 직접 부딪혔던 나라는 인도와 파키스탄뿐인데, 이 두
  나라는 자유무역 체제에 아주 늦게 합류했을 뿐만 아니라 자유무역을
  온전히 받아들이지도 않았다. 실제로 브레튼우즈 체제에 참여한 나라들
  가운데, 미국의 주도 하에 실행하는 군사 행동인 경우 말고는, 그 어떤
  종류의 군사 행동에 관여한 나라는 매우 드물다. 이와 같이 군사 활동이
  중단되면서, 예전 같았으면 강대국의 군홧발에 짓밟혔을 수많은 나라들
  이 존립했고 번창하기까지 했다. 슬로바키아, 마케도니아, 한국, 방글라
  데시, 파푸아뉴기니, 라트비아, 사하라 사막 이남의 아프리카 여러 나라
  들에 이르기까지, 지정학적으로 불리한 여건에 놓여 있고 탐욕적인 이
  웃나라들에 둘러싸여 있는 수많은 나라들이 생존할 기회를 얻었다.

- 세계 무대에서의 경쟁에서 군사적인 수단을 쓰지 못하게 되면서 모두
  경제 개발로 눈을 돌렸다. 독일, 프랑스, 영국은 전쟁을 모면하게 되었
  을 뿐만 아니라 초국가적인 경제 동맹을 결성해 곧 이를 유럽연합으로
  발전시켰다. 값싼 자본과 거대한 시장 덕분에 유럽연합은 경제적으로
  앞선 북유럽 국가들을 넘어 남부와 중부 유럽의 비교적 취약한 나라들
  로 세력을 확장했고, 그보다도 먼 지역과도 경제교류를 하게 되었다. 이

런 상황이 아니라면 자본에 굶주렸을 법한 나라와 기업들도 갑자기 자본에 접근할 수 있게 되었다. 그들의 입지, 과거의 이력, 사업계획(없어도 그만이었다) 등은 묻지도 따지지도 않았다. 스페인에서는 아무런 신용등급 관련 기록도 없는 1세대 이민자들이 담보 대출을 담보 가격의 100퍼센트까지 받았다. 그리스 정부는 유로를 담보로 복지국가를 만드는 데 돈을 흥청망청 썼다. 러시아에서는, 국가 채무불이행과 닥치는 대로 아무에게나 사기를 친 역사가 있었는데도 불구하고, 국영기업들이 낮은 이자율에 대출을 받았다. 그보다 앞선 몇 해 전만 해도 믿을 만한 채무자인 월마트 같은 기업조차 누리지 못할 낮은 이자율이었다.

- 대규모 금융지원에 대규모 교역이 더해져서 수출상품을 제조하려고 혈안이 된 나라들이 넘어야 할 진입장벽이 낮아졌다. 값싼 자본에 힘입어 세계적으로 수요가 증가하자 약간의 조직화라도 해낼 만한 능력이 되는 나라라면 어떤 나라라도 식탐이 잔뜩 오른 세계 시장에 대량으로 물건을 팔아치우게 되었다. 시장 접근권을 확보하기 위해서 정치적 거래를 할 필요도 없이 말이다. 대규모 수요는 대규모 공급을 가능케 했고, 대규모 소비로 많은 나라들이 가난에서 벗어났다. 한국과 대만은 부가가치가 높은 산업으로 진출하면서 겨우 50년 만에 세계 최빈국에서 세계에서 가장 부유한 국가 대열에 합류했다. 불가리아와 루마니아는 소련의 뒷마당에서 벗어나 유럽연합이라는 부자들 모임에 합류했다. 1인당 GDP가 미시시피 주 1인당 GDP의 3분의 1에 불과한 나라가 말이다.

- 이 많은 나라들이 산업화와 근대화를 달성하려면 전례 없이 엄청난 양의 원자재가 필요했다. 석유에서 양철에 이르기까지 모든 원자재의 수요가 폭증했고 지난 20년에 걸쳐 원자재 가격이 최소한 거의 세 배까지

폭등했다. 베이비붐 세대 덕분에 자본이 풍부했으므로 원자재를 구매할 비용을 마련하기는 어렵지 않았다. 어마어마한 액수의 현금이 원자재 판매자들 주머니로 쏟아져 들어갔다. 소득의 일부는 자국 내에서 소비되면서, 전통적으로 내분이 심한 콜롬비아나 오만 같은 나라들이 정치적 안정을 누리게 되었다. 칠레 정부는 오로지 구리 수출만으로도 교육과 기간 시설에 투자하기에 충분한 수익을 올렸다. 수익의 일부는 공격적인 외교정책을 실행하는 데 쓰였다. 베네수엘라 정부는 에너지 강국의 지위를 이용해 쿠바에서 볼리비아, 아르헨티나에 이르기까지 자국과 이념을 같이하는 동맹국들을 폭넓게 재정적으로 지원했다. 사우디아라비아는 하루에 1조 달러에 이르는 석유판매 수익 일부를 레바논, 시리아, 이라크, 파키스탄, 아프가니스탄, 심지어 러시아 남부지역들을 자신의 모습대로 개조하는 데 썼다. 사우디아라비아는 이 수익의 상당 부분을 세계 경제 체제에 재투자했고, 이로 인해 이미 베이비붐 세대가 창출한 자본으로 차고 넘치는 금융시장의 자본 수위가 한층 더 높아지면서 경제 체제는 모든 차원에서 경기가 과열되기 시작했다. 페르시아 만의 아랍 산유국 왕실이 보유한 엄청난 자본을 고려하지 않고 아주 인색하게 계산해도 이런 나라들의 정부가 보유한 자본이 3조 달러가 넘었다.

• 베이비붐 세대가 나이가 들면서 모든 것이 배가(倍加)되었다. 브레튼우즈 체제 하에서 국가들은 세계 무대에서 군사적 활동을 자제하고 경제 부문에 집중했고, 베이비붐 세대가 창출한 여유 자본은 온 사방에 흘러들어가 거품을 만들어내면서 가능성의 범위와 도달 가능한 지리적 범위를 엄청나게 확장했다. 카자흐스탄을 가로지르는 송유관이 깔리고, 쓰촨성이 개발되고, 동아프리카에 항구가 건설되고, 볼리비아에서는 경제 국유화가 진행되고 아일랜드와 아이슬란드에 금융제국이 들어섰다.[1] 선

진국 진영에 자본 홍수가 나면서 세계 전역의 경기가 부양(浮揚)되었다. 물론 이미 자유무역 체제에 합류해 개방되어 있던 지역들은 갈수록 값 싸지는 자본이 갈수록 불어나 자본의 수위는 갈수록 높아졌다.

- 이러한 불균형 상태가 누적되면, 지정학적으로 불안정한 구조가 만들어 진다. 중국은 세계 시장을—수입 상대로, 수출 상대로, 자본유치 상대 로—활용할 수 있는 자국의 역량에 힘입어 막강한 산업국가로 컸다. 중 국은 이제 자국의 소비만으로도 세계 시장을 들썩이게 한다.[2] 이 "들썩 임"으로 중국만 아니었으면 그 정도까지 오르지는 않았을 수준으로 원 자재 가격이 폭등했다. 오만, 베트남, 베네수엘라, 짐바브웨, 노르웨이, 우즈베키스탄, 가봉, 앙골라, 아르헨티나를 망라하는 다양한 나라들이 원자재 수출로 재미를 톡톡히 봤다. 중국은 수출로 벌어들인 돈으로 자 본을 산더미처럼 쌓으면서 개발한계선의 외연을 더욱더 넓혀, 경제성이 미심쩍은 프로젝트를 넘어 경제성이 비웃음을 살 만한 수준인 프로젝트 에까지 돈을 쏟아부었다. 타당성은 묻지도 따지지도 않았다. 제 2차 세 계대전 전이었다면, 멍청한 짓이라고 여겼을 프로젝트, 또는 2000년대 초만 하더라도 너무 위험하다고 여겼을 만한 프로젝트를 중국은 덥석 껴안았다. 전쟁으로 초토화된 에티오피아에서 광산을 채굴하고, 인종 학살을 자행하는 수단에서 석유를 생산하고 잠비아에서 구리를 캐냈다. 브라질 내륙지역에서는 대두를 생산했다. 이런 프로젝트는 대부분—아 무리 좋게 평가해도—경제성이 전혀 없었지만, 자본이 너무나도 쌌고 수요는 너무나도 높았기 때문에 앞뒤 안 가리고 달려들었다.

지난 70년은 끝내줬다. 그러나 우리가 목격하고 누렸던 추세들은 일시 적일 현상일 뿐이다. 그리고 그 현상은 이제 거의 끝나가고 있다.

정상에서의 조망(眺望)

그러나 끝날 때까지는 끝난 게 아니다.

대부분의 사람들은 2007년 10월 16일을 그저 평범한 또 하루의 화요일로 기억하리라. 자녀들을 학교에 데려다 주고, 장을 보고, 출장을 가는 등 일상적이었던 날로 말이다. 나는 어떤 날로 기억하냐고? 그날보다 2주 앞서 새로 장만한 아이폰에 입이 떡 벌어져 있었을 가능성이 높다. 그런데 뉴저지 주에 사는 한 여성은 놀라운 일을 했다. 캐슬린 케이시-커실링이라는 이 여성은 태어나서 처음으로 연금수령 신청을 했다. 놀라운 건 그녀가 한 이러한 행동이 아니라 그녀의 신상이다. 1946년 뉴욕 타임스스퀘어에서 새해를 알리는 카운트다운이 끝나고 몇 초 후에 태어난 케이시-커실링 씨는 미국 베이비붐 세대 가운데 가장 고령인 부류에 속한다. 지금 이 세상이 유지되고 있는 가장 큰 이유는 그녀가 속한 세대가 나이가 들었기 때문이다. 그리고 그녀를 비롯해 그녀가 속한 연령층이 은퇴하면서 세상은 와해될 게 불 보듯 뻔하다.

현 체제는 역사상 매우 이례적인 시절이었지만, 앞으로도 역사적인 정상 상태로 되돌아가기는커녕 상궤에서 더욱더 벗어나게 된다. 순전히 인구 구조적인 이유에서 말이다. 근로자가 나이가 들면서 경험을 쌓아 생산성이 높아지면 더 높은 소득을 올리지만, 은퇴할 때가 가까워지면 소비를 줄이는 경향이 있다. 55세 근로자는 소득의 많은 부분을 저축하지만, 61세인 근로자는 그보다 훨씬 높은 소득 가운데 훨씬 높은 비율을 저축한다. 은퇴가 가까워왔기 때문이다. 저축률이 계속 높아지는 이러한 추세는 장년층 근로자가 마지막 봉급을 손에 쥘 때까지 계속된다.

그러다가 이들이 창출하는 자본의 유입이 갑자기 끊긴다. 말 그대로 하룻밤 사이에 장년층 근로자가 경제 체제에 하던 재정적인 기여는 최대한

에서 전무(全無)로 바뀐다. 전무에서 상황은 더 악화된다. 이 근로자가 은퇴한 바로 다음 날부터―민간이든 공공이든―연금을 붓는 게 아니라 수령하기 시작하기 때문이다. 몇 주 동안 개고생 한 끝에 산 정상에 올라가서는 절벽에서 뛰어내리는 셈이다.

타이밍만큼 중요한 게 없다. 베이비붐 세대가 은퇴하기 시작하는 초창기에는 자본이 부족한 징후가 나타나지 않는다. 오히려 정반대다. 자본이 흔해 빠진다. 세계가 뒤집어지는 때는, 전 세계 2억 명에 달하는 베이비붐 세대 대다수가 자본 절벽에서 뛰어내려 아르헨티나의 보카, 또는 스페인의 바르셀로나에 장만해둔 콘도에 짐을 푸는 순간이다. 레밍처럼 앞선 이를 따라 줄줄이 절벽에서 뛰어내리는 현상은 이미 시작되었지만, 대거 한꺼번에 절벽에서 뛰어내리는 현상은 2020년에 가서야 나타난다.

믿기지 않을 정도로 자본이 풍요로운 체제에서 정신이 혼미해질 정도로 자본이 흘러넘치는 체제로 전환되면 미래가 실제보다 훨씬 더 밝아 보인다. 납, 백금에서 밀, 쌀, 자동차, 태블릿에 이르기까지 모든 것의 수요가 실제로 증가하고, 대개의 경우 급격히 증가한다. 단지 이러한 원자재나 상품을 구매하는 데뿐만 아니라 제조업에서 광산업에 이르기까지 모든 산업에서 생산을 늘리는 데도 충분히 자본이 공급된다. 지난 70년 동안 용인되었던 황당한 규정들(목적이 무엇이든 묻지도 따지지도 않고 투자한다)뿐만 아니라 지난 70년 동안 적용된 일반적인 규범(세계시장 개방으로 거의 모든 개발 프로젝트가 정당화되었다)도 여전히 계속 유효하다.

이는 산 정상에서 경치를 만끽하는 데 비유된다. 그리고 신난다. 얼마나 살 맛 나는 시절인가. 정상에서 내려다보는 경치는 타의 추종을 불허하고 공기는 더할 나위 없이 상쾌하다. 값싼 돈이 주머니에 두둑하니 인류는 지난 역사를 능가하는 놀라운 일들을 성취해내게 된다. 빠른 속도로 변하는 기술은 거대한 시장, 세계화된 체제, 전례 없이 두터운 자본시장에 힘입어 한층 더 빠르게 변하고 있다.

그러나 인류역사상 가장 높은 정상에 도달하고 보니 이제는 내려갈 일만 남았다.

하산(下山)

세계 전역에 넘실대는 금융 파도는 2020년부터 2024년 사이 어느 시점에는 포말(泡沫)로 부서진다. 지금부터 2019년 사이에 폴란드와 러시아가 일본의 뒤를 따라 인구 빈곤국 대열에 합류한다. 2020년부터 2024년 사이에 경제 규모로 세계 25위권 안에 드는 나라들 가운데 13개 나라가 재정적으로 궁핍해진다.[3] 여기에는 캐나다, 독일, 네덜란드, 한국, 스위스, 영국, 그리고 물론 미국도 포함된다. 선진국 진영에 속하는 나라들의 90퍼센트 이상이 이런 불운을 겪게 되면 가용 자본과 신용대출 역량은 급락하게 된다.

다가오는 인구 빈곤에 자유무역 시대의 종말이 겹치면 미래는 한치 앞이 안보일 정도로 암울해진다.

인구가 고령화되면 1970년대 이후로 겪어본 적이 없는 정도의 수준으로 신용대출 여력이 급격히 위축된다. 가장 낙관적인 시나리오가 그렇다는 얘기다. 이자율과 융자율이 선진국에서는 두 자릿수로 상승하고 개발도상국에서는 이보다 더 높아진다. 소비활동도 급락한다. 20대와 30대 인구가 훨씬 적기도 하거니와 신용대출 비용도 급격히 상승하기 때문이다. 그러나 경제는 위축되지만 정부의 역할은 확대된다. 50대 인구가 급감해 정부의 세수는 급격히 줄어드는데 60대 인구는 폭증하면서 정부가 지출하는 의료비와 연금이 급증하게 된다. 동시에 자본 공급량은 줄고 정부가 빌려야 하는 돈은 늘어나면서 금리는 한층 높아진다.

기술변화는 갑자기 멈추게 된다. 베이비붐 세대가 은퇴하면 연구개발이 주춤해지고 무엇보다도 투자할 자본이 줄어든다. 시장의 수와 규모가 줄면 기술을 개발하려는 상업적인 동기가 시들해진다. 정부가 은퇴자들을 위해 지출해야 하는 비용은 늘어나는데다가 청년층 인구는 줄어들면 정부가 3차 교육에 지출할 돈이 줄어든다. 대학에서부터 기업의 연구실에 이르기까지 모든 연구개발이 둔화된다.

전 세계의 정부들이 점점 더 어려운 결단을 해야 한다. 고령자들에게 약속한 수준의 소득과 의료비 지원을 해주되 점점 그 규모가 줄어드는 근로자 계층의 소득에 점점 더 많은 세금을 부과해서 경제가 무기력해지게 만드는 게 한 가지 방법이다. 다른 하나는 점점 위축되고 둔화되는 경제를 유지하기 위해서 은퇴자들의 정치적 지지를 포기하는 방법인데, 세계 대부분의 민주주의 국가들에서 고령층 유권자 비율이 늘어나는 현실을 고려할 때 실현될 가능성이 높지 않다. 어느 길을 택하든, 대부분의 사회에서 대부분의 국민들이 생활수준의 하락을 겪게 된다.

세계 경제는 앞으로 발작을 일으키고 위축된다. 선진국 진영에서 남아돌던 자본이 사라지고 소비를 활발히 하는 인구마저 줄어들면 전 세계적으로 민간이든 국가든 모든 경제 주체는 모질게 마음을 먹고 결단을 내려야 한다.

원자재와 완제품 모두 소비가 폭락한다. 수출로 먹고사는 나라들은 엄청난 고통을 겪게 된다. 선진국 진영에서 완제품 수요가 줄면 선진국과 개발도상국 진영 공히 기업과 근로자들이 대거 궁핍해진다. 그러나 세계적으로 제조업을 가능케 해주는 기간 시설과 산업에 투입되는 원자재 수요가 줄어든다고 해도 가격이 하락하지는 않는다. 단지 판매량이 줄어들 뿐이다. 자유무역 질서를 뒷받침하는 규정이나 미군의 적극적인 보호와 관리 없이는 원자재 운송이 더 이상 위험으로부터 자유롭지 않게 된다. 인상된 자본 비용과 보험 비용 때문에 저비용 생산자들만이 시장에서 비교적 안전한 입지를 유지하게 된다. 그것도 그런 생산자들이나 그들의 고객들이 운송로의 안전을 보장할 수 있을 때의 얘기다. 이 법칙이 적용되지 않는 예외는 북미지역의 셰일에서 비롯되는 에너지 공급이다. 정치적으로 안정된 북미지역 내에서 수요가 창출되고 공급이 이루어지는 환상의 궁합이 현실화되면 북미의 유가는 세계 유가 동향에서 이탈하게 된다. 셰일 혁명 초기에 천연가스 가격이 그리 되었듯이 말이다.

어디서든 미국의 힘은 부재(不在)함으로써 더 막강해진다. 미국 시장으로의 수출에 의존하는 중국 같은 나라들은 직접적이고 항구적인 고통을 겪게 된다. 어떤 나라들—이를테면 중부 유럽—은 미국이 군사적 지원을 철회함으로써 고통을 겪게 된다. 서로 중첩되는 다양한 방식으로 의존하게 되는 나라들도 생겨나게 된다.

미국이 세계 에너지 시장에서 하는 역할을 하나의 예로 들어보자. 이상하게도 미국이 석유수급을 위해 중동에 크게 의존하고 있다는 인식이 팽배해 있다. 실제로는 미국이 페르시아 만에서 수입하는 석유는 지금까지 전체 수입량의 4분의 1이 넘는 경우가 거의 없었다. 2012년 이 수치는 겨우 20퍼센트였는데, 그 가운데 절반은 사우디아라비아가 미국의 동맹국임을 재확인하고 입증하기 위해 멕시코 만에 사전에 비치해두었던 물량이다. 페르시아 만에 미국이 관여한 이유는 미국이 쓸 에너지 공급량을 확보하기 위해서가 아니라 브레튼우즈 체제의 동반자들인 아시아와 유럽 국가들에게 필요한 에너지를 공급해주기 위해서였다. 단도직입적으로 말하면, 미국이 페르시아 만 왕국들과 토후들을 보호한 이유는 자국이 쓸 중동산 석유를 확보하기 위해서가 아니라 일본, 한국, 중국, 대만, 태국, 인도, 파키스탄 등 브레튼우즈 체제 동반자들이 중동산 석유를 쓰도록 하기 위해서였다.

브레튼우즈 체제가 미국이 구상한 세계 전략의 요체인 세상에서 이는 상당히 비용효과적인 전략이었다. 그러나 미국이 브레튼우즈 체제를 재고하는 세상에서 이 전략은 폐기처분될 운명에 처하게 된다. 미국이 안전을 보장하는 역할을 더 이상 하지 않기로 결심하면 유럽, 동아시아, 남아시아에 경제 위기와 에너지 위기가 촉발되고 페르시아 만 국가들에는 금융 위기와 안보 위기가 닥치게 된다.

여러 나라에서 경제성장은 일장춘몽이 되어버리고 만다. 일자리와 소득이 줄고, 비용은 상승하고 서비스는 줄어들고 세금이 인상되면 선진국이고 개발도상국이고 할 것 없이 정부의 정치적 정통성이 위축된다. 최근에 그리스나 시리아 같은 나라에서 발생한 인구의 대대적인 이주와 정치적 붕괴는 혼돈이 닥쳐올 징후다.

그런데 이게 그나마 낙관적인 시나리오다. 모두가 사이좋게 잘 지낸다는 전제 하에 예상되는 시나리오라는 말이다. 그러나 모두들 그렇게 오순도순 잘 어울려 지낼 가능성은 희박하다.

70년 동안 세계는 시장에 대한 접근이나 원자재 공급원에 대해 아무 걱정 없이 살았다. 이제는 그 걱정을 하고 살아야 한다. 식량, 에너지, 산업화한 세계를 유지해주는 기본적인 각종 원자재들을 공급하는 지역에서 멀리 떨어진 곳에 위치한 나라들은 지역 열강의 자비에 목숨을 맡기든지 아니면 있는 힘을 다해 원자재 공급자에게 무력을 행사해야 한다. 절박한 처지에 놓인 많은 나라들은 미국이 흥미를 잃은 세계에서는 미국이 안보를 보장하리라는 기대는 접어야 한다는 사실을 깨닫게 된다. 거의 한 세기 동안 나라들은 서로 경쟁을 자제해왔지만 이제는 경쟁의 시대가 되돌아온다. 호시탐탐 기회를 노리다가 전쟁을 일으키는 사례도 빈번해지게 된다. 물자, 자본, 시장을 차지하기 위해 나라들이 각축전을 벌이면서, 평화가 정착했다고 생각해온 지역들의 정세가 불안해지게 된다. 공급 물자를 확보하지 못하는 나라들은(어떻게 확보하든 상관없다), 이 세상에서 사라지게 될 가능성도 완전히 배제할 수 없다.

이런 얘기가 가혹하게 들릴지 모른다. 하지만 현실은 가혹하다. 세계화된 무역, 값싼 융자, 공짜 안보로 세계 여러 나라들이 얼마나 경제적으로 서로 의존하게 되었는지를 생각해보라. 30개 남짓한 유럽 국가들은 모두 산업화되었지만, 석유나 천연가스를 자급자족하는 나라는 오직 노르웨이 한 나라뿐이다. 독일, 프랑스, 스페인, 터키, 체코공화국은 석유를 거의 전량 수입한다. 칠레, 남아프리카, 대만, 모로코, 일본, 한국도 마찬가지다. 유럽은 기아에 허덕이지는 않겠지만 누구나 적정 가격에 사용 가능한 전기―그리고 자동차―라는 개념이 사라지는 나라가 한두 군데 이상이 될지도 모른다.

한편 중동 지역의 국가는 대부분 에너지는 자체적으로 생산하지만 거의 모든 나라가 기아의 위기에 놓이게 된다. 20개 남짓한 중동국가들 가운데 이스라엘을 제외하면 산업화된 나라는 하나도 없다. 그리고 식량 자급자족 근처에라도 가는 나라가 단 하나도 없다. 키부츠 농장이 있는 이스라엘조차도 식량을 자급자족하지 못한다. 동아시아의 국가는 하나같이 쌀 자급자족을 달성하려고 무진 애를 써왔지만―말레이시아만 빼고 모두 대체로 성공했다―쌀 외에 다른 식량의 수요를 감당할 수 있는 나라는 드물다. 이와 비슷한 연장선상에서 베네수엘라, 콜롬비아, 싱가포르, 요르단, 사우디아라비아, 쿠바, 이라크, 일본, 한국은 곡물 수요량의 3분의 2를 수입한다. 여기 열거한 나라들 모두가 앞으로 몇 년 후에 큰 타격을 입게 되는데, 동아시아―세계의 제조업 역량이 가장 집중되어 있는 지역이지만 농업 역량은 기껏해야 평균 수준이고 원자재와 에너지 자급능력은 극히 제한되어 있는 지역―는 전 방위적으로 어려움을 겪게 된다.

인류 역사를 통해 변함없이 이어져온 사실이 몇 가지 있는데, 물자—광물, 농산물, 노동력, 자본, 시장 등 무엇이든—의 공급이 부족해지면 기업가 정신이 뛰어나고 역량이 있고 창의적인 나라들은 필요한 물자를 확보하기 위해 수단과 방법을 가리지 않는다는 사실도 그중 하나다. 지역의 맹주가 되어 물자와 시장을 확보하기 위해 전쟁을 일으킨 나라는 독일과 일본뿐만이 아니다. 현대 아프리카에서는—제2차 세계대전이 끝난 후 자유무역 시대에조차도 그랬다— 석유, 다이아몬드, 광산, 농경지를 둘러싸고 끊임없이 무력 갈등이 일어난다. 대영제국이 통치했던 방대한 영토 전역에 걸쳐 영국이 자국에 필요한 뭔가를 확보하기 위해서 무력을 행사하지 않은 지역은 찾기 힘들다. 1950년대에 이르기까지의 이집트 역사는 이집트보다 역량이 뛰어난 나라들의 정부가 나일 강의 농업적 역량을 활용해온 역사다.

설상가상으로 지난 70년 동안 세계 인구 구조는 급격히 변모했다. 이러한 변화를 야기한 최대 주범은 녹색혁명이다(환경운동과 혼동하지 마시도록). 에너지, 식물학, 비료, 철강, 콘크리트, 관개 기술을 개발도상국 지역에 대대적으로 응용한 정책을 말한다. 4장에서 소개한 토질 지도를 떠올리면 된다. 녹색혁명은 수지타산이 맞지 않는 척박한 땅인 한계 토지 즉, "개간 적합도가 중간 수준 정도인 토지"를 비옥하게 변모시켰다.

앞서 열거한 기술들을 복합적으로 이용하자—그리고 대대적으로 자본도 투입하자— 방대한 지역들의 농업생산성이 향상되었다. 브레튼우즈 체제 덕분에 산업혁명 기술을 농업에 적용하는 정책이 개발도상 지역에 확산되었고 그 결과 세계 인구는 20세기 동안 네 배로 증가했다. 베이비붐 세대가 창출한 엄청난 자본 덕분에 이러한 기술들은 지구상에서 기술적으로 가장 낙후된 변방지역까지 확산되어 비슷한 결과를 낳았다.

그러나 이러한 기술들을 꾸준히 응용하지 않는 한 인구 성장은 고사하고 현재의 인구를 유지하기조차 불가능한 지역이 대부분이다. 녹색혁명으로 사막에 생명이 움트고 열대지방은 생산성이 향상되었지만, 이러한 소득이 지속되려면 관개시설이 계속 제구실을 하고 비료도 계속 확보해야만 한다. 브레튼우즈 체제가 해체되고, 베이비붐 세대가 축적한 거대자본이 사라지면, 녹색혁명과 이를 통해 성장한 인구와 관련된 모든 것의 미래는 불확실해진다.

머지않은 장래에 일어날 전쟁은 영화(榮華)를 누리기 위해서도 후추 같은 향신료를 확보하기 위해서도 아닌, 대개의 경우 현 세계의 한 귀퉁이를 계속 차지하기 위한 생존을 건 싸움이 된다. 아니면 그저 목숨만이라도 부지하기 위해서일지도 모른다.

새로운 무질서 속의 미국

미국이 이러한 상황에 면역이 생겨 끄떡없다고까지는 못하겠지만 그래도 강력한 저항력을 지니고 있다. 미국의 인구도 고령화하고 있고, 따라서 자본이 침체되고, 세금이 인상되고, 정부지출이 증가하는 상황을 맞게된다. 그러나 미국의 인구 고령화는 경쟁 상대인 다른 나라들에 비해 훨씬 느린 속도로 진행되고 있다. 이 책을 쓰는 현재, 평균적인 미국인은 오스트레일리아, 캐나다, 프랑스, 독일, 이탈리아, 일본, 영국, 러시아, 스페인, 폴란드의 평균 국민보다 훨씬 젊다. 2020년 무렵이면 미국 평균 국민은 중국의 평균 국민보다도 젊어진다.

미국의 인구가 다른 나라 인구보다 젊다는 얘기는 미국 시장만이 유일하게 이 기간 내내 해마다 성장하는 주요 시장이라는 뜻이다. 그러나 미국 시장의 성장이 답보상태에 머물러도—아니면, 이런 불상사는 없겠지만, 다소 축소된다고 해도—여전히 세계 최대 시장의 지위를 유지하게 된다. 한 세 배는 더 큰 시장이라는 말이다. 게다가 셰일 덕분에 경제 규모, 성장, 응집력, 체제를 유지하기 위해 세계 경제 체제에 상당히 밀접하게 연관되어 있어야 할 필요도 없는 시장이다.

또한 미국은 여전히 개발 가능하고 개발될 가능성이 높은 양질의 토지를 보유한 유일한 나라다. 베이비붐 세대가 썰물처럼 빠져나간 여파로 자본 가격이 상승하면 특정한 프로젝트를 추진하는 게 타당한지 여부의 문제가 다시 전면에 등장하게 된다. 로키 산맥 동쪽 48개 주의 저렴한 개발 비용과 이들 지역이 인구밀집 중심지와 중첩된다는 사실은 결정적인 요인으로 판명된다.

미국에서 싸고 풍부한 것은 토지뿐만이 아니다. 셰일 덕분에 미국에서 전기는 어디든 공급 가능하고 풍부하고 무엇보다도 저렴하다. 토지와 전력이 싸면 개발이 활성화되고 산업이 발달하고 소비 기반이 더 확장되고 안정될 뿐만 아니라 갓 가정을 꾸린 가구들이 번성하게 하는 마법의 묘약 역할을 한다. 세계 어디를 가든 가족을 꾸리는 인구비율이 가장 높은 지역은 사는 데 필요한 기본적인 조건들—주거, 식량, 전기—이 적정한 가격에 안정적으로 공급되는 지역이다. 앞으로 이러한 기본적인 삶의 여건들이 가장 적정한 가격에 가장 안정적으로 누구에게나 공급될 나라는 바로 미국이다.

2008년 현재 미국 GDP에서 수입이 차지하는 비중은 겨우 14퍼센트다. 이 가운데 3분의 1인 약 5퍼센트가 에너지다. 지난 6년 동안 셰일은 이 5퍼센트를 절반 정도 줄였는데, 이 수치는 앞으로도 계속 줄어들어 결국 0이 된다. GDP에서 수입이 차지하는 비중의 또 다른 3분의 1은 북미 지역에 있는 다른 나라와의 무역이 차지한다. 결국 미국의 총 GDP에서 수입이 차지하는 비중은 5퍼센트 이하가 된다.

수출 구조도 마찬가지로 미국에 유리하다. 2013년 현재 수출이 GDP에서 차지하는 비율은 겨우 10퍼센트에 지나지 않는다. 북미 지역이 이 비율의 3분의 1 이상을 흡수하는데, 여기에 나머지 서반구를 더하면 10퍼센트의 절반을 차지하게 된다. 캐나다 혼자서도 유럽연합 전체보다 대미 수입을 많이 하고, 북미 외의 나머지 지역으로의 수출은 대부분 오스트레일리아, 네덜란드, 싱가포르, 영국 같은 든든한 동맹국들이다.

북미 외의 지역으로의 수출 비율을 끌어내리는 한 가지 추세가 있다. 브레튼우즈 체제 시대에는 공급사슬이 길고 얇아도 별 문제가 되지 않았다. 낮은 관세 덕분에 제조공정에서 사용하는 부품들은 수십 개 시설에 모여 있는, 말 그대로 수백 여 공급자들로부터 조달해도 상관없었다. 공정의 단계마다 그랬다. 중국에서 임금이 10년 사이에 여섯 배가 뛰면서, 중국을 약속의 땅으로 여기던 제조업체들은 대거 중국을 떠났다. 이런 제조업체들은 대부분 최종 소비시장인 미국 가까이로 이전하고 있는데, 멕시코가 가장 인기가 좋다. 운송연료비가 인상되면서 제조업 강자로서의 중국의 지위는 하락했을 뿐만 아니라 여러 단계로 이루어진 세계 공급 사슬도 짧아졌다. 게다가 3-D 프린팅 같은 신기술 덕분에 여러 개의 간단한 부속들로 이루어진 복잡한 부품들이 단번에 제조가 가능해졌다.[4] 그 결과 공급 사슬이 단축되고 미국은 이미 장악한 고부가가치 산업에 더욱 집중할 수 있게 되었다. 특히 이런 산업들은 미국 시장 가까이 있고 설계에서 재료, 부품교체에 이르기까지 모든 단계에서 다른 나라들에 대한 의존도가 훨씬 낮은 산업이다. 이로 인해 가장 피해를 입는 나라들은 고부가가치 사슬의 상층부로 이동할 역량이 떨어지므로 보다 단순한 공정에 참여해야 하는 나라들이다. 중국, 캄보디아, 페루, 인도, 방글라데시, 브라질, 우크라이나, 베트남 등이 바로 그런 나라들이다.

미국은 앞으로 세계 에너지 안보에 대한 관심을 잃게 될 뿐만 아니라,

세계 에너지 시장 자체에 대한 관심을 완전히 잃게 된다. 미국은 세계 무역 공급 사슬의 안보에 대한 관심을 잃게 될 뿐만 아니라 세계 무역 자체에 대한 관심을 완전히 잃게 된다. 미국에게 절실하게 필요한 단 한 가지는 자국에서 해외로 가는 운송 경로의 안전을 확보하는 일이다. 그런데 셰일과 3-D 프린팅 같은 기술에 힘입어 운송이 미국 GDP에서 차지하는 비중은 늘지 않고 오히려 줄어들고 있다.

전체적으로 볼 때, 미국은 만인에 대한 만인의 투쟁과 자연도태라는, 앞으로 전개될 세계 환경의 영향을 모면하게 된다. 게다가 아무런 도움도 받지 않고 말이다. 셰일 에너지, 캐나다 산 에너지, 멕시코 산 에너지 덕분에 미국은 원하는 만큼 석유와 전기를 확보하게 된다. 미국은 다른 나라와는 비교가 되지 않을 정도의 세계 최대 농업수출국이고 캐나다도 만만치 않다. 미국 중서부와 캐나다 대초원 덕에 미국은 원하는 대로 마음껏 곡물을 확보할 수 있다. 캘리포니아의 센트럴밸리, 플로리다, 멕시코 덕분에 미국은 감귤류와 채소류 같이 필수식량이 아닌 식품도 충분히 공급받을 수 있다. 따라서 세계적으로 각자도생과 무한경쟁의 정서가 확산되면 제철이 아닐 때 아보카도 같은 이국적인 식료품을 수입하는 데 애를 먹을지 모르지만, 대체로 다른 나라들과 비교해볼 때 상당히 안락한 삶을 영위하게 된다.

이와 같이 상대적으로 우월한 안보, 부, 안락한 삶을 바탕으로 미국이 어떤 행동을 취할까. 글쎄다… 바로 그게 의문이다.

가까운 미래에 패권 국가가 지배하는 세상이 되지는 않는다. 패권 국가는 그 나라가 지닌 힘이 아니라 그 나라의 필요에 의해 규정된다. 패권적 구조의 세계에서 패권을 쥔 초강대국은 지향하는 목표가 있고, 따라서 사건들을 관장하고 세계 체제에 질서를 부여하는 데 관심을 쏟는다. 예컨대, 냉전 시대는 서로 경쟁하는 패권국들이 운영한 양극 체제였다. 미국은 자유무역 질서를 구축하고 이 질서에 동참한 동반자들로 구성된 군사 동맹을 유지하면서 소련에 맞서 싸웠고, 소련은 나름의 경제적, 군사적 제국 체제를 구축하고 유지했다.

앞으로 다가올 세계에서 미국은 나머지 세상이 그다지 필요하지 않게 된다. 그나마 실제로 미국에게 필요한 것도 1946년부터 2014년까지의 기간 동안 미국이 중요하게 여겼던 것과는 완전히 별개다. 미국이 세계로부터 필요한 것도, 세계에 대한 관심도 없다면 세계 질서를 다른 나라들에 강요할 이유도 없다.

'개입하지 말자'가 세계를 대하는 미국의 기조가 된다. 무역관계는 시들해진다. 미국은 세계 운송경로를 더 이상 보호하지 않는다. 미국은 동맹국들이 쇠퇴하도록 내버려둔다. 오랫동안 미국의 보호를 받고 사는 데 익숙해진 나라들은 이제 스스로 전기를 확보하고, 국민의 일자리를 유지하고, 국경의 안보를 지켜야 한다. 그런데 그동안 실력이 녹슬었기에 문제다. 미국의 안보우산 때문에 얌전히 지냈던 나라들은 이웃나라를 상대로 마음껏 도발을 하게 된다. 다음 장에서 다루겠지만, 미국의 전략적 경제적 동맹국들 극소수를 제외하면, 미국이 국제사회와 교류하는 일차적인 수단은 특수 군과 원정 가능한 해군이 된다. 이러한 수단을 통해 미국은 자국이 위협으로 인식한 대상을 신속하고 정밀한 공격으로 제거하거나, 미국의 눈 밖에 날 만큼 현명치 못한 정부를 혼란에 빠뜨리게 된다.

물자와 시장과 자본을 확보하는 데 혈안이 된 나라들은 다시 지정학이라는 대결전에 뛰어들어 상대방을 제압할 음모를 획책하고 전략을 짜게 된다. 그러나 그들은 미국을 상대로 음모를 획책하거나 전략을 짜지는 않는다. 누군가의 분노의 대상이거나 음모의 대상이 되려면 그 대상을 상대로 음모를 획책하고 전략을 짤 나라와 이해관계로 얽혀 있어야 한다. 미국이 중요하게 여기는 것은 거의 모두 북미 지역에 단단히 자리 잡고 있기 때문에 미국은 제 2차 세계대전 이전에 했던 역할로 되돌아가게 된다. 바로 세계에 무관심한 세계적 강대국의 역할 말이다. 더 이상 한국의 비무장 지대를 지키지도 않고, 카타르에 있는 기지도 철수하고, 독일의 체크포인트 찰리(Checkpoint Charlie)를 지키는 일도 없어진다. 항로 순찰도 하지 않는다. 그냥 미국은 넓은 세상에 대해 신경을 끄게 된다.

대개의 경우.

미국이 세상에 대해 대체로 무관심해진다고 해도 미국은 여전히 상당한 규모의 군사력을 먼 지역에 파병할 선택지를 지닌 유일한 나라다. 미국은 바다의 절대적인 지배자일 테지만, 그 힘을 행사하는 게 맞는다고 생각할 경우에만 행동에 나서게 된다. 그런데 유감스럽게도 미국의 눈을 피해 뭔가를 획책하려는 나라는 미국이 "힘을 행사하는 게 맞다"라는 판단을 내리는 기준이 그저 애매모호한 게 아니라 미국이 마음먹기에 따라 결정된다는 사실을 뼈저리게 경험하게 된다.

겁먹은 신세계: 미국이 구상하는 시나리오

이게, 바로 이 모든 게—세계와 대체로 결별하게 되는 미국, 인구 역전과 그 현상이 정부의 안정성에 미치는 영향, 세계 에너지 공급원에 대한 손쉬운 접근 불가, 세계 어느 지역에서든 훼방을 놓고도 그 여파로 피해를 입지도 않고 여파에 신경 쓰지도 않을 여유가 있는 미국—사실은 최상의 시나리오다. 미국이 세계에 대해 아주 천천히 관심을 잃게 된다고 가정하고 있기 때문이다. 또한 다른 나라들이 변하는 여건에 적응할 시간적 여유가 적어도 몇 년은 된다고 가정하고 있기 때문이다.

그런데 그렇게 되지 않을지도 모른다. 지리적 여건이 문화 형성에 영향을 미치기 때문이다.

어떤 문화든 생기고 난 후 첫 한두 세기 동안 특정한 성격을 형성하게 된다. 지리적 여건과 역사가 얽히고설켜 그 문화권에 속하는 사람들의 면모를 결정하기 때문이다. 미국 문화의 형성기는 개척시대였다. 그때가 어떤 시기였는지 알아보자.

나폴레옹이 지배하던 프랑스는 유럽의 농부들을 징집해 전쟁과 기근과 대대적인 이주의 악몽으로 내몰았다. 자유를 찾은 미국인들은 세계에서 가장 양질의 영토에 정착하기 위해 서부로 향했다. 토지를 개간하기 시작한 지 1년 만이면 누구든지—세계 최고의 해상 운송 체계를 이용해—세계 시장에 곡물을 내다팔고 현금을 손에 쥐었다.

미국이 자국이 지닌 이점들을 십분 활용하는 역량이 뛰어난 이유가 어떤 원대한 계획보다는 전례 없는 여러 가지 요인들—전쟁에 휘말린 유럽을 탈출한 수백만 명의 유럽인들의 정착, 거의 전멸 수준으로 원주민들을 학살한 사실, 오하이오 강 유역에 접근하기 용이함, 자연적으로 형성된 세계 최고의 물길, 장애물 없이 끝없이 펼쳐지는 세계에서 가장 광활한 경작지—이 우연히 복합적으로 작용한 데서 비롯되었다는 사실을 따지는 일은 무의미하다. 그러나 수많은 요인들이 우연히 겹치고 겹쳤다고 해도 미국의 서부개척이 인류역사상 가장 방대하고 가장 짧은 기간 안에 이루어진 문화적, 경제적 확장이라는 사실은 변하지 않는다. 그리고 그 시대는 다섯 세대 동안 이어졌다. 미국인들은 더 넓고 더 비옥한 땅을 더 찾아냈고, 더 많고 더 나은 물길을 이 땅과 연결시켰다. 시작은 우연이었을지 모르지만, 개척정신은 너무나도 오랜 세월 동안 너무나도 많은 미국인들의 삶에 중심이 되어왔기 때문에 국가적 문화공동체로서 미국인들은 미래에 대한 낙관적인 태도가 몸에 배게 되었다. 심지어 그럴 운명이라고까지 생각하게 되었다. 신이 그대에게 은총을 내린 셈이었다.

그러나 해마다 삶이 나아지지 않으면 어떻게 될까? 미국인들이 집단적으로 좌절을 겪고 고통을 맛보게 되면 어떻게 될까? 미국이 정하지 않은 조건에 따라 다른 나라들이 미국을 건드리게 되면 어떤 일이 일어날까?

미국은 공포에 빠진다. 균형 감각도, 관조하는 자세도, 전후사정을 이해하는 능력도 없고, 세상에서 늘 이기기는 불가능하다는 생각을 못하는 사람들이 보이는 그런 절박한 심정에 빠져 겁을 먹는다. 그러면 미국은 자신이 가진 것을 총동원해서 반격에 나선다. 미국이 작은 나라라면 그런 과잉반응이 야릇하고 우스꽝스럽기까지 할지 모른다. 그러나 미국은 세계 초강대국이므로 미국이 과잉반응을 보이면 미국 자신과 세상의 모습이 바뀐다.

- 스푸트닉(Sputnik). 소련이 우주에 발사한 자몽만한 크기의 알루미늄 덩어리가 신호를 보내자 미국은 이미 냉전에서 졌다고 생각했다. 전자, 금속 공학 부문에서 소련에 앞섰고 세계 역사상 최대의 경제적 군사적 동맹을 이끌고 있었는데도 말이다. 미국은 과학연구 체제와 교육 체제를 전면적으로 뜯어고치고 산업계를 대대적으로 개편했다. 미국은 미국항공우주국(NASA)과 미국방위고등연구계획국(DARPA) 같은 조직을 창설했고 이 두 기구는 태어난 지 60년이 지난 오늘날까지도 우주의 지평선을 장악하고 있다.

- 베트남. 미국은 탈식민지 시대 전쟁에서 쌀 생산국에게 패배했고 국가적인 공황상태에 빠졌다. 당시 미국은 세계 최대의 쌀 수출국이었고, 베트남은 미국의 식민지도 아니었으며, 미국이 패배했다고 동맹에서 이탈한 나라는 단 하나도 없었는데도 말이다. 베트남 전쟁에서 패한 미국은 정보기술을 전쟁에 대거 응용했고, 그 결과 인공통신위성에서부터 휴대전

화, 크루즈미사일까지 모든 것을 탄생시켰다.

• **일본공포증.** 1980년대에 미국은 일본이 세계 경제 초강대국으로서 미국을 따라잡았다고—따라잡을지 모른다는 게 아니라 기정사실로 여겼다—확신하게 되었다. 미국 해군이 여전히 세계 운송항로를 보호하고 있고, 자국 경제 규모가 일본의 두 배이고, 일본의 경작지 전체 규모는 대략 매사추세츠 주 크기만 하고, 당시에 미군이 일본에 주둔하고 있었는데도 불구하고 이러한 확신은 미국인들의 심리에 깊이 침투했다. 이에 미국은 일본을 "따라잡기 위해" 산업 전체에 걸쳐 기술을 대거 응용했고, 일본 기업들을 무자비하게 벌주는 데 너무 굼뜨다며 월스트리트를 채근했다. 그 결과 자본이 형성되었고, 1990년대에 인터넷 혁명이 일어났다.

• **2001년 9월 11일.** 뉴욕과 워싱턴 D.C.에서 테러공격으로 3천여 명이 목숨을 잃었다. 역사상 최악의 테러공격이었다. 대응—아주 강력한 대응—이 필요했다. 그러나 이라크와 아프가니스탄에서의 전쟁은 차치하고, 미국이 세계 체제에 얼마나 깊숙이 개입했는지 깨달은 사람은 거의 없다. 세계적인 테러와의 전쟁에서 미국의 군사행동이 낳은 부수적인 효과로, 미국은 굳건한 방위 협력 체제를 구축하게 되었다. 현지의 전술적 정보를 공유하고, 특수 군을 파병하고, 무장 세력에 맞서 최소한의 제약을 받으며 작전을 수행할 수 있게 되었다. 미국이 이러한 협력 체제를 구축한 나라는 모로코, 알제리, 튀니지, 리비아, 이집트, 요르단, 사우디아라비아, 오만, 바레인, 이라크, 쿠웨이트, 에티오피아, 지부티, 키르기스스탄, 영국, 이탈리아, 스페인, 포르투갈, 폴란드, 헝가리, 루마니아, 불가리아, 터키 등이다. 이로써 미국이 지닌 막강한 힘의 날카로운

창끝이 명령만 떨어지면 세계 거의 모든 주요 무역과 에너지 교역로들의 양쪽 끝을 겨냥하게 되었다.

미국은 지리적인 여건 덕분에 부가 끊임없이 창출되고 안보가 튼튼하며 기회가 넘친다. 그렇다고 해서 미국인에게 자신이 가진 것에 감사하는 지혜나 자기 앞에 놓인 것을 십분 활용하는 지혜가 저절로 생기지는 않는다. 오늘날 미국이 놓인 전략적 경제적 여건과 세상으로부터의 단절, 그리고 무엇보다도 미국의 특징인 예측 불가능성을 고려하면, 정확히 무엇이 미국으로 하여금 자유무역 시대에 사망선고를 내리게 만들지 예측하는 일은 대단히 쓸데없는 짓이다. 미국을 제외한 다른 모든 나라들에게는 유감스럽게도, 미국이 브레튼우즈 체제를 10여 년 정도 방치하면서 서서히 이탈하게 될지, 아니면 충격을 받고 격분해서 일부러 갑자기 이탈할지 여부는 정말로 중요하다. 새로운 세상은 미국이 150여 년 전에 강대국으로 부상했을 때와 같은 방식으로 등장할지도 모른다.

우연히.

09

동반자들

Partners

무질서한 세상에서 내로라하는 나라들

나는 강연을 할 때 이 책 1장부터 8장까지를 20분 만에 발표하고 나머지 시간은 그 강연을 듣는 청중의 관점에서 미래를 진단하는 데 할애한다. 그러고 나서 이어지는 질의응답은 어디로 튈지 예측 불가능하다. 아제르바이잔이 러시아에 저항할까? 두바이 금융 부문의 전망은? 브라질 목화산업이 살아남을까? 중국 제조업 가운데 살아남을 가능성이 가장 높은 부문은? 캐나다 서스캐처원(Saskatchewan) 주의 밀 생산업자들은 새로운 시장을 개척할 수 있을까? 탈 유로 세계에서 스웨덴의 전망은 어떤가? 인도에 대해 어떻게 생각하는가? 미국의 낙후된 기간 시설이 미국이 힘을 행사하는 데 방해가 될까? 다양한 질문이 이어진다. 끝도 없이.

계속 해서.[1]

다시 말해서 세상이 완전히 뒤죽박죽 엉망진창인데다가 서로에게 영향을 주면서 복잡하게 얽히고설켜 있다는 사실을 나는 뼈저리게 인식하고 있다는 뜻이다. 이 책을 쓸 때 가장 어려웠던 점들을―2030년까지의 미래를 예측하려고 시도했다는 점은 말할 필요도 없거니와―손꼽는다면, 이 책에서 누구와 무엇을 거론할지 결정하는 일이 아니라 누구와 무엇을 빼놓아야 할지를 결정하는 일이었다. 사연 없는 사람이 없고, 어느 한 사람의 사연은 다른 누군가에게 영향을 미친다. 그렇지만 그런 사연들을 내가 모조리 소개하기는 불가능하다. 따라서 이 책의 나머지 부분에서는 미래에 주목해야 할 핵심 사항들을 다루도록 하겠다.

- 기회를 포착해서든, 아니면 절박한 처지에 놓여서든 세계에 족적을 남기려는 의지가 가장 강한 나라들
- 미국의 최측근 그룹에 속하게 되면서, 다른 나라들은 누리지 못하게 될

234

혜택, 즉 미국 시장에 대한 접근과 물리적 보호를 계속해서 보장받게 될 억세게 운 좋은 나라들

- 이 책은 결국 냉정한 현실을 다루고 있으므로, 미국이 힘을 행사하면 초래될 결과, 미국인의 삶에 영향을 미칠 가능성이 가장 큰, 세계 체제 전반에 걸쳐 앞으로 전개될 주요 상황에 대해 다루겠다. 내가 미국인의 삶을 "위협할"이 아니라 "영향을 미칠"이라는 표현을 쓴 점을 주목하라. 앞으로 전개될 이러한 사항 하나하나가 미국인들에게 여러 가지 득실이 있다. 이는 이 책의 11장-15장에서 다루도록 하겠다.

새로이 부상하는, 만인에 대한 만인의 투쟁적, 자연도태적 세계에서 국가를 분류하고 평가하는 방법은 여러 가지다. 우선 그런 세상의 대략적인 윤곽을 독자 여러분이 직접 볼 수 있도록 미래의 지도를 펼쳐 보이는 게 가장 좋은 방법이다. 인구 구조의 붕괴와 성장, 기아와 풍요, 군사적 참패와 승리의 가능성을 대조해서 보여주는 지도 등, 여러 가지 지도를 있는 대로 다 보여줄까 생각도 해봤다. 그랬으면 아마 무척 많은 지도를 그려야 했을지 모른다. 그 대신, 내 연구의 결과만 소개하고 이 책의 다음 장들에서 내가 그러한 결론에 도달하게 한 역동적인 요인과 나라들에 대해 탐색해보도록 하겠다.

각설하고, 2020-30년 무렵 세계 안정성 지도는 다음과 같은 같은 양상을 띤다.

세계는 여섯 개 부류로 나뉜다.

1. **실패하는 국가**. 시리아, 그리스, 리비아, 투르크메니스탄, 키르기스스탄, 예멘 등. 이 부류는 지난 70년 동안 지속된 세계 체제가 사라진 세상에서 생존에 필요한 역량을 갖추지 못한 나라들이다. 이런 나라들은 냉전

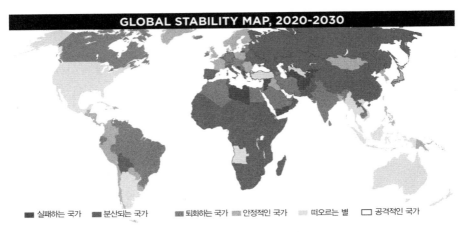

■ 실패하는 국가　■ 분산되는 국가　　■ 퇴화하는 국가　안정적인 국가　　떠오르는 별　　□ 공격적인 국가

세계 안정성 지도: 2020-2030년

덕분에 보호받았는지도 모른다. 브레튼우즈 체제 없이는 경제적으로 구제불능일지도 모른다. 국가 정체성이 확고하게 형성된 적도 없고, 따라서 어떤 상황 하에서도 취약할 수밖에 없을지도 모른다. 그동안 지역의 맹주가 이들을 집어삼킬 마음을 먹지 않았기 때문에 생존하고 있는지도 모른다. 이유 불문하고 이 부류에 속하는 나라들은 근대국가로서 앞으로 오래가지 못한다.

2. **분산되는 국가.** 러시아, 중국, 볼리비아, 나이지리아, 카메룬, 수단, 에티오피아 등. 첫 부류와 마찬가지로 이 부류에 속하는 국가들은 새 시대에 생존하기 위해 필요한 역량을 갖추지 못했다. 충분한 식량, 에너지, 원자재, 자본, 시장, 안보 가운데 적어도 세 가지가 없는 나라들이다. 설상가상으로 이들은 동맹도 없고, 장기적으로 볼 때 필요한 것을 확보하려는 시도를 할 역량조차 없다. 그러나 이들이 겪는 압박은 국가를 파괴할 정

236

도는 아니다. 중앙정부는 계속 유지된다. 그냥 버티는 거다. 혹독한 삶이 기다리고 있다. 그래도 적어도 살아있기는 하다.

3. **퇴화하는 국가.** 브라질, 인도, 헝가리, 사우디아라비아, 알제리 등. 이 나라들은 일반 국민의 소비 기반, 정부의 정통성, 충분한 식량이나 에너지 또는 시장 등 근대 사회를 구성하는 기본적인 요소들 가운데 일부가 결여되어 있다. 그러나 이러한 문제들을 해결하려고 시도할 역량은 있다. 그러한 시도는 대부분 실패하지만 치명적이지는 않다. 가장 중요한 점은 이 나라들이 받는 압박—전방위적이고 구조적인 압박이긴 하지만— 은 치명타를 입힐 정도는 아니다. 이 부류의 중앙정부는 여전히 강력한 힘을 행사한다. 그밖에 사회 전반이 약화되어도 말이다.

4. **안정적인 국가.** 영국, 프랑스, 덴마크, 스웨덴, 페루, 필리핀 등. 이 부류에 속하는 나라들은 지금 누리는 수준의 안정적 상태를 유지할 가능성이 높다. 그러나 안정은 정체와 다르다. 이 나라들은 모두 변화를 겪게 되고 따라서 생존할 새로운 방법을 모색해야 한다. 이 부류가 앞의 두 부류와 다른 점은 이들은 국가로서 지탱해 나갈 역량뿐만 아니라 필요한 것을 확보할 역량도 있다는 점이다. 개중에는 독자적으로 헤쳐 나가는 나라도 있고, 기존의 우방국들과 계속 우호적인 관계를 유지하거나 새로운 우방을 찾을 수도 있다. 대부분은 어떤 식으로든 필요한 것을 손에 넣을 역량이 있다.

5. **떠오르는 별.** 미국, 오스트레일리아, 아르헨티나, 앙골라, 터키, 인도네시아, 우즈베키스탄 등. 이들은 혼돈에 빠진 세상을 헤쳐 나가는 데 통달한 나라들이다. 견고한 체제를 갖춘 이 나라들은 신세계의 엄혹한 세계 질

서 하에서도 물 만난 고기같이 행동한다. 우선 대부분이 지리적으로 명당자리를 차지하고 있다는 이점이 있고, 지리적 요충지가 아니라고 해도 인심 쓸 여유가 있는 어떤 초강대국과 행동을 같이 하게 된다.

6. **공격적인 국가.** 독일, 일본, 우즈베키스탄, 사우디아라비아, 러시아, 터키, 앙골라. 이 부류에 속하는 나라는 하나같이 앞의 다섯 부류 가운데 하나에도 속한다. 이와 같이 두 부류에 속하는 나라들의 특징은 무질서한 세상을 헤쳐 나가려는 시도의 일환으로 자국의 국경을 넘어 대담하게—또는 절박하기 때문에—바깥으로 진출하려 한다는 점이다. 이들은 기존의 지역 질서에 도전장을 내민다. 이웃나라를 침략하고, 새로운 동맹 체제와 정치적 관계와 무역 체제를 구축하려 한다. 이기든 지든, 이 나라들은 매우 소란을 피우게 된다. 이들은 향후 20여 년 동안 뉴스거리를 양산하게 된다. 이 나라들에 대해서는 다음 장들에서 별도로 다루게 된다.

동반자: 새 시대 미국의 동맹들

앞으로 닥칠 혼돈 속에서 미국은 꼭 곁에 두어야 할 친구다. 이유는 여러 가지다. 가장 중요한 네 가지 이유는 다음과 같다.

• **시장.** 세계가 불안정한 현 시대에 미국은 그 어떤 나라보다도 적어도 세 배는 큰 시장을 보유하고 있다. 세계적 정세가 악화되면 미국 시장은 안정성, 규모, 체력 등 모든 면에서 다른 모든 시장들을 압도하게 된다. 미국은 인구와 자본이 성장할 가능성이 있을 뿐만 아니라 지속적으로 성장하는 데 필요한 안보와 안정성도 갖춘, 극소수 몇 나라에 들어가게 된

다. 또한 미국은 20-30대 인구 규모가 상당한 극소수 선진국 가운데 하나로서 소비주도 경제 성장을 이루게 된다.

- **자본.** 세계에서 가장 막강한 하천 운송 체계를 자랑하는 나라인 미국은 자본 공급이 인구 구조와 무관하게 이루어진다. 미국 내에서 창출되는 자본만 해도 풍부한데 거기서 그치지 않는다. 미국 체제는 비교적 안정적이기 때문에 불안정한 나라를 탈출하는 자본을 끌어들이는 도피처가 된다. 1990년대처럼 세계 경기가 호황이었던 당시 5조 달러 이상—90년대 미국 GDP의 6퍼센트가 넘는 금액—이 미국으로 몰려들었다. 호황일 때도 그러했는데, 세계가 총체적인 혼돈에 빠지면 얼마나 많은 자본이 미국으로 쏟아져 들어올지 상상해보라. 자본이 급속히 줄어드는 세계에서 미국은 가장 큰 몫을 차지하게 된다.

- **안보.** 다른 나라들은 안으로는 국가를 방어하고 바깥으로는 경제적 이익을 지키기 위해 한정된 물자들을 재배분해야 한다. 그러나 천혜의 지리적 입지, 캐나다, 멕시코 등 인접 국가들과의 우호적인 관계 덕분에 미국은 큰 비용을 치르지 않아도 된다. 오히려 미국은 군사력은 증가하는데 국방비 지출은 줄어들게 될지도 모른다. 브레튼우즈 협정에 따라 미국은 모든 회원국을 위해 해로를 순찰하고 영토를 방어해주기로 했다. 그런데 이제는 그 역할을 하지 않게 된다. 그렇다면 미국의 군사적 역할은 1898년부터 1945년 사이에 미국이 취했던 전통적인 역할로 되돌아갈 가능성이 있다. 외국에 기지를 두지는 않되 항구적으로 공격적인 자세를 취하게 된다는 뜻이다. 미국은 역사상 또 한 번 세계적인 군사력을 지니되 이번에는 세계에 대한 관심으로부터 자유로운 나라가 된다. 그렇다면 잠재적으로 미국에 적대적인 국가는 미국 근처에는 얼씬도 하지

않을 뿐만 아니라 미국은 마음만 먹으면 어디든지 간섭할 수 있게 된다.

- **무역.** 미국이 앞으로 세계를 위해 해로를 열어두는 역할을 계속할 가능성은 매우 희박하지만, 힘을 투사할 수 있는 역량으로 볼 때 여전히 나머지 국가들을 모두 합친 것의 세 배에 달하는 해군력을 보유하게 된다. 듣기만 해도 미국에 유리하게 작용하리라 생각될 텐데 실제로 들여다보면 훨씬 더 유리하다. 다가올 무질서한 시대의 초기에 미국은 배치 가능한 초대형 항공모함 12척을 보유하게 된다. 나머지 나라들을 전부 합해도 초대형 항공모함은 하나뿐이며, 그나마도 영국이 보유하게 된다. 지구상의 다른 모든 해군력은 주로 자국 연안을 지키고 국적 선박을 보호하는 제한적인 역할을 한다. 무질서한 시대 초창기에는 국내에 기지를 두고도 지구상 어느 지역에든 폭탄을 투하할 전투기를 보유한 나라는 미국뿐이다. 언제 어디서든 화물을 하역하고 선적할 수 있게 만전을 기할―아니면, 이 역량이 훨씬 중요한데, 다른 나라가 절대로 화물을 하역하거나 선적하지 못하도록 할―역량이 있는 나라는 미국뿐이라는 뜻이다. 다른 나라들은 계속 바닷길을 통해 물건을 실어 나르려면―최소한―미국이 그 나라에 대해 관심을 꺼야 가능하다는 뜻이다.

어느 모로 보나 미국은 새로운 자연도태의 세계에서 성공하길 원하는 나라에게 필요한 모든 것을 제공해줄 역량을 갖추고 있다. 따라서 무슨 수를 쓰든 미국의 눈 밖에 나지 말아야 한다. 신세계에서 미국과 우호적인 관계를 맺는 과정은 예전과는 딴판이다. 미국이 혼신을 다해 자기를 희생해가며 폭넓은 동맹 체제를 구축하게 되는 방식이 아니라 각국이 미국과 양자 협상을 통해 시장에 접근하고, 자본을 유치하고, 기술을 이전 받고, 절실히 필요한 안보를 보장받도록 해야 한다. 미국의 동맹이 되는 비결은 미국의 관심을 끌 만한 뭔가를 찾아내는 일이다.

북미: 최측근

2013년 미국의 수출액은 상품이 1.6조 달러, 서비스가 6,800억 달러인 반면, 수입은 상품이 2.3조 달러, 서비스가 4,500억 달러였다. 얼핏 보면 어마어마해 보이지만—실제로도 어마어마하다—자세히 들여다보면 보기만큼 심각하지는 않다. 미국 경제 규모는 16조 달러에서 대체로 오락가락한다. 절대적 수치로 보면 경제가 무역에 노출된 정도가 세계 최대지만, 상대적 수치로 보면, 브라질과 수단을 제외한 모든 나라보다 노출 정도가 낮다. 심지어 아프가니스탄과 소말리아가 훨씬 더 세계시장에 통합되어 있다. 게다가 미국이 노출되어 있는 시장도 거의 미국 주변을 벗어나지 않는다. 미국의 2대 교역상대국은 수십 년 동안 캐나다와 멕시코였고,[2] 이 두 나라가 미국 총무역의 3분의 1인 1조 1,500억 달러를 차지한다.

북미자유무역협정(NAFTA)은 말 그대로 자유무역협정이지만, 이는 세계 자유무역 질서와는 별도로 협상이 이루어졌고 법적으로, 행정적으로 브레튼우즈 체제와는 분리되어 있으며, 오로지 북미자유무역협정에 조인한 국가에만 적용되는 법적 체계를 갖추고 있다. 미국은 협정국과의 교역이 정상적으로 이뤄지도록 해상을 순찰할 필요조차 없다. 거의 모든 교역이 영해 내에서, 아니면 멕시코 만에서, 또는 육로를 통해서 이루어지기 때문이다. 미국-캐나다 양국 간 무역은 미국 미시건 주 디트로이트와 캐나다 온타리오 주 윈저를 잇는 앰배서더 브리지를 오가며 이루어지는데, 양국의 교역량은 미국의 다른 교역상대국 가운데 4개국을 제외한 모든 교역 국가들과의 교역량을 합한 것보다 많다. 북미자유무역협정과 그 연장

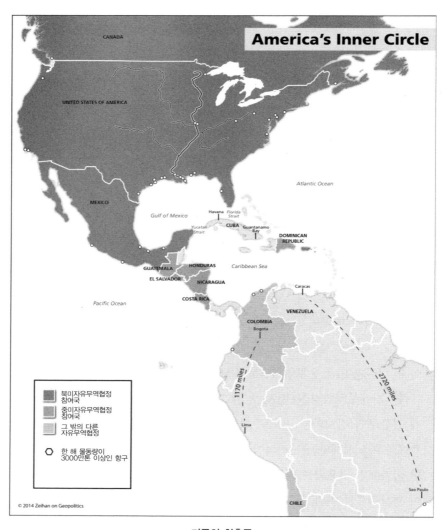

America's Inner Circle

CANADA

UNITED STATES OF AMERICA

Atlantic Ocean

MEXICO

Gulf of Mexico

Havana
Florida Strait

Yucatan Strait

CUBA

Guantanamo Bay

DOMINICAN REPUBLIC

GUATEMALA

HONDURAS

Caribbean Sea

EL SALVADOR

NICARAGUA

COSTA RICA

Caracas

Pacific Ocean

VENEZUELA

COLOMBIA

Bogota

1170 miles

2770 miles

Lima

Sao Paulo

CHILE

북미자유무역협정 참여국

중미자유무역협정 참여국

그 밖의 다른 자유무역협정

한 해 물동량이 3000만톤 이상인 항구

© 2014 Zeihan on Geopolitics

미국의 최측근

선상에 있는 중미자유무역협정(CAFTA)—온두라스, 니카라과, 과테말라, 엘살바도르, 코스타리카, 도미니카공화국 등 중앙아메리카 국가들이 참여한다—은 미국에게는 누워서 떡 먹기다. 참여하는 모든 나라들이 브레튼우즈 체제와는 별개로 미국경제 체제에 이미 확실히 통합되어 있기 때문이다. 본질적으로 이 나라들은 미국 뒷마당이나 다름없다. 미국은 세계 무역을 뒷받침하기 위해 손가락 하나 까딱하지 않고도 이들과 교역을 할 수 있다.

쿠바: 돌아온 탕자(蕩子)

북미자유무역협정/중미자유무역협정 체제에서 가장 눈에 띄는 외톨이는 물론 쿠바다. 1959년 혁명이 일어난 후로 반미주의의 보루 역할을 해온 쿠바는 지난 수십 년 동안 서반구에서 미국의 전략적 입지를 위협해온, 눈엣가시, 아니 눈의 대들보였다. 이제 그런 시절도 다 갔다. 독재자 피델 카스트로가 (아마도) 살날이 얼마 남지 않아서만은 아니다(카스트로는 이 책이 출간된 후인 2016년 11월에 사망했다—옮긴이). 쿠바가 안고 있는 문제는 주로 경제적인 문제다. 바로 옆에 있는 활력 넘치는 경제 대국인 미국과 담을 쌓은 채 미국을 제외한 나머지 세계와의 제한된 무역에 크게 의존하고 있기 때문이다. 세계 전체가 자유무역 규정을 준수하는 한 견딜 만하다. 그러나 자유무역 체제가 사라지면 상선 한 척도 없는 쿠바는 낙동강 오리알이 된다.

미국은 쿠바가 이러한 처지를 뼈저리게 깨닫도록 해줄 게 확실하다. 쿠바가 미국에 성가시게 굴 수 있었던 이유는 멕시코 만 입구에 위치해 있기 때문이다. 쿠바에 주둔하고 있는 "역량 있는" 군사력은 플로리다 주와 유카탄 해협을 봉쇄해 미시시피 운하 체제를 드나드는 대부분의 교역을 봉쇄할 수 있다. 그러나 "역량 있는" 군사력은 쿠바처럼 물자가 부족한 섬나라에는 거저 생기지 않는다.

쿠바가 미국에 가하는 위협은 쿠바에서 비롯되는 게 아니라 쿠바와 동맹을 맺을 더 힘 있는 국가에서 비롯된다. 미국은 바로 이러한 이유 때문에 1962년 쿠바 미사일 위기 때 핵전쟁도 불사하려고 했다. 냉전이 종식된 후 세계 어디에도 미국에 적대적인 해상 군사력이 존재하지 않는 상황에서 쿠바는 전략적 무용지물이 되었고, 따라서 미국은 더 이상 쿠바에 관심을 기울이지 않았다. 그러나 먹고사는 문제가 훨씬 중요해진 세계에서 미국이 자국의 교역로와 가까운 전략적 요충지에 있는 적대적인 나라를 그대로 내버려둘 리가 없다. 쿠바가 빈곤을 모면하려고 하는 미국이 강제하든 쿠바는 미국 체제에 백기투항하게 된다.

콜롬비아와 베네수엘라: 돈이냐 자존심이냐, 그것이 문제로다

남미를 단일한 존재나 거대한 하나의 땅덩어리로 생각하면 안 된다. 안데스 산맥과 아마존 열대우림은 남미대륙을 여러 조각으로 나눈다. 북부 지역의 국가—콜롬비아와 베네수엘라—는 여러 가지 면에서 완전히 딴 세상이다. 가장 오지에 있는 형편없는 도로가 콜롬비아와 베네수엘라를 내륙 열대 지방과 연결한다. 브라질 아마존 유역을 개발된 지역과 연결하는 1,000마일 이상의 도로는 언감생심이다. 베네수엘라 철도망은 다른 나라하고는 이어지지도 않는다. 두 나라 공히 인구가 밀집된 중심지역은 하나같이, 남쪽으로 브라질이나 동/서로 서로 상대국을 통해서가 아니라, 카리브 해를 통해 바깥세상과 연결된다. 두 나라가 통합하기는 어렵다.

남쪽으로의 통합은 어불성설이다. 두 나라는 본질적으로 미국의 뒷마당의 연장선상에 있고 미국과의 통합만이 두 나라가 희망을 걸 수 있는 자연적인 경제적 동반자 관계다.

콜롬비아는 이 운명을 받아들였다. 시어도어 루즈벨트 대통령 당시 미국이 콜롬비아에서 일어난 혁명을 지원했고 그 결과 콜롬비아 영토에서 파나마가 떨어져나가 나라가 되는 데 일조했다는 사실을 고려하면 콜롬비아로서는 쉬운 결정이 아니었다. 콜롬비아는 미국에게 중요한 안보 문제, 즉 콜롬비아 고지대에서 밀반출되는 코카인과 코카를 줄이기 위해, 지속적으로 협력을 해왔고 양자 간 자유무역협정도 체결했다.

베네수엘라는 다른 길을 택했다. 이념적 갈등으로 베네수엘라와 미국의 관계는 지구상 그 어디에서도 볼 수 없는 최악의 관계였다. 꼭 그럴 필요도 없는데 말이다. 베네수엘라는 미국과 국경을 접하고 있지도 않고 쿠바 같은 전략적 요충지도 아니기 때문에 미국은 베네수엘라 문제에 감 놔라 배 놔라 할 뜻이 없다. 베네수엘라가 국민들이 찢어지게 가난하고 버림받은 나라에서 탈피하려면 늦기 전에 미국과의 관계를 회복하려는 노력에 착수해야 한다. 내키지 않는 선택일지라도, 다가오는 새 시대를 맞는 대부분의 나라들과는 달리, 적어도 베네수엘라는 장래를 결정할 선택의 여지라도 있는 처지다. 그러나 시간이 촉박하다. 그리고 이 모든 것은 세일로 귀결된다.

베네수엘라 산 원유는 너무 끈적끈적하고 오염물질이 많이 함유되어 있어서 이를 가공할 정유시설을 갖춘 나라가 전 세계에서 손에 꼽을 정도다. 그리고 이러한 정유시설 거의 대부분이 미국 쪽 멕시코 만에 있다.

우고 차베스는 1999년부터 2013년 사망할 때까지 대통령으로서 베네수엘라를 통치하면서 일반적으로는 미국과의 경제적 연관성, 구체적으로는 미국 정유시설에 대한 의존도를 줄이려고 애썼다. 그 해법으로 차베스는 원유를 중국에 팔면서 운송비를 보조해주거나, 중국이 낮은 등급의 원유를 자국의 정유시설에서 처리해주면 그에 대해 보상을 제공했다. 중국은 기꺼이 베네수엘라가 제공하는 보조금을 받았고, 베네수엘라로부터 원유를 받아 배에 싣고는 북쪽 멕시코 만으로 가서 미국에 팔아 차액을 챙겼다.

애기가 여기서 끝난다면 그저 이념에 눈이 멀어 기회비용을 톡톡히 치른 흥미진진한 사례 이상도 이하도 아니라고 여기겠지만, 셰일이 등장하니 문제다. 대부분의 셰일 석유는 달고(유황 성분이 0.5% 이하) 가볍다. 무지무지하게 달고 가볍다. 따라서 정제해서 휘발유 같은 가벼운 증류 상품으로 만들기가 놀라울 정도로 쉽다. 베네수엘라가 미국과의 관계를 바로잡을 방법을 찾지 못한다면 미국 쪽 멕시코 만에 즐비한 정유시설은 베네수엘라 저질 원유가 아니라 고품질 셰일 석유를 가공하는 시설로 개조된다. 그렇게 되면 베네수엘라는 역사상 최초로 내다 팔 시장이 없는 에너지를 생산하는 나라에 등극하게 된다.

유럽: 입맛에 따라 취사선택

솔직히 말하면, 전략적이고 경제적 관점에서 볼 때 미국은 유럽 대륙에 별로 관심 없다. 미국의 전략적 정책과 문화를 유럽이 얼마나 혐오하고 경멸하는지에 대해 미국이 어떻게 생각하는지는 차치하고, 유럽은 사업하기 정말 힘든 곳이다. 지나치게 관료화되어 있고 국가 차원에서, 유럽연합 차원에서 층층이 겹겹이 규제 투성이기 때문이다. 유럽연합이 모든 난관을 극복하고 진정으로 통일된 체제로 응집될 경우에나 미국의 힘에 대적할 만한 상대가 될지 모른다. 그렇다고 해서 미국이 유럽을 완전히 무시하게 된다는 뜻은 아니다. 간단하다. 덩치 때문이다. 제 2차 세계대전으로 유럽이 잿더미가 됐을 때조차도 유럽 국가들의 경제 규모를 모두 합하면 세계에서 두 번째였다. 따라서 앞으로 닥칠 경제적 시련의 시기에조차도 유럽 내에서 주목할 만한 시장은 여러 개 있다. 단지 미국은 그런 시장들과 직접 거래를 하려 하지 않는다.

미국으로서는 다행히도 직접 거래할 필요가 없다. 덴마크와 네덜란드가 유럽의 중개인 역할을 톡톡히 한다. 네덜란드는 유럽에서 가장 양질인 라인 강 하류를 소유하고 있고 프랑스, 독일, 영국 세 나라의 중간지점이라는 전략적 위치에 있다. 이 덕분에 네덜란드는 스페인 제국 시대 이후로 유럽 역사에서 으뜸가는 거래의 달인 역할을 해왔다. 덴마크는 발트해를 드나드는 통로를 관장하기 때문에 말 그대로 발트해 연안 국가와 바깥세상의 접촉 여부를 결정할 수 있다.

네덜란드와 덴마크 두 나라 모두 중요한 무역로에 대한 접근을 좌지우지한다. 두 나라 모두 전략적 요충지를 점유하고 있다. 네덜란드와 덴마크는 공히 (좋게 말해서) 북유럽 평원에서 독보적인 국가가 등장할까봐 경계하고 있다. 네덜란드와 덴마크는 둘 다 철저한 친미국가다. 그리고 네덜란드와 덴마크는 둘 다 앞으로 미국에게 더할 나위 없이 매력적인 동맹국이 된다.

덴마크-미국 동반자 관계가 구축됨으로서 세계가 얻게 될 보다 폭넓은 교훈이 하나 있다. 덴마크가 발트해의 무역을 관리하면서 터득한 지정학적인 전문성은 오랜 세월에 걸쳐 축적되어 세계 굴지의 해운회사인 머스크(Maersk)를 탄생시켰다. 세계 무역과 공급사슬이 축소되는 동시에 운송화물도 줄어드는 세계에서는 해운업계의 강자 자리는 오직 하나밖에 없을지도 모른다. 덴마크가 미국 동맹국 명단에 오르게 되면 해운업계 강자의 자리는 아랍이나 중국이 아닐 가능성이 확실시된다.

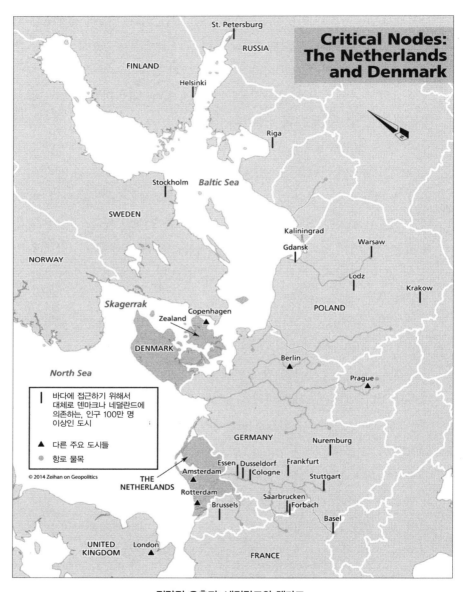

Critical Nodes:
The Netherlands
and Denmark

St. Petersburg
RUSSIA
FINLAND
Helsinki
Riga
Stockholm   *Baltic Sea*
SWEDEN
Kaliningrad
NORWAY
Gdansk
Warsaw
Lodz
Krakow
Skagerrak
Copenhagen
Zealand
POLAND
DENMARK
North Sea
Berlin
Prague

바다에 접근하기 위해서
대체로 덴마크나 네덜란드에
의존하는, 인구 100만 명
이상인 도시

▲ 다른 주요 도시들
● 항로 물목

© 2014 Zeihan on Geopolitics

GERMANY
Nuremburg

THE
NETHERLANDS
Essen Dusseldorf Frankfurt
Amsterdam   Cologne
Rotterdam
Stuttgart
Brussels
Saarbrucken
Forbach
Basel

UNITED
KINGDOM   London
FRANCE

전략적 요충지: 네덜란드와 덴마크

248

영국은 최고의 상황과 최악의 상황에 모두 직면하게 된다. 긍정적인 점부터 살펴보자. 유럽연합의 재정 문제가 심각해지면서 점점 더 많은 세금을 걷으려고 혈안이 되어 있는 정부로부터 점점 더 많은 자금을 은닉하려는 수완 좋은 유럽인들이 점점 더 늘어나게 된다. 런던의 금융 중심가를 일컫는 스퀘어 마일(Square Mile)—세계에서 금융기업의 밀도가 가장 높다—은 이런 유럽인들의 자본을 두 팔 벌려 환영하면서 영국 금융 시장을 세계적인 금융 시장이자 영국의 가장 역동적인 경제 부문으로 성장시켰다. 유럽연합이 침체와 해체의 내리막길로 접어들면서 영국으로 유입되는 자본(그리고 런던의 부)은 두둑해진다.

자, 그럼 부정적인 점은 뭘까. 자본이 물밀듯이 밀어닥치면서 유로 대비 파운드는 점점 더 강력한 평가절상 압박에 시달리게 된다. 파운드의 가치가 상승하면 금융을 제외한, 영국 경제의 다른 모든 부문—제조업, 농업, 해운업, 철강, 광산, 몽땅—은 점점 더 경쟁력이 약해진다. 신세계가 펼쳐지면서 영국은 유럽의 잔해를 신나게 먹어치우겠지만, 금융 부문을 제외한 나머지 경제는 시들게 된다. 파운드화 강세에, 고령화하는 인구 구조에, 이미 영국의 재정으로는 감당하기 어려울 정도로 확대된 복지정책만으로도 근대 산업 국가로서의 영국의 존재는 거의 끝났다. 나라 전체가 (거대하기는 하나) 금융 중심지에 불과한 존재로 격하된다.

그래도 미국은 여전히 영국에 관심이 있다. 유럽에서 통일된 유럽이라는 개념에 대해 영국보다 몸서리를 치는 나라는 없다. 그리고 영국만큼 통일된 유럽이 현실화되지 않도록 하는 데 필요한 전문성과 경륜을 갖춘 나라도 없다. 미국이 무슨 짓을 하든지 상관없이 영국이 상당한 에너지를 쏟아부을 일이 바로 유럽의 통일을 방해하는 일이고, 이러한 영국의 열정은 미국의 관심을 끌 수밖에 없다. 게다가 영국은 두 척의 초대형 항공모함을 진수할 예정이다.

그리고 영국은 섬나라라는 사실을 잊어서는 안 된다. 영국이 독립을 유지하는 데 드는 비용은 여전히 미미하고, 유럽 대륙에서 일어나는 만사에 온갖 수단을 동원해 훼방을 놓을 역량은 무한하다.

아시아: 자유무역의 축소판

태국은 여러 가지 면에서 미국의 최고의 동맹국이다. 태국은 아주 독특한 영토를 점유하고 있다. 탁 트인 고지대가 외부와 단절된 만과 접해 있고 우묵하게 들어간 이 만을 따라 연안 지역이 형성되어 있는데, 이 모두를 도저히 침투하기가 불가능한 밀림 산악 지대가 둘러싸고 있어서 브레튼우즈 체제가 70년 동안 유지됐는데도 바깥세계와 연결되는 통로는 연안을 따라 깔린 철도뿐이다. 이러한 천혜의 방어시설 덕분에 태국은 어떤 시대든 상관없이 외부세력으로부터 간섭을 거의 받지 않고 경제 개발에 매진했고, 유럽의 제국 시대가 절정에 달했을 때조차도 독립을 유지했다. 여러 가지 지형이 혼재된 지리적 특성 덕분에 태국은 수도 방콕을 중심으로 자본집약적, 고부가가치 산업-기술지향적 사회가 되었을 뿐 아니라 일정 정도의 원자재로부터 이득을 얻는 농업중심의 고지대 내륙지방도 보유하고 있다. 태국은 아시아 대륙에서 가장 안정적이고 국경과 국익을 지키기에 최적의 역량을 갖춘 나라일 뿐만 아니라 대체로 독자적으로 외부세계를 상대할 수 있는 유일한 나라이기도 하다. 미국의 관점에서 보면, 태국은 군대를 현지에 주둔시킬 필요가 없는 동맹이고, 경제적 도움도 크게 필요하지 않으며, 미국을 짜증나게 만들 일도 없다. 또한 인도, 중국, 동남아시아 교역로 사이라는 전략적 요충지에 있으므로 엄청나게 쓸모있는 우방이기도 하다. 게다가 어디로 튈지 모르는 주변 국가들을 상대하

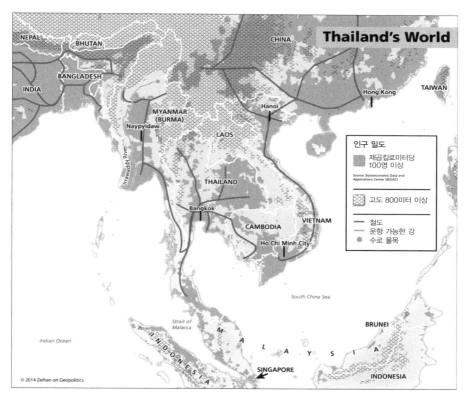

태국의 세계

는 데 도가 튼 나라이기 때문에 태국은 미국과 동맹을 맺기 위한 방편으로 광범위한 안보협력을 내세워 미국을 솔깃하게 만들 수 있다.

　뜻밖에 미국의 동반자가 될 잠재력이 있는 나라는 지난 한 세대 동안 미국의 블랙리스트에 올라 있었던 나라인 미얀마다. 미얀마는 세 가지 유리한 점이 있다. 첫째, 석유와 천연가스, 아연과 구리에서 수력과 목재에 이르기까지 여러 가지 다양한 천연자원을 상당량 보유하고 있다. 미얀마는 태국 바로 옆에 있기 때문에 분명히 시너지 효과도 많다. 둘째, 미얀마에 있는 이라와디 강은 그 지역에서 운항 가능하고 길이가 적당한 유일한 강이다. 이 지역에서 신속하게 개발하기는 어려울지라도 독자적으로 경제 개발을 성취할 나라가 있다면 바로 미얀마다.

셋째, 미얀마는 주변의 힘센 나라들을 극도로 불신한다. 이 때문에 미얀마는 1990년대와 2000년대 내내 사실상 중국과 동맹을 맺었고, 서구 진영은 미얀마가 선택한 정치 체제(즉, 군사독재)를 용인하지 않았다. 그러나 2010년대 초, 중국이 미얀마를 자국의 속주(屬州)로 취급하기 시작했고, 중국의 내정간섭이 심해지자 2014년을 기해 미얀마와 중국의 관계는 와해되었다. 그 결과 미얀마 정부는 그토록 오랫동안 불신했던 바로 그 서구진영 국가들을 상대로 전략적인 개방을 촉진하기 위해 민주화 절차에 착수했다. 장담컨대, 미얀마는 자국보다 힘센 주변국들을 믿지 않는다. 그런 힘센 이웃나라들—인도와 중국—은 미국이 억제하고 싶어 하는 바로 그런 종류의 지역 맹주들이다. 미얀마 정부의 성향이 어떻든 상관없이 미얀마가 계속 존재한다는 사실만으로도 미국의 억제 전략이 절반은 저절로 달성되는 셈이다.

대만과 한국의 입지는 분명치 않다. 전략적으로 두 나라는 분명히 미국이 원하는 동반자다. 두 나라는 일본과 중국 사이에 끼어 있고, 국방 역량이 놀라울 정도로 뛰어나며, 제대로 열 받으면 단기간 내에 핵무기를 개발할 역량도 있다.[3] 그러나 두 나라를 미국의 동맹 체제에 포함시키는 데 드는 비용이 만만치 않다. 두 나라 모두 자국이 쓰는 에너지와 원자재를 거의 전량 수입하고, 국내 시장은 너무 작아서 브레튼우즈 체제 하에서 개발한 세계적 수준의 산업기반을 지탱하기 어렵다. 이 두 나라 경제의 생명을 유지하고 소용이 되게 하려면 미국은 동아시아에 군사력을 계속 주둔시켜야 하고, 미국이 그토록 탈피하고 싶어 하는, 해양 순찰과 교역을 보호하는 활동을 적어도 부분적으로나마 계속해야 한다. 예컨대, 이 작은 두 나라가 한 달에 필요한 원유의 양은 초대형 유조선 20척 분이다. 그러면 미국은 적어도 동남아시아, 어쩌면 페르시아 만에서부터 유조선을 호위해야 할 뿐만 아니라 두 나라의 상품이 미국 시장에서 팔리도록 태평양을 가로지르는 교역로를 관리해야 한다. 미국의 이 두 전통적인 동맹국은 미국이 새로운 시대에 동맹국들을 지원하기 위해서 어느 정도까지 희생할 의향이 있는지 판단하는 시금석이 된다.

이는 싱가포르로 연결된다. 싱가포르는 세계에서 가장 혼잡한 교역로와 에너지 운송 경로에 걸터앉아 있다. 미국이 세계에 강요한 자유무역의 덕을 싱가포르만큼 본 나라는 없다. 따라서 자유무역 체제가 사라지면 가장 고통을 겪을 나라도 싱가포르다. 싱가포르는 지구상 그 어느 나라보다도 많은 양의 무역과 에너지 물동량을 처리한다. 싱가포르가 처리하는 물동량은 세계 기준점이 되며, 상당한 수준에 도달한 기술지향적 산업 기반은 거의 전적으로 무역활동의 촉진을 통해 번 돈으로 뒷받침된다. 간단히 말해서 싱가포르는 자유무역의 화신(化身)이다. 세계무역 질서가 없으면, 동아시아와 유럽 사이에 오가는 교역품의 유통과 동아시아와 중동 사이에 오가는 에너지의 유통을 보호하는 미국이 없으면, 싱가포르는 빈털터리다. 단 하나 가진 게 있긴 하다. 바로 전략적 요충지라는 점이다. 동아시아와 유럽 사이에 무역이 조금이라도 이루어지려면, 동아시아가 중동 에너지를 조금이라도 구입하려면, 미국이 총 한 발 쏘지 않고 언제든지 동아시아의 어느 경쟁국이든 손보려면 바로 싱가포르가 역할을 하면 된다. 그러나 싱가포르의 이 역할은 전략적 동맹국으로서의 역할이지 경제적 동맹국으로서의 역할이 아니다. 말라카 해협을 벗어난 지역을 미국이 순찰하지 않으면, 싱가포르의 경제적 입지는 훨씬 좁아지고 활동도 훨씬 국지적으로 이루어지게 된다.

미국이 미얀마, 태국, 싱가포르를 동맹으로 엮으면 대만과 한국에 대한

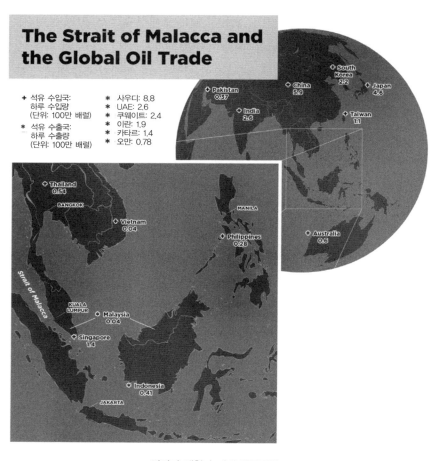

The Strait of Malacca and the Global Oil Trade

+ 석유 수입국:
  하루 수입량
  (단위: 100만 배럴)
* 석유 수출국:
  하루 수출량
  (단위: 100만 배럴)

* 사우디: 8.8
* UAE: 2.6
* 쿠웨이트: 2.4
* 이란: 1.9
* 카타르: 1.4
* 오만: 0.78

+ South Korea 2.2
+ Japan 4.6
+ China 5.9
+ Pakistan 0.37
+ India 2.6
+ Taiwan 1.1

+ Thailand 0.54
BANGKOK
MANILA
+ Vietnam 0.04
+ Philippines 0.28
+ Australia 0.6
Strait of Malacca
KUALA LUMPUR
+ Malaysia 0.04
+ Singapore 1.4
+ Indonesia 0.41
JAKARTA

말라카 해협과 세계 석유무역

미국의 이해관계와 관련해 제기되는 경제적 문제에 대한 해결의 실마리
가 보인다. 이 해법은 오스트레일리아와 뉴질랜드다. 두 나라는 지구상에
존재하는 거의 모든 주요 원자재와 농산물을 저렴하거나 적정가격에 안
정적으로 생산한다. 석유, 천연가스, 석탄, 우라늄, 알루미늄, 밀, 과일, 채

소, 유제품, 소고기, 양고기 등등이다. 대만과 한국처럼 부존자원이 빈약한 나라들에게 오스트랄라시아(오스트레일리아, 태즈메니아, 뉴질랜드, 남태평양제도를 일컫는 용어—옮긴이)의 앵글로 민족 나라들은 더할 나위 없는 천생연분이다.

중동으로 이어지는 교역로를 계속 관리하는 일에 미국이 관심을 두지 않게 될지도 모르지만, 정치적, 문화적으로 사촌격인 오스트레일리아와 뉴질랜드로 이어지는 교역로는 훨씬 짧고 훨씬 덜 위험하기 때문에 관리하기가 비교적 간단하다. 또한 이 두 나라는 아시아 대륙과 물리적으로 아주 멀리 떨어져 있기 때문에 자국의 주권을 유지하기 위해 지출해야 하는 국방비는 미미하다. 미국이 오스트랄라시아를 동맹으로 엮으면—적어도 부분적으로나마—싱가포르의 문제도 해결된다. 미국, 한국, 대만, 마얀마, 태국, 오스트레일리아, 뉴질랜드가 서로 엮이면 싱가포르는 한가운데 위치하게 된다. 사실 싱가포르와 더불어 그 한가운데 위치하게 되는 나라들은 현재 싱가포르의 교역 상대국들인 필리핀, 말레이시아, 인도네시아, 베트남이다.

동남아시아의 이 네 나라는 해상에서 이렇다 할 위력을 절대로 행사하지 못한다. 필리핀, 말레이시아, 인도네시아 세 나라는 군도로서 서로 멀리 떨어져 있는 여러 개의 섬으로 이루어져 있기 때문에 과거의 일본처럼 막강한 제국으로 변신하거나, 주변의 이웃나라들을 성가시게 구는 것 이상의 역량을 갖춘 해군력을 유지하기가 불가능하다. 네 번째 나라 베트남은 북부 인구와 남부 인구가 지리적으로 서로 너무 멀리 떨어져 있고 단절되어 있기 때문에 국내 통합을 공고히 하려면 한 세기는 걸리는데, 베트남은 이 과정을 아직 절반도 끝내지 못했다.

이러한 여러 가지 약점 때문에 인구의 지리적 분포도 독특한 양식을 보인다. 네 나라 모두 오지에는 인구가 희박한 반면, 극도로 도시화된 인구

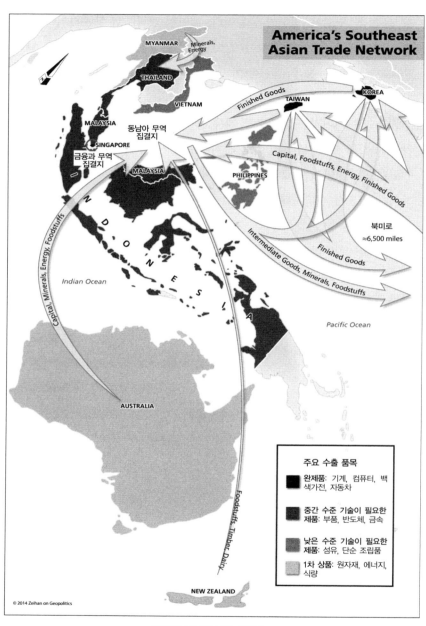

America's Southeast Asian Trade Network

MYANMAR

Minerals, Energy

THAILAND

VIETNAM

MALAYSIA

SINGAPORE

동남아 무역 집결지

금융과 무역 집결지

MALAYSIA

I N D O N E S I A

Indian Ocean

Capital, Minerals, Energy, Foodstuffs

PHILIPPINES

Finished Goods

TAIWAN

KOREA

Capital, Foodstuffs, Energy, Finished Goods

북미로
≈6,500 miles

Intermediate Goods, Minerals, Foodstuffs

Finished Goods

Pacific Ocean

AUSTRALIA

Foodstuffs, Timber, Dairy

NEW ZEALAND

© 2014 Zeihan on Geopolitics

주요 수출 품목

완제품: 기계, 컴퓨터, 백색가전, 자동차

중간 수준 기술이 필요한 제품: 부품, 반도체, 금속

낮은 수준 기술이 필요한 제품: 섬유, 단순 조립품

1차 상품: 원자재, 에너지, 식량

미국의 동남아시아 교역망

256

밀집지역에는 열대기후 지역에서 농사를 짓는 삶보다는 나은 삶을 찾아 상경한 사람들로 발 디딜 틈이 없다.

바로 이러한 특징 때문에 이 나라들이 미국에게 아주 매력적으로 다가온다. 첫째, 네 나라 모두 저임금, 저 숙련 노동력 공급이 끊이지 않는 지역이다. 둘째, 이러한 인력은 해당 지역의 도심지들에 이미 집중되어 있다. 셋째, 이 나라들은 원자재와 에너지 수출국, 금융 중심지, 중급에서 고급 기술이 필요한 제조업 중심의 국가들 사이에 끼어 있으므로 역내 공급 사슬망을 이용하기에 최적의 조건을 갖추고 있다. 도시에 거주하는 청년층을 먹일 충분한 식량을 수입하기만 하면 된다. 이와 관련해서는 미국의 농업 부문이 쌀만 빼고는 뭐든지 월등하게 잘 해낼 수 있다(게다가 쌀 수요는 동남아시아 내에서 충족 가능하다). 마지막으로, 동남아 지역은 전체 인구가 5억 이상으로 미국 상품을 팔 수 있는 거대한 시장이다. 중국 연안지역보다 인구 규모는 더 크면서도 중국보다 정치적인 골칫거리를 훨씬 덜 안겨주는 지역이다.

앞서 언급한 바와 같이 동남아시아를 단일한 지역으로 취급하라고 미국을 설득하기는 쉽지 않을지 모르지만, 이미 동남아 전체에서 그런 움직임이 감지되고 있고, 동남아시아 내에서 미국의 국익에 위협적인 존재가될 만한 나라는 하나도 없다. 오히려 활력 있고 상호 연결된 동남아시아는 지금처럼 중국과 인도가 분리된 상태를 유지하는 데 도움이 되면서도, 동남아시아 역내 국가들의 경제를 모두 합하면, 미국을 제외한 북미자유무역협정 참가국들의 경제 규모나 중미자유무역협정 참가국들의 경제 규모를 합한 것보다 훨씬 큰 경제 규모를 지닌 지역과 미국이 엮이게 되는 셈이다.

10

선수들

Players

다가오는 격랑의 시대에 미국과 동반자 관계를 구축하는 행운을 누리지 못할 많은 나라들은 변화의 거친 파고를 홀로 헤쳐 나가야 한다. 절박한 심정에서든 기회를 포착해서든 필요하거나 원하는 바를 확보하기 위해 어쩔 수 없이 자국의 국경 바깥으로 진출하는 나라들도 생기게 된다. 그런 나라들이 새 시대에 세계에 자국의 발자취를 남기기 위해 적극적으로(종종 공격적으로) 활약할 선수들이다.

러시아: 저무는 나라

유라시아는 쐐기 모양의 광활한 땅덩어리다. 서쪽으로는 북유럽 평원과 연결되어 있고 남쪽으로는 중동의 도시국가들이 모여 있는 마르마라해와 인도 아대륙의 넓은 초원까지 뻗어 있다. 동쪽으로는 유구한 역사의 중국 문명권과 닿아 있다. 인류 역사를 통틀어 이 세 지역 사이를 오가는 데는 제약이 많았다. 중동 사막은 유럽과 남아시아 사이를 왕래하는 데 걸림돌이 되었고, 남아시아와 동아시아 사이의 직접적인 접촉은 밀림과 산악 지대가 가로막았다.

그러나 끝없이 펼쳐지는 유라시아 중앙 평원은 이 지역 국가들이 모두 접근 가능했고, 모두 이 지역을 통해 위협에 노출되었다. 깔때기 모양의 북유럽 평원은 폴란드 부근에서는 폭이 200마일에 불과하지만 벨로루시와 우크라이나에 다다르면 1,500마일이 넘는다. 중국 연안에서 서쪽으로 이동하면 건조한 내륙 지역이 물러나고 명실상부한 초원이 펼쳐진다. 인도 아대륙에서 벗어나 북서쪽으로 이동하려면 두어 개의 산과 고원을 통과해야 하는데, 이를 넘고 나면 중앙아시아 대초원이 펼쳐진다. 지금까지 이 책에서 언급한 어떤 지역과는 달리, 중앙 유라시아는 이렇다 할 지리적 장애물이 전무하고 한쪽 끝에서 다른 쪽 끝까지 장장 3,000마일에 달한다.

가혹한 땅이다. 내륙 평원은 모진 바람이 몰아친다. 겨울은 혹독하고 여름은 끓는 듯하며, 강수량은 들쭉날쭉하다. 대부분이 인간이 거주하기에 적합하지 않다.

가난한 땅이다. 강도 땅 못지않게 혹독하다. 경작 가능한 지역으로 흘러 들어가지 않고 피해 간다. 대지는 평평하고 날씨는 변덕스러워 끊임없이 홍수와 가뭄에 번갈아 시달린다. 굶주림이 툭하면 만연한다. 그런데도 많은 사람들이 살고 있다. 중앙에 위치한 땅은 그나마 어느 정도 쓸 만한데, 동서로 길이가 3000마일이 넘고, 남북으로는 대략 500마일 정도 된다. 에이커당 생산성은, 가뭄, 홍수, 메뚜기, 운송비, 저장 손실분을 모두 감안했을 때, 미국 중서부의 3분의 1에 불과하지만, 지구상에서 가장 넓게 펼쳐진 평원이고 인구를 다 합하면 주요 국가의 인구 규모 정도 된다.

안보에 취약한 땅이다. 날씨가 변덕스러운 데다가 이동을 제한하는 장애물이 없기 때문에 어떤 문명이 들어서도 자연의 힘 앞에 굴복하거나 외부의 침략에 붕괴되기 쉽다. 이 거친 땅을 삶의 터전으로 삼는 사람들은 누구든 대지로부터 또는 서로로부터 안전한 삶을 갈망한다. 정부의 권력이 미치는 지역은 제한적이고, 시대가 바뀔 때마다 침략자들이 초원을 한 바탕 휩쓸고 떠나간 땅이다.

인구 규모는 거대한데 창출되는 자본은 부족하기 때문에 기간 시설을 구축하고 사람들을 교육하고 시장을 형성하는 데 쓸 자금이 제한되어 있어서 노동력의 생산성에서부터 군의 효율성에 이르기까지 모든 것이 제약을 받는다. 오직 숫자만이 중요한 땅이다. 유목민 무리들만이 지배하는 땅이다. 드물기는 하나 어떤 세력이 단일한 정부 아래 여러 지역들을 하나로 통합한 사례가 있기는 하지만, 유목민이 활개치는 땅의 가장자리에 문명의 보루를 구축한 이들은 공포에 떤다. 이 땅은 훈족의 왕 아틸라의 땅이다. 징기스칸의 땅이다. 몽고에서 지중해까지 정복한 몽골족 정복자 티무르의 땅이다. 이오시프 스탈린의 땅이다.

이 영토 대부분을 점유하고 있는 나라는 러시아연방이다. 오늘날 세계에서 가장 불안정한 나라로 손꼽힌다. 중앙 유라시아에 위치한 나라치고 정말로 "안정적인" 나라는 없다고들 하지만, 이 유목민의 땅(Hordelands)을 모두 장악하려면 꼭 필요한 게 두 가지 있다.

첫째, 어떤 권력이 들어서든 이 지역을 전부 장악해야 한다. 러시아는 여전히 인류 역사상 가장 방대한 지역을 점유한 정치체라는 지위를 유지하고 있지만, 다만 어느 정도 안전한 나라가 되려면 추가로 300만 제곱마일의 땅이 더 필요하다. 이 끝 모를 황무지를 다스리는 권력자는 누구든 유라시아의 3대 문명권 가운데 하나로 밀고 들어갈 수 있는 만큼, 거꾸로 유라시아 3대 문명권 가운데 누구든 이 황무지로 진출할 수도 있다. 발트해 연안, 폴란드 평원, 베사라비아(몰도바에서 우크라이나에 걸친 지역) 평원, 흑해, 코카서스 연안지역, 중앙아시아 통로, 그리고 알타이와 텐산 산맥 사이에 펼쳐지는 평원이 모두 취약한 지점이며, 이 지점들을 통해 공격을 감행하기도 하고 외부세력으로부터 공격을 받기도 했다. 소련 시절에 러시아는 이 유목민의 땅 끄트머리에 있는 산이란 산, 강이란 강, 사막이라는 사막은 모두 장악했고, 그들의 땅에 접근 가능한 주요 지점들은 모조리 통제했다. 러시아는 이러한 요새들에 진을 치고 취약한 지점에 군사력을 집중시킴으로써 유목민의 땅을 다스리는 권력으로서는 더할 나위 없이 안전해졌다. 소련이 붕괴된 이후로 러시아는 이 가운데 겨우 하나만 장악하게 되었다. 2014년 2월 크리미아 반도를 접수하면서, 러시아는 두 개의 지점을 장악하게 되었다.

유목민의 땅을 성공적으로 다스리기 위해 반드시 있어야 하는 두 번째

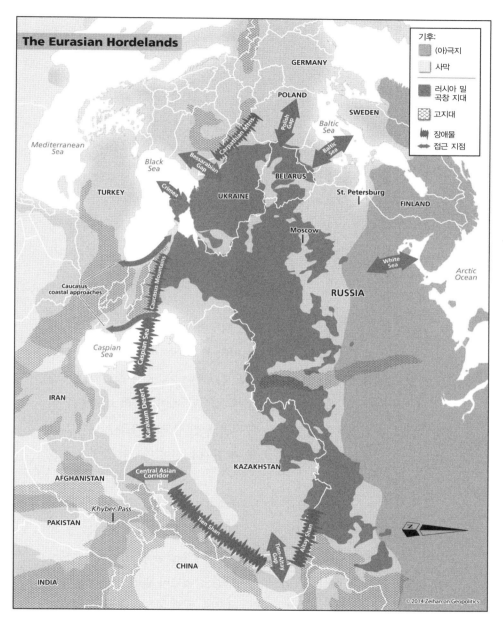

유라시아 유목민의 땅

조건은 대규모 인구다. 소련이 존재하던 시절에 러시아는 폴란드, 우크라이나, 루마니아, 동독, 그 밖의 다른 중부 유럽인 1,800만 명을 자국의 서쪽 국경을 지키는 총알받이로 썼다. 러시아는 코카서스 산맥에 걸쳐 있는 세 공화국—조지아, 아르메니아, 아제르바이잔—을 모두 장악했고, 합친 인구가 1,600만 정도 되는 이 세 나라를 고지대 장애물로 이용했다. 러시아는 중앙 유라시아의 비옥한 토지—러시아 밀 생산지—를 가로질러 남쪽으로 진출한 다음 총인구 규모가 5,000만에 달하는 카자흐스탄, 우즈베키스탄, 키르기스스탄, 투르크메니스탄, 타지키스탄을 접수했고, 이 나라들이 러시아 남쪽 변방의 취약한 틈새를 메웠다. 지금은 이들 전부 러시아 연방에서 떨어져나갔다. 단 몇 년 만에 "소련" 인구는 거의 3분의 2가 떨어져나갔고, 이들 대부분은 이제 독립국가로 유목민의 땅을 러시아와 공유하고 있다.

그나마 남은 인구도 사라지고 있다. 러시아 국민 즉 러시아 민족은 사멸하고 있다. 소련이 붕괴되면서 러시아의 출산율은 바닥을 쳤다. 출산율이 한때 반등했지만, 이는 거의 전적으로 1980년대 중반 소련이 경제재건 정책인 페레스트로이카를 추진할 때 일어난 베이비붐의 여파일 뿐이다. 앞으로 5년 안에 냉전종식 후 태어난, 훨씬 규모가 작은 세대가 부모가 되는데, 이들은 수적(數的)으로 볼 때 현재 러시아 인구의 절반 정도를 부양하기에도 부족하다.

그런데 이게 그나마 최상의 시나리오다. HIV와 여러 치료제에 내성이 생긴 결핵이 러시아인들 사이에 기승을 부리고 있고, 특히 자녀를 둘 확률이 가장 높은 연령대인 15세에서 35세 사이의 인구 집단이 집중적으로 이 질병을 앓는다. 러시아 인구 피라미드는 실제보다 훨씬 낙관적인 모양을 하고 있다. 러시아 민족이 아니라 러시아 전체 인구 자료를 바탕으로 하기 때문이다. 러시아가 정복한 지역의 인구는 대부분 소련이 붕괴하면

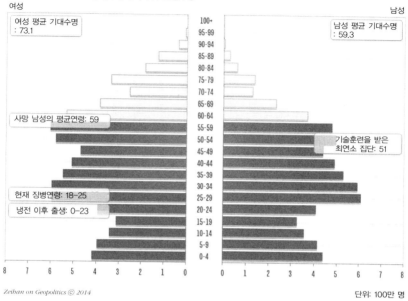

여성   남성

여성 평균 기대수명
: 73.1

남성 평균 기대수명
: 59.3

사망 남성의 평균연령: 59

기술훈련을 받은
최연소 집단: 51

현재 징병연령: 18-25

냉전 이후 출생: 0-23

Zeihan on Geopolitics ⓒ 2014

단위: 100만 명

러시아 인구 구조: 2015년

서 러시아의 손아귀에서 벗어났지만, 현재의 러시아 국경 내에 남아 있는 이들도 상당히 많다. 특히 타타르인, 바시키르인, 체첸인 같은 무슬림 인구는 젊고 늘어나고 있다. 러시아 인구 피라미드에는 이들과 관련된 통계자료와 급속도로 고령화되고 있고 병들고 출산도 하지 않는 러시아 민족의 통계자료가 섞여 있다. 2040년 무렵이 되면 러시아 전체 인구는 1억 2천만 명 미만으로 줄어들 게 확실시되고, 러시아 민족은 자기 나라에서 소수 집단으로 전락한다.

이와 같은 인구 재앙 속에는 또 하나의 시련이 도사리고 있다. 소련/러시아의 교육 체제는 도제식이다. 대학교/3차 교육기관을 졸업한 후 장래에 전문 직종에 종사할 사람들은 노동인구에 합류하기 전에 몇 년 동안 숙련된 엔지니어 밑에서 기술을 배워야 한다. 그러나 소련이 쇠퇴 국면에 접어들던 1980년대 말에 러시아 기술교육에 대한 재정적 지원이 끊겼다. 그 후로 러시아의 숙련기술 노동력은 회복되지 않았다. 2015년 현재 제대로 교육을 받은 가장 젊은 인구의 연령이 이미 51세다. 러시아 남성 사망자의 평균 연령이 59세다(적어도 2000년대 중반까지는 그랬다. 2000년대 중반은 러시아연방 국가통계국에서 마지막으로 신뢰할 만한 인구통계 자료를 발표한 시기다). 러시아는 단 몇 년만 지나면 더 바라기는 고사하고 지금 가진 것을 지키기도 불가능하게 된다.

러시아 앞에 놓인 시련은 단순하다. 인구가 너무나도 급격히 감소하고 있고 감소추세가 이미 많이 진전된 상태인데다가 그 원인이 너무나도 여러 가지여서, 인구 문제만으로도 러시아는 국가로서 살아남을 가능성이 낮고, 러시아인은 앞으로 한두 세대면 민족으로 살아남기도 어려워진다. 아니, 완벽하게 방어하기가 불가능한 국경 안에서 그 정도 세월도 버티기 어려울지 모른다. 러시아가 앞으로 조치를 취할 여력이라도 있는 기간은 기껏해야 8년이다. 실패하면 군대를 채우기도, 미사일 함대를 유지하기도, 도로와 철도 체계가 제대로 작동하게 하기도, 지방 도시들의 붕괴를 막기도, 변방 지역을 감시하기도 어려워진다.

그리고 저물어가는 나라의 죽음을 지연시키기도 어려워진다.

남은 시간을 가장 효과적으로 활용하려면 가능한 한 많은 중앙 유라시아 국경지역들을 다시 장악해야 한다. 성공하면 러시아는 내부로부터 인구 구조가 와해되는 속도를 늦추게 된다. 실패하면 러시아는 내부로부터 인구 구조가 와해되는 동시에 전체 국경을 따라 적대적인 세력들에 노출된다. 첫 번째 시나리오의 경우는 죽음이 수십 년 늦춰진다. 두 번째 시나리오의 경우는 죽음이 10-20년 안에 찾아온다.

러시아는 변방에 있는 취약 지역들의 허점을 모두 메울 만한 힘이 없으므로 우선순위를 정해야 한다. 러시아가 생존을 위해 시도할 조치들을 우선순위대로 나열해 보겠다.

러시아가 가장 신경을 써야 할 지역은 우크라이나다.

- 우크라이나는 러시아 밀 곡창 지대에서 단연 가장 생산성이 높은 지역(이 지역 내에서 최남단이고 강수량도 일정하다)을 점유하고 있다. 러시아는 인력과 자본 부족현상이 심해짐에 따라, 최저 비용으로 최고의 생산성을 보이는 영토들을 장악하는 일이 앞으로 점점 더 중요해진다.
- 몰도바와 함께 우크라이나는 베사라비아 협곡을 점유하고 있다. 이 지역을 장악하면 러시아의 핵심 영토를 노리는 터키의 준동을 막게 된다.
- 우크라이나는 러시아 외의 지역들 가운데 러시아 민족 인구가 가장 많다(크리미아 반도를 우크라이나의 일부가 아니라 러시아의 일부로 봐도 그렇다). 우크라이나의 인구를 러시아 체제에 통합하면 러시아의 멸망을 몇 년 더 지연시킬 수 있다.
- 우크라이나 동부 지역의 산업 기반은 러시아와 인접해 있다. 이 지역을 통합하면 러시아 경제 전체가 목숨을 조금 더 연장하는 데 도움이 된다.
- 우크라이나의 기간 시설은 러시아가 유럽에 수출하는 석유와 천연가스의 거의 절반을 운송하기 때문에 우크라이나가 지닌 에너지 운송 역량은 재정적인 소득 못지않게 정치적 지렛대로서의 가치가 있다.
- 우크라이나 국경은 모스크바에서 겨우 300마일 떨어져 있는 확 트인 평원이므로 우크라이나는 적어도 완충 지대로서의 가치가 있다.
- 구소련 지역에서 유일하게 항행 가능한 드네프르 강은 우크라이나 영토를 관통해 남쪽으로 흐르며, 우크라이나가 흑해 지역, 마르마라해 지역, 그리고 그 너머의 세상과 경제적으로 통합될 수 있게 한다. 드네프르 강

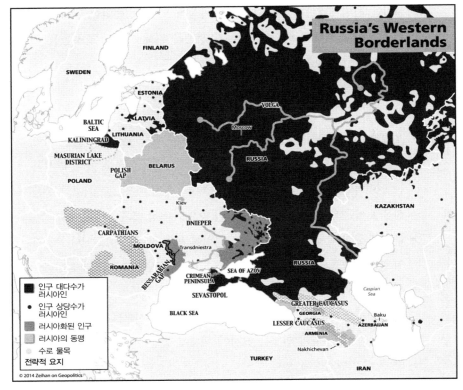

러시아의 서쪽 접경지역

덕분에 우크라이나는 유목민의 땅에서 가장 자본이 풍부한 지역이 될 잠재력을 지니고 있으며, 모스크바로부터 독립해 독자적으로 운명을 개척할 역량이 있는 유일한 지역이다. 러시아는 절대 그런 일이 일어나도록 내버려두지 않는다.

- 크리미아 반도는 드네프르 강 입구에 위치해 있고, 유일하게 얼지 않는 러시아 해군기지 세바스토폴이 있다. 크리미아 반도와 세바스토폴이 러시아 수중에 있는 한 우크라이나는 경제적인 독립을 꾀하지 못하고 해

상 세력들—특히 터키—은 흑해를 장악하지 못한다. 중앙 유라시아 국경지역들을 재장악하려는 러시아의 노력은 2014년 초 크리미아 반도에서 시작되었다. 그런데 러시아는 거기서 멈추지 않는다.

어떤 형태로든 우크라이나가 독립하면 러시아에는 위협이 된다. 그런데 2020년이 되기 전에 러시아가 헤쳐 나아가야 할 위협은 우크라이나뿐만이 아니다.

두 번째로 중요한 지역은 북유럽 변방지역, 폴란드, 벨로루시, 그리고 에스토니아, 라트비아, 리투아니아 등 발트해 연안 3국이다. 이 다섯 개나라는 러시아를 북유럽 평원과 발트해 연안에 노출시킬 뿐만 아니라 러시아 제 2의 도시 상트페테르부르크의 운명도 손에 쥐고 있다. 러시아는 적어도 이 지역을 러시아에 대해 중립적인 태도를 취하도록 만들어야 하지만, 그러려면 큰 난관에 부딪히게 된다. 폴란드와 발트해 3국은 병적일 정도로 러시아에 적대적이다. 당연히 그럴 만도 하다. 러시아/소련은 두 세대 동안 이 지역을 점령했었다. 이 네 개 나라는 서로 긴밀하게 협조하면서 러시아의 입김에 맞설 뿐만 아니라 역사적으로 러시아에 맞서온 두 나라와도 점점 협력을 강화하고 있다. 바로 덴마크와 스웨덴이다. 이 변방 지역을 다루기 위해서 러시아가 쓸 수 있는 패는 벨로루시인데, 이 나라는 스톡홀름증후군과 유사하게, 문화적으로 굴욕적인 자세를 보이고 있다. 벨로루시도 점령당한 다른 나라 국민들 못지않게 소련의 지배 하에서 고통을 겪었는데도, 러시아인이 되고 싶어 하는 유일한 구소련 국민들이다. 그들은 러시아와의 협력—또는 러시아에 의한 점령—을 딱히 부정적이라고는 여기지 않는다. 러시아—벨로루시 협력관계/통합이 러시아가 안고 있는 북유럽 평원 문제를 저절로 해결해주지는 않지만, 해결에 가까이 다가가는 데 큰 도움이 된다.

세 번째 목표물은 인구가 희박한 카자흐스탄이다. 러시아 밀 곡창 지대의 상당한 부분이 카자흐스탄에 있지만, 카자흐스탄이 러시아의 미래에서 할 역할은 주로 완충 지대 역할이다. 이 나라는 러시아에서 비교적 인구 밀도가 높은 유럽 쪽 영토와 남쪽으로 중앙아시아의 투르크 족 국가들, 동쪽으로 중국 사이에 위치한 일종의 황무지다. 러시아가 국가로서 활력을 되찾고 성공하기 위해서 카자흐스탄이 필요한 게 아니라 카자흐스탄이 그저 계속 그 자리에 있어주기만 해도 러시아에 도움이 된다. 독립국가 카자흐스탄이 있는 한 러시아의 뒷문을 걷어차고 침략할 세력은 없을 테니까.

마지막으로 코카서스가 있다. 아마도 세계에서 가장 무자비한 민족적인 적개심이 끓어오르는 곳이리라. 발칸 반도 사람들이 겪은 고통을 훈족, 몽골, 러시아의 자비와 뒤섞어 몇 세기 동안 발효시키면 그런 적개심이 나온다. 그 지역을 슬쩍 살펴보기만 하는 데도 책 한 권은 족히 필요하다.[1] 따라서 여기서는 깊이 다루지 않겠다. 다만 터키와 페르시아의 영향력이 (또는 그보다 더한 상황이) 산악 지대를 통해 러시아에 침투해 투르크/무슬림들로 하여금 러시아에 등을 돌리게 만들까봐 러시아가 두려워한다는 (당연한) 사실만 언급해두겠다. 과장이라고? 아니다. 이게 본질적으로 1990년대에 체첸인들에게 일어난 일이다.

코카서스는 사분오열된 지역이라 이 지역을 장악하려면 엄청난 인력이 필요한데, 바로 러시아가 확보하는 데 점점 어려움을 겪고 있는 게 인력이다. 따라서 물론 러시아 군대가 동원되기는 하겠지만, 러시아는 자금, 기술, 무기, 정보력을 총동원해서 아르메니아, 압하지야 그리고 특히 오세티야 등 코카서스 지역 전역에 다양한 동맹 세력들을 구축해야 된다. 그리고 적대적인 세력과 군대가 그 지역으로 밀고 들어오면, 쓰러지는 동맹들의 시신들을 방패삼아 싸우면서 퇴각하게 된다.

러시아가 어떤 순서대로 이 문제들을 다룰지 그 우선순위는 유럽과 미국이 어느 정도의 수위로 비외교적인 대응을 할지에 따라 결정된다. 이 책을 쓰는 현재, 러시아는 크리미아 반도를 점령하기 위해 구태의연한 선전선동 전술인 "소수민족 보호"를 이미 써먹었다. 합병한 크리미아를 소화하는 동안 러시아는 다음으로 코카서스, 벨로루시, 카자흐스탄—서구 진영에서 훨씬 관심을 덜 보이는 세 나라—을 손볼 가능성이 높다. 서구 진영 쪽에서 진지한—그리고 뜻밖의—행동을 취하지 않는 한 러시아는 상당히 러시아화된 우크라이나 동부 지역에서, 크리미아 반도에서 자기가 써먹은 전략을 반복하는 수순을 밟는다. 그 다음엔 진짜 한판 붙게 된다. 친 유럽 성향인 우크라이나 서부 지역과 한판 붙고, 마지막으로 유럽연합/북대서양조약기구 회원국인 폴란드와 발트해 연안 국가들과 한판 붙게 된다..

터키: 고대강국 긴 잠에서 깨다

지난 2000년 대부분의 기간 동안 마르마라해는 지구상에서 가장 부유한 지역이었다. 사통팔달한 요지이기 때문이다. 유럽과 남아시아 사이의 육로를 통한 교역은 대부분 마르마라해를 끼고 있는 두 반도를 통해 이루어졌고, 다뉴브 강과 흑해 사이의 수로를 통한 교역은 마르마라해를 통과해야 했다. 중동에 있는 많은 요새 도시들 가운데 이스탄불만은 굶주리거나 편협해지지 않고 부유하고 세계적인 도시가 되었다. 툭하면 침략당한 발칸 반도 동쪽 지역 사람들에게 마르마라는 영원불멸이었고, 안정적인 문명의 진수였다. 로마 제국, 비잔틴 제국, 오스만 제국 등 어느 세력의 지배를 받든 상관없이 마르마라는 세계의 보석이었다.

그러나 영원히 지속되는 시대는 없다. 원양 항해 기술이 등장하면서 육로를 통한 교역은 크게 줄었고 페르시아와 유목민의 땅을 우회하는, 보다 저렴하고 빠르고 안전한 길이 열렸다. 1869년 수에즈 운하가 개통되면서 그나마 남아 있는 육로를 통한 교역은 완전히 사라졌다. 곧 뒤이어 해상 무역에도 사망선고가 내려졌다. 제 2차 세계대전이 끝나기 마지막 몇 달을 남겨두고 소련이 동유럽을 정복하면서 흑해로 흘러드는 항해 가능한 큰 강인 다뉴브 강과 드네프르 강은 소련 영토 내의 물길이 되었다. 고대로 거슬러 올라가는 긴 역사를 자랑하는 교역망이 이념의 철의 장막 뒤편으로 사라졌고, 마르마라해는 말 그대로 낙후지역이 되었다.

결국 소련의 등장이라는 결과를 낳게 된 군사적 패배는 여러 가지 면에서 터키에게는 뼈아픈 경험이었다. 터키는 한때 확장 일로에 있었던 제국이라는 이름에 걸맞은 지역은 모조리 빼앗겼다. 이집트, 불가리아, 루마니아, 세르비아를 빼앗겼다. 레반트(동부 지중해 연안 제국. 시리아, 레바논, 이스라엘 등)와 무슬림 성지인 메카와 메디나도 함께 빼앗겼다. 그러나 터키는 마르마라해만은 끝까지 지켰다. 갈리폴리에서 치열하게 싸워 승리한 덕분이다. 그러나 남은 영토는 험준하고 건조한 산악 지대인 아나톨리아뿐이었다. 이 땅은 마르마라에 문명이 탄생한 이후 완충 지대 역할밖에 하지 못한 땅이었다. 겨우 3세대 만에 터키는 대제국에서 일개 지역적 토후로 전락했다.

터키는 자국이 무참하게 박살날 게 뻔한 큰 모험을 시도하지 않고 퇴각하기로 했다. 터키는 국경을 강화하고—현재 접경지역은 하나 같이 적대적인 세력과 마주하고 있다—세상과 담을 쌓았다. 제 2차 세계대전 후 터키는 소련으로부터 직접적인 압력을 받게 되자, 독립을 유지하기 위해서 마지못해 미국이 주도하는 안보와 경제 체제에 회원국으로 참여했다.

터키가 브레튼우즈 체제의 회원 자격을 얻은 덕분에 유럽은 그나마 터키 수중에 남은 땅을 넘보려는 시도를 중단했고, 터키는 비록 제한적이기는 하나 유럽 시장에 접근하게 되었다. 무역으로 벌어들인 소득과 마르마라에서 창출된 자본을 바탕으로 터키는 거의 쓸모없는 땅덩어리인 아나톨리아 개발에 착수했다. 수십 년에 걸쳐 고지대로 들어가는 도로와 철도를 깔아 농촌마을을 읍으로, 읍을 제조업 중심지로 변모시켰다. 여러 가지 면에서 1950년부터 2000년 사이의 기간 동안 터키가 겪은 삶은 2000년에서 2010년 사이에 개발도상국들이 겪은 경험의 예고편과 같았다. 부유한 지역에서 창출된 자본은 삶의 수준이 표준에 못 미치는 지역으로 흘러 들어갔다. 그 외에는 다른 방도가 없었다.

터키는 90년 동안의 지정학적인 긴 잠에서 스스로 깨어나지는 않았다. 이번에도 터키가 처한 상황을 억지로 바꿔놓은 장본인은 러시아였다. 단지 이번에는 소련이 등장해서가 아니라 소련이 붕괴했기 때문이라는 점이 달랐다. 1992년 소련군은 그냥 해체되어버렸고, 터키의 동쪽, 북쪽, 북서쪽 지평선이 동시에 확 트였다. 역사가 다시 시작되었지만 3세대 동안 국내 문제에만 골몰해온 터키는 이러한 변화를 맞이할 준비가 되어 있지 않았다. 지금도 마찬가지로 터키는 다가오는 자유무역시대의 종말을 맞을 준비가 되어 있지 않다.

앞서 거론한 이 모든 이유들로 인해 터키는 가장 변화무쌍한 지역의 한가운데에 놓여 있다. 터키의 남동부 지역부터 시계 방향으로 살펴보자.

- 이라크는 이 지역에서 어디로 튈지 예측하기 가장 힘든 나라다. 이란의 영향권 아래 있는 위성국 비슷한 나라가 되든가, 사담 후세인 식의 무자비한 군사독재 체제 하에서 재통합된다. 어떻게 되든 남동부 지역은 터키에게 가장 골치 아픈 국경지역이다.
- 남쪽에 있는 레바논과 시리아는 근대국가의 지위를 상실하고 와해되어

가난하고 서로 경쟁하는 도시국가들로 쇠퇴한다. 이 지역에 질서를 구축할 역량이 있는 유일한 나라는 터키지만, 레반트 지역에는 이로울 게 별로 없다. 터키는 우방, 적, 이슈 등을 마음대로 취사선택하게 된다.

- 서쪽에 위치한 그리스는 나라의 이름에서 지리적 고유명사로 전락함으로써 터키의 국방비를 절약하는 데 기여하게 된다.
- 북서쪽에 있는 불가리아와 루마니아는 소련의 점령 하에 있다가 북대서양조약기구와 유럽연합에 합류했고, 이제는 자유무역 질서가 붕괴되면서 다시 내쳐지게 생겼다. 이 두 나라는 터키를 쇠락해가는 유럽에서 보기 드문 안정의 보루로 여길 공산이 크다.
- 북쪽의 러시아는 우크라이나로 밀고 들어가겠지만, 폴란드, 루마니아, 스웨덴이 잠정적으로 연합을 구성해 맞서게 된다. 러시아는 터키가 쓸 수 있는 선택지를 제한하려는 의도를 분명히 품고 있으므로, 터키는 예측 불가능한 이 경쟁에 합류하는 방법밖에 달리 선택의 여지가 없다.
- 동쪽으로는 유구한 문화를 자랑하지만 정치적으로는 신참내기인 아르메니아와 조지아는 붕괴의 위기에 직면해 있다. 정치적, 군사적으로 허약하고 이란과 러시아로부터 강한 압력을 받고 있기 때문이다. 터키로부터도 압력에 시달릴 가능성이 높다.

이와 같이 터키는 수많은 벅찬 변화와 시련에 직면하고 있지만, 새 시대를 맞는 대부분의 나라들과는 달리 터키에게는 기회도 많다. 선택지가 많으면 성공할 가능성도 높다고 생각하기 쉽지만, 터키가 구체적으로 어떤 선택을 할지 예측하기는 훨씬 어렵다. 터키는 당연히 확장을 시도하리라 본다. 터키는 지난 10년 동안 아랍권에서 외교적, 경제적 입지를 넓히는 실험을 해왔지만 그 지역에서는 별로 얻을 게 없고 골치 아픈 문제만 많다는 사실을 깨달았다.

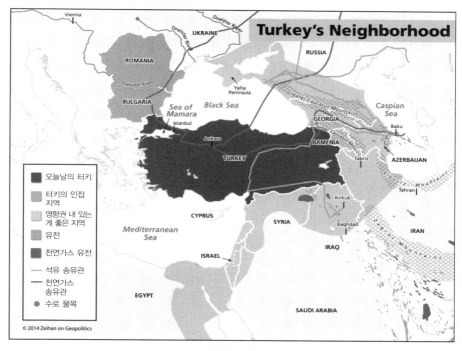

터키의 주변국

　여전히 터키가 지닌 선택지들(그리고 시련들) 가운데 일부는 다른 선택지들보다 훨씬 실행 가능하다(그리고 훨씬 절박하다). 터키는 다음 세 가지 방향으로 확장을 시도하리라고 본다.

　첫째, 불가리아와 루마니아는 누워서 떡 먹기다. 그냥 정복하든가, 아니면 오스만제국 식으로 종주국 관계를 맺든가, 그도 아니면 보다 전통적인 형태의 동맹을 맺든가 하면 된다. 터키가 다뉴브 강이 관통하는 이 두 나라와 공식적인 관계를 맺으면 흑해 동쪽과 다뉴브 강 하류를 공고히 장악하게 되므로 식량 부족이 발생할 가능성을 차단하고 러시아의 야망에 쐐기를 박게 된다.

둘째, 터키는 반드시 석유공급량을 어느 정도 확보해야 한다. 다행히도 터키의 석유 수요는 하루 70만 배럴로 적당하기 때문에 어느 정도 선택지가 있다. 이라크 북부에는 키르쿠크 유전이 있는데, 여기서 생산되는 석유만으로도 불가리아와 루마니아뿐만 아니라 터키의 수요까지도 충족시키고도 남는다. 게다가 키르쿠크에는 이미 터키와 연결된 기간 시설이 있다. 이 송유관은 터키 남부에 있는 에너지 중심지이자 거대한 항구가 있는 제이한(Ceyhan)까지 이어진다. 터키가 이라크 북부를 장악하면 터키 영토 바깥에 있는 가장 규모가 큰 쿠르드족 공동체를 직접 지배하게 되므로 쿠르드족의 분리주의 움직임을 저지하는 데 훨씬 유리하다.

물론 이라크 북부를 장악하기는 쉽지 않다. 쿠르드족 문제를 차치하더라도, 터키는 이란과 정면 승부를 하게 된다. 직접적인 군사적 대결에서는 터키가 명백히 우위를 점한다. 터키 군이 훨씬 잘 훈련되고 좋은 장비를 갖추었으며 국내 평화유지보다는 군사작전에 훨씬 익숙하다. 또 이란과는 달리 터키는 그 이름에 걸맞은 공군력을 갖추고 있다. 이란은 정보망에서 훨씬 우월하기 때문에 이를 이용해 터키 소수민족들 사이에서 끊임없이 군사행동을 부추기게 된다. 특히 쿠르드족이 가장 폭력적으로 준동할 가능성이 높다. 이미 터키에 거주하고 있는 쿠르드족과 이라크 북부에 거주하고 있는 쿠르드족이 합심해서 말이다.

두 번째 선택지는 경제적 관점에서 볼 때 실행가능성은 비슷하지만 전략적으로 훨씬 더 신중하고 용의주도해야 한다. 아제르바이잔이 목표다. 키르쿠크와 마찬가지로 아제르바이잔의 해상 에너지 복합시설은 터키의 수요를 충족시킬 수 있고, 키르쿠크와 마찬가지로 아제르바이잔의 원유를 제이한까지 운송할 기간 시설도 이미 갖추어져 있다. 게다가 아제르바이잔 사람들은 사실상 터키 민족이고, 따라서 이라크의 쿠르드족보다 훨씬 더 터키의 개입을 환영할 가능성이 높다. 그러나 아제르바이잔에 접근하는 데는 문제가 있다. 자유무역 체제가 해체되기도 전에 이미 어느 모로 보나 실패한 나라인 조지아가 방해가 된다. 조지아가 이렇다 할 저항을 할 역량이 있다는 게 아니라—터키가 추구하는 목적을 어떻게 포장하느냐에 따라서 조지아는 터키의 점령을 환영할지도 모른다—조지아에 무력으로 밀고 들어가면 터키는 러시아의 요주의 국가 명단 1순위에 오르게 되기 때문이다.

여기서 터키가 개입할 가능성이 높은 제3의 전장(戰場)이 등장한다. 바로 우크라이나다. 반드시 개입해야 할 필요는 없다. 터키는 우크라이나에서 제국 놀이를 할 선택의 여지가 있다는 뜻이다. 터키는 러시아가 카르파티아 산맥을 장악하지 못한 채로 유목민의 땅에서 떠도는 편을 훨씬 더 선호한다. 그와 같이 취약한 러시아는 일이십 년 내에 안으로부터 붕괴하기 시작한다. 특히 터키는 15세기부터 18세기까지 써먹었던 전략을 재현해 크리미아 반도를 장악하려 할지 모른다. 그렇게 되면 터키는 유목민의 땅의 위험에 노출되지 않고도 러시아를 수세(守勢)로 몰아넣을 수 있기 때문이다.

그러나 터키는 러시아와 한판 붙어서 골로 보내기보다는 러시아를 매수해 중립을 지키게 할 수도 있다.

터키는 우크라이나에서 생산하는 밀도 필요 없고 우크라이나와의 무역도 절실하지 않다. 필요한 건 천연가스다. 우크라이나는 천연가스가 나지 않지만 러시아로부터 터키로 천연가스를 운송할 기간 시설을 장악하고 있다. 러시아는 다뉴브 강 하류 지역에 대한 터키의 권리를 인정하는 대신 천연가스를 유리한 조건으로 수출하려고 할지 모른다. 러시아와 터키가 아주 만족스러운 조건으로 거래에 성공하면 두 나라는 코카서스 지역에서 서로의 이해관계가 충돌하지 않도록 할 방법을 찾아낼지도 모른다.

터키의 입장에서 볼 때 러시아가 터키에 충분히 이득이 되는 제안을 하

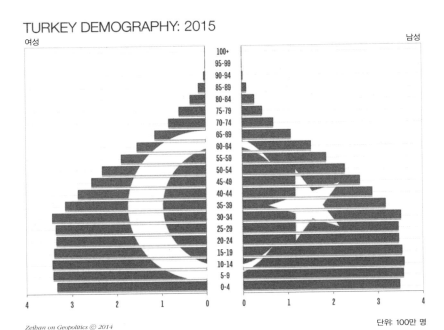

Zeiban on Geopolitics © 2014

TURKEY DEMOGRAPHY: 2015

여성

남성

단위: 100만 명

터키의 인구 구조: 2015년

지 못한다면 터키는 러시아를 코카서스에서 완전히 쫓아내게 되고, 그러면 우크라이나에 대한 러시아의 구상은 상당히 꼬이게 된다. 늙고 병든 러시아의 인구와는 정반대로 터키의 인구는 젊고 활기가 넘친다. 대부분의 개발도상국들과는 달리 터키는 해외 자본이나 해외의 수요에 크게 의존하지 않아도 된다. 성장하고 있는 거대한 국내시장이 있기 때문이다.

터키는 코카서스 북부 지역 전역에 흩어져 살고 있는 비슷한 민족들을 규합할 수 있다. 가깝게는 잉구시, 다게스탄, 카바르드, 사르카시아, 체첸 민족, 멀리는 카자흐스탄과 우즈베키스탄 민족까지도 규합 가능하다. 터키가 결연히 저항하기만 해도 러시아의 남부 변방지역 전체를 와해시키기에 충분하다. 그렇다고 러시아가 가만히 앉아서 당하기만 한다는 뜻은 아니다. 러시아는 세계적 수준의 정보력을 이용해 터키의 기존 영토이든 새로 확보한 영토이든 터키가 장악한 모든 지역에서 소수민족이란 소수민족은 모조리 선동해 터키에 맞서게 함으로써 터키를 내부로부터 불안정하게 만들어 앙갚음을 하게 된다.

우즈베키스탄: 적자생존

우즈베키스탄은 오늘날의 세계에서 가장 묘한 대상으로 손꼽힌다. 소련이 등장하고 러시아인들이 중앙아시아의 건조한 산악 지대와 실크로드를 따라 늘어선 도시들에 사회주의 이념을 분주하게 전파하기 전까지는 진정으로 별도의 잘 규정된 민족으로 존재하지 않았다. 그러다가 냉전 후 들어선 정부가 역사적 인물인 티무르 같은 우즈베키스탄인을 들먹이면서 우즈베키스탄의 "고대 문화의 뿌리"를 만들어내 권력을 정당화하고 공고히 했다. 그러나 우즈베키스탄의 국가 정체성도 약하지만 다른 중앙아시아 국가들의 정체성은 훨씬 더 약하다. 그리고 중앙아시아에는 그 어떤 민족보다 우즈베키스탄인이 훨씬 많다. 이웃하는 카자흐스탄, 투르크메니스탄, 타지키스탄, 키르기스스탄의 인구를 다 합한 것보다 많다.

미국 외에 세계에 진정으로 독립적이고 자급자족적인 나라가 있다면 바로 우즈베키스탄이다. 브레튼우즈 체제와 자유무역 체제가 폭삭 무너진다고 해도 우즈베키스탄에는 별 영향이 없다. 우즈베키스탄은 중앙아시아뿐만 아니라 동반구에서도 석유, 천연가스, 곡물의 자급자족이 대체로 가능한 몇 안 되는 나라에 손꼽힌다. 서구진영이 카자흐스탄의 에너지를 유통시키고 러시아가 키르기스스탄의 수력발전 시설을 운영하고 타지키스탄 국경을 수호하지만, 우즈베키스탄은 외세에 의존하지 않고 자국의 핵심적인 경제 부문을 운용하고 있다. 중국의 영향력조차도 주로 천연가스 구매에 국한된다.

그러나 그렇다고 해서 우즈베키스탄 국민이 만족스럽고 안정된 삶을 누린다는 뜻은 아니다. 이 나라가 직면한, 아주 골치 아픈 문제 세 가지를 살펴보자.

첫째, 러시아는 중앙아시아 지역을 문젯거리로 본다. 특히, 우즈베키스탄 중심부를 관통해 시베리아 서부에서 남아시아로 갈 수 있는 통로가 있기 때문이다. 우즈베키스탄은 중앙아시아에서 가장 인구밀도가 높기 때문에 러시아는 우즈베키스탄은 물론이고, 통로 남쪽에서 우즈베키스탄이 제휴할 가능성이 있는 누구든 당연히 의심의 눈초리로 바라본다. 따라서 우즈베키스탄의 수많은 부족들의 충성심을 얻으려는 경쟁이 러시아와 우즈베키스탄 사이에서 벌어지는 게 당연하다. 러시아는 은밀히 작업을 하고 우즈베키스탄은 대놓고 무력을 행사한다.

둘째, 우즈베키스탄 정부는 끔찍하다. 신생 정부라면 으레 그러하듯이—우즈베키스탄은 1992년에 가서야 자치정부가 들어섰다—온갖 실수를 저지른다. 그러나 우즈베키스탄 정권은 태생이 소련 공산당 계열이라서 정치적으로 억압하려는 성향이 강하다. 총체적 무능에다가 제대로 배운 폭정이 더해지면 세계에서 정치적으로 가장 무자비하고 후진적이며 생활수준은 미국의 10분의 1에 불과한 나라가 탄생한다. 우즈베키스탄이 중앙아시아가 아니라 다른 지역에 있었으면 우즈베키스탄 같은 나라는 이웃나라들이 갈기갈기 찢어 나눠먹었을지 모르지만, 우즈베키스탄의 이웃나라들 가운데 가장 진보적이라고 할 나라는…중국이다. 그러니 우즈베키스탄 정부가 반체제인사들을 산 채로 펄펄 끓는 물에 삶아도 뭐라고 하는 이웃이 하나도 없다.[2]

셋째, 우즈베키스탄은 지정학적 여건으로 인해 갈 데까지 간 변두리 국가의 정수(精髓)를 보여준다. 이 지역을 흐르는 두 강, 아무 다리야 강과 시르 다리야 강은 우즈베키스탄을 관통하지만, 이웃나라인 키르기스스탄과 타지키스탄에서 시작된다. 정상적이라면 이게 크게 문제 될 일은 없지만, 1973년 욤 키푸르 전쟁이 일어나면서 우즈베키스탄은 파멸의 길로 접어들게 된다. 전쟁의 여파로 이집트는 소련 진영을 떠나 서구권의 동맹에 가담했다. 이로 인해 소련은 이집트가 생산하는 목화를 수입하지 못하게 되었다. 소련이 생각해낸 해법은 아무와 시르의 물길을 바꿔 중앙아시아를 관통해 거대한 목화 재배지로 흘러 들어가게 하는 대규모 댐 공사였다. 이러한 목화 농장들은 대부분 당시 소련 공화국인 우즈벡 소비에트 사회주의 공화국 내에 있었고, 이 공화국은 곧 우즈베키스탄이 되었다.

시작부터 이 시설은 강물을 지나치게 많이 끌어다 썼다. 우즈베키스탄은 독립하면서 소련의 보조금이 끊기자 목화 생산에 박차를 가했다. 관개 시설 온 사방에서 물이 줄줄 샜지만 우즈베키스탄은 시설을 보수할 기술도 없었고, 따라서 새는 물의 양을 벌충하느라 시설을 더욱 무리해서 가동했다. 결국 이 두 강의 종착지인 아랄해까지 도달하는 물이 점점 말라갔다. 2014년 현재 아랄해 강물의 95퍼센트가 말라버렸다.

아랄해가 말라버려 중앙아시아 지역의 기후를 조절하지 못하게 되면서 중앙아시아의 사막은 급속도로 확장되었다. 그러면서 이 지역의 기온이 상승했고 키르기스스탄과 타지키스탄의 빙하가 녹는 속도도 빨라졌다. 2025년 무렵이 되면 이 지역의 빙하는 겨울에만 얼어붙는 얼음덩어리로 변하게 된다. 이 빙하들은 아무와 시르 강의 수원이고, 이 두 강이 말라버리면 하류 쪽에 위치한 우즈베키스탄도 건조해진다.

이렇게 되면 중앙아시아 전체가 아주 흥미로운 상황에 놓이게 된다("흥미로운"이라는 표현이 적절한지는 모르겠지만). 물의 양이 중앙아시아 인구의

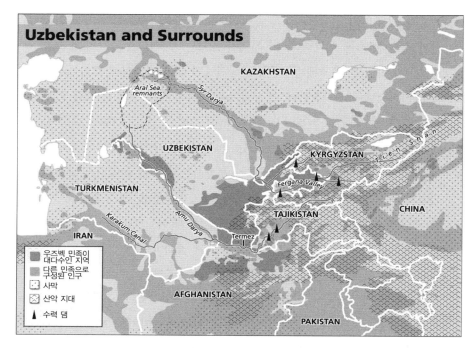

우즈베키스탄과 그 주변 지역

절반이 쓸 정도밖에 남지 않게 된다. 우즈베키스탄은 식량, 군사력, 그리고 무엇보다도 이 물을 차지하는 데 필요한, 결집된 국가로서의 체제를 모두 갖추고 있다.

경쟁은 그다지 치열하지 않다. 스탈린은 국경선을 국수 가락처럼 구불구불하게 그어 지역갈등을 극대화했다. 어떤 공화국도 독립하지 못하게 하려는 의도에서였다. 그리고 스탈린은 줄긋는 솜씨가 탁월했다.

- 타지키스탄은 국가로 기능하기조차 어려운 상태다. 이 나라의 북부 지역은 우즈베키스탄의 본토와 페르가나 지역을 분리하고 있고, 모든 연

결도로와 철도 기간 시설이 몰려 있으며, 인구의 대부분이 우즈벡인들이다. 게다가 아무 강의 급수원은 모두 타지키스탄에 있고, 강물의 흐름을 조절하는 수력발전 댐 몇 개도 여기 있다. 우즈베키스탄은 타지키스탄을 몽땅 차지하려 들게 된다.

- 키르기스스탄은 페르가나 협곡의 거의 모든 기슭과 고지대뿐만 아니라 시르 강의 급수원, 그리고 우즈베키스탄으로 흘러 들어가는 시르 강의 흐름을 조절하고 전기를 공급해주는 수력발전 시설들을 통제하고 있다. 따라서 우즈베키스탄은 키르기스스탄의 남쪽 절반을 몽땅 차지하려 들게 된다.

- 투르크메니스탄이 지닌 결정적인 특징은 소련이 건설한 카라쿰 운하인데, 이 운하는 사막인 이 나라에서 목화를 재배하는 데 물을 댄다. 100만 명에 달하는 투르크메니스탄 우즈벡인들은 거의 모두 아무 강 국경지역에 거주하고 있는 반면, 거의 모든 투르크메니스탄인들은 이 운하 유역에 거주하고 있다. 우즈베키스탄 군대가 이 우즈베키스탄인들이 많이 사는 국경지역을 점령해 카라쿰으로 흘러 들어가는 물을 차단해버리기는 누워서 떡 먹기다. 그러면 투르크메니스탄은 말라붙어서 먼지처럼 흩어져버리게 된다.

- 카자흐스탄은 거의 미국 본토만큼 넓지만, 인구는 플로리다 주 인구에도 못 미친다. 게다가 수백 마일 거리를 두고 서로 흩어져 무리지어 살고 있다. 우즈베키스탄이 입맛을 다시는 카자흐스탄 내의 땅은 시르 강 하류에 있는 국경지역인데, 카자흐스탄에 사는 우즈벡인들은 거의 모두 이 지역에 거주한다.

- 이제 아프가니스탄만 남았는데, 이 나라는 우즈베키스탄에 위협이 될 만한 요소가 없다. 이 나라에 있는 유일한 기간 시설은 투르메즈에서 아무 강을 건너는 다리 하나뿐인데, 이미 우즈베키스탄이 차지하고 있다.

우즈베키스탄은 아프가니스탄 내의 우즈벡인들—200만 명에 달하는데, 국경지역에 집중되어 있다—만 구워삶으면 국경 남쪽으로는 우즈베키스탄에게 성가시게 굴 세력이 전혀 없다.

이 지역에 관심도 있고 훈수를 두려는 경향도 있는 유일한 지역 세력은 러시아다. 인도주의적 차원에서가 아니라 우즈베키스탄이 이 지역의 수자원을 완전히 장악해서 지역 패권국으로 부상하지 못하게 하기 위해서다. 우즈베키스탄이 지역의 패권국이 된다고 해도 광활한 중앙아시아 초원 건너편에 있는 나라이므로 러시아에 직접적인 위협이 되지는 않겠지만, 그래도 러시아가 우려할 만한 이유는 있다.

우선 가장 직접적인 이유는, 우즈벡인들은 투르크 계열이고 우즈베키스탄과 터키 두 나라는 대체로—현재는 소원하지만—우호적인 관계라는 점이다. 터키 내의 투르크인들과 중앙아시아의 우즈벡인들이 전략적으로 협력하면 러시아 내의 코카서스 지역과 톈산 측면 지역에 반러시아 동맹 세력이 생기는 셈이다.

둘째, 궁극적으로 훨씬 우려스러운 이유는 구소련 지역에는 우즈벡인 말고도 투르크계 사람들이 있다는 점이다. 러시아의 통치를 받는 몇몇 민족들은 혈통이 유사하다. 러시아 국민들 가운데 1,700만 명이 투르크인이나 우즈벡인에 대해 동족이라고 느끼는 민족 집단이다. 우즈벡-투르크 동맹은 러시아가 주도면밀하게 감시해온 민족들 간의 힘의 균형을 깨고 불을 지르게 된다.

러시아가 우즈베키스탄을 견제하기 위해서 어느 정도나 무력을 행사할지에 대해 많은 의문이 제기된다. 키르기스스탄, 투르크메니스탄, 타지키스탄은 이렇다 할 국방력을 갖출 역량이 없다. 중앙아시아는 러시아 국경에서 1,000마일 넘게 떨어져 있고, 러시아 내의 인구밀집 지역으로부터는

UZBEKISTAN DEMOGRAPHY: 2015

여성   남성

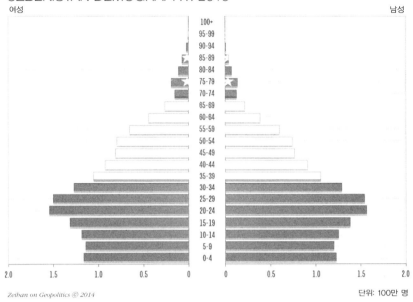

```
               100+
               95-99
               90-94
               85-89
               80-84
               75-79
               70-74
               65-69
               60-64
               55-59
               50-54
               45-49
               40-44
               35-39
               30-34
               25-29
               20-24
               15-19
               10-14
               5-9
               0-4

2.0   1.5   1.0   0.5   0         0   0.5   1.0   1.5   2.0
```

Zeihan on Geopolitics © 2014   단위: 100만 명

우즈베키스탄 인구 구조: 2015년

2,000마일 이상 떨어져 있다. 중앙아시아에서 싸움이 벌어질 경우 러시아에게 유리할 만한 상황은 우즈베키스탄이 가뭄을 못 견디고 이웃나라들을 침략하는 사태가 러시아가 인구 붕괴로 수명을 다하기 전에 일어나는 경우뿐이다. 그러나 2020년이 되기 전에 아무 강과 시르 강이 말라붙어 우즈베키스탄이 행동에 착수하는 사태가 발생하지 않으면 러시아는 머나먼 중앙아시아에서 경쟁할 역량을 완전히 잃게 된다. 그리고 우즈베키스탄을 방해하는 어리석은 자들은 우즈베키스탄의 젊은 세대의 파도에 휩쓸려 수장(水葬)된다.

사우디아라비아: 독선이 낳은 분노

사우디아라비아는 브레튼우즈 체제가 탄생시킨 괴이한 사례의 정수를 보여준다. 이 나라는 90퍼센트 이상이 사막이다. 이 나라의 농업은 대부분 서부 해안지역이나 그 근처에 있는 일련의 오아시스를 근거로 이루어지는데, 이 서부 해안을 따라 요새 도시들이 줄지어 있고, 그 가운데 가장 잘 알려진 곳이 메카와 메디나다. 이러한 서해안 귀퉁이 지역—헤자즈—조차도 인구밀도라고 해봐야 주변 사막에 비해서 높은 정도에 불과하다. 대체로 대규모 인구를 뒷받침할 만한 역량이 없고 가장 기본적인 기간 시설 이상 구축할 만한 자본도 없다. 산업도 존재하지 않는다. 이렇다 할 교육 체계도 없다. 아라비아 반도에서 사우디아라비아가 차지하고 있는 자리는 한 국가가 뿌리내리는 데 필요한 여건들이 존재하지 않는다.

그렇지만 석유가 나온다. 노동력에 무한한 자본을 투입할 의향이 있다면 불가능이란 없다. 브레튼우즈 체제는 사우디아라비아가 석유를 판매할 세계 시장을 구축했고, 미국은 사우디아라비아가 수출하는 석유와 영토 자체에 대한 안전을 보장했다. 그렇게 사우디아라비아는 거친 사막 한복판에 마법의 왕국을 건설하는 데 필요한 자금을 손에 쥐었다.

사우디아라비아의 이러한 변신은 전적으로 현재의 세계적 체제에 의존해 이루어졌고, 지금도 유지되고 있다. 브레튼우즈 체제 하의 세계에서 미국은 안보동맹을 유지하기 위해서 교역을 보장해야 했고, 교역이 가능토록 하기 위해서 에너지 유통을 보장해야 했으며, 에너지 유통을 보호하기 위해서 사우디아라비아의 안보를 보장해야 했다. 그러나 브레튼우즈 체제가 수명을 다한 셰일 시대에 미국은 안보 동맹도, 무역이나 에너지의 흐름도 보장할 필요가 없다. 미국에게 사우디아라비아가 필요 없다는 뜻이다. 미국이 묻지도 따지지도 않고 사우디아라비아에게 보장해줬던 보

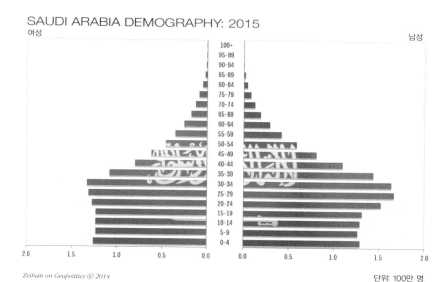

SAUDI ARABIA DEMOGRAPHY: 2015

여성

남성

100+
95-99
90-94
85-89
80-84
75-79
70-74
65-69
60-64
55-59
50-54
45-49
40-44
35-39
30-34
25-29
20-24
15-19
10-14
5-9
0-4

2.0 1.5 1.0 0.5 0.0   0.0 0.5 1.0 1.5 2.0

Zeihan on Geopolitics © 2014

단위: 100만 명

사우디아라비아 인구 구조: 2015년

호막은 완전히 걷히게 된다.

그 여파를 감당하려면 사우디아라비아는 자국이 지닌 근본적인 취약점을 인정해야 한다. 자생적인 노동력이 없다는 사실 말이다.

석유를 발견한 이후로 사우디아라비아는 유목민 삶에 작별을 고하게 되었고, 국민들을 대신해 모든 일을 하도록 외국인을 고용했고, 후한 복지국가라는 기치를 내걸고 인구를 대대적으로 늘려왔다. 그 결과 국민들은 대체로 놀라울 정도로 게으르고 뚱뚱해졌다. 노동력을 수입하려는 정서가 얼마나 만연한지 전체 인구의 대략 3분의 1—약 800만 명—이 외국인 근로자다. 사우디 왕국에서 일하는 외국인이 얼마나 많은지, 사우디의 인구 피라미드에서 불룩하게 튀어나온 30대 연령층은 실제로는 거의 전부 임시체류 외국인 근로자(남성)다.

이러한 독특한 점 때문에 사우디아라비아에는 근대 국가가 누리는 많은 장점들이 존재하지 않는데, 특히 산업 기반과 과세 기반이 없다는 점이 두드러진다. 이렇다 할 해군력도 없다. 심지어 수출하는 화물이 목적지에 안전하게 도달하도록 호위해줄 해군력도 없다. 이렇다 할 육군도 없어서 자국의 안보를 지킬 역량도 갖추지 못했다.[3]

결과적으로 사우디아라비아가 직면한 실존적인 도전은 두 부류로 나뉜다. 해상 위협과 지역적 위협이다.

해상 위협이라 함은, 석유가 필요하고 사우디아라비아에 도달 가능한 나라는 어떤 나라든 사우디아라비아에게 위협이자 기회가 된다. 사우디아라비아는 다른 나라들이 자국으로 와서 석유를 사가기를 바라지 강탈해가기를 바라지는 않는다. 유감스럽게도 사우디아라비아의 석유생산 복합시설은 접수하기가 쉽다. 사우디아라비아의 석유 생산시설은 거의 모두 동쪽 끝에 위치해 있다. 현재 하루에 500만 배럴 정도를 생산하는 가와르 유전은 페르시아 만에 있는 사우디의 주요 수출 기간 시설로부터 100마일이 채 못 되는 거리에 있다. 그러나 사우디아라비아의 인구는 거의 모두 내륙에 위치한 리야드나 극서 지역에 거주한다. 사우디아라비아 대신 바닷길을 보호해줄 정도의 국력이 있는 나라에게 사우디아라비아의 석유시설을 점유하지 말라고 설득하기란 참으로 어렵다. 사우디아라비아는 자국민들의 저항력에 기댈 수도 없다. 석유를 생산하는 동부 지역에 거주하는 사우디인들은 다수인 수니파가 아니라 소수인 시아파가 압도적으로 많다.

지역적 위협과 관련해서는, 사우디아라비아는 엄청나게 골치 아픈 문제에 직면해 있다. 바로 이란이다. 고대 페르시아 제국이든, 샤 왕조든, 아야툴라든, 이란은 늘 현재 사우디아라비아의 영토를 장악하려는 야망을 품어왔다. 이는 부분적으로는 이슬람에 존재하는 두 종파 간의 이념적인 갈등 때문이다. 사우디아라비아는 수니파이고 이란은 시아파다. 부분적으로는 이슬람 성지 때문이다. 페르시아는 이 성지를 장악하는 데서 비롯되는 종교적인 권위를 탐낸다. 부분적으로는 경제적인 이유에서다. 사우디 유전을 장악하는 것 자체가 목적이다. 게다가 사우디아라비아는 역량 있는 군사력을 갖추지 못했지만 이란은 갖추고 있다. 외부의 지원세력이나 군대 없이 사우디아라비아가 쓸 수 있는 방위전략이라고는 없다. 그저 아라비아 사막이 횡단하기 힘든 장애물이 되어주길 바라는 게 전부다.

사우디아라비아가 직면한 이란 문제의 핵심은 미국 대신 사우디의 안보를 보장해줄 주체가 없다는 점이다. 단기적으로는 분명히 그렇다. 브레튼우즈 체제 덕분에 그 어떤 나라도 해군이 필요하지 않게 되었고, 따라서 사우디의 국익을 보호하는 데 이해관계가 걸린, 미국을 대체할 해군력이 없다. 지금 존재하는 어떤 나라든 지역적인 필요를 감당할 정도의 해군력을 구축하려면 몇 년은 걸린다. 적어도 10년(또는 20년) 동안 지구상에는 국지적인 지역을 관할하는 해군력들밖에 존재하지 않는다는 뜻이다. 사우디 화물을 싣고 운항하는 배는 끊임없이 마주치는 지역 해상세력들과 협상을 해야 물길을 지나갈 수 있다. 소말리아 해적들이 증명했듯이, 굼뜬 초대형 유조선을 강탈하는 데 탁월한 해군력은 필요치 않다.

사우디아라비아에게는 미국 대신 새로 사귈 만한 친구도 마땅치 않다. 아니, 거의 존재하지 않는다고 봐야 한다.

- 중국은 사우디아라비아의 새로운 보호자—아니면 군림하는 자—를 자청하고 나설지 모른다. 그러나 중국은 그럴 만한 군사적 역량도 없고, 군사적 역량이 있다고 해도 지리적 근접성이 없다.[4]
- 인도가 상당히 가까이 있고 따라서 잠재적인 고객이 될지도 모르지만,

인도로 가는 선적물을 호위하는 일 외에 사우디아라비아에게 이렇다 할 보호자 역할을 할 만한 군사적 역량은 없다.

- 터키가 아마 가장 가능성이 높은 후보이긴 하지만 사우디가 원하는 바와 딱 들어맞지는 않는다. 터키와 동맹을 맺으려면 우선 터키가 이라크 전체를 장악해야 한다. 그렇지 않으면 페르시아 만에서 군사력을 과시하지 못한다. 그러나 터키가 그렇게 남쪽으로 깊숙이 진출하면 이란과 지루한 전쟁에 직면하게 될 뿐만 아니라 충분한 양의 이라크 석유를 장악하게 되므로 사우디아라비아의 석유가 전혀 필요 없게 된다. 터키가 구미를 당길 만한 제안을 해서 유인할 능력이 사우디아라비아에게 있는지 모르겠지만, 있다고 해도 엄청나게 매력적인 제안이어야 한다.

- 그렇다면 남은 후보는 유럽 국가들인데, 논리적으로 볼 때, 이 가운데 영국과 프랑스가 유력하다. 유감스럽게도 두 나라는 페르시아 만까지 장거리를 오가기보다는 자국에서 가까운 북해와 북아프리카로부터—그래도 모자라면 나이지리아, 상투메와 프린시페, 적도기니, 가봉 같은 중앙아프리카로부터—에너지 수요를 충당할 가능성이 훨씬 높다.

결국 사우디아라비아는 스스로 앞길을 개척해야 할 가능성이 가장 높다. 그리고 그러기 위한 사전 정지작업은 이미 시작되었다. 이슬람 성지의 수호자로서 사우디아라비아는 이슬람권에서 상당한 종교적인 영향력을 행사하기 때문에 그 힘을 이용해 이슬람으로 무장한 투사들을[5] 이러저러한 명분에 동원한다. 그리고 여러분도 알다시피 가진 게 돈밖에 없는 터라 자금력을 이용해 지역적 차원에서 정치적 세력을 폭넓게 규합할 능력도 있다. 2011년 미국이 이라크에서 완전히 철수한 이후로 사우디아라비아의 외교정책은 훨씬 공격적이고 군사적으로 바뀌었다. 다음 같은 점이 특히 주목할 만하다.

- 이라크 정부는 사우디아라비아 정부가 대적(大敵)으로 여기는 나라인 이란의 위성국가가 되는 쇠락의 길을 걷고 있다. 이를 막으려면 사우디 아라비아는 준군사적 관계와 자금력을 동원해 이라크 중부지역에서 이란의 침투에 저항하고 있는 수니파의 힘을 키워줘야 한다. 현재 사우디 아라비아는 반란세력을 키우는 데 성공했고, 이들은 미국이 점령했던 최악의 시기에 그랬던 만큼이나 처절하게 저항하고 있다.[6]

- 시리아 내전에서도 이란은 위협을 받고 있다. 시리아는 이란의 오랜 동맹국이고 사우디아라비아는 전투원들과 자금을 동원해 기회가 있을 때마다 시리아 정부를 공격하고 있다. 반군에 대한 사우디아라비아의 지원이 널리 확산되어서 사우디는 이제 다른 모든 외국 세력들을 합한 것보다 더 큰 지원 세력이 되었다. 사우디와 동맹관계인 전투원들의 성향—더할 나위 없이 폭력적인 이슬람 극단주의자들—이 극에 달해 미국, 유럽, 터키는 훨씬 우회적인 방식으로 반군을 지원하고 있다.

- 파키스탄은 아무리 좋게 말해도 미국의 대 아프가니스탄 전쟁에서 미국에 건성으로 협조했다. 남아시아에 대한 미국의 관심이 완전히 시들해지면서, 미국은 파키스탄과의 관계를 완전히 끊어버릴 가능성이 매우 높다. 사우디아라비아가 파키스탄의 새로운 동반자로 부상하고 있다. 두 나라는 이란과 인도에 대한 반감을 공유하므로 이해관계가 잘 맞아들어갈 여지가 많다. 파키스탄이 하루에 필요한 원유는 50만 배럴이 채되지 않는다. 사우디아라비아는 원유가 차고 넘친다. 파키스탄은 인도와 경쟁하기 위해서 외국자본이 절실히 필요하다. 사우디아라비아는 돈밖에 가진 게 없다. 사우디아라비아는 숙련 노동력과 비숙련 노동력이 엄청나게 많이 필요하다. 파키스탄은 오랜 세월 동안 사우디아라비아에 노동력을 가장 많이 공급해왔고, 이 수치는 2014년 150만 명에 달했다. 파키스탄인은 심지어 사우디아라비아에서 군복무까지 했다. 특히 공군

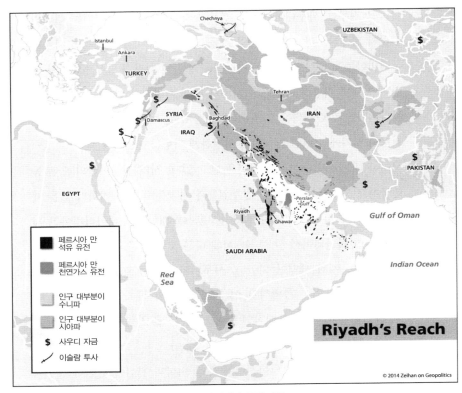

사우디아라비아 주변지역

에 많이 복무하고 있는데, 공군은 사우디아라비아의 원유 증류시설을
이란의 공격으로부터 보호할 역량을 가장 잘 갖추고 있다. 상황이 허락
한다면 파키스탄은 기능적인 핵무기를 포함해 핵기술을 사우디아라비
아와 공유하게 될지도 모른다.

그러나 이 전략을 실행할 경우 위험이 발생한다. 사람들을 무장시키고,
분노를 심어주고, 배교자를 죽이라고 풀어놓으면 조만간 그들 가운데 일

부는 시키는 대로 하지 않고 살해할 목표물을 자기 입맛대로 고르기 시작한다. 사우디아라비아가 이러한 사람들에 대한 통제력을 잃는 바람에 일어난 사건이 바로 2001년 9월 11일 테러이고, 사우디아라비아는 자국이 키운 전투세력에 맞서 짧은 내전을 치러야 했다. 일단 폭력의 판도라의 상자를 열면 거기서 흘러나오는 폭력의 수위를 조절하는 일은 한시도 한눈을 팔기 힘든 고투(苦鬪)다.

일본: 도장(道場)에 쌓인 먼지를 털어내다

일본은 가까운 과거에 해상 군사력이 막강한 가장 공격적인 제국으로 손꼽혔다. 자국에 물자도 시장도 없었던 일본은 이 두 가지를 확보하기 위해 섬 밖으로 진출했고 동아시아 군도와 아시아대륙 연안에서 미얀마에 이르는 거대한 상업적 제국을 건설했다.

그건 그때 얘기고.

오늘날의 일본은 제 2차 세계대전 당시의 공격적인 제국도 아니고 경제적으로 역동적이었던 1980년대의 일본도 아니다. 오늘날의 일본은 지치고 의욕을 상실한 군대 같다. 인구 구조적으로 볼 때 세계에서 가장 고령이고 빠르게 고령화되고 있으며, 젊은 세대 층이 너무 빈약해서 과거에 영화를 누리던 시절로 돌아간다는 것은 생각조차 하기 힘들다. 일본이 세계 수출시장에서 하는 역할은 한창일 때의 3분의 1로 줄었다. 높은 세율에 나이든 인구 때문에 산업계는 점점 일본을 빠져나갔다. 도요타, 혼다 등과 같은 기업들은 이제 판매시장 가까이 있는 생산시설, 특히 미국에서 최고의 기량을 발휘하고 있으며, 판매수익을 고국으로 이전해 점점 더 고령화 되어가는 인구를 뒷받침하는 데 기여하고 있다. 그리 신바람 나게 해주는 방식은 아니지만 그래도 자유무역 체제 하에서 점점 쇠락해가는 일본이 국가로서의 여생을 비교적 안락하게 보내도록 해준다.

그런데 자유무역 시대가 막을 내리면 이런 삶의 접근방식은 완전히 제 구실을 못하게 된다.

그 어떤 나라보다도 일본은 신속히 결단을 내려야 할 일들이 있지만, 낙관적이어도 좋을 이유는 있다. 최고의 기량을 갖춘 일본의 산업은 해외에도 위치해 있고, 거기서 소득의 대부분을 번다. 그러나 소득이 식량이나 에너지와 같지는 않다. 소득은 다른 것으로 대체하든지 정 쪼들리면 없이 살면 된다. 브레튼우즈 체제 이후의 세계에서 일본이 해외에 보유한 생산시설을 계속 가동할지 여부는 시설이 위치한 나라와의 쌍방 관계에 따라 결정되고 공급 사슬 관리가 제대로 될지도 의문이다. 대부분의 경우 일본은 불가피하다는 결론을 내리고 공식적인 소유권을 할인된 가격에 주재국의 기업에 매각하게 된다. 핵심 사항은 이러한 "수출 시장"은 사실상 일본 국민을 고용하지 않고 있기 때문에 일본의 사회구조는 기업의 시설 매각에 따른 손실로 크게 영향을 받지 않는다는 점이다.

일본에 남아 있는 산업은 수입 원자재에 완전히 의존하고 있지만 이 또한 보기만큼 그렇게 심각하지 않다. 일본 수출산업이 대부분 해외로 이전했기 때문에 자국 내에 남아 있는 산업은 상당히 규모가 작아서, 겨우 GDP의 15퍼센트를 차지한다. 게다가 일본의 폐기물 재생 체계는 세계에서 가장 효율적인 것으로 손꼽히는데, 가정과 산업 폐기물의 절반을 재활용함으로써 원자재 수요는 더 줄어든다.

일본은 분명히 브레튼우즈 체제에 머무르고 싶어 하지만 수출시장에 대한 접근이—심지어 원자재도—예전만큼 절실히 필요하지는 않다.

그렇다고 해서 일본이 필요한 것을 확보하기 위해 공격적일—아주 공격적일—필요가 없다는 뜻은 아니다. 다만 목표물과 전술을 선택할 여지가 조금 더 있다는 뜻이다. 예전처럼 태평양 전체를 삼키려고 만세삼창하고 무모하게 돌진할 필요까지는 없다. 필요한 일부만 차지하면 된다. 20세기 첫 수십 년 동안 일본에게는 융통성을 발휘할 여지가 없었지만 지금은 있다.

일본의 가장 큰 관심사는 그 무엇보다도 석유, 천연가스, 식량이고, 이러한 것들이 일본이 보일 행동의 성격과 그 행동이 미칠 범위를 결정하게 된다. 일본의 쌀 수입량은 수요의 10퍼센트 미만이지만, 밀은 90퍼센트, 옥수수는 전량을 수입한다. 전체적으로 일본은 기본 곡물 수요의 거의 4분의 3을 수입한다. 일본의 석유와 천연가스의 수입의존도는 더욱 높다. 일본이 하루 50만 배럴어치 수출하는 정유제품과 인구 고령화로 2020년 무렵이면 줄어들 하루 50만 배럴을 제한다고 해도 일본은 여전히 현재의 체제를 유지하려면 거의 하루 400만 배럴의 석유가 필요하다. 또한 전깃불을 밝히려면 적어도 하루에 100억 세제곱 피트의 천연가스가 필요한데, 이는 일본이 후쿠시마 원전사고의 충격에서 벗어나 원자력발전소를 다시 본격적으로 가동한다는 전제 하에 나온 수치다.

일본은 자국의 필요를 충족시키기 위해 사안에 맞는 적절한 수단—외교적, 경제적, 군사적 수단—을 구사하는 전형적인 국가로 행동하게 된다.

북미지역은 식량과 에너지 상품을 안정적으로 공급하는 지역으로 부상하게 되고, 따라서 일본은 가능한 한 미국과 더할 나위 없이 좋은 관계를 맺어야만 한다. 일부 일본 민족주의자들은 직접적인 군사적 접근방식을 요구하겠지만 1945년에 얻은 뼈아픈 교훈—또는 태평양에서 미국이 군사력을 동원하면 제 2차 세계대전 당시 일본의 패망을 재현하는 데 몇 주밖에 걸리지 않는다는 사실—을 잊은 사람이 있다면 그 사람은 제정신이 아니다. 일본이 그냥 필요한 것만 구매하면 미국의 해상력은 일본이 필요를 충족시키는 데 간접적으로 기여하는 셈이 되는데, 이게 훨씬 더 바람

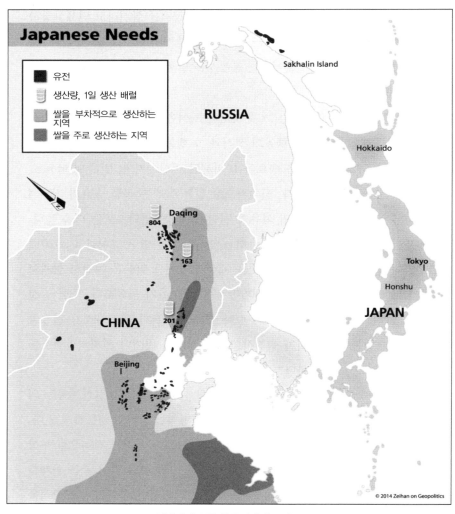

Japanese Needs

■	유전
▣	생산량, 1일 생산 배럴
▨	쌀을 부차적으로 생산하는 지역
▨	쌀을 주로 생산하는 지역

RUSSIA

Sakhalin Island

Hokkaido

Daqing
804
163

CHINA
201

Beijing

Tokyo

Honshu

JAPAN

© 2014 Zeihan on Geopolitics

일본의 수요를 충족시킬 후보지들

직한 해법이다. 그러나 이게 일본의 필요를 모두 해결해주지는 않는다. 북미 지역은 일본이 필요한 에너지와 식량을 충분히 공급해줄 역량이 있지만 쌀은 얘기가 다르다. 게다가 북미 지역은 일본에 하루에 100만 배럴의 석유와 연료, 어쩌면 200만 배럴까지도 공급해줄 수 있을지 모르지만 400만 배럴은 턱도 없다. 미국은 액화천연가스의 형태로 하루 몇 십억 세제곱 피트의 천연가스를 나누어줄 여력이 있을지 모르지만 100억 세제곱 피트까지는 턱도 없다. 미국과 거래를 성사시키면 고무적인 첫발을 내디디는 셈이다. 아니, 반드시 내디뎌야 하는 첫발이다. 하지만 만병통치약은 아니다.

유감스럽게도 현재 일본에 에너지를 공급하는 다른 나라들—오스트레일리아와 페르시아 만—은 이미 소임을 다했거나 지리적으로 너무 멀거나 아니면 둘 다이기 때문에 더 이상 일본의 선택지가 아니다. 그렇게 되면 일본은 인내심의 한계를 느끼게 된다.

일본이 선택할 첫 군사적 목표물은 러시아의 사할린 섬일 가능성이 높다. 일본 최북단 홋카이도 연안과 가깝기 때문에 일본이 해군력과 공군력을 행사할 만한 범위 내에 있다. 사할린 섬의 기간 시설은 대부분 일본 기업들이 구축했고 이 시설은 사할린 최남단에서 끝난다. 일본은 사할린의 해상 에너지 생산 시설을 모두 가동시킬 기술을 갖추고 있지만 러시아는 없다. 그리고 일본 민족주의자들은 20세기 초반의 전쟁에서 러시아가 일본으로부터 이 섬을 빼앗았다는 사실에 아직도 분개하고 있다.

사할린을 점유하면 원유 생산량 하루 30만 배럴, 천연가스 생산량 하루 30억 세제곱 피트를 확보하게 된다. 사할린을 점유하면 러시아와 우호적인 관계를 유지할 기회는 영원히 사라지게 되지만, 솔직히 말해서 러시아 수도 모스크바는 5,000마일 떨어져 있고 따라서 러시아와의 관계가 단절된다고 해도 일본에게는 큰 타격이 없다. 러시아와의 협력은 일본이 자국이 직면한 문제를 해결하는 데 진정한 해법이 되지 못한다. 절대로. 러시아는 자국의 극동지역을 개발하는 데 필요한 인력도 자본도 없다. 게다가 일본과 러시아는 제 2차 세계대전 후 정전협정을 체결하지 않았다. 엄밀히 말하면 두 나라는 이미 전쟁 중이다.

일본이 군침을 흘릴 두 번째 목표물은 중국 만주다. 만주는 쌀농사로 알려진 지역은 아니지만—이 지역은 겨울 추위가 혹독해서 봄에 모내기 준비를 하려면 그린하우스를 이용해야 한다—일본의 수요를 충족시키기에는 충분할 만큼 생산한다. 만주 못지않게 중요한 지역은 다칭(중국 헤이룽장성 남서부에 위치한 도시)이다. 이 지역의 석유 생산 복합시설은 하루 100만 배럴 이상 원유를 생산한다. 이 생산량은 향후 10년에 걸쳐 반 토막 날 가능성이 높지만, 일본이 새로운 공급원을 물색하거나 소비를 줄일 때까지 시간을 벌게 해준다.

앙골라: 집단학살 관리하기

문명을 일구는 게 목표라면 아프리카는 말 못할 정도로 살기 힘든 대륙이다. 대륙 전체가 늪, 밀림, 산악 지대, 사막 천지다. 그래서 아주 기본적인 개발을 하려 해도 말도 못하게 고통스러운 과정을 거쳐야 한다. 그러나 진짜 난공불락은 고원(高原) 지대다. 아프리카 대륙의 어떤 지점에서 보든 해안에서 내륙으로 들어가면서 고도가 급격히 높아져 가파른 경사지를 형성한다. 따라서 사하라 사막 이남 지역에 있는 강은 단 하나도 운항이 가능한 강이 없고, 그나마 있는 철도는 지역 경제에 기여하기 위해서보다는 특정한 부지에서 특정한 물자를 채굴하기 위해서 식민지 시대에 구축되었다. 기간 시설을 구축하기 정말 어려운 지형이다.

다가오는 세계 무질서 시대에 아프리카의 처지는 매우 어려워진다. 원자재 수요가 줄면서 아프리카의 처지를 개선하는 데 필요한 소득이 줄어드는 한편 자본 수요가 줄어들면서 바깥 세계로부터 자본을 조달하기가 거의 불가능해진다. 더 이상 미국이 무역활동을 보호하지 않게 되면서 외국의 세력들은 아프리카를 자기들 놀이터 삼아 19세기 유럽 열강들이 벌였던 각축전을 연상시키는 방식으로 자기들이 필요한 것을 낚아채가게 된다. 프랑스와 영국도 당연히 한몫 끼어들게 되고, 일본, 한국, 대만, 싱가포르, 오스트레일리아도 달려들지 모른다. 이따금 미국까지도 아프리카에 이러저러한 희소 자원이 매장되어 있다는 사실을 깨닫게 되면 관여하게 될 가능성이 있다.

그런데 한 나라―한 지역―가 특히 두드러진다. 그리고 그 나라의 사연은 바로 아프리카의 미래를 보여준다. 결코 고무적인 일이 아니다. 앙골라는 전쟁―식민지 전쟁과 내전―속에서 태어난 나라인데, 이제는 전쟁에서의 집단학살 대신 권력을 강화하기 위한 집단학살이 자행되고 있다.

앙골라는 아프리카 대륙에서는 드물게 열대기후가 아니라서 다른 나라들보다 훨씬 더 효과적으로 정부가 권력을 확장할 수 있다. 앙골라의 지배적인 민족은 20여 년 동안의 내전 끝에 승리한 음분두(Mbundu) 족이다. 이들은 콴자 강을 따라 거주하고 있다. 콴자 강은 원양 항해선 크기의 배가 운항할 정도는 아니지만, 강물이 깎아지른 지형을 흐르면서 급류를 그다지 많이 만들어내지 않기 때문에 1,000마일 내에서는 최적의 운송로―가장 자본이 풍부한 지역―다. 음분두 족은 수도(포르투갈의 식민지일 때도 수도였다)인 루안다도 차지하고 있기 때문에 세계 체제에 대해 제약 없이 접근이 가능하다. 브레튼우즈 체제 덕분에 앙골라는 4세기 동안 포르투갈에게 약탈을 당했던 과거를 되풀이하지 않게 되었고, 해상 유전에서 소득을 창출하고 전쟁을 수행하는 데 필요한 무기, 휘발유, 자동차들을 세계 시장에서 구매할 수 있었다. 음분두 족이 전쟁에서 승리하는 것은 따 놓은 당상이었다고 하면 과장이겠지만, 지리적 여건 덕분에 전쟁을 수행하는 데 필요한 모든 수단을 확보한 상태에서 전쟁에 뛰어들었다. 27

년 동안 80만 명이 사망하고 800만 명의 난민이 발생한 끝에 음분두 족은 전쟁에서 승리했다.

전쟁이 끝난 지금 음분두 족은 이제 권력 강화에 집중하고 있다. 이는 다른 부족들을 강제로 음분두 족에게 동화시키거나 단순히 제거해버림으로써 그들의 정체성을 파괴하는 길고 지루한 과정이다. 음분두 족에게는 안 된 일이지만, 음분두 족은 나머지 다른 부족들에 비해 1대 3으로 수적으로 불리하다. 앙골라에서 가장 수가 많은 부족은 앙골라 고원 지대에 거주하는 오빔분두 족이다. 다름 아닌 내전에서 음분두 족에 맞서 싸운 숙적이다. 음분두 족이 집단학살을 자행하는 데 동원한 핵심적인 수단은 닌자라고 불리는 수천 명으로 구성된 준군사집단인데, 이들은 다른 부족들에게 공포심을 불어넣고 집단학살을 자행함으로써 음분두 족의 의지를 관철시킨다. 음분두 족이 경쟁 부족들의 정체성을 완전히 말살하고 외부의 간섭을 피해 원하는 바를 달성하려면 한 세기는 걸린다.

음분두 족은 그들 마음대로 하도록 바깥 세계가 내버려두지 않는 상황에 처하게 될까봐 두려워하는데, 바로 이 점 때문에 앙골라가 "선수들" 명단에 포함되었다. 앙골라의 내전은 냉전의 일환이었고 쿠바와 미국 등 다양한 집단이 개입했다. 그러나 음분두는 자신들의 진짜 적은 훨씬 가까이 있다고 생각한다. 때로는 수천 명의 군대를 파병해 음분두와 직접 싸운 아프리카 국가다.

그 국가는 바로 남아프리카다.

앙골라와 마찬가지로 남아프리카는 아프리카의 지리적 여건과 다르다. 해안에서 내륙으로 갈수록 가팔라지는 지형이기는 하나 경사도가 훨씬 완만해서가 아니다. 실제로 그렇지도 않다. 아프리카 최남단인 남아프리카는 급격한 경사로 고도가 높아지면서 열대기후를 벗어나므로 사하라 사막 이남 지역에 만연한 질병에 비교적 덜 노출되어 있기 때문이다. 간

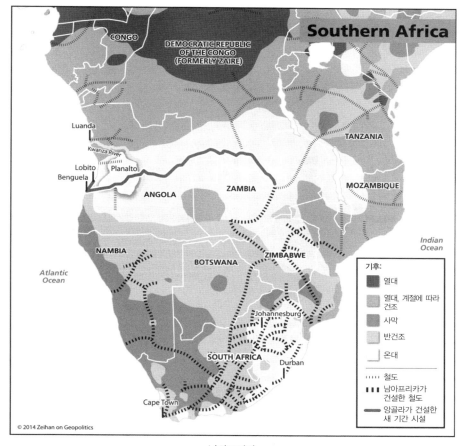

기후:

열대

열대, 계절에 따라
건조

사막

반건조

온대

∷∷∷∷ 철도

▮▮▮ 남아프리카가
건설한 철도

━━ 앙골라가 건설한
새 기간 시설

© 2014 Zeihan on Geopolitics

남아프리카

단히 말하면 질병이 덜하기 때문에 인구가 더 건강하고 수명도 길며 근로
자의 기술숙련도가 더욱 높고 세수(稅收)를 확보하는 데 유리하다. 남아프
리카를 다른 아프리카 국가들과 차별화하는 것은 (탈)식민지 과거가 아니
라 인구 구조다. 남아프리카는 인구 구조 덕분에 기간 시설을 구축할 여
력을 지녔고, 그러한 시설을 건설할 기술기반을 자체적으로 갖추고 있다.

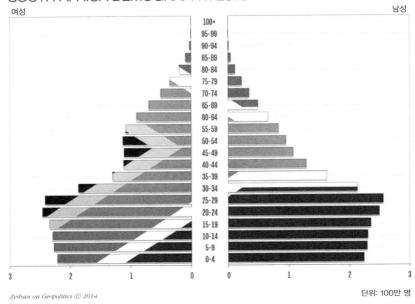

SOUTH AFRICA DEMOGRAPHY: 2015

여성

남성

100+
95-99
90-94
85-89
80-84
75-79
70-74
65-69
60-64
55-59
50-54
45-49
40-44
35-39
30-34
25-29
20-24
15-19
10-14
5-9
0-4

Zeiban on Geopolitics © 2014

단위: 100만 명

남아프리카 인구 구조: 2015년

남아프리카의 광산업 부문—다이아몬드, 금, 백금의 주요 생산국이다—이 건실하다는 점도 도움이 된다.

고원 지대인 덕분에 남아프리카가 보는 이득은 국경에서 멈추지 않고 대륙의 중앙을 따라 북쪽으로 척추처럼 이어진다. 이 척추를 따라 남아프리카는 기간 시설을 건설해왔다. 이 기간 시설은 아프리카에서 유일하게 제구실을 하는 시설이고, 이 지역에서 번듯한 규모의 항구들로 이어진다. 물론 그 항구들은 남아프리카에 있다. 그 덕분에 남아프리카는 값싼 노동력을 거의 무한정 확보하는 한편 레소토, 스와질란드, 보츠와나, 짐바브웨, 잠비아, 콩고 남부를 통틀어 경제개발을 완전히 장악하고 있다. 부피가 큰 화물—구리 원석, 보크사이트, 밀이 가장 부피가 큰 화물이다—을

302

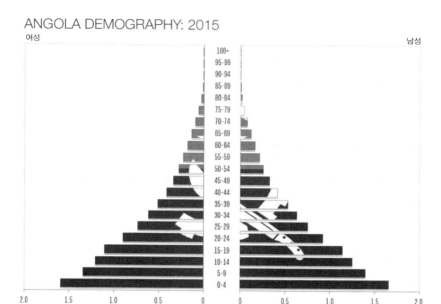

ANGOLA DEMOGRAPHY: 2015

여성   남성

100+
95-99
90-94
85-89
80-84
75-79
70-74
65-69
60-64
55-59
50-54
45-49
40-44
35-39
30-34
25-29
20-24
15-19
10-14
5-9
0-4

2.0   1.5   1.0   0.5   0   0   0.5   1.0   1.5   2.0

Zeihan on Geopolitics ⓒ 2014   단위: 100만 명

앙골라 인구 구조: 2015년

운송하려면 남아프리카와 거래를 해야 한다.

이와 같은 운송망 덕분에 남아프리카는 나라의 크기는 작지만 아프리카에서 행사하는 영향력을 무시하기 어렵고, 이 운송망이 바로 앙골라가 눈독을 들이고 있는 시설이다. 앙골라는 석유를 팔아 번 수익을 처음으로 기간 시설을 구축하는 데 투자하고 있는데, 로비토에 현대식 컨테이너 항구를 건설하고 이 항구에서 아프리카 내륙으로 이어지는 철도를 건설하는 사업이 이러한 노력의 일환이다. 이 책을 쓰는 현재 이 철도는 기존의 운송로와 T자로 만난 단계에 도달했는데, 이 시설이 완공되면 앙골라는 한 세기 동안 남아프리카를 향하던 물동량의 일부를 가로채기 시작하게 되고, 그렇게 되면 아프리카의 경제적, 정치적 생명줄을 쥐고 있던 남아프리카는 더 이상 영향력을 발휘하지 못하게 된다. 그 시점에서 남아프리카가 어떻게 반응할지는 남아프리카에 달렸다. 그런데 남아프리카는 어떤 반응을 보일지 마음대로 결정할 입장이 아니다.

첫째, 남아프리카는 실력이 녹슬었다. 남아프리카는 아프리카대륙 남단에서 국익을 효과적으로 추구할 만한, 고도의 역량을 갖춘 특수 군이 있었다. 그러나 아파르트헤이트(인종 차별정책) 시대가 막을 내리면서 군사력은 기강도 해이해지고 사기도 떨어졌다. 남아프리카가 원정대 역량을 갖춘 군대를 재건하려면 몇 년은 걸릴 텐데, 현재 그 방면에서의 노력은 지지부진하다. 군사력 재건 사업이 2015년 무렵까지 완성될 리는 절대로 없다. 남아프리카가 지닌 현재의 우월한 지위를 보장해주는 기간 시설을 유지할 역량조차도 전형적인 아프리카 수준으로 떨어지고 있다.

이와는 대조적으로 앙골라의 음분두 족은 전쟁을 끝내는 데서 멈추지 않았다. 그들은 강력해진 군사적 힘을 이용해 주변 국가들을 협박하고 자기들 입맛에 맞게 바꾸었다. 그들은 나미비아에서는 앙골라에 우호적인 정부를 수립하려고 정변을 일으켰고, 오빔분두 족의 반란자들을 도와주면 국물도 없다는 경고 차원에서 잠비아를 폭격하기도 했다. 닌자들(Ninjas)은 특히 짐바브웨와 콩고(브라자빌)에서 반정부 집단들을 공포에 떨게 만듦으로써 앙골라에 우호적인 정권을 강화하는 데 특히 효과적이었다.

둘째, 남아프리카가 전쟁을 견뎌낼 역량이 있는지 확실치 않다. 남아프리카는 고원 지대라서 질병이 만연한 열대 기후에서는 벗어나 있지만 고도가 높다고 비열대성 질병에서까지 자유롭지는 않다. 남아프리카 인구의 80퍼센트 정도가 결핵균 보균자이고 임신한 여성의 30퍼센트가 HIV에 감염되어 있다. 이러한 질병들 때문에 남아프리카의 숙련 노동력과 세수가 완전히 초토화되었고, 정부는 주도적인 외교정책을 실행하기는 고사하고 경제성장, 안보, 기간 시설을 아파르트헤이트 시대 수준으로 유지하기도 버겁다. 반면 앙골라는 기간 시설이 형편없고 내전의 참상을 겪었지만 아프리카 남부에 위치한 나라들 가운데 유일하게 (지금까지는) HIV의 마수를 피해간 나라다. 앙골라의 인구 구조는 말 그대로 산업화 이전 시대로 돌아갔다고 해도 좋을 정도로 젊다.

간단히 말하면 앙골라는 경쟁에서 출발은 늦었지만 장기전에서는 승리가 거의 확실시된다.

이란: 적에서 동맹으로

이란은 전형적인 국가가 아니다. 지금까지 국가를 판단하는 데 사용해온 기준으로 보면 국가로서 성공하는 데 필요한 요소를 하나도 갖추지 못했다.

이란은 운송의 균형을 갖추고 있기는 한데 엉뚱한 방식으로 균형이 잡혀 있다. 이란에는 대규모 공동체가 구축되고 여분의 식량을 생산할 대규모 평지가 존재하지 않는다. 운항이 가능해서 자본을 창출할 이렇다 할 강도 없다(폭이 웬만하거나 강수량이 일정한 강도 거의 없다). 이란은 아프리카와 아시아에 걸쳐 있는 건조 지대의 한복판에 있기 때문에 늘 갈증에 시달린다. 국민 거의 전부가 대기 중의 습기라도 쥐어짤 수 있는 높은 산기슭에 산다. 이란 내에서 이동하기는 매우 어렵고, 가능하다 해도 돈이 많이 든다. 그리고 빈곤을 완화하기 위해서 경제적으로 연결할 만한 중심지가 주변에 없다.

반면 외부에서 이란에 도달하기는 식은 죽 먹기다. 남부와 남서부 전체가 세계에서 가장 잔잔한 바다인 페르시아 만과 인접해 있다. 동쪽으로는 인더스 계곡이 있는데 인구밀도가 높은 이곳의 문명은 고대로 거슬러 올라간다.

북동쪽으로는 중앙아시아 대초원이 펼쳐진다. 이 방향에서 보면 바깥세상이 멀리 떨어져 있기는 하지만 건조한 지역을 가로지를 역량만 있으면 이란의 국경에 도달하기는 상당히 쉽다. 북쪽으로는 코카서스 지역이다. 코카서스는 곳곳이 산악 지대이지만 이란과 국경을 접하고 있는 지역은 거의 확 트인 지형이다. 현재 아제르바이잔의 동쪽 절반은 이란을 공격하기에 최적의 군사집결지다. 러시아와 몽골 공히 과거에 북쪽으로부터 접근해 페르시아를 정복하는 데 성공했다.

마지막으로 서쪽으로부터 접근하는 경로가 보통 이란의 지도자들이 밤잠을 설치게 만드는 지역이다. 메소포타미아는 과거에 여러 찬란한 문명이 탄생한 요람이고, 이 지역에서 탄생한 문명은 대부분 꼭 한 번은 이웃인 페르시아를 정복하려고 시도했었다.

원양 항해 기술은 산악 지대에 사는 사람들에게는 아무런 혜택도 주지 못했고 이란도 예외는 아니다. 페르시아 만 가까이 사는 이란인은 거의 없고 따라서 이란에는 항구가 손에 꼽을 정도다. 해상 세력이 마음만 먹으면 이란 해안지역을 점령하기는 식은 죽 먹기고, 이란이 어떤 선박을 띄워도 호르무즈 해협에서 막힌다. 이란에서 가장 크고 번듯한 항구 반다르아바스는 호르무즈 해협이 봉쇄되면 무용지물이 된다.

산업화는 아주 최근까지도 이란을 비껴갔다. 20세기 초 상업화 가능한 분량의 석유가 발견되면서 비로소 이란은 충분한 자본을 창출해 부분적으로 산업화에 착수했다. 그러나 과거와 마찬가지로 지금도 여전히 산업은 허술하고 별 볼일 없다. 이란은 보통교육 체제를 갖출 만한 문화적 풍토가 조성되어 있지도 않고, 단일한 시장을 형성할 기간 시설도 없으며, 대규모 시장이 형성될 만큼 국민들이 보편적으로 부를 소유하고 있지도 않다. 이란이 개발한 산업은 두 부류로 나뉜다. 수도인 테헤란을 뒷받침하는 산업과 에너지 부문을 뒷받침하는 산업.

그러나 여전히 이란은 지금 그 자리에 버티고 있고 이러저러한 형태로 고대부터 존재해왔다. 설명이 필요한 현상이다. 이란이 오랜 세월 존재해온 비결은 척박한 지리적 여건을 헤쳐온 방법에서 찾을 수 있다. 과거 페르시아에는 수많은 산기슭마다 각각 다른 부족이 살았다. 이 부족들은 나름의 정체성과 역사와 언어와 관습을 지니고 있었다. 영화 〈300〉의 대사로 유명해진 말이 있다. "페르시아에는 수천 개의 나라가 있다." 오랜 세월에 걸쳐 산기슭 여기저기 살던 부족들이 하나로 결집해 지금 우리가 페르시아인이라고 일컫는 민족이 되었다. 이에 덧붙여 수천 년에 걸친 인종청소와 서로 다른 민족 간의 결혼을 통해, 또 다양한 민족들이 모여 어렵사리 결속력 있는 국가로 통합되었다. 이는 기나긴 여정이었고 오늘날에도 여전히 이란 국민의 거의 절반은 자신을 페르시아인이라고 생각하지 않는다.

페르시아가 역사적으로 그 체제를 유지해온 방법 중 하나는 바로 약점을 장점으로 바꾸는 데 있다. 산악 지대에서는 농사를 짓기가 어렵다. 해마다 강수량이 들쭉날쭉하기 때문에 흉년으로 인한 기근과 풍년이 번갈아 나타난다. 풍년일 때는 페르시아 인구가 폭발적으로 증가한다. 흉년이 들어 기근이 발생하면 인구는 급격히 감소한다. 페르시아가 생각해낸 해법은 인구 폭발을 군사 원정으로 전환하는 것이었다. 페르시아 군대가 다른 지역을 약탈해 전리품과 식량을 챙겨서 귀환하거나 다른 산기슭을 정복했다. 그러나 군사 원정을 보낸 진짜 이유는 먹여 살려야 할 입을 줄이기 위해서였다. 기후에 따라 변하는 인구 규모에 대처하기 위해서 풍년이 들어 인구가 폭발하면 페르시아는 대대적인 정벌에 나섰다. 그리고 기근이 들면 정복지에 세금을 부과했고, 이 때문에 정복지에서 반란이 일어나면 페르시아 제국은 다시 핵심적인 페르시아 지역으로 축소되었다.

이와 같은 풍년과 팽창과 기근과 축소가 번갈아가면서 반복되는 현상은 족히 2000년 동안 계속되었다. 그러나 원양 항해 기술이 발달하고 특히 산업화가 일어나면서 페르시아 제국의 시대는 기억 속으로 사라졌다. 페르시아는 지역 내의 어떤 세력도 상대가 되지 않을 만큼 강했지만, 원양 항해 기술과 산업화 덕분에 중동에서 멀리 떨어져 있으면서 보다 안정적으로 식량을 확보하게 된 세력들은 그들이 원하는 때에, 원하는 장소에서 지역의 권력 게임에 뛰어들 수 있었다. 이와 같이 질적으로 우월하고 훨씬 기동력이 뛰어난 세력들에게 페르시아의 유목민들은 상대가 되지 않았다. 원양 항해 기술과 산업화라는 쌍두마차가 세계를 휩쓸면서 페르시아 만 바깥의 터키, 러시아, 영국, 프랑스 등은 페르시아의 앞마당으로 점점 더 깊숙이 침투했고, 페르시아가 풍년일 때 팽창 가능한 최대한의 영토 크기는 줄고, 기근으로 인한 인구 급감 현상은 가속화되었으며, 마침내 16세기에 페르시아의 세 확장은 지역에 국한되었고 오래가지도 못했다. 18세기 무렵이 되자 페르시아는 오늘날의 국경과 거의 다름없는 산악 지대에 발이 묶이게 되었다.

여기서 미국의 외교 정책을 살펴봐야 한다.

이란과 미국 두 나라는 철천지원수라고 해도 과장이 아니다. 그러나 왜 그렇게 됐는지 전략적인 여건을 살펴봐야 한다. 이란의 영토는 대부분 쓸모없는 사막이지만 자그로스와 엘부르즈 산악 지대에 있는 고원은 건조한 대기에서 수분을 짜내 농사를 지을 수 있을 만큼 고도가 높기 때문에 사람이 거주하기 적합하다. 이러한 고지대에 이란 인구의 대부분이 거주한다. 산악 지형인 사회에 적용되는 법칙이 여기서도 적용된다. 이 산기슭에 사는 사람들은 바로 옆 산기슭에 사는 사람들과 동질감을 느끼지도 않고, 산기슭 네 개를 건너 뛴 지역에 사는 사람들과는 더더욱 그렇다. 이

다양한 집단들을 단일한 정치적 권력 하에 결집시키려면 강제로 협력하게 만들어야 한다. 그래서 오늘날 이란에는 군대만 100만 개가 있다는 말이 나온다. 그러니 이란은 사실상 자기 영토를 점령하고 있는 셈이다. 대규모 군대의 구축은 이란에게 선택사항이 아니다.

물론 국가를 형성하는 데 필요한, 군대라는 특정한 수단은 다른 쓸모도 있다. 그래서 문제가 된다. 이란을 하나로 결집시키기에 충분한 규모의 대대적이고 응집력 있는 군대는 규모나 단결력 면에서 이란 주변의 어떤 나라도 정복하기에 충분하다. 특히 인구밀도가 낮고 군사력은 더 약한 페르시아 만의 아랍 산유국들, 즉 쿠웨이트, 사우디아라비아, 카타르, 바레인, 아랍에미리트연합, 오만이 바로 그런 나라들이다.

미국과 이란의 적대적 관계가 지난 35년 동안 지속되어온 주된 이유는 바로 이란이 지닌 이러한 역량 때문이다. 테러리즘도, 이스라엘도, 인질 사건도 아니다. 브레튼우즈 체제 하에서 석유 안보는 북대서양조약기구에서부터 태평양안전보장조약기구(ANZUS)에 이르기까지 모든 것의 토대다. 미국은 에너지를 이용해 무역을 보장하고, 무역을 이용해 안보 동맹을 유지했다. 이란이 아랍 산유국들을 정복하거나 페르시아 만을 봉쇄하면 자유무역을 계속 가동시킬 연료가 말 그대로 동이 난다.

그러나 석유와 무역이 여전히 미국의 전략에서 중심적 위치를 차지하는 날은 얼마 남지 않았다. 그리고 상황이 변하면 미국에게 이란은 뽑히지 않는 눈엣가시에서 꿈에서나 그려볼 만한 가장 소중한 동맹국으로 바뀐다. 그 이유는 전적으로 이란의 지정학적 위치 때문이다.

이란은 미국의 동맹이 되기 위한 조건들을 거의 모두 충족시킨다. 브레튼우즈 체제 후의 세계에서 이란은 미국에 절대로 전략적 위협이 되지 못한다. 미국의 힘은 북미 대륙 거의 전체를 장악하는 난공불락의 입지적 조건을 갖추고 있다는 데서 비롯된다. 미국을 위협하는 유일한 길은 다른 대륙에 있는 세력이 역량과 규모를 제대로 갖춘 해군력을 북미 지역에 보내 공격을 퍼붓는 방법뿐이다. 이란은 절대 그런 세력이 되지 못한다. 이란은 산악 국가다. 운항 가능한 강도 없고 선박 기술도 없으며 해군을 육성하고 파병하는 데 필요한 시설도, 전문성도 자본도 없다. 이 모든 역경을 극복하고 우여곡절 끝에 이란이 해군을 만든다고 해도 이란 해군—그리고 이란 경제 전체—은 페르시아 만에 발이 묶이게 된다. 미국 해군이 호르무즈 해협을 봉쇄하고 이란 경제와 더불어 이란 해군 전체를 수장(水葬)시켜버리는 일은 미국에게는 애들 장난이다. 브레튼우즈 시대에는 이란이 페르시아 만에 있다는 지리적 여건이 이란에게 힘이 되었다. 그러나 석유가 미국의 전략에서 중심적인 위치를 차지하지 않는 세계에서는 이란의 지정학적 여건은 오히려 이란의 힘을 약화시킨다.

그런데 이는 미국에게는 실제보다 더 유리해 보인다. 이란의 수입물량의 4분의 3이 반다르아바스(Bandar Abbas) 항구 하나로 들어오는데, 이 항구는 바로 페르시아 만 입구에 있으며, 미국의 해군력에 대단히 취약하다. 페르시아 만 안에는 석유 수출량의 90퍼센트 이상이 빠져나가는 또 다른 지점인 카르그 섬(Kharg Island)이 있다. 한나절이면 미국은 이란이 이 수출항을 이용하지 못하게 만들 수 있다. 카르그 섬에는 본토와 연결된 다리도, 터널도 없기에, 그 섬을 재건하려면 몇 년은 걸리게 된다.

그러나 이러한 취약성은 해군력을 지닌 초강대국에 대해서만 취약한 점이다. 이란의 주변에 있는 그 어떤 나라에게도 이란의 입지적 조건은 악몽이다. 산악 국가들은 보통 부유하지도 않고 해군력도 없지만, 침략하기가 매우 어렵다. 산등성이 하나하나가 방벽 역할을 하기 때문이다. 그러나 그 같은 산악 지형은 이란의 공격 능력을 억제하는 효과는 전혀 없다. 이란 같은 거대한 산악 국가는 한 가지 중요한 면에서 해상 세력처럼 행동한다. 산을 요새삼아 웅크리고 때를 기다리다가 이때다 싶으면 돌진

310

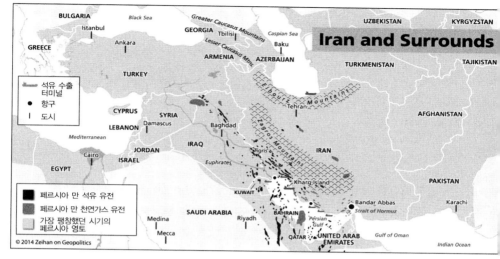

이란과 그 주변 지역

한다. 과거의 행동을 살펴보면 페르시아는 이집트에서 그리스, 카지키스탄에서 인도까지 정복했다.

이란 팽창주의의 목표물이 될 가능성이 높은 4개의 지역 중심지가 있는데, 이 가운데 하나는 이미 어느 정도 점령되었다.

- 점령된 목표물은 이란의 서쪽에 접해 있다. 고대 메소포타미아 문명, 지금은 이라크로 더 잘 알려진 지역이다. 이라크의 힘은 티그리스 강과 유프라테스 강을 이용해 지속적으로 대규모의 잉여 농산물을 생산하고 필요에 따라 인구 규모를 늘릴 수 있는 역량에서 비롯된다. 이라크는 역사적으로 이러한 인구의 팽창을 이용해 강의 상류와 하류 유역뿐만 아니라 남쪽으로 아라비아, 서쪽으로 지금의 시리아, 동쪽으로 페르시아 고원 지대까지 그 세력을 확장해왔다. 이라크는 페르시아에게 가장 큰 어

10 선수들 311

려움과 역경을 안겨준 지역이었고, 그렇기 때문에 페르시아가 팽창주의 국면에 들어섰을 때 가장 먼저 흡수하는 지역이 바로 이라크였다. 이 책을 쓰는 현재 미국의 이라크 전쟁은 끝났고, 이란은 미국이 철수한 상황을 이용해 총리를 비롯한 자국의 동맹 세력들을 이라크 정부에 입성시켰다. 이란이 이미 이라크를 장악했다고 하면 상황을 너무 단순하게 보는 것이지만, 이라크는 단순히 이란의 공격 대상이 아니라 이란의 미래 야망을 위한 발판 구실을 할 게 확실하다.

- 이란의 남서쪽으로는 사우디아라비아가 있다. 페르시아 만에서 가장 큰 나라이자 세계 최대 석유수출국이다. 이란의 목표는 사우디아라비아를 굴복시키는 데 있다. 사우디아라비아가 수니 이슬람의 종주국이라면, 이란은 시아 이슬람의 수호자다. 이미 경제적, 정치적, 전략적으로 반목하고 있는 두 나라에 종교적인 알력까지 더해지는 셈이다. 이란이 분명히 힘에서는 우월하다. 인구는 사우디아라비아의 거의 세 배이고, 실제로 사람을 총으로 쏘는 데 익숙한 군대가 있다. 그러나 사우디아라비아의 군대는 에어컨이 작동하지 않는 곳에서는 맥을 못 춘다. 그러나 이란이 깔끔하고 손쉽고 신속하게 사우디아라비아에 승리한다는 뜻은 아니다. 사우디아라비아의 힘은 석유판매 수입과 이슬람 성지에서 비롯된다. 이 두 가지 특징을 복합적으로 이용하면 사우디아라비아는 그들이 힘을 투사하고 싶은 곳이라면 그 어디에서나—아프가니스탄이든, 러시아(북부 코카서스)든, 이라크든, 리비아든, 시리아든—그리고 언제든지 대신 싸워줄 이슬람 전사들을 모집할 수 있다. 사우디아라비아는 이라크를 내전으로 거의 밀어넣었고, 시리아 내전에서는 사우디가 지원하는 민병대들이 혁명세력의 중추를 구성하고 있다. 사우디아라비아는 이 두 전쟁터에서 싸움을 주도함으로써 이란과 싸우기 위한 시동을 걸었을 뿐이다. 미국이 이 지역에서 잠정적이 아니라 영구히 철수하는 게 더욱 명

312

백해지면 본격적인 싸움이 시작되고, 사우디아라비아는 이라크, 시리아, 아프가니스탄을 비롯해 이란이 관심을 두고 있는 다른 지역들에서 뿐만 아니라 이란 내에서도 도발을 시도하게 된다. 특히 중요한 대상은 이란의 아랍 소수파가 밀집해 있는 남동부 국경지역인 쿠제스탄이다. 이곳이 마침 이란이 대부분의 석유를 생산하는 지역이기 때문이다. 이란도 (침공과 같은) 기존의 수단을 동원하는 데 그치지 않고 분명히 유사한 보복을 감행하게 된다. 사우디아라비아의 시아 소수파도 석유를 생산하는 동부지역에 집중되어 있기 때문이다.

- 북쪽으로는 코카서스가 있는데, 이란과 러시아 사이에서 완충 지대 역할을 톡톡히 한다. 러시아에게는 그렇다는 얘기다. 러시아는 더 이상 코카서스를 소련 시절처럼 자국의 일부로 여기지 않지만, 아르메니아와 조지아에 각각 수천 명의 군대를 주둔시키고 있고,[7] 아제르바이잔은 독립국으로 존재하려면 여러 가지 사안들에서 러시아와 협력해야 한다는 사실을 인식하고 있다. 이란의 문제는 인구의 16퍼센트가 아제르바이잔인이라는 데 있다. 독립국인 아제르바이잔보다 이란에 아제르바이잔인이 더 많다는 뜻이다. 이 "완충 지대"는 러시아 군이 주둔하는 지역과 인접해 있을 뿐만 아니라 이란의 북서쪽 국경에서 민족통합의 위협을 제기한다. 이란이 북부지역의 안전을 확보하는 유일한 방법은 코카서스 지역 대부분을 점령하는 길뿐이다. 유감스럽게도 러시아가 남쪽 국경의 안전을 확보하는 방법도 똑같다. 이란과 러시아에게—조지아, 아제르바이잔, 아르메니아는 두말할 것도 없고—코카서스는 제로섬 게임이다. 러시아가 고분고분 물러날 나라도 아니고 코카서스를 공격하려면 비용도 많이 들고 매우 어렵지만, 시간은 이란의 편이다. 이란의 인구는 젊고 급속히 성장하고 있는 반면 아르메니아, 조지아, 러시아 인구는 세계에서 가장 고령화되었고 가장 급속도로 줄어들고 있기 때문이다.

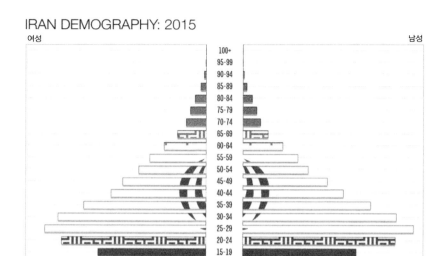

IRAN DEMOGRAPHY: 2015

여성   남성

Zeihan on Geopolitics © 2014   단위: 100만 명

이란의 인구 구조: 2015년

- 마지막으로, 북서쪽에는 터키가 있다. 터키의 경제적, 정치적 이해관계
  는 대부분 흑해와 다뉴브 강 안쪽의 만에 집중되어 있는데, 자유무역 체
  제가 보장되어야 번성하는 지역이다. 미국이 세계 에너지 공급로의 안
  전을 보장하지 않게 되면 터키는 스스로 살 길을 찾아야 한다. 가장 가
  까운 에너지 공급지역은 북부 이라크로, 쿠르드족이 거주하고 있다. 터
  키는 이들이 자국 내 쿠르드족 국민들을 부추겨 문제를 일으킬 가능성
  에 대해 늘 두려워해왔다. 통일된 터키 국가를 유지하고 석유에 대한 접
  근을 확보하는 유일한 길은 북부 이라크를 정복하거나 북부 이라크를
  완전히 터키 "자문관"들로 채워 더 이상 독립국가로 기능하지 못하게 하

는 방법뿐이다. 어느 쪽이든 이란은 이 문제에 대해 참견을 하게 된다. 이란은 또한 시리아에서 전개되는 상황에 대해서도 자기 주장을 강하게 내세우게 된다. 시리아에서 전쟁이 계속되는 한, 터키는 남쪽 변방 지역들에서 어떤 일이 벌어지는지에 대해 노심초사해야 한다.

미국이 점진적으로 페르시아 만에서 철수하게 되면 지난 반 세기동안 존재해온 전략적인 억제력이 해체되어 이란의 입장에서는 앓던 이가 시원하게 빠지는 셈이지만, 이는 이란이 바랐던 승리는 아니다. 미국이 철수하면 이란은 하나도 아니고 무려 네 개의 지역 열강들이 겨루는 난투극에 떠밀려 들어가는 셈이 된다. 바로 이 난투극이 미국의 외교정책이 지향하는 궁극적인 목표다. 세계 모든 주요 국가들이 바다로 눈을 돌리는 대신 서로 싸우는 데 골몰하게 만드는 게 목표다. 이란이 우선순위를 어떻게 정하든, 이란이 무슨 짓을 하든, 이란이 이기든, 지든 상관없이 이란이 존재한다는 자체만으로 다른 4개국들은 지역 정세에 완전히 집중하게 된다. 미국은 팔짱 끼고 구경만 하면 된다.

자, 여기서부터 문제가 좀 복잡해진다

이 국가들은, 기회를 포착해서든 절박한 상황에 처해서든, 하나같이 주변 지역을 자국의 입맛에 맞게 만들려는 시도를 하게 된다. 이들이 서로 주고받는 행동이 앞으로 이 세계의 구체적인 모습을 결정하게 된다. 그러나 이 가운데 그 어느 나라도 미국인들의 삶의 방식은 고사하고 미국 정부의 수뇌부 활동에도 크게 영향을 미치지 못한다.

이 모든 것과 동떨어진 채 찬란한 고독을 만끽하면서, 미국은 지구상

어딘가에서 전개되는 상황을 눈여겨보는 데 적용되는 기준을 높이고, 그 상황에 직접 뛰어드는 데 적용되는 기준은 더욱더 높이 설정하게 된다. 이 책 나머지 부분에서는 이 기준을 넘을 가능성이 가장 높은 다섯 가지 상황에 대해 구체적으로 살펴보겠다.

11

역사가
반복되는
유럽

History Returns
to Europe

$\underset{\Omega}{\text{앞}}$ 의 10장에서 러시아, 터키, 이란에 관한 부분에서 분명히 이해했
기를 바라는데, 세상에 홀로 존재하는 나라는 없다. 거의 모든 나
라가 큰물에서 헤엄을 치면서 자국보다 작은 나라, 큰 나라, 비슷한 나라
등과 끊임없이 상호작용을 한다. 이런 점에서 공격적인 나라 목록에 오른
마지막 나라는 따로 한 장을 할애해 다뤄야 한다. 더 정확히 말하자면, 그
나라가 복닥거리는 연못에 대해서는 따로 한 장을 할애해야 한다. 그 나
라는 바로 독일이고, 연못은 유럽이다. 그리고 다음과 같은 요인들로 인
해 진정으로 혼란스러운 미래가 기다리고 있다.

유럽의 지리

유럽은 상반되는 특징들로 가득한 땅이다. 유럽 인구는 대부분 북유럽
평원(Northern European Plain, NEP)에 산다. 그다지 창의적이지는 않으
나 아주 적합한 지명이다. 이 평원은 세계에서 가장 좁은 평원으로 독일
에 있는 가장 넓은 지점이 300마일이 채 안 되지만, 동시에 세계에서 가
장 긴 평원으로 프랑스 남부 피레네 산맥에서부터 벨로루시 국경까지
1,500마일에 달한다. 그런데 거기서 끝나지 않고 중앙 유라시아의 유럽
쪽 유목민의 땅으로 이어진다. 북유럽 평원의 남쪽 경계 뒤로는 고지대와
깎아지른 산악 지대가 연달아 여기저기 솟아 있고, 이 지역에서 내리는
넉넉한 강수량은 북유럽 평원을 비옥한 곡창 지대로 만들고 북유럽 평원
을 가로지르는 수십 개의 강—특히 센 강, 뫼즈 강, 라인 강, 베저 강, 엘베
강, 오데르 강, 비스툴라 강—에 물을 공급하는데, 이 강들은 대부분 상류
끝에서 하류 끝까지 운항이 가능하다. 식량 생산량이 풍부하고, 자본이
창출될 많은 가능성을 안고 있으며, 이동하기가 쉽기 때문에 북유럽 평원

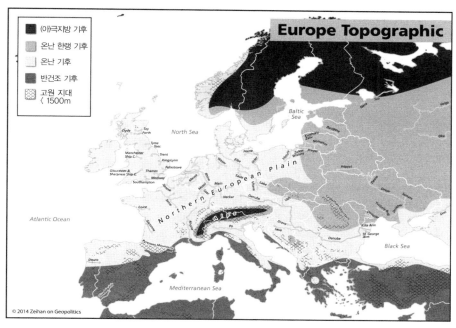

유럽의 지형

은 세계에서 가장 인구밀도가 높고, 지역 교역망이 가장 촘촘하고, 가장 부유한 인구 지역으로 거의 1,000년 동안 손꼽혀왔다.

그러나 어두운 면도 있다. 강 유역들 간에 장애물이 없다. 평원을 쉽게 가로지를 수 있기 때문에 북유럽 사람들은 끊임없이 서로 부딪힌다. 누군가의 심장부는 영락없이 다른 누군가의 변방이다. 북유럽에 문명이 구축되기가 순탄했던 만큼 경쟁도 치열하다. 누군가의 번영과 안보는 다른 모든 이들에게 결핍과 불안을 야기했다. 전부 아니면 전무라는 이 단순한 사실로 인해 북유럽 평원의 국가들은 자국의 안보를 확보하기 위해 세계에서 가장 처참한 전쟁을 수없이 일으켰다.

그러나 유럽에는 북유럽 평원만 있는 게 아니다. 반도와 산악 지대가 평원의 주변을 에워싸고 있다. 스페인과 포르투갈이 있는 이베리아 반도는 피레네 산맥을 사이에 두고 프랑스의 남서쪽에 위치해 있다. 알프스 산맥은 독일과 프랑스를 이탈리아의 아펜니노 반도와 분리시키고, 발칸 반도는 오스트리아와 폴란드로부터 멀리 떨어진 카르파티아 산맥 건너편에 있다. 스칸디나비아 국가들은 동명의 반도에 독립적으로 존재한다. 어느 경우에도 운송의 균형은 사실로 입증된다. 산악 지대는 이동을 제약하고 반도는 접근 경로를 제약한다. 지리로 인해 고립된 반도 국가들은 북유럽 평원의 문화적, 경제적, 군사적 혼란으로부터 어느 정도 초연할 수 있다.

유럽의 섬나라들은 더더욱 그러한데, 이 가운데 두 나라를 주목할 필요가 있다. 덴마크의 질란드 섬은 덴마크가 8세기에 강대국으로 부상한 이래로 인구 절반의 안식처가 되어왔다. 예전부터 덴마크인들은 반도를 소유한 섬나라 사람들이었지, 섬을 소유한 반도인들이 아니었고, 지금도 그 사실은 변함이 없다. 물론 더 잘 알려진 섬나라 사람은 그레이트 브리튼(Great Britain)을 안식처로 여기는 영국인들이다. 이 두 섬의 사람들은 모두 예로부터 북유럽 평원과는 독립적으로 행동해왔다. 반도의 사람들과 섬나라 사람들이 공유하는 가장 강력한 정서는 북유럽 평원의 누군가가 끝없는 경쟁을 마침내 종식시키고 승자로 부상할지 모른다는 두려움이다. 그런 일이 일어나면 북유럽 평원은 풍요와 힘과 권력을 그 지역에서 발생하는 국지적 갈등에 쓰지 않고, 반도 사람들과 섬사람들을 오랜 세월 동안 보호해온 지리적 한계를 극복하는 데 쓰게 될 게 뻔하기 때문이다.

오늘날의 유럽

대부분의 사람들은 유럽 하면 전쟁으로 갈기갈기 찢긴 대륙을 떠올리지는 않지만, 그게 사실이 아니어서가 아니라 지금 우리가 아는 유럽은 브레튼우즈 체제 하에서 완전히 탈바꿈한 유럽이기 때문이다.

브레튼우즈 체제와 미국과의 동맹 체제가 실행되면서 유럽은 더 이상 철광석, 강철, 석유, 식량, 향신료를 차지하거나, 시장을 확보하거나, 국경을 지키기 위해 투쟁할 필요가 없었다. 프랑스와 독일은 북유럽 평원의 강자가 되려고 싸우는 대신 경제적으로 협력하고 더 넓은 유럽과 세계 시장으로 수출하는 데 집중하게 되었다. 유럽 변방의 반도 국가와 섬나라들은 북유럽 평원이 통일될까봐 전전긍긍하는 대신 브레튼우즈 체제 하에서 무역에 동참할 기회를 포착하기만 하면 되었다. 유럽은 지정학으로부터 자유로워졌을 뿐만 아니라 유럽의 참혹한 역사로부터도 휴식을 취할 수 있었다. 그 결과는—세계 다른 지역에서와 마찬가지로—70년에 걸친 평화와 번영의 세월이었다. 물론 유럽의 경우에는 분명히 "평화"에 방점이 찍혔지만.

냉전종식은 세계 전체에 여러 가지 영향을 미쳤지만, 특히 유럽의 경우는 그야말로 황금기였다. 유럽은 냉전의 최전선이었고, 따라서 미국, 소련, 남북한을 제외하고 세계 어느 지역보다도 국방비 지출이 높았다. 냉전이 종식되면서 국방에 쏟던 물자들은 투자로 전환되었다. 에스토니아부터 불가리아까지 이어지는 나라들은 소련의 손아귀에서 벗어났고 유럽연합의 회원국이 되는 절차를 밟기 시작했으며, 1억 명이 넘는 새로운 소비자와 중저임금 노동자들을 유럽시장에 투입했다. 그러나 무엇보다도 냉전의 종식으로 프랑스와 독일이 자국의 미래에 전쟁이 없으리라는 확신을 얻게 되어 역사상 가장 야심찬 통일 프로젝트에 착수했다. 바로 화폐통합이었다.

바로 여기서 오늘날 유럽이 안고 있는 문제가 시작된다.

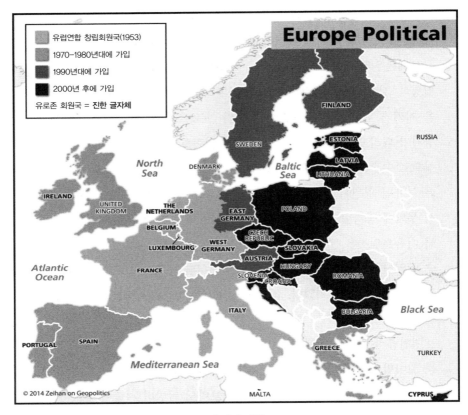

유럽의 정치

문제 1: 유로의 등장

미국에서 금융은 대체로 지역을 따지지 않는다. 상당한 규모의 인구를 뒷받침하는 수많은 강들이 있기 때문에 자본은 사실상 거저다. 모두가 공통의 강 운송망에 연결되어 있고, 그 결과 금융 체제도 마찬가지로 서로 연결되어 있다. 네브래스카 주의 은행이 버몬트 주의 담보대출에 자금을 제공하거나 조지아 주의 신용조합이 아이다호 주에서 신용카드를 사용할 수 있도록 하는 게 지극히 정상으로 간주된다.

유럽에서는 그렇지 않다.

유럽의 강 체계는 통합되어 있지 않고, 이로 인해 파생되는 차이는 언어와 정체성의 차이를 낳는 데서 그치지 않는다. 프랑스의 교역품은 프랑스 강을 따라 이동하고 여기서 나온 수익은 프랑스 은행에 예치되어 프랑스의 목적을 추구하는 데 사용된다. 강, 무역, 은행은 모두 국가 자산으로 간주된다. 그러한 국가 자산으로부터 사람들이 으레 기대하는 바와 같이 은행의 책무는 무엇보다도 우선 국가의 이익을 지키는 일이다. 1992년 유럽은 유로 시대를 여는 데 전념했지만 서로 분리된 금융과 은행 체계를 하나로 통합하지 않았다. 이러한 분열이 유럽에서 금융 위기가 발생한 근본적 원인이다.

여기서 다시 한 번 운송의 균형 문제로 귀결되지만, 이번에는 전략적 관점보다는 경제적 관점에서 살펴보아야 한다. 운송의 균형은 정치적 합의에 의해 쉽게 흔들리지 않는다. 브레튼우즈 체제와 같이 그 영향력이 강력하고 광범위한 합의라 해도 말이다. 브레튼우즈 체제 하에서 북유럽 평원은 여전히 유럽이라는 바퀴의 경제적 중심축 역할을 했지만, 유럽의 모든 나라에 강이 있는 것도 아니고 유럽에 있는 모든 나라가 잉여자본을 창출해 기간 시설에서부터 교육 체계까지 모든 것을 구축할 역량이 있는 것도 아니다. 이베리아, 남부 이탈리아, 그리스처럼 천혜의 지리적 이점을 부여받지 못한 지역들은 늘 뒤처진다. 유럽의 "구조조정" 자금은 이러한 지역들로 흘러 들어가서 부의 격차를 메우는 데 사용되었고, 고속도로 건설부터 올리브 농장에 이르기까지 모든 부문에 자금이 투입되었지만, 이러한 재정적 지원으로 조성된 역량만으로는 뒤처진 나라들이 국내 개발에 일상적으로 투자해온 부유한 유럽 국가들을 따라잡기에는 역부족이었다. 아무리 기울어진 운동장을 평평하게 한다고 해도 강 운송망이 잘 구축되고 평평한 대지에 위치해 있고 잘 통합되어 있는 북유럽은 고원 지대에 건조하고 서로 단절된 남유럽보다 훨씬 교육수준이 높고 훨씬 생산적이고 훨씬 부자일 수밖에 없다.

그러나 공통화폐 체제에서 자본은 자유롭게 흐르게 마련이다. 화폐 통합으로 북유럽에서 창출된 잉여 자본은 돈을 현명하게 써 본 경험이 없는 남유럽 국가들에 독일 같은 나라들에게 적용되는 낮은 이자율로 대출되었다. 화폐 통합으로 북유럽 수출국들은 그들의 우월한 기간 시설과 인력과는 경쟁상대가 되지 않는 남유럽 국가들의 시장에 무한히 접근하게 되었다. 그 결과 남유럽 국가들, 소비자, 정부의 부채는 산더미처럼 쌓이는 동시에 남유럽 경제가 거덜나면서 부채를 상환하기가 불가능해졌다. 유로는, 통일된 유럽이 달성한 정책의 화룡점정은커녕, 탄생과 동시에 그 체제를 파괴할 게 분명했다.

뒤이은 재앙은 예상했던 대로 참혹했다. 1999년 유로가 출범한 지 10년이 채 안 된 시점에 단 한 번의 경기침체만으로 수많은 나라들의 금융 체제가 산산조각이 났다. 가장 심각했던 그리스와 아일랜드에 대한 긴급 구제─그리고 그보다는 좀 덜한 라트비아, 포르투갈, 헝가리, 사이프러스, 루마니아, 스페인에 대한 긴급구제─정책을 통해 이전되거나 탕감된 액수는 (2014년 2월 현재) 6,000억 유로 이상이다.

이 책을 쓰는 현재 유럽은 유로를 만든 게 어리석은 생각이었다는 사실을 인정하는 시점까지 도달하지는 못했다. 여전히 망가진 체제가 절뚝거리면서라도 걸을 수 있도록 일으켜세우는 데 온힘을 기울이고 있다. 유감스럽게도 유럽의 기업, 정부, 소비자의 부채 위기는 유럽이 직면한 일곱 가지 도전 가운데 하나에 불과할 뿐이다. 그리고 그나마 부채 위기가 가장 감당할 만한 문제다.

문제 2: 금융, 유럽의 환자

유럽의 금융 위기는 경제에 많은 영향을 미쳤지만 특히 금융에 미친 영향은 최악이었다.

유럽은 은행업을 국가의 특권이라고 보기 때문에, 은행가들은 담보물과 수익성뿐만 아니라 국가 기간 시설의 필요성, 최대 고용, 정부 예산 안정성 등에 대해서도 신경을 쓴다. 이 때문에 유럽의 은행들은 기업의 의사결정, 특히 철저한 실사(實査)보다도 국가의 지침을 우선시하도록 동기 부여─그런 요구를 받는 경우도 허다하다─된다.

이러한 정서로 인해 유럽 정부들은 자국의 은행을 기간 시설의 구축이나 보수 같은 사업에 신속히 투자하기 위한 수단이나, 정부 살림이 쪼들릴 때 은행이 국채에 투자하도록 지시함으로써 정부예산을 관리하는 수단으로 이용한다. 당연히 유럽의 많은 은행들은 국가가 지분의 대부분 또는 일부를 소유하고 있고, 그렇지 않은 은행들도 지역적, 국가적 차원에서 다양한 정치적인 이익을 위한 자금줄로 쓰이는 경우가 허다하다. 기본적으로 많은 유럽 정부들은 금융 부문을 통치의 수단으로 인식하고 있고 또 실제로 그렇게 사용한다.

이를 가장 잘 보여주는 사례가 벨기에-프랑스 은행 덱시아(Dexia)다. 많은 벨기에 공동체들(Belgian communites)은 이 은행의 주식을 샀다. 정부 채권에 대한 강력한 "민간" 수요가 늘 존재하도록 하기 위해서였다.[1] 2008년 유럽의 금융 위기가 점점 심각해지면서 투자자들은 부채비율이 높은 정부(벨기에의 경우 국가 부채가 급속히 늘어 국가 총 GDP에 근접하고 있었다)가 발행한 채권을 회피하고 있었다. 덱시아는 대탈출하는 투자자들의 대열에 동참하지 않았다. 오히려 그 반대로 행동했다. 덱시아의 소유주들─주로 벨기에 정부 조직들─은 덱시아에게 벨기에 정부의 채권을

Private Sources of Funding, 2011

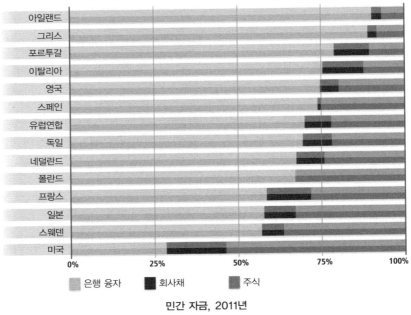

아일랜드
그리스
포르투갈
이탈리아
영국
스페인
유럽연합
독일
네덜란드
폴란드
프랑스
일본
스웨덴
미국

0%   25%   50%   75%   100%

■ 은행 융자   ■ 회사채   ■ 주식

민간 자금, 2011년

더 많이 사들이라고 지시했다. 금융 위기가 심화되면서 덱시아의 자산—특히 정부 채권—은 부실해지고 운용자본이 동났으며, 2008년 9월 결국 구제 지원을 신청하기에 이르렀다. 사태가 정리되고 보니, 덱시아의 자산의 가치는 지나치게 과대평가되어 있었고 운용 자본은 심각한 적자였다. 덱시아는 60억 유로의 국민세금을 들여 두 차례 구제를 받은 끝에 결국은 문을 닫았다.

지정학적으로 볼 때, 이 사례로부터 필연적으로 두 가지 결과가 나오게 된다. 첫째, 유럽에서 금융은 시장주도라기보다 국가주도다. 따라서 국가와 연관된 은행들의 존재감이 극대화되는 반면, 주식 시장과 회사채 같은 비정부 금융 부문의 역할은 최소화된다. 미국과 정반대다. 미국에서는 금융이 어느 정도 자율적이고 정부의 개입은 보통 규제 관련 문제에 국한된다. 따라서 유럽에서는 전체 민간 신용융자의 70퍼센트 정도가 은행을 통해 이루어지는 반면 미국에서는 얼굴 없는 주식시장이 신용융자의 거의 절반을 창출하고 은행은 보조적인 역할만 한다.

유럽 같은 은행 중심 체제가 낳는 두 번째 결과는 다음과 같다. 유럽이 경기침체에 빠지면 은행은 가장 먼저 정부가 제 기능을 하도록 돕는 일을 한다. 그러려면 은행들은 정부 적자에 대한 금융 지원을 하는 데 한층 더 힘써야 한다. 금융 위기에 경기침체가 겹치면 은행은 기업과 소비자에게 융자해줄 돈이 남아 있지 않게 된다. 이는 유럽이 유로가 야기한 금융 불균형을 바로잡기 전까지는―경제 성장에 필요한 융자금을 거의 다 장악하고 있는―금융부문의 적극적인 참여 없이 경제 성장을 이뤄내야 한다는 뜻이다.

통일된 유럽이 추구하는 목표에 관련 당사자들이 모두 동의한다고 해도 어려운 일인데, 안타깝게도, 그 정도 수준의 통일성은 더 이상 유럽에 존재하지 않는다.

문제 3: 사공은 둘인데 저을 노(櫓)가 없다

유럽연합과 그 전신인 유럽경제공동체는 태생부터 괴상한 조직이었다. 브레튼우즈 체제 초기에 결성된 조직은 어떤 조직이든 그 전 시대에 탄생한 조직들과는 상당히 다른 경제적 토대를 바탕으로 구축되었는데, 이 점에서 유럽연합은 기대를 저버리지 않았다. 그러나 유럽경제공동체/유럽연합은 미국이 결성한 안보 동맹과 무역망을 십분 활용하기 위해 설계된 경제적 조직에서 그치지 않고 결국 정치적인 명분도 내세우게 되었다.

그 명분은 프랑스가 생각해냈다. 프랑스는 유럽의 맹주가 될 뻔한 적은 여러 번 있지만, 실제로 지역 맹주가 된 적은 없었고, 사실상 유럽을 평정했던 나폴레옹 시대에조차도 다른 유럽 열강들이 프랑스를 무자비하게 권좌에서 끌어내렸다. 나폴레옹이 패망한 이후 프랑스는 유럽의 으뜸가는 열강으로 재기할 기회를 노렸지만 번번이 실패했다. 유럽에서는 프러시아에게 치였고 더 넓은 세상에서는 영국에 밀렸다. 1871년에 프랑스는 단순히 프러시아에 점령당하는 데 그치지 않고 영토를 떼어주고 프러시아가 중부 유럽의 정세를 마음대로 주무르도록 허용할 수밖에 없었다. 그후에 이어진 두 차례 세계대전에서 프랑스는 폐허가 되었다.

그러나 제 2차 세계대전 후 미국이 구축한 안보 동맹 체제 덕분에 프랑스는 매우 흥미로운 기회를 포착하게 되었다. 오스트리아가 독일로부터 떨어져 나왔고 두 나라 모두 한통속으로 취급되어 점령당했다. 이탈리아는 표류하고 있었고, 영국은 제자리로 돌아갔다. 이베리아 반도 국가들과 터키는 전쟁은 건너뛰었지만 독재정부 아래서 신음하고 있었다. 러시아가 거구(巨軀)를 드러냈지만, 유럽에 간섭하는 대신 철의 장막을 치고 중부와 동부 유럽을 먹어치우느라 바빴다. 유럽 대륙의 일에 적극적으로 관여할 만한 나라는 네덜란드, 벨기에, 룩셈부르크 등 저지대 국가들뿐이었다. 그러나 이 세 나라는 누군가로부터 상당한 도움을 받지 않고서는 프랑스에 맞설 능력이 없었다. 그리고 이들을 도와줄 나라는 하나도 없었다.

그리하여 프랑스는 "유럽" 통합 절차에 착수했다. 내가 유럽을 따옴표에 넣은 이유는 애초부터 진정으로 유럽적인 체제를 구축하는 게 아니라 프랑스가 마음대로 휘두르기 좋은 만만한 나라들을 한데 묶어 프랑스가 지배하는 게 목표였기 때문이다. 저지대 국가들은 나약했다. 이탈리아는 엉망진창이었다. 독일은 분단된 채 점령당했고(일부는 프랑스가 점령했다), 발언권을 박탈당했기 때문에 유럽에서 일어나는 일에 이래라저래라 토를 달 입장이 아니었다. 유럽 대륙에서 벌어진 권력 게임에서 한 세기 넘게 잘해야 2등하는 데 그친 프랑스는 마침내 으뜸이 되었다. 그 후 두 세대 동안 독일이 산업 발전으로 올린 소득은 유럽연합 예산을 통해서 프랑스로 흘러 들어가 프랑스의 국가적, 지정학적 목표를 달성하는 데 이용되었다. 프랑스는 독일을 뒷배삼아 프랑스가 원하는 어떤 입지든지 굳히게 되었다. 그리고 북유럽 평원의 이 두 거구인 독일과 프랑스는 프랑스가 원하는 바를 나머지 유럽연합 회원국들에게 강요할 수 있게 되었다.

그러나 불로소득은 영원히 지속되지 못한다.

냉전으로 인해 인위적으로 구축된 체제가 막을 내렸다. 철의 장막은 걷혔고 중부 유럽 국가들은 2000년대에 유럽연합에 합류했다. 이 나라들은 모두 제2차 세계대전에 이르는 과정에서 프랑스가 보장한 안보가 무용지물이었다는 사실을 잊지 않고 있었다. 따라서 새롭게 얻은 주권을 프랑스가 지배하는 기구에 이양할 생각이 추호도 없었다. 스웨덴과 핀란드는 북대서양조약기구의 보호 없이도 수십 년 동안 소련에 강력히 맞서온 독립 정신이 강한 나라들로서 1995년에 유럽연합에 합류했는데, 이들은 프랑스의 야망을 위한 도약대 역할을 하는 데 관심이 없었다. 더 이상 프랑스가 원하는 대로 되지는 않았지만, 여전히 묵묵히 과거를 반성하고 있던 독일의 협력 덕분에 프랑스는 임시 동맹을 구축해 원하는 것은 무엇이든 쉽게 얻을 수 있었다.

그런데 2008년, 20년 앞서 시작된 과정이 재앙으로 마무리되었다. 1989년에는 냉전이 끝났다. 1993년에는 독일이 통일 과정에 착수했고 이 과정은 2003년에 완성되었다. 그리고 2008년 독일은 전시나 냉전 시대의 독일 정치와 아무 연관이 없는 정치인들이 이끄는 2당 연립정부가 들어섰다. 이 신진 독일 정치인들은 여전히 프랑스를 동맹으로 여겼지만 더 이상 프랑스에 빚진 나라처럼 굴지 않았다. 프랑스가 독일에게 '네 처지를 알렷다' 라고 호통치는 시대는 끝났다.

프랑스와 독일은 여전히 협력하는 동반자 관계이고 동맹이라고까지 할 수 있지만, 양국 관계는 약화되고 있다. 두 나라가 가장 이견을 보이는 문제는 유럽연합의 주도권이다. 독일은 여전히 통일된 유럽에 드는 비용과 구제비용 등을 전부 댈 의향이 있지만 이제는 반대급부를 원하고 있다. 독일은 유럽연합 협정 법안에 개혁이라는 문구를 못 박아 넣으려 하고 있다. 심지어 유럽연합 회원국들의 예산 적자를 불법화하는 문구를 헌법에 넣으려 하고 있다. 독일은 유럽연합 회원국의 예산을 유럽연합 기구들이 승인하도록 하는 방안을 추진하고 있는데, 이러한 기구들은 독일의 규범을 따른다. 이러한 "개혁"은 모든 유럽 국가들로 하여금 독일 방식을 따르도록 만든다. 그리고 대부분의 약소국가들이 힘이 없는 이유는 지리적 여건 때문이고, 따라서 "개혁"이 되면 이들은 독일의 공급 사슬과 자본력에 영원히 종속된다. 독일은 독일의 자본을 이용해 유럽 체제의 주도권을 공고히 하려고 한다. 그리고 독일은 뻔뻔스럽게도 프랑스도 예외가 될 수 없다고 주장한다.

반면 프랑스는 2008년 이전으로 되돌아가고 싶어 한다. 프랑스가 탁월한 지위를 누리고 주도권을 행사했던 그 시절로 말이다. 프랑스는 유럽연합을 유지하는 데 필요한 비용을 독일이 계속 대기를 바라지만 기구 운영방식을 크게 바꾸고 싶어 하지는 않으며, 당연히 프랑스의 운영방식은 그대로 유지하려고 한다. 프랑스는 예산은 지금처럼 각 국가 차원에서 관리하고 적자를 제한하는 규정도 어느 정도 느슨하게 유지하고 싶어 한다. 프랑스는 유럽연합의 회원국들 가운데 가장 부유한 나라로 손꼽히면서도 독일로부터 재정적인 지원을 계속 얻고 싶어 한다. 요컨대 프랑스는 예전에 살던 대로 살고 싶어 한다는 뜻이다. 즉, 유럽의 체제를 프랑스가 주도하고 독일은 돈만 대는 운영방식 말이다.

프랑스와 독일이 이견을 좁히기 전까지는(그리고 좁히지 못하는 한) 유럽연합은 있으나마나 한 기구로 전락하게 된다. 유럽연합은 2007년 금융 체제가 와해된 이후로 이렇다 할 외교정책을 수립하지 못했다. 은행 연합과 같은 절실한 문제들이 (프랑스가 주장하는 바람에) 논의되기는 했지만, (독일이 우기는 바람에) 그러한 체제가 제대로 기능하는 데 필요한 자본이나 권한이 주어지지 않았다. (독일이 생각한 대로) 구제 금융이 주어졌지만 지원 조건이 계속 폐기되어서 약소국들은 (프랑스가 툭하면 간섭하는 바람에) 구제를 받고 새로 융자를 받는 호사를 누렸다. 이런 어처구니없는 운영 방식은 프랑스와 독일의 관계가 회복될 때까지 계속되게 된다.

독일의 돈으로 충분히 유럽 체제를 바로잡는다고 해도 프랑스와 독일의 불화는 골칫거리인데, 그 돈마저 충분하지 않다는 게 문제다.

문제 4: 자금 부족(시간도 부족)

한 나라의 경제가 성장하는 방법은 세 가지다. 소비주도 성장, 수출주도 성장, 투자주도 성장이다. 2010년대의 독일은 투자주도형이면서 수출주도형 체제라는 점에서 19세기 말 독일과 매우 비슷하다. 독일 자본은 대부분 산업기반과 교육 체제에 흘러 들어가고 국민들이 손에 쥐는 돈은 별로 없다. 이는 2000년대에 (독일에게는) 아주 적합한 모델이었다. 유로존 통합으로 모든 유럽 국가들이—특히 남유럽 국가들—독일의 융자를 받아 독일 상품을 구매했다. 또한 유럽, 특히 남부 유럽은 대량 소비에 열을 올렸다.

그러나 그건 그때였고 지금은 다르다. 유럽에는 모든 걸 쓸어버릴 경제적 난제들이 급속히 뿌리 내리고 있다.

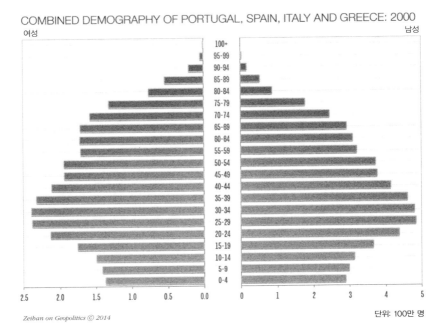

COMBINED DEMOGRAPHY OF PORTUGAL, SPAIN, ITALY AND GREECE: 2000

여성　　　　　　　　　　　　　　　　　　　　　　　　　　남성

100+
95-99
90-94
85-89
80-84
75-79
70-74
65-69
60-64
55-59
50-54
45-49
40-44
35-39
30-34
25-29
20-24
15-19
10-14
5-9
0-4

2.5　2.0　1.5　1.0　0.5　0.0　　0　1　2　3　4　5

Zeihan on Geopolitics © *2014*　　　　　　　　　　단위: 100만 명

포르투갈, 스페인, 이탈리아, 그리스의 인구를 합한 인구 구조: 2000년

- 가장 체계적인 금융압박에 직면할 나라들—그리스, 포르투갈, 스페인, 이탈리아—은 유럽에서 고령화가 가장 급속도로 진행되고 있는 나라들이다. 위험 수준인 나라들 가운데 스페인만 40대 이하 연령대가 두터운 인구 구조를 지니고 있는데, 이마저도 30대 후반이 태반이다. 남부유럽에서 소비주도 성장은 거의 물 건너 갔다.

- 독일을 비롯해 핀란드와 네덜란드처럼 기술력이 뛰어난 유럽 국가들의 경우 청년층 인구가 부족하기 때문에 지난 20년 동안 경제발전 정책으로서 소비주도형 모델은 소용이 없었다. 그리고 성인인구를 대체할 신세대가 없이는 그런 모델은 향후 30년 동안 쓸모가 없다.

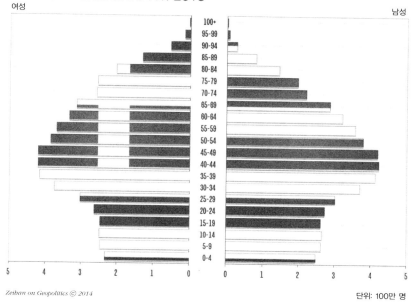

GREECE DEMOGRAPHY: 2015

여성

남성

100+
95-99
90-94
85-89
80-84
75-79
70-74
65-69
60-64
55-59
50-54
45-49
40-44
35-39
30-34
25-29
20-24
15-19
10-14
5-9
0-4

Zeihan on Geopolitics ⓒ 2014

단위: 100만 명

그리스 인구 구조: 2015년

- 독일의 공격적인 수출로 남부유럽 전역에서 산업이 확장할 기회를 얻지 못했다. 이 때문에 그나마 얼마 되지 않는 20대와 30대 연령층을 위한 일자리가 충분히 창출되지 않았다. 독일이 있는 이상 애초부터 남부유럽은 산업 경쟁력을 갖추기가 불가능했다. 이제 남부유럽 전체가 유로존에 합류했기 때문에 가격 경쟁력을 높이기 위해 자국 화폐를 평가절하하기도 불가능하다. 따라서 남부유럽은 수출주도 성장이 불가능하다.
- 유럽 전체의 인구 고령화로 독일은 전통적으로 자국이 장악해온 수출시장을 잃고 있으며, 따라서 수출주도 성장 기조를 유지하려면 유럽 바깥으로 눈을 돌리는 방법밖에 없다.

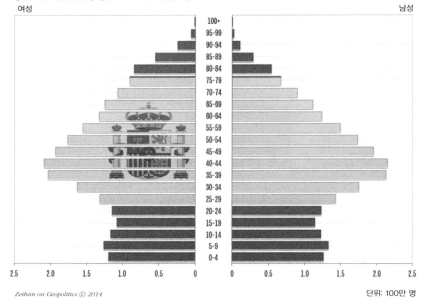

SPAIN DEMOGRAPHY: 2015

여성

남성

100+
95-99
90-94
85-89
80-84
75-79
70-74
65-69
60-64
55-59
50-54
45-49
40-44
35-39
30-34
25-29
20-24
15-19
10-14
5-9
0-4

2.5   2.0   1.5   1.0   0.5   0   0   0.5   1.0   1.5   2.0   2.5

Zeihan on Geopolitics © 2014

단위: 100만 명

스페인 인구 구조: 2015년

- 남부유럽의 유일한 선택지는 투자주도 성장뿐이지만 국가 부채 위기를 겪고 있기 때문에 정부가 독자적으로 성장에 필요한 자금을 조성하기가 어렵다. 유일한 투자원은 북유럽뿐인데, 실제로 북유럽에서 남부유럽으로 이전되는 자금은 남부유럽 경제 체제의 생산성을 높이는 데 투자되기보다는 주로 구제금융 형식으로 지원이 이루어지고 있다.

이 모든 상황을 종합해 볼 때 이러한 나라들이 현 체제를 유지하려면 독일이 계속 재정적으로 뒷받침을 해줘야 한다. 독일은 유럽연합을 유지하기 위해 (마지못해) 계속 구제 금융을 지원할지 모르지만, 독일이 유럽

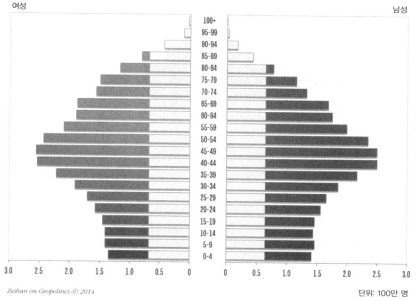

ITALY DEMOGRAPHY: 2015

여성

남성

Zeiban on Geopolitics © 2014

단위: 100만 명

이탈리아 인구 구조: 2015년

대륙 전체를 먹여 살리는 데는 한계가 있다. 독일 또한 인구가 고령화되고 있다. 2014년 현재 독일 인구 가운데 가장 두터운 연령층은 50대 초로 숙련기술과 납세능력이 절정에 달한 시기다. 이 덕분에 독일의 곳간은 현금으로 그득하고 유럽뿐만 아니라 세계 시장에서 거의 모든 경쟁자를 물리칠 만큼 수출의 강자다.

그러나 10년 후엔 이들이 대거 은퇴하면서 연금을 수령하게 된다. 독일의 경쟁력, 독일의 수출 역량, 그리고 무엇보다도 독일정부가 유럽연합을 주야장천 구제해줄 역량은 사라지게 된다.

오늘날 유럽은 이미 체제의 정점을 찍고 지속적으로 축소되는 시기에

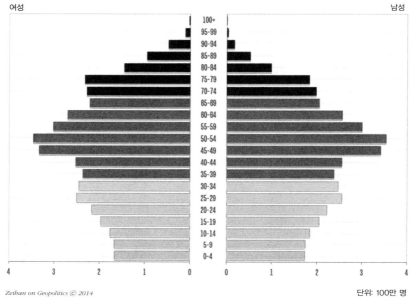

GERMANY DEMOGRAPHY: 2015

여성   남성

100+
95-99
90-94
85-89
80-84
75-79
70-74
65-69
60-64
55-59
50-54
45-49
40-44
35-39
30-34
25-29
20-24
15-19
10-14
5-9
0-4

4   3   2   1   0   0   1   2   3   4

Zeihan on Geopolitics © 2014   단위: 100만 명

독일 인구 구조: 2015년

접어들었다. 금융 부문이 제 기능을 하지 못하고 인구가 고령화되는 상황에서 융자를 지금처럼 쉽게 얻지는 못할 것이고 지금과 같은 경제 성장도 불가능하게 된다. 독일이 유럽 체제 안에서 수출을 통해 성장해온 역량도 소진되었다. 유럽이 이 모든 정치적, 재정적 문제를 해결한다고 해도 유럽의 경제적 통합 상태를 유지하는 데 드는 비용을 감당할 역량이 되는 나라는 독일뿐이고 그나마도 기껏해야 앞으로 10년 정도 가능하다.

유럽이 은행의 기능을 회복하고 유로를 살려낸다고 해도, 독일과 프랑스가 유럽연합의 운영방식에 대해 흔쾌히 (생산적으로) 합의한다고 해도, 유럽은 여전히 인구 절벽의 아득한 낭떠러지를 내려다보고 있다―그것도 나머지 세계는 (비교적) 젊은 인구 구조를 지니고 있는 시기에 말이다. 유럽은 앞으로 닥칠 재정적인 자기희생이 어떤 것인지 알고 싶으면 일본을 보면 된다. 재정이 무너지고 산업이 공동화되고 부채는 쌓여만 가는 일본을 말이다.

다행히도 한 가지 긍정적인 점은 있다. 일본과 같은 인구 구조적, 재정적 만성질환 증세가 점점 깊어지면서 유럽은 세계 경제 체제로부터 이탈하고 있다. 일본의 은행들은 지급불능상태에 빠져서 이미 세계 체제로부터 이탈했다. 이제 유럽이 일본의 뒤를 따르면서, 동아시아에 대한 투자부터 시작해 무역금융까지 모든 사업에서 서서히 손을 떼고 있다. 유럽의 위기가 심화되고 확산되면서 부지불식간에 유럽은 세계 체제에 대해 스스로 울타리를 친 셈이다. 따라서 유럽의 체제가 최종적으로 붕괴된다고 해도 나머지 세계가 함께 붕괴되지는 않는다.

문제 5: 위기에 처한 독일

두 차례 세계대전은 독일의 공격성보다는 독일의 절박함을 확인해주었다. 독일은 온 사방으로 경쟁자들에게 노출되어 있다. 독일이 아무리 한쪽 방향에서 전쟁을 탁월하게 수행한다고 해도 온 사방의 적을 다 성공적으로 막아내기에는 수적으로 열세다. 독일이 경쟁할 유일한 방법은 이웃 나라들을 능가하는 길뿐이다. 더 나은 교육 체제와 더 신속한 금융 체제를 구축하고, 효율성과 노동력의 생산성을 더 높이고 산업기반을 더 발전시키고 더 나은 기간 시설을 구축하는 수밖에 없다. 그 결과 독일은 어떤 경쟁국도 맞서 싸워 이길 역량을 갖추게 되었지만 모든 경쟁국을 상대로 이길 수는 없었다. 독일이 성공하면 예외 없이 더욱 막강하고 더욱 규모가 큰 동맹이 결성되어 독일에 맞섰고, 결국 이 동맹은 독일을 능가했다.

물론 누군가가 게임의 법칙을 바꾼다면 얘기가 달라지지만 말이다.

그게 바로 미국이 브레튼우즈 체제로 이루어낸 것이다. 미국은 독일이 필요한 만큼 마음껏 원자재를 확보하고 시장에 접근하도록 했다. 미국은 또한 독일을 동맹 체제에 편입시켜 독일의 이웃나라들이 독일을 위협하거나 독일에 맞서는 대신 독일을 방어하는 것을 돕도록 했다. 지정학적 여건이 완전히 뒤집힌 상황에서, 독일의 경쟁자였다가 동맹국이 된 나라들은 또한 독일의 경제적 동반자가 되었다.

그러나 독일은 효율성의 최강자가 되는 데서 멈추지 않았다. 모든 조직력과 에너지를 산업기반과 수출산업들의 역량을 강화하는 데 쏟아부었다. 브레튼우즈 체제는 유럽에서 폭력을 근절시키고 유럽연합의 탄생을 가능케 했을 뿐만 아니라 독일이 경제력과 자본력에서 천하무적이 될 발판을 마련해주었다. 엄청난 국방비에 짓눌리지 않게 된 독일과는 경쟁할 상대가 되지 않는, 영국, 프랑스, 스페인, 그리스 같은 다양한 나라들이 독일의 월등한 산업생산력으로 인해 경제가 점점 공동화되어 갔다. 독일인이기에 이보다 좋은 시절은 없었다.

냉전이 끝나자 독일인의 삶은 더 나아졌다. 북대서양조약기구는 구소련 위성국가들에게까지 확대되었고, 그로써 독일의 접경국가로서의 지위도 끝났다. 독일 통일로 저임금이지만 숙련된 동독의 노동력 1,600만 명이 서독의 경제 체제에 투입되었다. 그 덕분에 독일 같은 고숙련기술 인력을 토대로 한 경제 모델이 늘 두려워하는 임금 인상이 억제되었다. 유럽의 금융 위기조차도 독일에게는 도움이 되었다. 이탈리아 같은 천방지축 국가들, 아일랜드 같은 위기일발 국가들, 그리스 같은 기능장애 국가들이 고도로 효율적인 독일과 한데 뭉뚱그려지면서 유로화의 가치는 상당히 하락했다. 독일의 수출 역량은 유럽은 물론 전 세계적으로 당할 나

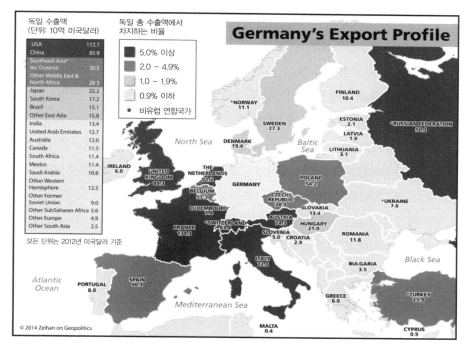

독일의 수출 구조

라가 없었다.

그런데, 호시절은 갔다. 미국이 브레튼우즈 체제를 보장하지 않으면 북대서양조약기구도 세계 무역 체제도 존재하지 못한다. 독일 수출액의 32퍼센트는 바닷길이 열려 있어야 가능하고, 미국이 독일 경제에 기여하는 비율은 독일 GDP의 16퍼센트에 달한다. 독일 수출액의 나머지 68퍼센트—독일 GDP의 3분의 2로 1조 달러에 약간 못 미치는 액수—는 당장 위태롭지는 않다. 유럽연합 회원국이나 스위스, 노르웨이, 우크라이나, 러시아 등 물리적으로 매우 가까운 나라들에게 수출하기 때문이다.

그러나 이 나라들로 향하는 수출도 안전하거나 안정적이라고 할 만한 이유가 없다. 브레튼우즈 체제는 시장 접근과 안보를 보장했고 유럽연합이 평화롭게 진화하는 데 기여했다. 혜택을 본 나라들은 저마다 안보와 경제적인 필요가 제각각이므로, 미국이 브레튼우즈 체제로부터 철수하는 상황에 대처하는 방식도 제각각이게 된다. 특히 유럽 국가들 상당수가 미국의 안보 보장을 독일로부터 자국의 안보를 보장해주는 것으로 인식했었기 때문이다. 거의 모든 유럽연합 회원국들에게 독일은 그 어떤 나라들보다 큰 그들의 수입원(source of imports)이다. 유럽 바깥으로 보내는 그들의 수출이 갑자기 위험에 처하게 된 세상에서는, 이러한 상황이 사소한 정치적 이슈에서 재앙 수준의 경제적 이슈로 돌변하게 된다. 독일 산업이 자국의 경제를 지배하는 세상에서 사는 처지와 미국이 더 이상 독일을 견제하지 않는 현실을 마주하게 되는 일은 완전히 다른 문제다.

어쩌면 독일이 직면한 가장 큰 문제는 생존하기 위해 접근해야만 하는 시장이 한둘이 아니라는 점이다. 브레튼우즈 체제 덕분에 21세기 초 유럽의 경제적인 지리는 독일이 독립했던 그 어떤 시대보다도 훨씬 복잡하게 얽히고설켜 있다. 가장 접근 가능한 에너지 생산 지역은 아제르바이잔이나 러시아 북서쪽인데, 이 지역들은 거의 2,000마일이나 떨어져 있고, 독일은 하루 220만 배럴의 석유를 수입해야 한다. 원자재의 경우 알루미늄에서 철강원석에 이르기까지 유럽에서는 더 이상 생산조차 되지 않는 것 투성이다. 독일의 공급 사슬이 더 이상 전적으로 독일 내에만 존재하는 게 아니기 때문에 벨기에, 네덜란드, 오스트리아, 폴란드, 체코공화국 등으로부터 중간재를 들여오거나 최종작업을 이들 나라에서 마쳐야만 한다.

이 모두를 종합해보면 독일이 다른 나라들에 의존해야 하는, 한물 간 나라로 보이지 않는가? 그러나 독일이 어떤 나라인가. 독일의 조직력과 효율성은 산업정책에만 국한되지 않는다. 독일은 일단 동기가 부여되면 놀라울 만큼 빠른 속도로 변신하는 능력이 있다. 브레튼우즈 체제의 종식은 독일에게 그러한 동기유발 요인이다. 독일에 대해 무역을 제한하는 나라는 어떤 나라든 독일이 제한된 원자재를 확보하기 위해 다퉈야 하는 경쟁자이자 접근이 거부된 소비시장을 두고 다퉈야 하는 경쟁자로 간주하게 된다. 별 일 아니라고 생각될지 모르지만 독일이 과거에 일으킨 여섯 차례의 전쟁에서 독일이 내세운 명분이 바로 그런 우려였다는 사실을 잊지 말아야 한다.[2] 현재 독일의 군사력은 그다지 내세울 게 없을지 모르지만, 1935년 당시에도 마찬가지였고, 그로부터 5년 뒤 독일은 현재 국경을 접하고 있는 아홉 개 나라 가운데 여덟 나라를 정복했다.

독일은 필요한 게 자국 근처에 있거나 택해야 할 길이 뻔히 보이는 우즈베키스탄이나 일본 같은 나라가 아니다. 위협이 어디에 도사리고 있는지 분명한—따라서 그 위협에 맞서기 위해 어떤 조치를 취해야 할지가 분명한—사우디아라비아나 이란 같은 나라도 아니다. 브레튼우즈 체제 없이는 독일의 존재 자체가 독일의 이웃나라들에게 위협이 된다. 독일이 계속 성공적인 나라로 존재하려면 이 나라들이 필요하기 때문이다. 그리고 브레튼우즈 체제 하에서 독일 경제의 규모가 엄청나게 커졌기 때문에 독일이 이 이웃국가들 모두와 거래를 한다고 해도 독일이 필요한 에너지, 원자재, 시장을 충족시키지 못한다. 미국 없이는, 독일의 경제 위기는 유럽 전체의 전략적 위기로 급속히 확대되고 그 상태에서 가능한 선택지와 그 선택지가 어떤 결과를 낳을지는 모두에게 불확실하다. 지난 150년을 통틀어 네 번째로 독일은 유럽의 현상(status quo)에 도전하게 된다. 독일이 현상을 깨뜨릴지는 시간이 지나봐야 안다.

문제 6: 공격적인 이웃나라들

향후 10년 유럽의 변방에 점점 압박을 가할 가능성이 높은 두 이웃나라는 터키와 러시아다. 앞의 장에서 두 나라에 대해 살펴보기는 했지만, 유럽의 관점에서 본 몇 가지 사항을 짚어볼 필요가 있다.

지난 10년 동안 서서히 잠에서 깨어난 터키는 주로 중동지역에서 놀았지만, 이 지역이 난해한 문제와 원한관계로 점철되어 있고, 무엇보다도 경제적으로 영양가가 없다는 사실을 깨닫게 되었다. 북부 아프리카 국가들, 레반트(시리아, 레바논, 이스라엘 등 동부 지중해 연안 지역), 이라크는 다 합해봤자 유럽에서 경제 규모가 중간 정도인 스페인보다도 경제 규모가 작다. 중동은 터키의 미래가 아니다. 역사적으로도 구 오스만 제국의 경제적, 지적(intellectual) 중심지는 중동이나 아나톨리아조차도 아니었다. 발칸 반도였다. 그리고 터키의 미래도 그곳에 있다.

현재 터키가 이 길을 선택하는 데 방해가 되는 게 두 가지 있다. 첫째, 현 정권은 정권을 잡은 지 10년밖에 되지 않았기 때문에 아직 되는 일과 안 되는 일이 무엇인지, 그리고 무엇보다도 그 이유를 파악하는 중이다. 둘째, 북대서양조약기구와 유럽연합이 발칸반도를 장악하고 있고 슬로베니아, 그리스, 크로아티아, 헝가리, 루마니아, 불가리아 모두 두 기구의 회원국이다. 미국의 안보 우산이 여전히 제 기능을 하는 한, 그리고 유럽연합이 계속 현재의 형태로 존재하는 한, 터키는 북서쪽 지역에서 운신의 폭이 제한된다.

두 가지 장애물은 모두 시간이 흐르면 해결된다. 유럽연합은—최선의 시나리오의 경우—그럴싸한 이름만 남고 사실상 자유무역 지대로 퇴화할 가능성이 있으며 공동의 외교 정책이나 안보 정책을 수립하는 시늉은 더 이상 하지 않게 된다. 미국의 경우 세계에 대한 관심이 시들해지는데, 터키는 이러한 미국을 예의주시하게 된다. 터키는 북대서양조약기구 회원국이다. 따라서 터키는 이 동맹 체제의 안보보장 기능이 실속 없는 수사(修辭)에 불과하게 되는 순간을 정확히 포착하게 된다. 그게 언제가 될지가 문제일 뿐이다.

반면 러시아는 자국의 서쪽에 대한 전략적 정책을 추진하는 데 있어서 어떤 정치적 제약이나 동맹세력과도 맞부딪치지 않는다. 그러나 터키와는 달리 러시아는 시간에 쫓기고 있다. 러시아의 인구 구조는 너무나도 처참해서 2022년이 되기 전에 조치를 취하지 못하면 군사적으로도 경제적으로도 행동에 옮길 역량을 상실하게 된다. 이 때문에 러시아는 자국이 원하는 경계선과 접하고 있는 여덟 개 유럽연합 회원국들과 정면충돌할 가능성이 있다. 핀란드, 에스토니아, 라트비아, 리투아니아, 폴란드, 슬로바키아, 헝가리, 루마니아가 그 8개국이다. 앞으로 러시아가 분명히 유럽에 도전장을 내밀 듯하다.

물론, 그렇기도 하고 그렇지 않기도 하다. 우크라이나 같은 지역에 러시아가 가하는 압력은 실제로 느껴지고 강도도 점점 증가하고 있다는 점에서 그렇다. 러시아라는 파고가 점점 높아지는 데 대해 이 유럽 8개국이 보이는 감정적인 상태는 심각한 우려에서부터 극심한 공포감에 이르기까지 다양하다는 점에서 그렇다. 러시아가 점진적인 접근 방식을 취한다면 쓸데없이 서유럽의 열강들의 심기를 자극하지 않고도 유럽의 동쪽 국경선을 야금야금 침범할 수 있다는 점에서 그렇다. 그렇지 않은 까닭은 이 국가들 가운데 일부가 러시아의 침범행위에 대해 보일 반응은 러시아 자체보다는 유럽의 통합이라는 개념에 훨씬 큰 손상을 입힐 수도 있기 때문이다.

문제 7: 샌드위치맨

북유럽 평원에서 유라시아 유목민의 땅으로 바뀌는 지점에 자리 잡은 나라 폴란드는 러시아가 발트해와 카르파티아 산맥 사이에 안착하는 데 성공할지 여부를 결정하게 된다. 폴란드는 국가의 운명이 걸려 있다는 사실을 깨닫고 몇 년째 차근차근 준비를 해오고 있다.

중부 유럽 최대의 산업 국가이자 인구 규모도 최대인 폴란드는 1990년 대와 2000년대에 유럽연합과 북대서양조약기구에 합류한 구소련 위성국가들의 맏형을 자임하고 있다. 그리고 폴란드는 그런 주장을 하고도 남을 만한 자격이 있다. 그러나 폴란드가 앞장서서 이끌고자 하는 나라들은 오합지졸이다. 거의 25년 동안 노력을 해왔는데도 불구하고 중부 유럽의 기간 시설은 놀라울 정도로 분산되어 있다. 발트해 연안 국가들의 기간 시설은 그들끼리, 혹은 서유럽 지역보다도 오히려 소련의 뒤를 이은 러시아와 훨씬 잘 연결되어 있다. 카르파티아 산맥 남쪽에 위치한 루마니아와 불가리아는 다른 유럽 국가들과 연결하는 기간 시설이 달랑 4차선 도로 하나뿐이다. 그리고 두 나라와 다뉴브 강을 연결하는 다리는 두 개뿐이다 (두 번째 다리는 2013년에 가서야 완공되었다). 슬로바키아는 산악 지대다. 헝가리는 사실상 오스트리아와만 연결되고 그나마도 비엔나 협곡에서 끊긴다. 공교롭게도 폴란드는 중부 유럽 국가들 가운데 그나마 기간 시설의 연계가 가장 훌륭하지만, 이는 북유럽 평원에서 폴란드가 차지하는 지리적 위치 때문이며, 이러한 기간 시설은 독일과 러시아로 직접 연결된다. 바로 폴란드가 가장 우려하는 두 강대국이다. 설상가상으로 거의 모든 구소련 위성국가들은 석유와 천연가스를 러시아에 의존하고 있다.

발트해와 흑해 사이에 위치한 국가들로 이루어진 인터마리움 동맹3은 실현 불가능하다. 지리적으로 서로 단절되고 문화도 이질적인 나라들의 행동을 단순히 조율만 하는 이런 기구는 순전히 절박함에서 비롯된 시도일 뿐이다. 이러한 나약한 동맹을 적극적으로 관리할 훨씬 더 강력한 존재—예컨대 활력을 되찾은 유럽연합이나 유럽에 관여하는 미국—가 없다면 러시아가 끼어들어 인터마리움 회원국들을 고립시킨 다음 차례로 하나하나 무너뜨리기는 식은 죽 먹기다.

하지만 폴란드는 예외일지도 모른다. 폴란드는 지리적으로 외부에 무방비로 노출되어 있고 독일과 러시아 두 강대국을 상대로 자국을 방어해야 할 필요가 있지만, 폴란드에게는 스웨덴이라는 비밀병기가 있다.

대북방전쟁(The Great Northern War, 1700~1721년)이 마무리되면서 전략적 중립을 지키도록 강요받은 스웨덴은 점점 유럽에서 잊혀져갔다. 스웨덴은 엄밀히 말해서 대륙 국가이지만, 남쪽과 동쪽으로는 바다, 서쪽으로는 산악 지대, 그리고 북쪽으로는 침엽수림 지대와 툰드라 지대가 펼쳐진다. 어느 모로 보나 스웨덴은 대륙 국가보다는 해양 국가처럼 행동한다. 따라서 군사적, 경제적 전략에서는 속도와 도달 범위에 집중한다. 그러나 다른 해상 세력들과는 사뭇 다르게 행동한다.

영국과 일본 같은 해양 문화가 이름을 떨친 까닭은 바람을 이용해 공해상에서 아주 먼 거리까지 항해할 수 있는 기술을 터득했기 때문이다. 두 나라의 선박은 비교적 적은 수의 선원만으로(바람이 거의 다 알아서 한다) 운항하므로 화물을 적재할 공간이 비교적 넓다(긴 항해 동안 선원들을 먹이려면 많은 식량을 실어야 한다). 영국은 공간이 널찍하고 소규모 선원만으로 운항 가능한 선박으로 항해했기 때문에 바로 해안에서 현지 사람들과 교류해야 했다. 데려온 선원들만으로는 내륙까지 침투할 여력이 없었고, 내륙까지 들어간다고 해도 걸어서 들어가야 한다. 영국 선박은 바람의 세기와 바다의 깊이에 크게 영향을 받기 때문에 강에서 쉽게 운항하기는 어려웠다. 그 결과 영국은 해안지역의 무역 거점들과 간접 통치 방식을 토대로 제국을 건설했다.

　초기 스웨덴의 접근방식은 상당히 달랐다. 스웨덴의 지리적 여건이 상당히 달랐기 때문이다. 덴마크의 섬 질란드가 스웨덴의 바이킹을 가로막았고 스웨덴 제국은 대양과 비교하면 아주 협소한 발트해에 갇히게 되었다. 스웨덴은 노를 저었기 때문에 항해술을 배울 필요가 없었다. 스웨덴은 영국처럼 바람을 이용해 소규모의 선원으로 항해하는 거대한 선박 대신 많은 수의 선원이 노를 저어 운항하는 작은 배를 이용했다. 선원 수가 많을수록 배의 속도도 빨라졌다. 짧은 거리를 운항하므로 식량을 많이 실을 필요도 없었다. 영국 배는 해안에 상륙하면 작고, 비쩍 마르고, 괴혈병에 시달린 선원들이 교역을 하려고 혈안이 되어 있었지만, 스웨덴의 바이킹은 건장한 근육질의 전사들로서 원초적인 본능을 충족시키려고 몸이 달아 있었다. 영국의 길고 거대한 선박에는 선원이 적었던 반면 스웨덴의 배는 근육질의 늠름한 바이킹들이 노를 저었기 때문에 쉽게 강을 거슬러 올라 갔고 배에서 내려 육로로 내륙까지 물건을 운반하기도 했다. "해양" 국가들 가운데는 유일하게 스웨덴은 내륙 깊숙이 침투했고 이따금 콘스탄티노플처럼 먼 지역까지 진출하기도 했다.

　이러한 보다 직접적인 접근방식은 스웨덴이 구사하는 전략에도 반영된다. 스웨덴의 군대는 뭍과 물에서 모두 능하고 스웨덴의 방위산업은 전혀 외부 세력에 의존하지 않는다. 영국은 소수 지분 매입을 통해 관여하기를 선호한 반면 스웨덴은 경제적으로 직접적이고 깊숙이 관여했으며, 완전한 소유권을 추구했다. 그러나 스웨덴이 육지 기반 국가들과의 군사적 연계나 기간 시설 구축보다는 무역과 금융 관계를 더 중요시하는 해상 국가라는 사실은 부인할 수 없다. 스웨덴이 대북방전쟁에서 패하고 중립국으로 지낸 지 3세기가 지난 지금도 발트해는 스웨덴의 호수나 다름없다.

　이 점을 대부분의 나라들은 잊었다. 그러나 스웨덴의 이웃나라들은 잊지 않았다. 그들은 스웨덴이 처음으로 약탈한 대상이었고, 그 다음은 스웨덴 제국에 종속되었으며 이제는 (말 그대로) 스웨덴 확대 가족에 속하기 때문이다. 스웨덴의 힘을 잊지 않은 또 다른 나라는 러시아다. 러시아의 강은 전통적인 해상 운송에는 딱히 적합하지 않지만 과거 바이킹의 원정대가 활동하기에는 안성맞춤이었다.

러시아(그리고 독일)가 신경 쓰는 점은 폴란드가 러시아에(그리고 아마도 독일에도) 맞서는 인터마리움의 두뇌이자 근육이 되고 싶어 한다는 게 아니라 폴란드의 성공에 스웨덴의 이해관계가 걸려 있다는 점이다. 폴란드와 마찬가지로 스웨덴도 독일이나 러시아가 과도하게 영향력을 행사할까 봐 두려워한다. 그 영향력이 어떤 형태를 띠든 상관없이 말이다. 폴란드가 동맹을 결성하기는 힘들지 모르지만, 스웨덴은 이미 동맹이 있다. 바이킹과 스웨덴 제국의 가족적 관계에는 에스토니아, 라트비아, 리투아니아 같은 약체 국가들뿐만 아니라 경제적 선진국이자 문화적으로 동질적이고 군사력도 막강한 핀란드, 노르웨이, 덴마크도 포함되어 있다. 이 세 나라는 스웨덴 확대 가족의 구성원들 모두가 쓰고도 남을 만큼의 석유를 공급할 역량이 있다. 그리고 폴란드에도 공급할 여유가 있다.

어느 모로 보나 스웨덴과 폴란드가 동맹을 맺으면 시너지 효과가 일어난다. 스웨덴은 전문가들이 나라를 이끌어가는 해양 선진국이고, 폴란드는 육지를 기반으로 발전하고 있는 산업 국가다. 스웨덴은 폴란드의 경제가 꽃피게 할 자본과 기술을 보유하고 있고, 폴란드는 스웨덴의 물건을 구매할 시장이 된다. 두 나라 모두 유로존에 속하지 않기 때문에 유럽에 재앙이 닥친다고 해도 그 재앙의 일부는 두 나라를 비껴가게 된다.

그러나 수적인 열세는 여전히 문제다. 1천만이 채 되지 않는 스웨덴 인구가 4천만이 채 되지 않는 폴란드 인구의 뒷배가 되어야 하고, 이들이 합심해서 8천만에 달하는 독일 인구와 1억 4천만에 달하는 러시아 인구에 맞서야 하기 때문이다. 폴란드가 성공하려면 스웨덴의 도움만으로는 부족하다. 여기서 결국 다시 미국으로 눈을 돌리게 된다.

폴란드가 독립을 유지하면 이득이 된다는 점은 부인할 수 없다. 중부 유럽이 독일이나 러시아의 영향권 밖에 있게 되고, 두 나라를 지역 문제에 붙잡아 둘 수 있기 때문이다. 유감스럽게도 폴란드의 경우—그리고 인터마리움 동맹도—희망이 없다. 폴란드를 선수로 뛰게 하려면 누군가가 상당한 기술적, 재정적 지원을 하고—결국에는—피까지 흘려야 하기 때문이다. 바로 이런 군사적 개입이 새로운 시대에 미국이 꺼려하는 그런 종류의 개입이다.

미국이 유럽 대륙 문제에 끌려들어가게 된다면, 아마도 스웨덴을 통해서 관여하게 된다. 스웨덴은 만만한 나라가 아니다. 경제가 안정적이고 역량 있는 나라들과 탄탄한 관계를 유지하고 있고 최상의 군사력을 보유하고 있으며—유럽에서는 유일하게—기반이 탄탄한 금융 체제가 있다. 스웨덴을 통해 폴란드의 힘을 키우고 잘 관리해서 미국이 북유럽 평원으로부터 한 발짝 떨어져 있도록 하는 게 비결이다. 미국의 관점에서 보면 폴란드를 다시 한 번 쳐다보게 만드는 게 바로 스웨덴이다.

폴란드는 미국이 한 번 더 관심을 가져주기를 절실히 바라게 된다. 폴란드는 방어 전략을 구사할 엄두를 내지 못하기 때문이다. 폴란드는 온 사방이 노출되어 있어 뒤에 숨을 지리적 장벽도 없고, 스웨덴과 미국의 지원이 있든 없든 상관없이, 독일이나 러시아가 공격해오면 이를 상대하거나 물리칠 역량도 없다. 폴란드가 독립국가로 생존하려면 자국의 국경 지역에서 열강의 각축이 벌어지지 않도록 해야 한다. 그렇게 하기 위한 최선의 방법은 우크라이나를 무자비하게 들쑤셔서 러시아가 평정심을 잃게 만드는 일이다. 러시아가 우크라이나를 매우 중요하게 여긴다는 사실로 미루어볼 때 이는 대단히 위험을 감수해야 하는 작전이다.

미국이 개입하지 않겠다고 해도 스웨덴과 폴란드는 기댈 곳이 있다. 1960년대에 핵확산금지조약 협상이 진행될 때 스웨덴은 서명하지 않을 뻔했다. 소련의 팽창주의를 저지하려면 핵무기가 필요하다고 생각했기 때문이다. 스웨덴은 자생적이고 수준 높은 원자력 산업을 보유하고 있고, 마음만 먹으면 단시일 내에 조악한 핵무기 정도는 만들 수 있다. 스웨덴의 입장에서 볼 때 핵 억제력은 초강대국의 전유물이 아니다.

겁먹은 신세계: 유럽 이후의 삶

위에 언급한 요인들 가운데 어느 하나라도 현재 유럽에서 중요한 모든 것들을 무너뜨릴 수 있다. 유럽처럼 유동적인 변인들이 혼재해 있는 상태에서는 일이 터지게 되어 있다. 세계가, 그리고 대부분의 유럽 국가들이 잊고 있는 게 있다. 바로 유럽은 미국이 직접 주도한 경우 말고는 통일된 외교정책이나 안보정책을 실행한 적이 없다는 사실이다. 미국이 보장해온 경제성장과 안보가 사라지게 된 지금 모든 선택지가 고려대상이고, 그렇게 되면 반드시 사달이 나게 된다.

간단히 말해서 유럽은 엉망진창이 된다는 뜻이다. 지난 10여 년 동안 유럽연합 정상회담은 제구실 못하는 조직이 얼마나 엉망진창인지 보여주었다. 그 광경은 살짝 재미있기까지 했다. 그런데 앞으로는 그런 차원이 아니라 전쟁과 혼란으로 들끓는 가마솥 같았던, 1945년 이전 5세기 동안의 유럽처럼 된다는 뜻이다. 한 나라에게는 생존이 걸린 문제가 다른 나라들에게는 슬쩍 지나치는 관심거리도 되지 않는다. 리투아니아, 폴란드, 루마니아는 우크라이나에서 활개치는 러시아에 겁을 먹고 거의 공황상태에 빠져 있다. 한편 포르투갈, 이탈리아, 아일랜드는 금융 위기가 진짜 중

11 역사가 반복되는 유럽 349

요한 문제라고 주장하고 있고, 독일과 네덜란드는 유럽 바깥의 나라들과 새로운 무역 협상을 하는 데 온 신경을 집중하고 있다. 공통적인 관심사가 없다. 합의도 없다. 이와 같이 서로 조율하지 않고 제각각 행동하는 상황에서 유럽은 자기 자신을 감당하기 버거워하고 있다.

이와 같이 유럽의 미래는 암울하고 불투명하지만 그래도 한줄기 희망은 있다. 유럽의 모든 나라가 브레튼우즈 체제를 십분 활용해 세계적인 경제대국이 되지는 않았다. 유럽의 모든 나라가 국방정책을 통째로 미국에 맡기지는 않았다. 유럽연합의 와해가 완전한 재앙을 가져올 정도로 유럽의 모든 나라가 유럽연합에 아주 발을 깊숙이 들여놓은 건 아니다. 그리고 유럽의 모든 나라가 1965년 무렵에 자녀를 갖는 법을 잊은 건 아니다. 유럽에서 다른 유럽 국가들로부터 한 발짝 떨어져 있는 나라가 하나 있다. 그렇기 때문에 훨씬 덜 취약한 입장에 놓여 있고, 다른 나라들보다 훨씬 많은 선택지를 지니고 있다.

참으로 공교롭게도 그 나라는 바로 애초에 유럽연합이라는 구상을 한 나라, 프랑스다. 놀라울 것 하나도 없다. 브레튼우즈 체제가 미국이 냉전을 치르기 위해 세운 전략적 정책이라면, 유럽연합은 브레튼우즈 체제를 이용하기 위한 프랑스의 전략적 정책이었다. 열강들 가운데 그러한 전략적 책략에 기대지 않은 경제 체제를 가진 나라는 미국과 프랑스뿐이었다.

프랑스의 수출의존도는 독일의 절반밖에 되지 않는다. 프랑스는 세계 최강의 농산품 수출국이다. 유럽의 기준으로 볼 때 인구 구조도 건강한 편이고 출생률도 적당한 편이다. 미국 외에 유일하게 항공모함이라는 이름에 걸맞은 함선을 띄울 역량을 갖춘 나라다. 물론 기술적인 문제 때문에 짧은 기간 유럽 역내에 배치되는 항공모함이라는 한계는 있지만 말이다. 프랑스는 원자력에너지를 사용하기 때문에 석유 시장에 거의 의존하지 않는다. 필요한 석유는 가까운 알제리에서 수입하는데 프랑스와 비교적 우호적인 관계를 유지하고 있는 나라다. 프랑스는 북유럽 평원 서쪽 끝에 위치해 있기 때문에—그리고 지중해와 인접해 있기 때문에—외부 세계에의 노출은 줄이는 동시에 도달 가능한 바깥세상의 범위가 넓다. 필요한 게 너무 많고 그러한 필요를 충족시켜줄 나라들은 여기저기 흩어져 있는 독일의 처지와는 달리, 프랑스가 바깥세상으로부터 확보해야 하는 것은 제한되어 있고 이러한 필요를 충족시키는 해결책은 거의 모두 역내에 존재한다. 스웨덴, 독일, 폴란드, 러시아, 우크라이나, 터키가 엮여 분출할 폭력적인 혼돈은 프랑스로부터 먼 유럽 지역에서 벌어진다. 이도저도 다 실패할 경우에는 핵무기가 있다. 단기간에 핵무기를 급조할 역량이 있는 스웨덴이나 한국 같은 처지가 아니라 미국처럼 이미 명실상부한 핵무기 보유국이다. 그러니 독일이 가장 경계하는 나라가 프랑스인 게 당연하다.

필요를 충족시키기 위해 바깥세상에 의존하는 정도는 낮고 전략적 지렛대로 쓸 선택지는 여유가 있기 때문에 프랑스는 앞으로 유럽의 모습을 만들어갈 역량을 가장 많이 지니고 있고, 그러기 위해서 쓸 수단도 가장 많이 보유하고 있다. 유럽에 앞으로 닥칠 혼돈 속에서도 살아남을 통일된 유럽의 모습이 있다면 아마 프랑스가 주도하는 유럽일 가능성이 높다. 유럽이 (다시) 사분오열되고 그 잿더미에서 탄생할 나라가 있다면 그 또한 프랑스가 될 가능성이 높다.

미국이 1940년대에 세계의 모습을 재구성한 이후로 유럽의 역사는 멈췄다. 유럽에서 수세기 동안 계속된 대결은 미국이 제공한 안보와 세계무역의 안락함에 묻혀버렸다. 그 시대가 이제 빠른 속도로 저물고 있다. 그리고 그 공백은 다시 깨어난 독일, 경제적 수준을 유지하기 위해서 싸워야 하는 독일을 두려워하는 여러 나라들, 국경지역의 안보를 공고히 하려고 고군분투하는 절박한 러시아, 더 이상 중립을 고수하지 않는 스웨덴이 지원하는, 공황상태에 빠진 폴란드, 그리고 유럽연합과 북대서양조약기구의 잔해 속에서 자국의 영향권을 확보하려고 혈안이 된 터키가 채우게 된다.

　이러한 요인들이 모두 다 결국 전쟁을 야기할까? 그렇지는 않을 가능성이 높다. 그러나 그 가운데 단 하나도 전쟁으로 이어지지 않는다면 정말로 놀랄 일이다.

12

앨버타
문제

The Alberta
Question

미 국은 그다지 세계화된 나라가 아니다. 이 책에서 이 시점에 이런 얘기를 하는 게 매우 뜻밖이라고 생각할지도 모른다. 그러나 "그 다지~아니다"는 "아니다"와 같지 않다. 미국은 우호적인 관계인 나라도 있고 적대적인 관계인 나라도 있다—앞으로도 그럴 것이다. 그 가운데 미 국과 정말로 오랜 세월 동안 참으로 우호적인 관계를 유지해왔지만 미국 의 시끄러운 국내 정치의 소음에 파묻혀 눈에 띄지 않았던 나라가 있다. 그 나라는 바로 캐나다다. 머지않은 장래에 가장 튼튼한 이 관계를 뒤흔 들어놓을 위기가 발생하게 된다.

캐나다가 설마 그럴 리가

캐나다는 미국을 성공적이고 부유한 나라로 만드는 데 기여한 특징들 과 똑같은 특징들을 많이 갖추고 있다. 단지 그런 특징들이 엉뚱한 위치 에 놓였다는 점이 다를 뿐이다. 5대호가 일련의 거대한 물길 역할을 하기 는 한다. 세인트로렌스 강은 세계적 수준이다. 핼리팩스와 밴쿠버에 있는 천혜의 항구는 세계 최고 수준이다. 캐나다의 대초원은 놀라울 정도로 생 산성이 높다. 그러나 이 가운데 그 어느 하나도 미국의 천혜의 지리적 특 징들이 서로 중첩되듯이 자연스럽게 서로 연결되지가 않는다. 캐나다는 자연의 축복을 흠뻑 받은 땅이지만 지리적인 축복들이 뿔뿔이 흩어져 있 기 때문에 나라의 경제, 문화, 언어, 정치 체제를 분열시킨다. 극복하기 힘 든 물리적 장벽들이 캐나다를 여러 조각으로 나눈다.

서쪽에서부터 동쪽으로 향할 때 가장 먼저 만나는 장애물이 로키 산맥 이다. 캐나다 쪽 로키 산맥의 정상은 미국 쪽 로키 산맥 정상 못지않게 험 준하지만, 훨씬 북쪽에 있기 때문에 겨울이면 폐쇄되기 일쑤고 미국 쪽 로키 산맥처럼 확 트인 넓은 공간이 없기 때문에 상당한 규모의 인구가 정착하기 어렵다.

캐나다 내에 존재하는 두 번째 장애물은 캐나다 순상지(楯狀地, Canadian Shield)다. 현재의 캐나다 영토 전역에 걸쳐 여러 차례 빙하기가 오고 물러나면서 형성된 지형이다. 빙하기가 한창일 때 빙산이 남쪽으로 움직이면서 암반을 덮은 토양을 긁어내 현재의 미국 북부지역에 퇴적시켰다. 캐나다는 여름이 짧고 겨울이 길기 때문에 토양이 형성되는 과정이 상당히 지체된다. 따라서 1만여 년 후인 지금 토양은 여전히 척박하고 비옥도가 낮으며 침엽수림만 서식할 수 있다. 이 지역은 개간해도 토질이 그다지 개선되지 않는다. 빙산의 무게 때문에 암반이 쪼개져서 융기하고 수십만 개 작은 호수가 생겼기 때문이다. 이 땅은 농사에 전혀 적합하지 않고 이 지역을 관통하는 구색만이라도 갖출 운송 통로를 건설하기조차 매우 힘들다.

세 번째 장애물은 공교롭게도 물길이다. 퀘벡 시를 지나면 세인트로렌스 강은 점점 넓어져서 만이 된다. 이 덕에 해운 선박들이 퀘벡 시에 쉽게 접근하지만 캐나다 동부는 본토로부터 단절된다.

이 세 가지 장애물 때문에 캐나다는 크게 다섯 개의 자치 지역으로 나뉘게 된다. 여러 가지 면에서 사실상 밴쿠버는 서구문명의 가장 서쪽 끝에 자리 잡은 도시국가다. 밴쿠버는 캐나다 인구가 밀집되어 있는 토론토와 몬트리올 같은 중심지보다 동아시아 그리고 미국 서부 해안 지역과 더 많은 교역을 한다. 대초원 지대는 지리적으로 캐나다의 "중부"에 있지만, 여러 가지 면에서 고립되어 있다. 로키 산맥은 서부와의 접촉을 단절시키고 캐나다 순상지는 동부와의 접촉을 차단한다. 오늘날까지도 온타리오와 마니토바 사이의 1,200마일에 이르는 캐나다 순상지를 관통하는 운송 통로는 단 하나뿐이다. 그런 까닭에 캐나다 철도청은 미국 철도 체계에

CANADA'S BORDER

△ 세인트로렌스
　바닷길의 기간 시설
　캐나다 순상지
　1제곱 마일 당 인구
　3명 이상인 지역

☐ 고지대
··· 국경

Victoria
Tacoma
Seattle
Vancouver
BRITISH COLUMBIA
ALBERTA
Calgary
Edmonton
Saskatoon
Regina
SASKATCHEWAN
Winnipeg
MANITOBA
Minneapolis
Duluth
Chicago
ONTARIO
HUDSON BAY
Detroit
Windsor
Toronto
St. Lawrence River
Albany
OTTAWA
QUEBEC
New York City
Montreal
Quebec City
NEW BRUNSWICK
LABRADOR
Halifax
NOVA SCOTIA
NEW FOUNDLAND

N ➤

캐다나 국경

매우 적극적으로 투자할 수밖에 없었다. 대초원 지역에서 시장까지 잉여 농산물을 실어 나르려면 미시시피와 뉴올리언스를 거쳐야 했기 때문이다. 마찬가지로 앨버타에서 생산되는 에너지는 로키 산맥을 넘어(또는 우회해) 서쪽인 태평양 연안으로 가거나, 길도 없는 순상지를 가로질러 온타리오 중심지로 가는 대신 남쪽인 미국으로 수출된다.

그런데 순상지는 여기서 그치지 않고 온타리오를 퀘벡으로부터 고립시키기도 한다. 이 두 지역을 잇는 길은 다차선 도로인 401번 도로 딱 하나뿐이다. 이 도로는 시작부터 끝까지 거의 전 구간이 온타리오 호수 변과 세인트로렌스 강을 따라 나 있다. 순상지는 온타리오 호수 끝까지 펼쳐져 있고 세인트로렌스 강과는 여러 군데에서 만나고 있으며, 토론토, 몬트리올, 오타와, 퀘벡 시 북쪽 교외지역들을 내려다보고 있는데, 이 때문에 북쪽으로 도시를 확장하기가 어려워진다. 사실상 유일하게 토론토만이 다른 방향들로는(주로 온타리오 호수를 따라 남서쪽으로) 순상지로부터 자유로워서 어느 정도 확장이 가능하다. 이 때문에 온타리오 주와 퀘벡 주에 있는 도시들 가운데는 온화한 기후와는 거리가 먼데도 불구하고 부동산 가격이 가장 비싼 지역들이 있다. 또한, 퀘벡은 캐나다의 영어권 지역에 둘러싸여 있는데도 이런 지역과 이렇다 할 연결고리가 없어서 별 어려움 없이 프랑스어를 쓰는 관행을 유지해왔다.

프랑스어권 캐나다의 동부는 해양 지역인데 나머지 캐나다 지역과 거의 연결되어 있지 않다. 퀘벡 시를 건너는 다리로부터, 단 한 개의 도로가 캐나다 순상지 남쪽 200마일을 가로질러 뉴브런즈윅 경계에 도달한다. 여기서 다시 황량한 허허벌판을 450마일 더 가면 마침내 대서양 연안에 있는 뉴브런즈윅의 세인트존스 컨테이너 항구에 도달하게 된다. 지리적으로 볼 때 캐나다는 통일된 국가가 아니다. 심지어 영어권과 프랑스어권의 분열이나 캐나다의 연방 정치 체제와 같이 공개적으로 논의되는 문제들을 고려하지 않더라도 그렇다. 추운 기후로 캐나다 영토의 대부분은 대규모 인구가 거주하기에 적합하지 않으며, 거의 모든 사람들이 남쪽 끝자락에 몰려서 산다.

미국 사람들이 툭하면 하는—신기하다는 듯 상당히 조롱 섞인 어조로 하는—질문이 있다. 도대체 캐나다가 어떻게 나라로 존재할 수 있지? 이런 말하기 정말 싫지만 멍청한 질문이 아니다. 아무리 좋게 봐도, 캐나다는 지리적, 정치적 관점에서 보면 척박하고 불안정하며, 경제적 관점에서 보면 가까스로 서로 연결되어 있는 미국의 위성국가들 같다.

질문에 대한 답은 이렇다. 아직 영국에 종속되어 있을 당시인 초기 캐나다는 자기 처지를 깨닫고 미국으로 하여금 자국을 영국의 종속국이 아니라 미국의 친구로 여기게 만들려고 무던히도 애썼다. 간단한 일이 아니었다. 1800년 당시 대부분의 캐나다인들은 프랑스인 후손이거나 영국의 식민지인 미국에서 건너온 충절파(Loyalists)인데, 후자의 경우 영국 왕에게 충성해야 한다고 생각했기 때문에 미국의 독립과 혁명을 주장하는 미국인들과 척을 지고 있었다. 1812년 전쟁이 일어나자 미국에서 건너온 캐나다인들은 분풀이할 기회를 잡았다. 영국은 캐나다 영토를 발판삼아 미국을 공격했고 캐나다 해병대를 파병해 워싱턴 D.C.를 불살라버렸다.

그런데 캐나다 입장에서는 끔찍한 일이 벌어졌다. 영국은 미국의 심장에 말뚝을 박아 넣기는커녕 나폴레옹이 패망한 후 후유증을 겪고 있는 유럽을 재구성하는 쪽으로 힘을 쏟게 되었다. 따라서 캐나다는 분노해 이를 갈고 있는 미국을 혼자 상대하게 되었다. 당시 아직 영국 식민지였던 캐나다는 달갑지 않은 선택을 해야 했다. 캐나다가 전쟁에서 열성적으로 영국을 돕는 역할을 했다는 사실을 미국이 잊고 캐나다를 그냥 내버려두기를 바라는 게 한 가지 선택지였다. 그러나 영국 함대가 떠나고 없는 북미에서는 미국의 해군력이 우월한 상황이었기에 이는 헛된 희망일 뿐이었다. 아니면 미국에 협상을 제안하는 방법이 있었다. 캐나다는 현명하게도 후자를 택했다. 그 덕에 단기적으로 미국은 서쪽으로 눈을 돌려 국가의 역량을 오하이오 강 유역과 그 너머를 개발하는 데 쏟아부으면서 초강대국으로 가는 길을 닦았다. 장기적으로, 캐나다는 대영제국과의 관계를 정리하는 절차를 시작했다. 우선 캐나다는 중립을 선언하고, 미국과 우호적인 관계를 수립한 다음, 미국과 동맹을 맺었고, 마침내 오늘날에는 경제적으로 사실상 미국의 체제에 편입되었다.

캐나다의 인구 구조:
구부정한 걸음으로 소멸을 향해 다가가는 나라

캐나다의 인구 구조는 다른 선진국들의 인구 구조와 아주 비슷하다. 1965년 무렵부터 캐나다 사람들은 아이를 낳지 않기 시작했고, 그 이후로 계속 서서히 인구는 줄기 시작했다. 캐나다의 자연 출산율은 오래전에 인구 대체율 이하로 떨어졌고 세계에서 가장 높은 이민율로 인구를 늘려왔다. 평균 한 해에 캐나다로 이민 오는 사람은 25만 명으로 거의 총인구의 1퍼센트에 달한다. 이러한 인구유입은 캐나다의 3,500만 인구를 유지하는 데 보탬이 되지만 유감스럽게도 왜곡된 인구 구조를 바로잡는 데는 도움이 되지 않는다.

미국과 달리 캐나다에서 살기를 희망하는 (미국인이 아닌) 장래 이민자들은 걸어서 캐나다에 올 수가 없다. 항공기나 여객선 표를 살 돈을 모아야 한다. 걸음마만 떼고 나면 미국 국경을 말 그대로 걸어서 넘을 수 있는 멕시코인이나 중앙아메리카 사람들과는 다르다. 캐나다로 이민 오는 사람의 평균 연령은 32세인 반면 미국으로 이민 오는 멕시코인은 평균 연령이 18세로[1] 이들은 연금을 수령할 나이가 되기 전에 세금도 내고 미국 경제 체제에 기여할 시간이 충분히 있다. 일부 지역에서는—예컨대 샌디에이고 외곽에 있는 캘리포니아-멕시코 국경—걸어서 국경을 넘는 사례가 너무 빈번해서 안내 표지판까지 설치되어 있다.

이와 같이 캐나다는 전환기에 놓인 나라다. 은퇴가 가까워온 인구가 엄청나게 많은데, 그동안 이들이 경제에 기여한 덕분에 세계에서 가장 자본이 풍부한 금융구조를 구축했고 캐나다 역사상 인구 대비 가장 높은 세수를 올리고 있다. 그러나 일시적일 뿐이다. 범상치 않은 이민 패턴과 기본적인 인구 구조 양상 때문에, 캐나다는 세계에서 가장 빠른 속도로 고령

화하는 동시에 대체인구 규모가 가장 작은 나라 중 하나로 손꼽힌다. 캐나다 인구의 평균 나이는 이미 42세로 세계에서 가장 고령이다. 2025년이면 캐나다의 인구 구조는 현재 일본의 인구 구조와 거의 똑같아진다. 인구의 30퍼센트가 60세 이상이 되고 출산율에 결정적인 영향을 미치는 20-39세 연령층은 25퍼센트가 채 되지 않게 된다.

캐나다는 절체절명의 위기에 처해 있다. 자본 구조는 세계에서 가장 자본이 풍부한 나라에서 가장 빈곤한 나라로 뒤바뀌는 동시에 은퇴자에 대한 노후지원은 적정수준에서 감당하기 버거운 수준으로 바뀌게 된다.

새 시대가 시작되면서 이는 캐나다에 이익이 되기도 하고 손해가 되기도 한다. 우선 이익이 되는 점부터 알아보자. 이는 거의 전적으로 지리적 위치에서 비롯된다.

캐나다의 주권을 걱정하는 이들은 틀림없이 이 점에 대해 비판을 하겠지만, 캐나다가 지닌, 그 무엇보다도 가장 유리한 점은 미국과의 관계다. 가장 두드러진 점은 물론 미국과 물리적으로, 또 문화적으로 가깝다는 점

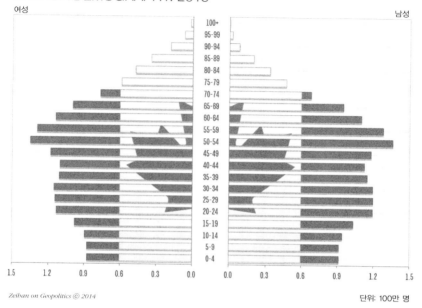

CANADA DEMOGRAPHY: 2015

여성   남성

Zeihan on Geopolitics © 2014   단위: 100만 명

캐나다의 인구 구조: 2015년

이다. 캐나다 인구의 80퍼센트 정도가 미국 국경에서 자동차로 2시간 이내의 거리에 거주한다. 캐나다에서 인구밀도가 가장 높은 중심지—해밀턴-토론토-몬트리올로 이어지는 지역—는 캐나다에서 유일한 해양 체제다. 이 해양 체제는 미국과 공유되기 때문에 시카고, 밀워키, 디트로이트, 버펄로 같은 주요 대도시들에 직접 접근이 가능할 뿐만 아니라—미국에서 가장 인구밀도가 높은 중심지들이 밀집해 있는—미국 거대도시 바로 위쪽에 위치한 대서양으로 흘러 들어간다. 캐나다가 2세기에 걸쳐 차츰차츰 미국에 가까이 다가가기로 한 덕에 이제는 미국이 어떻게 생각하든 상관없이 미국 교역망의 심장부에 편입되었다.

의식적이든 무의식적이든, 캐나다의 국가계획 또한 새 시대를 준비해

왔다. 영국령 북아메리카 조례(British North America Act)를 근거로 캐나다 자치연방이 발족한 이래로 캐나다의 경제적 발전과 정치적 통합을 가로막은 가장 큰 걸림돌은 여러 지역이 물리적으로 서로 연결되어 있지 않다는 점이었다. 지금도 상황은 그다지 나아지지 않았지만 중요한 건 그게 아니다. 캐나다의 인구는 급속도로 고령화하고 있기 때문에 캐나다의 소비 기반은 캐나다가 아니라 미국에 있게 된다. 150년에 걸쳐 기간 시설을 구축한 캐나다는 이제 자국 내 소비가 추락하는 시기에 때맞춰 완전히 미국의 체제에 붙박이로 연결되었다. 간단히 말하면, 캐나다는 거대한 국내 시장을 유지하거나 전통적인 의미에서 국내 자본투자를 할 필요가 없다는 뜻이다. 어느 모로 보나 캐나다는 경제적인 관점에서 이미 미국의 위성 국가가 되었기 때문이다. 캐나다가 고령화되면서—미국은 고령화가 나타나지 않고 있고—이러한 관계는 점점 더 한쪽으로 기울고, 더 밀접해지고, 캐나다의 안녕을 유지하는 데 더 절실해진다.

캐나다에게 새 시대는 "단순히" 미국의 자본과 소비시장에 대한 접근을 확보하는 것 이상의 의미가 있다. 안보 측면에서도 캐나다의 전망은 밝다. 새로운 세계에서 미국은 이따금 남의 나라에 들어가서 적당히 헤집고 다닐 가능성이 매우 높다. 이 점에 관한 한 캐나다는 직접적인 영향을 받을 걱정은 전혀 안 해도 되고 간접적인 영향을 받을 걱정조차도 할 필요가 없다. 전략적으로 볼 때, 캐나다는 미국의 가장 확고한 동맹이고, 미국 동맹국들 가운데 유일하게 제3의 국가로부터 안보 위협을 받지 않는 나라다. 핵전쟁 말고는 세계에서 어떤 사태가 발생해도 캐나다의 주권이 위협받을 가능성은 없다. 따라서 아까운 돈을 방위비에 쏟아붓지 않아도 된다. 자존심을 버리고 미국의 일부라는 지위를 받아들이기만 하면 된다.

그러나 이 모두는 캐나다가 하나의 국가로서 존재한다는 전제 하에서 가능하다. 그런데 그 전제가 이제는 흔들리고 있다.

362

퀘벡 문제: 묻고 답하다

캐나다라는 나라가 생긴 이후로 국가의 안정성을 끊임없이 위협하는 게 퀘벡 문제다.

캐나다의 가장 큰 걱정거리는 인구 구조도 소비시장도 자본도 아니다. 바로 지역들이 서로 단절되어 있는 지리적 여건 때문에 발생하는 정치적 문제다. 캐나다를 건국한 이들은 프랑스나 러시아에 존재하는 통일된 정부는 캐나다에서는 절대로 제대로 작동하지 않으리라는 점을 깨달았다. 핼리팩스 주민들은 일상적인 삶에서─토론토, 위니펙, 빅토리아는 말할 필요도 없거니와─ 수도 오타와에 있는 중앙 정부와 접촉할 일이 거의 없기 때문에 강력한 중앙집권적 정부라는 개념이 와 닿지 않았다. 그 결과 국방이나 외교와 관련 없는 대부분의 의사결정은 국가 차원이 아니라 지역 차원에서 이루어지는 연방(confederal)정부 형태를 띠게 되었다.[2] 여러 모로 캐나다 정부는 미국이 영국으로부터 독립한 후 제정한 최초의 헌법인 미국연방규약(Articles of Confederation) 하에서의 미국과 비슷한 방식으로 운영되어 왔다. 캐나다는 국가의 수도가 적어도 지방과 주의 수도가 지닌 권한에 준하는─훨씬 더 강하지는 않을지라도─힘을 행사하는 연방제를 채택하지 않은 아주 극소수 선진국들 가운데 하나다.

처음에, 이와 같은 정부 형태를 만들 때 제시된 정치적 논리는 북미에 있던 프랑스 제국이었다. 영국은 1760년 프랑스령 퀘벡을 정복하고 정치적, 문화적, 경제적, 언어적 경쟁 관계에 있는 인구를 통치할 권력을 그들에게 부여했다. 전환기에 겪기 마련인 고통을 최소화하기 위해서 영국은 프랑스어권인 퀘벡에게 자치권을 부여하기로 했고, 이때 구축된 지방-중앙의 관계를 바탕으로 캐나다가 탄생했다. 퀘벡이 정복당한 지 240년이 지난 지금, 또 대영제국이 캐나다에게 독립을 승인한 지 140년이 지난 지금, 연방주의와 지방우선주의는 캐나다 정치에서 불가분의 관계다. 캐나다 법원은 캐나다 지방들이 독립할지 여부를 두고 국민투표를 실시할 법적인 권리가 있다는 판결을 내렸다.[3]

실제로 캐나다 대법원은 1998년 8월 20일 전원 만장일치로 분리 독립은 합법이라는 다음과 같은 판결을 내렸다.

> 퀘벡에서 분리라는 명백한 문제에 관해 절대다수가 찬성하면 분리에 민주주의적 합법성이 부여되고 연방에 소속된 다른 모든 참여자들은 이를 인정해야 한다…다른 지방들과 연방정부는 퀘벡 주민들 절대다수가 분리 독립하기로 결정하면, 분리를 추진하는 과정에서 퀘벡이 다른 지방들의 권리를 존중하는 한, 퀘벡정부가 이를 추진할 권리를 부정할 근거가 없다. 표결에 뒤따른 협상에서는 분리 독립이 실제로 진행될 때 적용될 조건들뿐만 아니라 분리 행위도 다루어야 한다.

퀘벡이 이 판결을 이용해 분리 독립한다면—1995년에 실시된 분리 독립 주민투표는 겨우 몇 퍼센트 차이로 부결되었다—캐나다라는 나라는 종말을 고하게 된다. 퀘벡은 캐나다에서 가장 인구가 많은 온타리오 주와 대서양 연안을 연결하는 캐나다 관할의 운송 체계를 몽땅 장악하고 있다. 그렇게 되면 캐나다의 연해주들(Maritime provinces, Nova Scotia, New Brunswick, Prince Edward Island의 3개 주를 일컫는다—옮긴이)은 궁핍해지지 않으려면 미국에 접근하는 방법밖에 선택의 여지가 없으며, 퀘백이 독립하고 남은 캐나다도 여전히 서로 별로 관련이 없는 세 지역으로 나뉘게 된다. 퀘벡이 분리 독립할 가능성은 캐나다 국가의 존속 자체를 위협하는 실제하고 현존하는 위험이 되어왔다.

캐나다는 퀘벡의 분리를 당연히 심각한 문제로 다루었고, 20세기 마지막 몇 십 년에 걸쳐 이 위협을 봉쇄하기 위해 효과적인 전략을 생각해냈다. 캐나다 중앙정부는 상당한 규모의 재정 이전 체계를 구축해서 온타리오 주에서 퀘벡 지방정부로 돈을 내려보냈다. 말하자면 통합된 캐나다에 남아 있는 조건으로 퀘벡에 뇌물을 준 셈이다. 비용이 많이 드는 해결책이었지만 실행은 가능했다.

그러나 지금 퀘벡의 분리 운동은 사실상 폐기되었다. 퀘벡 지방정부는 너무나도 오랫동안 재정 낭비를 해왔고 온타리오 주로부터 받은 재정적 지원에 너무나도 익숙해진 나머지 산업과 기업이 대거 퀘벡에서 탈출했다. 퀘벡이 지금 독립을 선언하면 재정이 너무 부실해져서 지역 살림은 파탄이 나고 기간 시설을 유지 관리하는 역량은 한 세대 만에 사라져버리게 된다. 그러면 단시일 내에 자동차산업 없는 디트로이트처럼 되어버린다. 제정신인 퀘벡 정치인이라면 누구든지 이 사실을 알고 있고, 지난 10여 년에 걸쳐 퀘벡의 독립 운동은 추진력과 동력을 잃었다(2011년 총선거에서 〈블록 퀘베쿠아(Bloc Quebecois)〉라는 정당이 의회에서 거의 축출될 뻔한 사태가 이 상황을 잘 보여준다). 그 결과 퀘벡의 독립운동은 이제 온타리오 주 중앙정부로부터 더 많은 재정적 지원을 받아내는 (놀라울 정도로 성공적인) 꼼수로 전락했다.

그러나 어떤 행동이든지 뜻하지 않은 결과를 낳는다. 퀘벡은 캐나다 체제에 남는 대가로 얼마를 뇌물로 받아야 하는지 정확한 액수를 제시할 수 없었다. 퀘벡은 실제로 분리하자는 발의를 여러 차례 해야 했다. 이 절차의 일환으로 퀘벡은 독립을 두고 주민투표를 실시해야 했을 뿐만이 아니라 중앙정부에 독립에 대비하라고 으름장을 놓아야 했다. 그렇게 해서 대법원이 분리가 합헌이라는 판결을 내리게 되었다. 캐나다 의회는 2000년에 "분리독립 법안(Clarity Act)"을 통과시키기까지 했다. 대법원의 판결을 실행하는 정치적 절차를 제시한 법안이었다. 퀘벡의 노력으로 구축된 이러한 절차는 캐나다 지방이 독립을 달성하려면 어떻게 해야 하는지 그 방법을 제시해주는 예기치 않은 결과를 낳았다.

진정으로 민족주의적 열정에서 비롯된 결과인지, 아니면 단순히 영악한 협상 전략인지 모르지만 퀘벡은 분리 독립으로 가는 길을 닦게 되었다. 그런데 이제는 그 길에 들어설 생각이 말끔히 사라졌다. 따라서 퀘벡 문제에 대한 해답은 약간 어설프기는 하나 나오기는 했다. 퀘벡은 분리하지 않는다. 따라서 퀘벡 문제로 캐나다가 죽을 일은 없게 되었다.

그러나 퀘벡 문제가 사라진 대신 또 다른—보다 치명적인—문제가 급속히 부상하고 있다.

앨버타 문제: 아직 묻지도 않았지만 이미 답은 나왔다

캐나다 중앙정부가 있는 온타리오 주와 퀘벡 주 간의 계약은 퀘벡의 분리를 성공적으로 봉쇄했지만, 엄청난 금전적 비용을 치러야 했다. 2013년에 퀘벡의 입을 막는 데 161억 달러가 들었다. 캐나다 중앙정부는 이 돈을 마련하느라 어느 정도 어려움을 겪기는 했지만 온타리오 주민 1,350만 명이 퀘벡 주민 800만 명에게 뇌물을 먹이기가 불가능하지는 않았다.

적어도 과거에는 그랬다. 온타리오 주는—캐나다의 나머지 지역들과 마찬가지로—인구가 급속히 고령화하고 있다. 몇 년 안에 온타리오 주의 근로자들이 대거—캐나다 전체 근로자들과 마찬가지로—은퇴하게 된다. 그렇게 되면 캐나다 중앙정부가 퀘벡에 주기로 한 돈을 온타리오 주에서 걷을 역량이 급격히 줄어들게 된다. 설상가상으로 퀘벡 주의 인구는 온타리오 주의 인구보다 더 빨리 고령화하고 있기 때문에, 계약을 이행하는

366

데 드는 비용은 앞으로 더욱 증가하게 된다. 캐나다의 다른 지역들이 거들고 나설 처지도 못 된다. 인구가 급속히 고령화하는 지역은 퀘벡뿐만이 아니다. 퀘벡 형 인구 구조는 브리티시컬럼비아, 유콘, 노바스코샤, 프린스에드워드아일랜드, 뉴브런즈윅, 뉴펀들랜드에서도 나타난다. 마니토바와 서스캐처원의 인구는 온타리오보다는 조금 젊지만, 이들 지역의 인구를 합해봐야 겨우 220만 명으로 퀘벡 인구의 4분의 1에 불과하다. 나라 재정에 이 지역들이 미칠 수 있는 영향은 지극히 적다.

앨버타는 다르다. 앨버타의 에너지 붐이 20년째 접어들고 있다. 얼마나 경기가 좋은지 앨버타는 서구진영의 모든 지역들을 통틀어 두 번째로 높은 소득수준을 보이고 있다.[4] 앨버타는 이제 다른 지역들에 비해 너무나도 부유해진 나머지 2012년 현재 국가예산 순 기여도가 160억 달러 이상인 유일한 지역이다. 2013년 현재 앨버타 주민 1인당 한 해에 평균 6,000달러를 세금으로 낸다. 캐나다의─그리고 온타리오와 퀘벡의─인구가 계속 고령화하면서 중앙정부와 퀘벡이 맺은 계약을 이행하는 데 드는 비용 가운데 앨버타가 짊어져야 하는 부담은 엄청나게 무거워진다.

그게 다가 아니다. 상황은 훨씬 악화된다. 인구구성을 보면 앨버타는 캐나다에 대해 반감을 품고 있다. 이 지역의 에너지 산업이 폭발적으로 성장하면서 캐나다 전역(그리고 세계)에서 청년들이 몰려들기 때문에 노동력의 기술수준은 높아지는 동시에 인구의 평균연령이 줄어들고 있다. 현재 서구 진영에서는 거의 유일하게 앨버타의 인구는 더 젊어지고, 노동력의 기술수준은 더 높아지고, 임금 수준까지도 상승하고 있다. 인구 구조와 재정상태 측면에서 앨버타와 캐나다 나머지 지역들 간의 차이가 점점 심해지면서 앨버타 지역의 젊고 고숙련기술을 지닌 고임금 근로자들은 점점 나이 들고 기술 수준도 떨어지고 임금수준도 낮아지는, 나머지 캐나다인들을 부양하기 위해서 중앙정부에 더 많은 세금을 내게 생겼다.

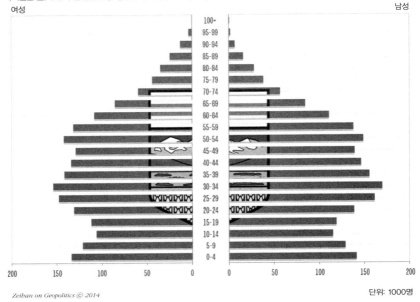

ALBERTA DEMOGRAPHY: 2015

여성

남성

100+
95-99
90-94
85-89
80-84
75-79
70-74
65-69
60-64
55-59
50-54
45-49
40-44
35-39
30-34
25-29
20-24
15-19
10-14
5-9
0-4

200   150   100   50   0   0   50   100   150   200

Zeiban on Geopolitics © 2014

단위: 1000명

앨버타 주 인구 구조: 2015년

경제에 더 이상 기여는 하지 않고 혜택만 받는 캐나다의 고령층 인구가 늘어나면서 앨버타 주민 1인당 순 납세액은 2020년 무렵이면 2만 달러를 돌파할 가능성이 높다.

그게 다가 아니다. 캐나다 인구가 고령화하면서 캐나다 달러는 강세를 보이게 된다. 장년층 근로자—은퇴자는 물론이고—는 소비를 덜하지만 청년층 근로자보다 생산성은 더 높다. 소비는 줄고 생산은 늘어나면 수출이 늘어난다. 수출이 늘고 소비는 줄어드는 상태가 지속되면 캐나다 화폐는 평가절상의 압박을 받게 된다. 지난 10년 동안 다른 주요 화폐들에 비해 캐나다 달러가 천천히 지속적으로 가치가 상승—2003년 0.65(미국)달러에서 2013년 1.05(미국)달러—한 가장 큰 이유는 고령화하는 인구로 인해 캐나다의 경상수지에 변동이 생겼기 때문이다.

화폐가 강세를 보이면 장단점이 있지만 앨버타 주에 미치는 영향은 거의 전부 부정적이다. 모든 상품과 마찬가지로 석유, 천연가스, 곡물도 모두 미국 달러로 거래된다. 따라서 앨버타의 수출품들은 모두 미국 달러로 거래되고 앨버타로 유입되는 투자금도 미국 달러지만 지출은—특히 납세—캐나다 달러로 한다. 캐나다 달러가 강세면 앨버타의 소득만 압박을 받는 게 아니라 앨버타의 투자 계획(그리고 그에 따라 미래에 발생할 소득)도 압박을 받는다. 절대적 가치로 보면, 앨버타의 에너지 부문에서 발생하는 소득은 에너지 가격 상승과 생산량 증가로 지난 10년에 걸쳐 급격히 상승했지만 캐나다 달러로 환산한 배럴당 수익은 2003년 이후로 40퍼센트 이상 하락했다.

상황은 이 정도 악화되는 데 그치지 않고 더 나빠진다. 미국에서 셰일 혁명이 일어나면서 미국의 석유생산량이 급격히 늘고 있는데 셰일 생산지는 흩어져 있지 않다. 거의 모든 셰일 유전은 로키 산맥 동부와 애팔래치아 산맥 서부에 위치해 있다. 이렇게 지리적으로 셰일 유전이 집중되어 있으면 미국 내륙지방의 에너지 가격과 해안지방의 에너지 가격 사이에 상당한 차이가 생긴다. 석유의 경우 미국 내륙과 멕시코 만 지역 사이에 가격 차액이 보통 배럴당 10-15달러다.

그런데 앨버타 석유는 거의 대부분 송유관을 통해서 미국 중서부로 보내지는데, 이 지역은 노스다코타, 텍사스, 오클라호마, 미시건, 오하이오, 펜실베이니아 등에 있는 주요 셰일 매장지들에 둘러싸여 있다. 간단히 말해서 앨버타는 미국에서 가장 가격경쟁이 심하고 가장 포화상태인 시장으로 에너지를 수출하고 있으므로 평균 국제유가에 비해 배럴당 20달러에서 40달러 할인된 가격에 팔아야 한다. 그건 약과다. 앨버타의 천연가스는—미국 셰일의 천연가스와 달리—폐기물이 아니다. 앨버타의 천연가

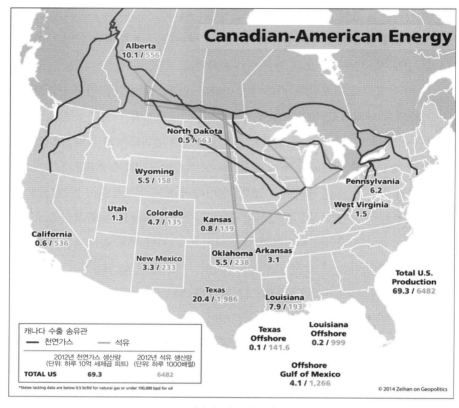

캐나다-미국 에너지

스는 이제 더 이상 미국시장에서 가격경쟁력이 없기 때문에 천연가스 부
문은 급격히 쇠락할 지경에 처해 있고 심지어 완전히 사라질지도 모른다.

　내륙에 위치한 앨버타 주는 미국 외의 지역으로 판매 시장을 넓히려고
노력해왔지만 현재까지는 이러한 노력이 완전히 허사로 돌아갔다. 원유
일부를 직접 미국 멕시코 만 지역(키스톤)으로 운송할 송유관 건설에 참여
하려는 시도는 미국 국내 정치에 휘말려 난항을 겪고 있다. 미국 태평양
연안 지역으로 수출하는 데 필요한 기간 시설을 구축하려고 시도하고 있

지만 이 역시 만만치 않은 상황이다. (앨버타의 에너지를 수출하려면 경유해야 하는 지역인) 캐나다 브리티시컬럼비아 주에서 앨버타 에너지 복합시설을 폐쇄하려는 이들과 앨버타에 엄청난 통행료를 부과해 앨버타가 에너지 생산에서 얻는 소득보다 더 높은 소득을 올리려는 이들 사이에서 정치적 논쟁이 벌어지고 있다.

앨버타에서 전망이 암울한 부문은 에너지뿐만이 아니다. 앨버타는 캐나다 곡창 지대의 일부이기도 하다. 석유와 천연가스와 마찬가지로 밀과 보리도 미국 달러로 거래되는 상품이다. 여기서 운송비용은 앨버타를 이중으로 옭아맨다. 앨버타에서 생산되는 식료품을 판매할 가장 가까운 시장은 미국이지만, 미국은 세계 최대의 곡물 생산국이므로 여기서 곡물을 팔 기회를 얻기는 하늘의 별따기다. 게다가 앨버타는 내륙지방이라 운항 가능한 수로로의 접근이 불가능하기 때문에 상당한 비용을 들여서 철도로 로키 산맥을 우회 또는 관통하든지, 브리티시컬럼비아 항구로 실어 나르든지, 아니면 남쪽인 미국 뉴올리언스로 운송해야 한다. 앨버타 산 곡물이 일단 해안지역에 도착한 다음엔 확실한 시장을 찾아 전 세계를 항해해야 된다. 미국 산 곡물이 남미와 동아시아 시장을 거의 다 차지하고 있고, 유럽과 구소련 산 곡물은 아프리카와 중동 시장을 지배하고 있다. 그러면 앨버타 산 곡물은 남아시아 시장에 판매하는 데 만족해야 하는데, 그 시장조차도 남아시아가 흉년이 들었을 때나 수요가 생긴다. 앨버타는—시장 여건이 좋을 때조차도—이미 세계 곡물시장에서 경쟁력이 최하위다. 그런데 캐나다 달러까지 강세를 보이면 앨버타 농업은 더 이상 채산성이 없다. 그러면 앨버타는 경제를 에너지 산업에만 의존하게 된다.

여기서 상황은 점입가경이다. 어쩌면 앨버타가 안고 있는 가장 큰 문제는 재량권을 행사할 여지가 별로 없다는 점이다. 키스톤 송유관이 건설될지 여부는 순전히 미국의 결정에 달렸다. 브리티시컬럼비아가 앨버타를 갈취할지 여부는 브리티시컬럼비아의 결정에 달렸다. 앨버타의 세율은 온타리오와 퀘벡의 처분에 맡겨야 한다. 온타리오와 퀘벡의 인구를 합하면 앨버타 인구의 다섯 배이므로 이 두 지역이 앨버타와 상의도 하지 않고 내린 결정을 앨버타에 강요하기에 충분하다.

충격 받을 일도 아니지만, 이 책을 쓰는 현재 앨버타와 온타리오는 거의 모든 문제에서 합의를 보지 못하고 있다. 두 지역은 원자력 발전에서부터 탄소감축정책, 노동법, 보건정책, 연금, 세금 수준에 이르기까지 사사건건 치고받고 있다. 대부분의 사람들은—캐나다인이 아닌 사람들뿐만 아니라 캐나다인 본인들도—2014년 앨버타와 온타리오의 관계가 몇 십년 만에 최상이었다는 사실을 깨닫지 못하고 있다. 세월이 흐를수록 앨버타의 인구는 젊어지고 인력의 기술수준은 높아지며 경제적으로 역동성을 보이고 캐나다의 나머지 지역과 덜 엮이게 된다. 그러나 현재의 중앙정부는 스티븐 하퍼 총리(현재의 총리는 저스틴 트뤼도—옮긴이)까지 포함해서 앨버타 출신이다. 2006년 이후로 중앙정부를 운영해온 사람들은 앨버타 출신의 보수 성향 인사들로서, 캐나다 정부가 비대해지고 연금지출이 늘어나는 사태를 막으려고 불철주야 애쓰면서 앨버타에 가해지는 재정적 영향을 제한하고 캐나다의 의사결정 과정에서 앨버타가 자기 목소리를 낼 수 있도록 노력해왔다. 바로 앨버타 출신의 이러한 보수 성향 정부의 집권 하에서 앨버타는 캐나다 재정에 기여하는 유일한 지역이 되었고, 앨버타가 아무런 영향력을 행사하지 못하는 경제 체제에 어마어마한 자금을 투입하게 되었다. 그러니 다른 지역 출신 정치인들이 중앙정부에서 의사결정을 하면 앨버타의 재정이 얼마나 취약해질지는 불 보듯 뻔하다.

핵심적인 문제는 단순하다. 퀘벡은—그리고 정도는 덜하지만 나머지 캐나다도—지금 누리는 생활수준을 유지하려면 앨버타가 필요한 반면, 앨버타가 지금의 생활수준을 유지하려면 캐나다에 속해 있으면 안 된다.

그렇다면 독립을 선언하고 결별하면 되지 않느냐라고 하겠지만 그게 그렇게 간단치가 않다.

미국이라는 선택지

앨버타가 캐나다에 속해 있지 않다면 훨씬 나을 테지만, 독립국가가 되면 훨씬 안 좋아진다. 독립국가가 되면 앨버타의 화폐가치가 에너지 수출에 힘입어 천정부지로 치솟고 농업 부문을 필두로 다른 모든 비에너지 산업 부문들이 파탄나게 된다. 독립한 앨버타는 한랭기후의 쿠웨이트처럼 된다. 모든 국민의 삶이 단 하나의 산업 부문을 중심으로 돌아가고 나머지 산업은 시들어버려 수입품으로 대체된다. 앨버타가 완전히 독립한다고 해도 앨버타의 에너지 운송 문제는 하나도 해결되지 않는다. 여전히 미국 국내 정치—그리고 열 받은 캐나다인들—의 처분에 맡기고 살아야 한다.

그렇다면 한 가지 선택지만 남는다. 미국과 합치는 방법이다.

정치적으로 그리 간단치는 않지만, 앨버타가 미국에 합류하면 경제적, 재정적, 심지어 정치적 문제에다가 화폐 강세까지 가중되는 문제들이 해결될 뿐만 아니라 경쟁 우위까지 확보하면서 전화위복이 된다.

- 미국 체제와 합병하면 앨버타의 노동력 부족 문제는 상당히 경감된다. 현재 앨버타로 이주하는 비숙련(또는 미숙련) 노동력은 대부분 석유 엔지니어링 훈련을 받아야 한다. 미국에는 이미 세계 최대의 석유 복합시설이 존재한다.
- 미국 체제에 합류하면, 앨버타 산 곡물은 캐나다의 다른 지역에서 생산

된 곡물에 비해 미국 시장과 운송망에 접근할 수 있는 특혜를 누리게 되고, 따라서 앨버타 농업 부문은 캐나다 농업 부문과 같은 운명을 맞지 않게 된다.

- 미국 주의 지위를 얻으면 세계에서 가장 두텁고 가장 안정적인 자본시장에 무제한 접근할 수 있고, 따라서 앨버타가 필요한 만큼 마음껏 자본을 유치하게 된다.

- 키스톤 송유관 같은 기간 시설 구축 프로젝트는 더 이상 국가 간 협약 사항이 아니라 국내 개발사업이 된다.[5] 미국의 다른 주들이 앨버타가 추진하는 프로젝트를 막을 수 없게 되면, 앨버타 산 에너지는 더 넓은 세계 시장으로 진출하면서 앨버타 산 에너지의 판매가격을 3분의 1 정도 끌어올리게 된다.

- 앨버타에 유입되는 투자에 캐나다가 부과하는 세금을 더 이상 내지 않아도 되고 노스다코타나 텍사스만큼이나 쉽게 앨버트로 미국 투자자금이 쏟아져 들어오게 된다.

- 미국에 속하는 하나의 주로서의 앨버타는 새 식구가 된 미국의 다른 주들에 비해 여전히 1인당 납세액이 높겠지만 캐나다에서처럼 다른 지역들보다 두드러지게 높지는 않게 된다. 미국 전역에는 1인당 소득이 6만 달러 이상인 주가 여덟 개 있다.[6] 앨버타는 여전히 가장 부유한(그리고 캐나다에서와 마찬가지로 1인당 소득은 전국 평균보다 50퍼센트 높은) 주가 되겠지만 미국 연방정부가 앨버타에 중과세하는 정책을 실행하지는 않게 된다.

- 북미자유무역협정 회원국 외에 미국 소비시장에 자유롭게 접근할 수 있는 유일한 주체는 바로 미국을 구성하는 주들이다. 시장접근이 가장 중요한 세계에서 이는 무시 못할 장점이다.

- 가장 큰 장점은 미국 화폐 체제에 완전히 편입된다는 점이다. 앨버타로

	1인당 GDP (1000 US달러)*	캐나다 평균치 대비 1인당 GDP	미국 평균치 대비 1인당 GDP
앨버타(캐나다에서 가장 부유한 지역)	82	153%	162%
브리티시컬럼비아	50	93%	99%
온타리오	51	96%	102%
퀘벡	46	85%	90%
캐나다(전국 평균)	54	100%	106%
PEI(캐나다에서 가장 가난한 지역)	39	72%	76%
메릴랜드(미국에서 가장 부유한 주)	70		139%
캘리포니아	57		113%
뉴욕	55		109%
US(전국 평균)	51		100%
텍사스	49		98%
미시시피(미국에서 가장 가난한 주)	37		73%

*2001년 화폐가치 기준: 1 캐나다 달러당 1.05 미국달러   Sources: U.S. Census, Statistics Canada

© 2014 Zeihan on Geopolitics

북미 지역의 GDP

들어오는 투자자본과 "수출" 소득이 지출되는 세금 및 임금과 같은 화폐로 이루어진다. 농업 부문은 살아남으려고 고군분투하지 않아도 된다. 제조업은 가격경쟁에 허덕이지 않아도 된다. 앨버타는 정유 부문에 진출해—미국달러로 거래되는—휘발유나 제트기 연료 같은 제품에 상당한 이윤을 붙여 떠나온 고국 캐나다에 팔게 될지도 모른다.

앨버타가 미국의 주가 되면 그냥 부유해지는 게 아니라—사실상 미국 내에서 가장 부유한 주가 된다—자본 투자가 활발하고 다변화되어서 떠나온 고국 사람들과 새로 합류한 나라의 사람들을 무색하게 할지 모른다.

물론 앨버타가 국적을 바꿀지 여부가 문제다. 이에 대한 답은 앨버타가 자신의 문화적 정체성에 대해 철저한 토론을 한 연후에야 비로소 찾게 된다. 캐나다 사람들은 오래전부터 자신들을 미국인이 아닌 사람들로 규정해왔는데, 전통적으로 온타리오 못지않게 앨버타에서도 이러한 정서가 강했다. 그러나 2000년대에 에너지 부문이 급속히 발전한 이후로 앨버타 주민들은 이러한 정체성에 '우리는 여느 캐나다인들과는 다르다'라는 정체성을 추가했다. 이러한 정서적 변화가 응집되어 들장미 동맹 정당(Wildrose Alliance Party)이 탄생했다. 독립을 주장해온 정치적 비주류 집단에서 주류 정당으로 변신하는 데 성공한 당이다. 2012년 앨버타 총선에서 들장미 당은 87석 가운데 17석을 얻어 앨버타 의회의 야당으로 공식적인 입지를 구축했다.

세월이 흐르고 에너지 산업이 앨버타의 경제에서 차지하는 중요성이 점점 더 커지고, 앨버타의 경제와 캐나다의 연관성이 점점 줄어들고, 캐나다 국적을 유지하기 위해서 치러야 하는 순 비용이 현재 한 해에 1인당 6,000달러에서 버거울 정도로 오르면, 앨버타의 정체성에 대한 의문은 피하기 어려워진다. 그리고 들장미 당의 정강정책이 앨버타 정치담론의 중심으로 이동하게 된다.

그렇다면 앨버타는 어떤 결정을 내릴까? 나도 전혀 모르겠다. 정체성은 자신이 누구인지를 규정하는 핵심 요소이고, 한 집단과 인연을 끊고 다른 집단에 합류하기로 결정하는 일은 그 결정이 아무리 경제적, 재정적, 정치적으로 타당하다고 해도 절대로 쉽게 내릴 만한 결정이 아니다. 단 두 가지 사항은 염두에 두어야 한다.

첫째, 앨버타는 이 토론을 반드시 하게 된다. 경제적, 정치적 추세로 볼 때 앨버타는 재정적으로 고갈되고 있을 뿐만 아니라 캐나다 주류에서 밀려나고 있기 때문이다.

둘째, 앨버타를 뺀 나머지 캐나다가 강제로 앨버타를 캐나다에 잔류하게 만들려 한다면, 군사적 관점에서 볼 때 분리는 실행 가능한 선택지다. 적대적 국가와 국경을 접하고 있지 않은 나라인 캐나다는 대규모 육군을 보유한 적이 없고 그나마 있는 육군도 냉전 후 무장해제 정책의 일환으로 상당히 축소되어왔다. 겨우 5만 명인 캐나다 육군이 400만 앨버타 주민들을 강제로 진압할 가능성은 매우 낮다. 설사 온타리오 중앙정부가 자국민에게 총부리를 겨눌 의지가 있고, 퀘벡 주민들이 분리주의자들을 진압하는 데 동원되는 육군을 지지하고, 미국이 자국의 북쪽 국경지역에서 내전이 일어났는데도 수수방관만 하리라고 가정한다고 해도 말이다. 거기다가 캐나다의 기간 시설이 부실해 대규모 인력의 수송이 원활하지 못한 점을 고려한다면—대초원은 브리티시컬럼비아와 온타리오-퀘벡 중심지로부터 거의 단절되어 있고, 겨울에는 더더욱 통행이 어렵다—앨버타가 이길 가능성이 상당히 있다.

앨버타가 모험을 감행해 단풍잎이 그려진 캐나다 국기를 성조기로 대체한다면 여러 가지 사건들이 빠르게 연쇄적으로 일어나게 된다.

첫째, 캐나다라는 국가는 빠르게 해체된다. 브리티시컬럼비아와 유콘은 나머지 캐나다 영토로부터 분리된다.[7] 이 두 지역은 독립을 선언하든지 앨버타의 뒤를 따르는 방법밖에 선택의 여지가 없다. 서스캐처원도 캐나다를 떠나는 수밖에 없다. 서스캐처원은 앨버타 다음으로 인구가 젊고 부유한 캐나다 지역이다. 앨버타가 캐나다 체제에 의해 재정이 축나는 상황에서 벗어나게 되면 캐나다의 재정적 수요는 주민이 겨우 100만 명인 서스캐처원이 충족시켜야 한다. 앨버타가 캐나다를 재정적으로 뒷받침하다가 경제적으로 손상을 입는 정도라면, 서스캐처원은 거덜나게 된다.

동부 지역에서는 사태가 아주 흥미롭게 전개될 가능성이 높다. 퀘벡은 나머지 캐나다와 다르다는 데 대해 자부심을 느끼기 때문에 다른 지역은 다 독립하는데 정작 자신들은 가만히 있다는 게 부아가 나 참지 못할 지경에 이르러 결국 독립을 고려하게 된다. 앨버타가 없는 캐나다가 퀘벡과 맺은 계약을 이행하리라는 기대는 접는 게 좋다는 현실이 퀘벡을 행동에 돌입하게 만든다. 그 시점에 캐나다에 남은 지역은—이제 내륙 지역이 되어버린—온타리오와 아마도 마니토바, 그리고 3개 연해주들인데 이들은 이미 온타리오보다 미국의 경제 체제와 훨씬 밀접하게 연결되어 있다. 그리고 이 두 지역은 더 이상 캐나다가 아닌 독립한 퀘벡을 사이에 두고 서로 완전히 단절된다. 그 다음부터는 나머지 지역들이 미국의 주로 편입되려 할지 여부는 중요하지 않다. "캐나다"라는 나라는 더 이상 남아 있지 않기 때문이다.

겁먹은 신세계: 캐나다 없는 세계

2013년 현재 캐나다-미국 양자 교역액은 6,400억 달러로 서로에게 최대의 교역상대국일 뿐만 아니라 세계 역사상 최대의 양자 교역 관계이다.

이 모두를 미국 국내 체제에 편입시키면 그저 캐나다의 구매력을 높이는 데서 끝나지 않는다. 캐나다의 고령화하는 인구 구조가 미치는 영향을 경감시키거나 미국이 바깥 세계로부터 에너지를 수입해야 하는 일말의 필요성까지도 말끔히 제거해버리는 데서 끝나지도 않는다. 캐나다 아이스하키 팀과 미국 아이스하키 팀 사이의 장벽을 허무는 데서 그치지도 않는다. 미국과 세계 경제 체제와의 연관성이 GDP의 2퍼센트 정도 줄어들고 캐나다가 편입되면서 미국은 에너지 수출국으로 전환된다. 현재 미국이 대체로 바깥 세상에 무관심하다고 하자. 미국이 에너지 수출국으로 전환되면 미국의 정치적 관심이 얼마나 더 안으로 향하게 될지 상상해보라.

그렇게 되면 세계 체제에서 미국의 관심을 끌 유일한 대상은 미국과의 교역이 미국 GDP에서 차지하는 비율과 캐나다와 비슷한 나라뿐이다. 다음은 바로 그 나라에 대해서 살펴보겠다.

13

북미
마약 전쟁

The North American
Drug War

물론 캐나다 못지않게 미국과 밀접한 관계인 나라는 또 있다. 미국의 국경 남쪽에서 전개되고 있는 상황은 북쪽 캐나다에서 벌어지고 있는 일보다 훨씬 낯설다. 대부분의 다른 나라들과 마찬가지로 멕시코도 새로운 세계에서 나타날 세 가지 추세로부터 위협을 받고 있다. 무역 패턴의 변화, 인구 구조의 역전 현상, 그리고 에너지 교역 패턴의 돌발적인 변화 등이다. 멕시코의 경우 이러한 추세가 초래할 결과는 거의 전적으로 긍정적이지만, 부정적인 결과가 없지는 않다. 그리고 그 부정적인 결과는 멕시코 국경 안에만 머무르지 않는다.

실패한 나라의 지리적 여건

멕시코의 지리적 여건은 처참하다. 경제적 정치적 관점에서 보면 멕시코는 캐나다가 겪어온 시련은 저리가라 할 정도로 분열되어 있다. 멕시코에는 선박운항이 가능한 강이 하나도 없다. 캐나다는 너무 추운 반면 멕시코는 너무 덥다. 영토 대부분이 완전히 열대기후거나 혹독한 사막이다. 설상가상으로 온대든 밀림이든 사막이든 상관없이 멕시코 거의 모든 지역이 산악 지대이기도 하다. 어느 모로 봐도 문명과 안정적인 삶의 터전으로 삼기에는 적합하지 않은 여건이다.

멕시코의 열대 기후부터 살펴보자. 경제적 발전의 관점에서 볼 때 밀림은 최악의 생태계다.

• 밀림은 식을 줄 모르는 열기와 높은 습도 때문에 무한히 다양한 생물이 서식하지만 질병과 질병 매개체가 창궐하기에도 더할 나위 없이 좋은 환경이기도 하다. 말라리아나 한센병 같은 일부 질병은 치명적이지는

380

않지만 감염된 사람의 기력을 빼앗아가며, 노동 생산성을 저해하는 형태로 만성적 비용을 발생시킨다. 무서운 속도로 한 지역 전체를 휩쓸어 하루에 수천 명이 감염되는 콜레라 같은 질병도 있다. 어린이에게 치명적이어서 전체적인 인구 구조에 영향을 미치는 로터바이러스나 뎅기열 같은 질병도 있다. 감염되는 사람을 닥치는 대로 사망에 이르게 만드는 황열병이나 에볼라 같은 질병도 있다. 이 모든 질병이 지닌—그리고 질병을 옮기는 매개체들이 지닌—공통점은 열대 기후 지역에서 창궐한다는 점이다. 온대 기후에서는 계절이 바뀌어 얼음이 얼고 기온이 떨어지면 병원균의 확산을 막을 뿐만 아니라 병원균을 옮기는 곤충을 박멸한다. 열대 기후에 사는 사람들은 그런 행운을 누리지 못한다.

• 뜨거운 열기와 높은 습도 때문에 도로에서 건물에 이르기까지 기간 시설을 유지 보수하는 데 끊임없이 비용이 들어간다. 건설업자들은 저렴한 건축자재를 쓰고 자주 보수를 할지, 아니면 색다른(훨씬 비싼) 건축자재를 사용할지 양자택일해야 하므로 관리비용은 천정부지로 치솟는 경향이 있다. 오늘날 도로를 건설할 때 사용되는 기본적인 기술—중장비와 콘크리트 건조 공법—은 호우가 쏟아지는 기후에서 그 진가를 발휘하기가 힘들다는 엄연한 사실도 존재한다. 아스팔트는 뜨거운 열기에 녹아내리는데, 열대 기후에서 열기는 그 한계를 모른다.

• 열대 기후에서의 토양은 매우 척박하며, 오직 자연생태계의 일부일 때만 비옥함을 유지한다. 토양의 비옥함은 밀림에 서식하는 수많은 식물의 생명이 끊임없이 순환하는 데서 비롯되는데, 농사를 짓기 위해서 땅을 개간하는 과정에서 이 순환 과정이 파괴된다. 따라서 밀림과 열대우림을 농지로 개간하면 농업 생산성을 유지하기 위해서 끊임없이 비료를 줘야 한다. 바나나나 얌 같이 열대기후에서 자생하는 작물도 마찬가지다. 게다가 개간지 주변의 밀림까지 밀어버리지 않는다면, 살충제를 대

량으로 살포해야 하므로 비용이 증가하고 수질은 악화된다. 열대 기후
에서 한 해에 에이커당 수확량이 온대 기후 지역보다 높은 이유는 뜨거
운 열기와 햇볕 때문에 한 해에 이모작 삼모작이 가능하기 때문이다. 그
런데 이렇게 수확량을 늘리려면 투입되는 비용이 급격히 증가한다. 따
라서 생산량이 늘어나기는 하지만 전체적으로 세계에서 가장 비효율적
인 생산성을 보이는 셈이다. 밀림을 개간해 농사를 짓는 지역들 가운데
빈곤에 허덕이지 않는 지역은 거의 없다. 멕시코도 예외가 아니다.

　열대 기후의 영향에 맞서는 게 멕시코가 가장 먼저 극복해야 하는 난관
이다. 멕시코는 높은 지대에 사는 방법을 택했다. 고도가 높으면 열기와
습도가 낮아지고 토양의 생산성이 높아지며 기온과 습도가 낮아져 질병
과 질병 매개체가 극성을 부리는 데 방해가 된다. 멕시코의 인구 대부분
과 4개 주요 도시를 제외한 모든 도시가 고원, 고산 지대, 산기슭 등에 자
리 잡고 있다. 멕시코 중부 전역에 흩어져 있는 이러한 지역들은 고도가
높아서 열대 기후에서 벗어나 온대에 가까운 환경을 제공해준다. 그러나
열대 기후의 시련에서는 벗어나지만 산악 지대라는 새로운 시련으로 뛰
어드는 셈이다. 그리고 산악 지대는 여러 가지 면에서 열대기후 못지않게
살기 버겁다.
　산악 지대는 넓은 평지가 없는 지형을 말한다. 멕시코에는 미국의 중서
부 지역처럼 많은 자본을 창출하거나 대규모 인구가 거주할 만한 곳이 없
다. 북미의 다른 지역들과는 달리 멕시코에는 넓은 후배지가 있는 도시
지역이 단 한 군데도 없다. 시카고와 세인트루이스에는 중서부 전역이 펼
쳐져 있고, 뉴욕 시에는 허드슨 밸리와 롱아일랜드가 있으며, 올랜도에는
플로리다 중부 지역 전체가 있고, 남동부 해안 지역의 도시들에는 피드먼
트가 있다. 그러나 멕시코의 고원 지역을 벗어나면 바로 사막, 밀림, 또는

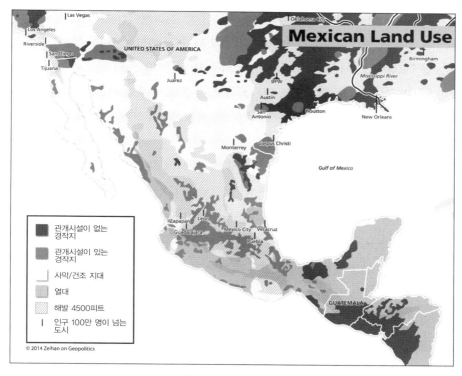

멕시코의 토지이용 현황

산악 지대가 펼쳐진다. 아니, 가파른 사막이나 가파른 밀림이 펼쳐질 가
능성이 더 높다. 산기슭은 하나같이 규모가 작고 고립되어 있다. 한 지역
에 구축된 기간 시설은 다른 지역과 연결되어 시너지 효과를 내기가 불가
능하다. 각 지역마다 따로 기간 시설을 구축해야 하므로 하나로 통합된
기간 시설을 기대하기 어렵다. 멕시코는 캐나다처럼 다섯 지역으로 쪼개
지지 않고 수십 개 지역으로 쪼개지고 대부분 각자도생하기 때문에 이렇
다 할 규모의 경제를 만들어내지 못한다. 멕시코에서 가장 규모가 큰 고
원 지대는 멕시코시티 광역 지역인데, 매립지에 조성된 이 지역에는 멕시

코 총인구의 20퍼센트가 살고 있다. 명당자리와는 거리가 멀지만 멕시코의 지리적 여건에서 얻을 수 있는 최고의 위치다. 멕시코시티를 벗어나면 인구 100만 명이 넘는 도시 지역은 겨우 10개뿐이고,[1] 이 가운데 500만 명이 넘는 지역은 단 하나도 없다.[2] 규모의 경제, 풍부한 자본, 용이한 개발 등 미국이 당연히 여기는 (그리고 산업화를 가능케 하는) 이점들은 하나같이 멕시코에는 존재하지 않는다.

그 어떤 지형보다도 운송—인간이 처한 어려운 여건을 극복하는 방법—수단을 구축하기 힘든 지형이 산악 지대다. 갑자기 고도가 높아지는 지형이기 때문에 물살이 빨라 자연적이든 인공적이든 배가 운항 가능한 물길이 생기기 어렵다. 멕시코에 배가 운항 가능한 강이 하나도 없는 까닭은 바로 이 때문이다. 멕시코의 핵심적인 지역인 멕시코시티는 해안에서 겨우 200마일 안쪽에 자리 잡고 있는데 고도가 해발 8,000피트나 된다.[3] 서로 단절된 지역들이 각자 기간 시설을 구축한다고 해도 이러한 지역들을 서로 연결하려면 수직 형태의 지형을 극복해야 하는데, 이는 구축하기도 힘들 뿐만 아니라 운영하기도 힘들다. 소비가 유기적으로 성장하기가 거의 불가능하다. 안 그래도 귀한 자본을 전부 기간 시설에 투자해야 하기 때문이다. 기간 시설에 자본을 투자해 건설한다고 해도 기본적인 내부 유통은 거의 불가능하다. 운영비가 너무 많이 들기 때문이다.

이와 같이 험준한 지형 때문에 그나마 개발이 된다고 해도 지역마다 개발 수준이 들쭉날쭉하다. 미국의 중서부 물길처럼 진입장벽이 낮고 저렴한 비용으로 장거리 운송이 가능한 그런 지형이 아니다. 멕시코에서 실질적으로 개발을 추진할 수 있는 이들은 이미 여유 자본이 있는 사람들뿐이다. 내륙의 쓸모 있는 땅을 해안 지역과 연결하는 데 필요한 도로/철도를 많은 비용을 들여 건설할 여력이 있는 사람들, 훗날 작물이 자랄 땅을 개간하고 비옥하게 만들기 위해 몇 달 심지어 몇 년 동안 노동자들에게 임금을 줄 여유가 있는 사람들 말이다. 대부분의 멕시코 영토는 관개시설이 필요하기 때문에 자본이 있는 사람들과 그렇지 않은 사람들의 차이는 더욱 벌어진다. 심지어 기후조차도 경제적 자유를 누리는 데 방해가 된다. 바나나 커피 같은 열대작물을 재배하는 농장을 구축하려면 엄청난 자본이 들고, 작물을 심고 가꾸고 수확하고 선적하기까지 부릴 비숙련 노동력도 어마어마하게 많이 있어야 한다. 이와는 대조적으로 밀, 보리, 옥수수 같은 온대기후 작물들은 파종한 후 수확할 때까지 노동력이 거의 필요 없고, 실제로 수확하는 과정에서도 노동력은 그다지 많이 필요하지 않다. 밀은 아주 짧은 시간 안에 밭 전체를 기계로 수확할 수 있지만(산업화 이전 시대에는 심지어 낫으로 베고 도리깨질로 탈곡하기도 했다), 바나나 송이는 일일이 손으로 수확해서 잘 저장해야한다.

지역 토호들은 자기 돈으로 도로와 농장, 경우에 따라 항구까지도 건설하는데, 그러면 자기 자본이 미치는 범위 내에서는 말 그대로 통치자가 된다. 부를 이용해 무에서 유를 창조한 지역 토호는 자기가 부리는 사람들 가운데 그와 똑같은 일을 할 역량이 되는 사람이 하나도 없다는 사실을 잘 알고 있다. 그는 자기가 투자해서 얻은 결실을 그 누구와도 나눌 생각이 없다. 심지어 다른 부호와도 나누지 않는다. 자기만의 세상에서 자기가 누리는 경제적, 정치적 절대 권력이 희석되기 때문이다. 어쩌면 멕시코가 안고 있는 가장 큰 비극은 바로 이 점인지도 모른다. 누군가가 엄청난 비용을 들여 멕시코의 일부가 제대로 기능을 하도록 만들지만 그 누군가는 자기가 이룬 성공이 더 넓은 지역이나 국가 차원에서 재현되지 못하도록 하는 데 혈안이 되어 있다는 사실 말이다. 재현되면 이미 투자해 만든 시설을 자기가 온전히 장악하지 못하게 될 위험이 있을 뿐만 아니라 자기가 누리는 경제적, 정치적 특권을 빼앗기게 될지도 모르기 때문이다. 미국은 빈손으로 시작해 부자가 된 사람들이 터를 잡은 나라인 반면 멕시코는 가난한 사람들을 부린(그리고 지금도 부리는) 부자들이 터를 잡은 나라다.

이러한 요인들—저렴한 운송 수단의 부재에서 비롯되는 저조한 자본 창출, 기간 시설 구축에 엄청난 자본이 필요한 지형, 경작지가 제한되어 있는 지형, 지역 토호들과 그들이 운영하는 농장 중심으로 이루어지는 정치/경제 체제—때문에 산업화는 둘째 치고 나라가 도시화될 역량도 급격히 제한된다. 멕시코는 자본 창출 능력이 극히 제한되어 있고 자본 수요는 엄청나게 높기 때문에 기간 시설을 구축할 돈은 대부분 해외에서 들여와야 한다. 지형에서 인구 분포, 운송 수요에 이르기까지 논리적으로 연결해보면 멕시코가 만성적으로 겪는 부채 위기는 자생적이고 필연적이라는 사실을 금방 깨닫게 된다.

게다가 정부도 한몫한다.

권위 있는 중앙 정부는 필수적인 전제조건이다. 영토 전역에 영향력을 미칠 수 있는 능력 말이다. 그러나 멕시코에서는 당연히 여길 수 없는 조건일 뿐만 아니라 그나마 있는 운송 기간 시설도 지역 토호들의 필요를 충족시키는 데 볼모로 잡혀 있다. 이들이 소유한 기간 시설을 자동적으로 정부가 사용하게끔 되어 있지 않다. 설상가상으로 지역 토호들이 가장 쓸모 있는 토지를 개발해왔다. 너무 건조한 북부 산악 지대나 너무 습도가 높은 남부 산악 지대는 거의 경제적으로 쓸모가 없고, 따라서 지역 토호들의 경제활동도 부진하고 기간 시설도 거의 없다. 최북단과 최남단에 집중되어 있는, 멕시코 영토의 절반 이상이 만인에 대한 만인의 투쟁과 같은 상태에 놓여 있다. 충분한 물자를 동원할 능력이 있는 사람은 누구든 일시적이나마 자신의 의지를 실현할 수 있다.

멕시코의 변방지역은 인구가 너무 희박해서 지역 당국은 순찰을 할 역량도 되지 않고, 기간 시설도 거의 갖춰져 있지 않기 때문에 중앙정부 당

386

국이 제때에 지역에 도달할 수도 없다. 경기가 좋을 때에도 이러한 지역들은 늘 치안이 불안하고 늘 마약이 밀매되며 절대로 미국이 생각하는 그런 방식으로 치안이 유지되지 않는다.

본질적으로 멕시코에는 성공적인 국가가 되기 위해 갖춰야 하는 지리적 특성들이 존재하지 않는다. 지리적 여건은 멕시코를 가난하고, 빈부의 차가 극심하고, 개발이 저조한 사회의 본거지로 만들어버렸다. 세계적으로 멕시코만큼이나 지리적으로 저주를 받은 또 다른 나라는 아프가니스탄뿐이다. 1900년 무렵 운이 조금 트여 석유라도 발견하지 못했다면 멕시코는 오래전에 망각의 역사 속으로 사라졌을 가능성이 높다.

그래도 어쨌든 성공했다: 네 가지 성공 요인

멕시코의 처지가 아무리 참혹하다고 해도 제대로 볼 줄 아는 사람이라면 아프가니스탄만큼 참혹하다고 할 사람은 아무도 없다. 이유는 간단하다. 세계적인 소비의 초강대국인 미국 바로 옆에 있기 때문이다. 공교롭게도 멕시코의 약점이 성공을 보장해준 셈이다. 두 나라는 지리적 여건이 현격하게 차이—풍부한 자본 창출이 가능한 미국과 자본이 빈곤한 멕시코, 개발하기 쉬운 지형인 미국과 늘 고군분투해야 하는 멕시코—가 나기 때문에 멕시코 노동력은 늘 저렴하고 남아돌게 되므로, 거의 무한한 미국의 수요를 충족시키려는 사람에게 멕시코는 매우 매력적인 노동시장이다. 바로 이러한 차이가 멕시코의 경제적 성공의 비결이다.

향후 20여 년 안에, 상황의 변화로 인해 멕시코는 미국의 (아주 별 볼일 없는) 교역 상대국에서 상당히 중요한 상대로 바뀌게 된다. 다음 네 가지 요인이 작동하기 때문이다.

1. 중국의 노동자 임금이 천정부지로 치솟았다.

중국이 세계 무대에 등장하면서 멕시코만큼 손해를 본 나라는 없다. 2001년 중국이 세계무역기구(WTO)에 가입하기 전까지만 해도 멕시코는 미국에 섬유와 저가의 공산품을 가장 많이 수출했다. 중국은 내부적으로 (수많은) 약점이 있지만, 정치적 통제력이 집중된 여건에서 투자와 생산에 보조금을 지급하고, 여기에 저임금 노동력을 결합해 미국과 지리적으로 근접해 있고 임금 수준이 중간 정도인 멕시코 같은 나라들을 꺾어버렸다.

그러나 그런 시절은 갔다. 중국의 정치적 안정(또는 정치적 안정의 부재) 문제, 생산품에 지속적으로 보조금을 지급할 역량(또는 그런 역량의 부재), 세계 경제 체제를 좌지우지할 역량(또는 그런 역량의 부재)은 논외로 하더라도 값싼 노동력이 바닥나버렸다. 2002년 이후로 중국 근로자의 임금은 시간당 3달러로 무려 여섯 배가 증가했다. 예전에 중국 노동자 임금은 멕시코 노동자 임금의 4분의 1에 불과했는데, 이제는 4분의 1만큼 더 비싸졌다. 멕시코가 운송 측면에서 미국에 수출하기에 훨씬 유리한 조건이라는 점과 미국 기업의 경영진과 멕시코 지역 토후들은 수십 년 동안 협력해온 관계라는 점을 고려해볼 때 저임금 노동력을 이용하기 위해 멕시코로 향하는 게 훨씬 이해타산이 맞다.

2. 미국의 셰일이 멕시코의 전력 시설에 동력을 공급한다.

셰일 때문에 미국에는 천연가스가 엄청나게 과잉 공급되어 있다. 원유와는 달리 천연가스는 기체이므로 운송하기가 까다롭다. 과포화상태인 천연가스 시장에서 탈출할 방법은 딱 두 가지뿐이다. (화씨 –260도로) 냉각시켜 액체로 만든 다음, 필요할 때 다시 안전하게 기체 상태로 전환할 수 있는 시설을 갖춘 누군가에게 실어 보내는 방법이 그 하나다. 바다를 건너려면 이렇게 액화천연가스 형태로 만들어 보내는 방법밖에 없다. 그러나 여기에는 밟아야 할 수많은 규제 절차들이 있다. 최근 미국에서의 에너지 정치학이 여실히 보여주었듯이 국경을 넘는 에너지 기간 시설 프로젝트에 대해 국가 승인을 얻는 일은 상당히 어렵다. 천연가스를 냉각시켜 액체로 만드는 공정은 비용이 매우 많이 든다는 점은 말할 것도 없다. 규제 당국에 승인을 요청한 프로젝트 수십 개 중에 지역, 주, 중앙정부의 인가를 모두 받은 경우는 손에 꼽을 정도이고, 건설에 착수한 프로젝트는 겨우 한 개에 불과하다.[4] 따라서 여전히 미국 내륙에 발이 묶인 셰일 천연가스가 엄청나게 많이 있고, 팔 시장을 찾느라 혈안이 되어 있다.

미국 에너지복합체가 이미 천연가스를 합법적으로 수출한다는 사실은 공공연한 비밀이다. 송유관을 통할 경우 멕시코까지는 합법적으로 수출할 수 있다. 셰일 붐 초창기부터 이미 국경을 넘는 천연가스 송유관이 아홉 개가 있었고, 이 송유관들을 통해서 멕시코의 천연가스 수요량의 거의 4분의 1에 해당하는, 하루 10억 세제곱 피트가 수출되었다. 그러나 셰일 붐이 일기 시작한 이후, 엄청나게 싼 미국 천연가스와 멕시코의 전력망과 노동시장을 연결하기 위해 수출 관련 기간 시설 전반이 확장되었을 뿐만 아니라 세 군데 주요 통로의 건설이 시작되었다. 수출 물량은 2010년과 2013년 사이에 두 배로 늘어 하루 20억 세제곱 피트에 달하게 되었지만, 본격적인 수출 물량 증가는 2016년부터이다. 이 시점부터 새로 여러 갈래의 송유관들이 가동되기 시작하면서 멕시코시티의 핵심 지역을 비롯해 지금까지 도달하지 못했던 멕시코 지역들까지도 미국 에너지를 수출하게 된다. 앞으로 멕시코가 미국으로부터 수입하는 천연가스 양은 2010년 수준의 열 배로 늘어나리라고 예상된다.

이렇게 수입된 천연가스는 거의 모두 발전(發電)에 사용될 예정이다. 중국과의 경쟁을 제외하면 최근에 멕시코 산업이 직면한 가장 큰 걸림돌은 안정적인 전력공급이다. 셰일 천연가스가 멕시코에 쏟아져 들어오면

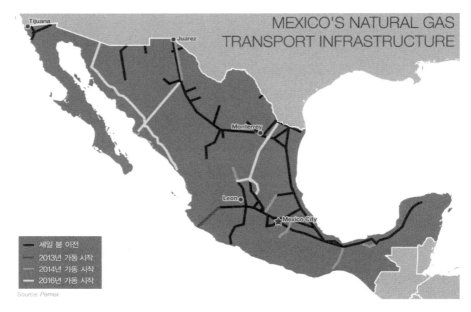

Source: Pemex

멕시코 천연가스 운송 기간 시설

서 전력난 문제가 이미 많이 해소되었고 (겨우) 몇 년만 있으면 멕시코의 만성적인 전력난은 옛일이 된다. 멕시코든 미국이든 제조업체들 입장에서 보면 산업의 발전을 저해해온 만성적인 골칫거리 하나가 해소되는 셈이다.

3. 멕시코의 인구 구조는 거대한 시장과 그보다 더 거대한 노동력을 창출한다.

멕시코는 인구도 젊다. 멕시코 정도의 발전 단계에 있는 나라에게 이는 문제가 된다. 자본이 부족한 인구 구조에 자본 창출이 어려운 지리적 여건이 복합적으로 작용해 멕시코는 저개발의 덫에 갇혀 영원히 헤어나오지 못할 수도 있다. 실제로 멕시코는 독립한 이래로 이 덫에 갇힌 채 살아왔다. 그러나 젊은 인구 구조에서 오는 긍정적인 측면들은 멕시코에도 적용된다. 멕시코 청년층은 상품을 구매하고 재산을 모으고 싶어 안달이 나 있다. 돈벌이 할 일자리만 있으면 된다. 다행스럽게도 전체 인구 대비 그들의 인구수가 많기 때문에 저임금 기조가 유지되어 외국 투자자들이 제품 생산을 위해 멕시코에 계속 투자할 열의를 보이고 있다. 그러한 투자자들은 처음에는 멕시코에서 만든 제품을 미국 시장에서 판매하는 데 관심을 두지만, 결국 당연히 멕시코 현지인들을 대상으로도 판매를 하게 된다. 왜냐하면 멕시코가 자체적으로 산업화할 역량이 부족해서 국내에서 공급되는 제품들이 너무 제한되어 있기 때문이다.[5]

얼핏 보기보다 실제로 멕시코 인구 구조는 소비에 훨씬 바람직한 구조다. 멕시코의 현재 인구 구조는 정상적인 피라미드 구조와는 약간 다른 특징을 보인다. 약 25년 전 북미자유무역협정으로 노동참여 인구가 증가함과 동시에 멕시코 가구 규모가 줄어들기 시작했다. 지금 유럽처럼 인구 구조가 붕괴되기 시작했다거나 미국처럼 인구 구조가 간신히 유지되고 있다기보다는, 인구 피라미드의 맨 아래쪽 부분이 굴뚝 모양으로 바뀌고 있다고 보는 편이 타당하다.

굴뚝 모양의 인구 구조는 장기적으로 볼 때 반드시 문제를 일으킨다. 시간이 흐르면서 점점 인구가 줄어들기(그리고 나이 들기) 때문이다. 멕시코 출생률의 하락 속도가 앞으로 30년 동안 줄어들지 않는다 해도 재정적인 문제는 2050년에 가서야 발생하게 된다. 그때까지는 멕시코에서 20세부터 39세까지의 연령층 인구가 높은 비율을 차지하게 된다. 이들이 바로 일자리를 찾아 멕시코 전역을 돌아다니고, 미국 시장에 수출할 제품을 만들려고 하는 외국자본을 끌어들이고, 현지 시장의 수요를 충족시킬 해외투자를 끌어들이고, 활발한 소비를 통해서 지역의 경제성장을 견인할 가

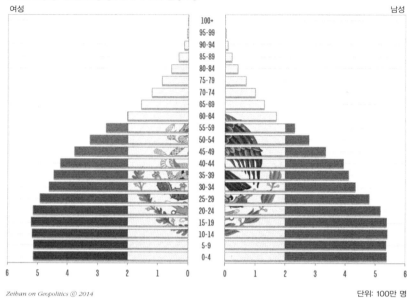

여성   남성

100+
95-99
90-94
85-89
80-84
75-79
70-74
65-69
60-64
55-59
50-54
45-49
40-44
35-39
30-34
25-29
20-24
15-19
10-14
5-9
0-4

6   5   4   3   2   1   0   0   1   2   3   4   5   6

Zeiban on Geopolitics © 2014   단위: 100만 명

멕시코의 인구 구조: 2015년

능성이 가장 높은 연령층이다. 이 인구집단은 그 존재만으로도 멕시코 전역에서 지속적으로 소비주도 성장과 해외직접투자 주도 성장을 가능케 한다.

인구 피라미드의 밑부분이 깎인다 함은 멕시코 사람들이 자녀를 점점 덜 낳는다는 뜻인데 이는 또 다른 효과를 낳는다. 멕시코의 청년층의 가처분 소득이 늘어나고(예전보다 자녀의 수가 줄고 있다), 1990년대와 2000년대에 유럽에서 그랬듯이 멕시코의 청년층이 소비를 늘리고 있다는 뜻이다. 그러나 멕시코로 유입되는 투자금은 외국인 직접 투자이고 단순 융자보다는 기간 시설과 산업시설에 쏟아져 들어가기 때문에, 남부 유럽인들처럼 부유해진 기분은 들지만 사실은 빚더미에 앉은 것이 아니라 실제로 더 부유해지고 빚도 지지 않게 된다. 따라서 멕시코는 점점 인구 구조가 역전되는 세계에서 여전히 국내소비가 주도하는 경제성장을 하고 외국자본이 생산적으로 쓰이도록 유도할 수 있는, 몇 안 되는 나라에 손꼽히게 된다.

4. 마약 전쟁은 멕시코의 경제적 전망을 개선해왔다.

참으로 공교롭게도 경제적인 관점에서 볼 때, 마약 전쟁은 아마도 멕시코가 받은 최고의 축복이다. 이 점은 좀 설명이 필요하다.

멕시코가 지리적인 여건 때문에 박탈당한 경제적 기회를 누리게 해주는 것은 멕시코와 미국의 임금격차라는 점을 명심해야 한다. 바로 이 임금차이가 멕시코 경제의 생명줄이다. 멕시코를 강타하고 있는 마약 전쟁만큼 멕시코의 노동임금 수준을 끌어내리는—미국과의 임금 격차가 벌어지게 만드는—요인은 없다. 실제로 마약 전쟁에서 폭력이 난무할수록 멕시코 임금은 하락하므로 멕시코와 미국의 임금격차는 더 벌어지고 미국 시장에서 경쟁 우위를 차지하려는 외국인 직접투자 자본에게 멕시코는 더 매력적인 투자처가 된다.

마약 전쟁으로 치안이 불안해지면 여러 가지 문제가 발생하지만, 모든 곳에서 마약 전쟁이 기승을 부리는 것은 아니다. 멕시코에서 마약으로 발생하는 폭력사태는 뿌리가 깊고 고질적이지만, 주로 마약 카르텔 간에 발생하는 정치적 갈등이 있는 곳에서 일어난다. 국경을 넘어 미국으로 몰래 들여온 마약이 팔리는 광장 등과 같은 주요 길목과 운송 경로를 두고 영역다툼을 하는 카르텔들에게는 폭력이 법이고 유일한 해결책이다. 이러한 우범 지대를 벗어나면 멕시코도 여느 개발도상국과 마찬가지고, 미리 계획을 세우면 위험한 사태를 미연에 방지하거나 피해를 줄일 수 있다. 마약 전쟁이 기승을 부리는 한, 미국 시장과의 통합에 따른 경제적 효과는 증가한다.

이 모두를 종합해볼 때 멕시코 안팎의 지리적 여건과 멕시코와 세계 간의 인구 구조 차이가 복합적으로 작용하면 멕시코는 구제불능의 사례에서 거의 모범 사례로 변신한다. 멕시코는 미국 가까이 있기 때문에 외국인직접투자(FDI)[6]에 있어 최고의 투자처로 손꼽히므로 머지않아 개발도상 지역을 파탄에 이르게 할 자본 문제를 멕시코는 비껴가게 된다.

국경의 특성

미국은 멕시코와의 국경을 길들여지지 않은 무법천지로 생각한다. 마약에 찌든, 종말 이후의 황무지처럼 여긴다. 멕시코 정부는 국경지역을 통제하기는커녕 순찰할 역량도 없다는 점을 감안하면 미국이 우려할 만도 하다. 그러나 멕시코 국경에 대해 미국인이 품고 있는 이미지에는 두 나라 간의 경제적, 문화적 관계가 반영되어 있지 않다. 멕시코가 곧 경제적인 돌파구를 마련하리라는 점을 고려하지 않더라도 멕시코는 미국과 접해 있다는 사실 덕분에 세계 주요 경제국이라는 지위를 얻었을 뿐만 아니라 곧 역사상 미국의 최대 경제협력국가가 된다.

다음 사항들을 생각해보자.

• 2014년 현재 미국은 천연가스 20억 세제곱 피트와 하루 100만여 배럴에 달하는 정제 연료를 멕시코에 수출하고 있고, 멕시코는 하루 100만 배럴에 달하는 원유를 미국으로 수출하고 있다. 2020년 무렵이면 미국이 멕시코에 수출하는 천연가스는 적어도 네 배로 증가하면서 인류 역사상 양자 간 에너지 교역으로는 최대의 교역국이 된다.

- 2013년 현재, 양국 국경을 가로지르는 상품은 5,100억 달러어치로, 멕시코는 미국에게 세 번째로 큰 교역상대국이다(서비스 부문을 포함하면 두 번째로 큰 교역상대국이다). 2020년 무렵이면 미국과 멕시코 간 무역액이 6,500억 달러로 증가하면서 인류 역사상 최대 규모의 양자 교역의 자리를 두고 미국-캐나다 교역관계에 도전장을 내밀게 된다.
- 2014년의 경우 3억 5천만 건의 합법적인 월경이 있었다. 불법적으로 국경을 건너는 경우를 제외하고도 이는 인류 역사상 가장 발길이 빈번한 국경이다. 2020년 무렵이면 합법적인 월경이 매년 5억 건에 달할 것으로 전망되고 있다.
- 멕시코의 국가적 실패는 미국과의 통합으로 이어진다. 빈곤, 정부부패, 마약 관련 폭력, 환경파괴의 재앙, 취약한 기간 시설 등으로 멕시코 국내에서 노동인구의 이동은 가속화되고 임금은 하락한다. 멕시코와 미국 간의 임금격차가 커질수록 멕시코와 미국의 경제적 통합은 가속화된다.
- 미국의 성공은 멕시코와의 통합으로 이어진다. 부유함, 투명한 정부, 개선된 지역 치안, 훨씬 좋은 근로 조건과 보건 수준, 탄탄한 기간 시설로 미국의 소비와 임금은 상승한다. 다시 말하지만, 미국과 멕시코의 임금격차가 벌어질수록 멕시코와 미국 간의 경제 통합은 가속화된다.

이러한 사실들을 받아들이면 미국 내에서 멕시코를 두고 벌어지는 논쟁의 성격이 바뀐다. 미국이 멕시코와 통합하기를 바라는지 결단을 내리지 못한다는 게 문제가 아니다. 미국은 이미 멕시코와 통합되어 있다. 아직 확실히 결정되지 않은 양국 관계로 인해 생기는 부작용이 바로 700만 명에 달하는 멕시코 불법 체류자와 150만 명에 달하는 중앙아메리카인들,[7] 그리고 미국으로 밀반입되는 수백 억 달러어치의 마약 문제다. 이 정도 규모의 문제라면 국경의 특성에 대해 진지한 토론을 할 필요가 있다.

미국 정치계에서 제시하는 비현실적인 해결책들은 실패할 게 불 보듯 뻔하고 대부분은 역효과를 낼 가능성이 있다.

　양국 간 경제교류가 활발히 이루어지고 있다는 점, (누가 계산하느냐에 따라 차이가 있긴 하지만) 미국 국민의 9분의 1에서 6분의 1이 자신의 뿌리는 멕시코라고 생각하므로 문화적 통합은 이미 한창 진행 중이라는 사실은 차치하자. (합법이든 아니든) 멕시코 이민자들이 미국인이 회피하는 궂은 일을 하고, 물가상승을 억제하고, 미국 노동시장에서 아주 실제적이고 긍정적인 역할을 하는지 여부에 관한 경제적 논쟁은 무시하자. 미국에 있는 불법 체류자들의 추방이 도덕적, 법적으로 지니는 의미도 무시하자. 오직 국경 자체에 집중해보자. 멕시코는—경기가 좋을 때조차도—국경지역을 통제할 역량이 없다고 이미 말했다.

　그런데 미국도 마찬가지다. 미국-멕시코 국경은 대략 2,000마일에 달한다. 대단히 길게 느껴진다. 길게 느껴지는 정도가 아니다. 엄청나게 길다. 냉전시대 때 유럽의 국경—오직 군 통치 하에서 국가안보지역으로 두어야만 봉쇄가 가능했던 국경—길이의 두 배다.

　불법이민에 강력히 대처해야 한다는 이야기도 숱하게 나왔다. 그런데 이 주장은 인간의 원초적인 본성을 완전히 무시하는 주장이다. 미국 정부는 멕시코 정부보다 훨씬 뛰어난 역량이 있다. 공교롭게도 미국이 많은 사람들을 대거 추방할 역량이 있을 만큼 구조적, 조직적으로 장점이 있는 나라라는 바로 그 사실이 불법 체류자들을 미국으로 유인한다(물론 추방이라는 구체적인 행위는 미국에 와서 살려는 사람들이 그다지 반기지 않지만 말이다). 불법 체류에 대한 처벌을 강화한다고 해도 별 소용이 없을지 모른다. 멕시코인들과 중앙아메리카인들이 자국을 탈출하는 이유는 단지 가난 때문만이 아니라 마약 전쟁과 중앙아메리카의 군사정권들로 인해 불안해진 치안 때문이다. 미국이 국경 지대에서 눈에 띄는 사람들을 총살하는 정책을 실행하지 않는 한, 이민국과 국토안보국은 미국으로 이민 오려는 이들이 벗어나려는 환경과 비슷한 위협적인 환경을 조성할 능력이 없다.

국경을 봉쇄하기가 불가능하다면, 사람들을 유인하는 미국의 매력이 사그라지지 않는다면, 그리고 멕시코 정부의 정책적 실패 때문에 미국과의 통합이 점점 가속화된다면, 미국은 멕시코와 중앙아메리카를 탈출한 엄청난 수의 불법 체류자들을 어찌할 도리가 없다. 미국 내에서도 실행 가능한 해결책이 논의되지 않고 있다는 점을 고려할 때, 850만 명에 달하는 히스패닉 불법 체류자의 존재는 어떤 의미가 있을까?

북미 마약 전쟁

멕시코에서 벌어지는 마약 전쟁에 대한 끔찍한 이야기는 아마 대부분 들어봤을 이야기다. 툭하면 납치, 암살, 대량학살, 시체유기, 참수 등이 일어난다. 우위를 점하려고 서로 다투는 여러 카르텔 이름도 많이 알려져 있다. 제타, 시날로아, 템플러 기사단, 걸프 등. 멕시코 정부의 자체 추산에 따르면 마약 전쟁 관련 사망자가 이제 5만 명을 넘어섰다.

그런데 불법 마약과 불법 이민 사이의 관계는 제대로 알려지지 않고 있다. 아마도 여러분의 생각과는 다를지 모른다.

불법 체류자들은 서류상 등록되어 있지 않기 때문에 운전면허증과 같은 신분증이나 은행계좌 같은 금융서비스를 비롯해 사회의 기본적인 서비스를 받기가 어렵다. 얼핏 보기보다 실제로 이는 훨씬 엄청난 영향을 미친다. 금융 체제에 대한 접근이 제한되면 불법 체류자들은 현금으로 해결한다—이들은 상당한 액수의 현금을 휴대하거나 집에 숨겨둘 가능성이 매우 높다. 불법 체류자들은 신분이 발각돼 추방당할까봐 두려워하기 때문에 강도를 당해도 사법당국에 신고하지 않는 경우가 빈번하다. 신용카드와 페이팔(PayPal)을 사용하는 요즘 시대에 불법 체류자들은 부유한 백인보다 훨씬 더 강도들에게 매력 있는 목표물이 되기 쉽다. 정상적인 사회적 지원망에서 소외된 삶을 사는 사람들이 모여 사는 지역을 일컫는 용어가 있다. 바로 빈민굴(ghetto)이다. 미국 내에서 이민자들이 사는 지역 공동체들 가운데 유일하게 멕시코와 중앙아메리카 출신 불법 체류자들은 빈민굴에 산다. 이는 그 어떤 상황에서든 해결해야 할 심각한 사회적 문제이겠지만, 새로운 상황으로 인해 심각한 문제에서 위급한 문제로 격상되었다.

2014년의 마약 전쟁은 20세기의 마약 전쟁과는 상당히 다르다. 파는 상품이 불법이든 아니든 상관없이 물길을 통해 운반하는 게 훨씬 싸다. 따라서 주 경계선을 넘는 불법 마약은—주 경계선을 넘는 다른 여느 상품 거래와 마찬가지로—본래 물길을 통해 운반되었다. 미국에서는 이 때문에 항구도시 마이애미가 불법 마약이 가장 많이 밀반입되는 지역이 되었다. 콜롬비아와 베네수엘라에서 출발한 작은 배들이 마이애미에 몰려와 불법 마약을 하역하면 거기서부터 미국 전체로 보급된다. 1980년대에 인기를 끈 TV드라마 〈마이애미 바이스(Miami Vice)〉는 그저 단순히 흥미진진한 드라마가 아니라 TV드라마라는 형식에 가미된 지정학 이야기였다. 지역 사법당국이 수십 억 달러의 막대한 돈이 오가는 국제적 마약 밀수를 뿌리 뽑기 위해 동분서주하는 활약상을 그렸다.

그런데 해양 국가인 미국은 해상 차단에는 도가 텄다. 미국은 일단 찾아내야 할 목표물이 뭔지 파악하면, 항만 보안에서부터 해양 순찰에 이르기까지 모든 절차를 개선할 역량이 있었기 때문에 마이애미를 통해 밀반입된 다음 플로리다 주 전체로, 나아가서 모든 해안 지역으로 유통되는 마약의 해상(그리고 항공) 유통을 철저히 제한했다. 2000년 무렵 해상 밀반입 경로가 완전히 차단되지는 않았을지 모르지만, 해상경로를 이용하기가 너무 위험부담이 커져서 대량의 불법 마약을 유통시키는 방법으로서 해상경로는 더 이상 쓸모가 없어졌다.[8]

그런데 경제학적으로 볼 때 마약이 지닌 독특한 점이 있다. 바로 중독자들은 판매시점에서 가격을 따지지 않는다는 점이다. 미국이 바닷길과 하늘 길을 통해 마약이 밀반입되지 못하도록 하는 데 성공하면서 마약은 훨씬 유통 비용이 많이 드는 육로를 통해 흘러 들어오게 되었다. 성능이 뛰어난 수중음파탐지기와 저고도 레이다는 특색 없는 바다를 감시하고 불법적인 화물이 미국 해안으로 들어오는 것을 차단했지만, 미국-멕시코 사이에 펼쳐진 2,000마일에 달하는 국경을 봉쇄하는 데는 쓸모가 없었고, 따라서 마약이 유통되는 방법은 〈마이애미 바이스〉에 등장한 방법이 아니라 다른 무엇인가로 바뀌었다.

바닷길을 통한 운송이 훨씬 비용이 싸게 드는 이유는 수없이 많은데, 그 가운데 하나는 훨씬 덜 복잡하다는 점이다. 바다에는 중간상인이 없다. 거쳐야 하는 마을들도 없다. 바다에는 자기 관할권을 주장하는 규제당국도 없다. 항구를 떠나 항해하면서 마음에 안 드는 게 시야에 들어오면 피해가면 된다. 그리고 목적지 항구에 진입한다. 그게 끝이다. 그러나 육로를 택하면 물리적으로 통과해야 하는 경계선들이 있다. 기존 기간 시설을 이용해야 한다. 지역의 규제당국, 세관, 사법당국을 상대하면서 목적지에 도착할 때까지 여러 관문을 통과해야 한다. 이게 다 비용을 증가시킨다. 또한 운반자가 물건이 유통되는 전 과정에 일일이 관여하게 된다. 서로 다른 유통경로를 이용하는 운반자들이 똑같은 길목—예컨대 여러 경로가 만나는 산기슭이나 국경을 건너는 지역—에서 마주치게 되면 경쟁이 발생한다.

멕시코와 마약의 경우 이러한 특징들은 두 가지 결과를 낳는다. 첫째,

미국에 도달하게 되는 코카인의 유통비용을 증가시킨다. 마약 밀매업자들은 은밀히 활동하기 때문에 정확한 통계자료를 확보하기 힘들지만, 법무부는 1980년대에 하늘 길을 통해 밀반입할 때 든 비용과 비교해볼 때 코카인을 밀반입하는 총 경로에서 멕시코 육로를 통과하는 데만 코카인 1킬로그램 운송비용이 1만 달러—1그램에 약 10달러—추가된다고 추산한다. 이 돈은 멕시코의 수많은 밀반입 유통경로 전체에 걸쳐 수많은 사람들을 고용하고 타락시키고 뇌물을 주고 중무장시키는 데 이용된다. 육로로 마약을 밀반입하게 되면 코카인 가격에 추가되는 비용이 너무 많아져서 결국 자금력이 막강한 대규모 조직들이 부상하게 된다. 마약 공급 사슬 중 멕시코 부분에서만 한 해에 600억 달러 이상이 거래되는데, 이는 멕시코의 (합법적) GDP의 4-5퍼센트에 해당한다. 비교해보자면 미국 자동차산업이 미국 GDP의 1.2퍼센트를 차지한다. 월마트—미국 최대 기업—의 총매출이 미국 GDP의 25퍼센트다.

둘째, 이와 같이 연줄과 자금력이 막강한 조직들은 싸워서 이기면 얻을 게 많다. 우리는 이러한 경쟁을 멕시코 마약 전쟁이나 카르텔 전쟁으로 알고 있다. 여러 카르텔들이 미국 주요 월경 지점을 비롯해 남부와 북부 멕시코 전역에 있는 핵심적인 관문을 장악하기 위해 치열하게 다툰다. 미국이 해상에서 마약 유통을 봉쇄하는 데 대대적인 성공을 거두는 바람에 마약이 육로로 흘러 들어가게 됐는데, 만약 그렇지 않았다면 마약 전쟁뿐만 아니라 카르텔의 존재 자체가 불가능했을지 모른다.

〈마이애미 바이스〉가 방영된 지 한 세대가 지난 지금, 카르텔들은 자기가 파는 상품의 원료나 시장을 통제하지 못하는 어느 대기업이라도 했을 법한 행동을 하게 된다. 바로 다변화다. 첫째, 자기가 보유한 자산과 기술력을 적용할 수 있는 유사한 "산업들"로 수평적 다변화를 한다. 강도, 화물절도, 납치 등은 카르텔의 포트폴리오에 포함된 사업들이다. 멕시코에서 마리화나 생산과 밀매는 대부분의 카르텔들이 처음에는 관심을 보이지 않은 분야였다. 그런데 지금은 애기가 다르다.

둘째, 마약 생산을 장악하기 위해 공급 사슬의 상층부로 사업영역을 다변화한다. 2014년 현재 카르텔은 이미 세계에서 각각 첫 번째와 세 번째로 큰 코카원료 공급자인 페루와 볼리비아에서 코카인 수확과 생산망을 대부분 장악했다. 카르텔은 콜롬비아 공급 체계도 잠식하고 있다. 카르텔은 콜롬비아 무장혁명군을 포함해 콜롬비아에서 악명 높은 코카인 생산자들과 정면으로 대결하면서 네 편 내 편을 가르고 있다.

세 번째로 이 문제와 관련해 가장 중요한 점은 카르텔이 공급사슬의 하층부로도 사업영역을 확장하고 있다는 사실이다. 카르텔은 오래전에 국경을 넘는 기술을 터득했다. 이제는 미국의 코카인과 마리화나 유통 주요 중심지에서 소매유통에 뛰어드는 단계에 이르렀다. 샌디에이고, 엘 파소, 브라운즈빌 같은 국경지역 도시들이 일차적 목표지만 국경에서 멀리 떨어진 뉴욕 시 같은 지역에서도 왕성하게 활동하고 있다. 특히 캐나다의 브리티시컬럼비아에서 이 지역의 마리화나 판매망을 헬스 엔젤스(Hells Angels)로부터 빼앗으려는 치열한 경쟁이 벌어지고 있다. 카르텔은 특히 캘리포니아 주와 국립공원들에 있는 미국의 공유지를 성공적으로 이용해 판매시장 가까이에서 대량의 마리화나를 재배했다(이 경우 물론 미국 세관을 통과할 필요도 없다).

카르텔은 가는 곳마다 지역 판매망을 장악하기 위해 미국의 범죄조직—주로 도심지역의 범죄 집단들—과 경쟁에 돌입한다. 미국 도심 우범지역에서 활개치는 범죄 집단들이 자행하는 계획적인 폭력 행위도 심각하지만, 멕시코 카르텔 전쟁의 풍토에서 단련된 다국적 마약조직이 자행하는 일상적 폭력의 잔인함에는 비할 바가 아니다. 월등한 무기로 무장하고 무기 훈련까지 받은데다 마약공급을 사실상 장악한 멕시코 카르텔들

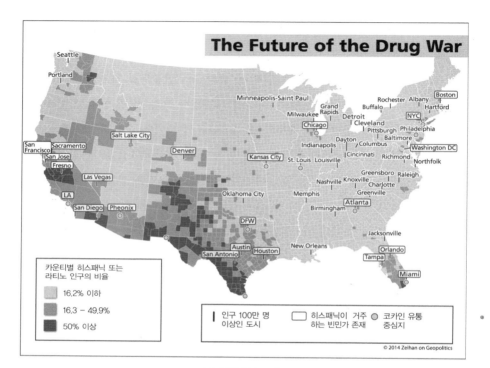

The Future of the Drug War

카운티별 히스패닉 또는
라티노 인구의 비율

16.2% 이하

16.3 – 49.9%

50% 이상

인구 100만 명
이상인 도시

히스패닉이 거주
하는 빈민가 존재

코카인 유통
중심지

© 2014 Zeihan on Geopolitics

마약 전쟁의 미래

이 미국인 판매상들을 밀어내고(때에 따라서는 흡수하고) 시장을 빠르게 장악하고 있다.

마지막으로 불법 이민과의 연관성이다. 카르텔들은 남미 지역이나 자국민들 사이에서보다도 미국의 주요 도시에서 훨씬 깊이 뿌리를 내리고 훨씬 빠르게 세력을 확장할 비법을 추가로 찾아냈다. 바로 미국에서 히스패닉이 주로 거주하는 빈민가를 공략하는 방법이다. 이들은 불법 체류자들을 "관리"한다는 명목으로, 사법당국의 보호를 받지 못하고 금융거래 감시망에도 잡히지 않는 이들이 거주하는 주요 도시마다 대규모 공동체를 구축해왔다. 불법 체류자들이 적극적으로 협조하지 않으면 경찰의 단속은 효과를 발휘하지 못한다. 연방준비은행은 조사에 착수할 금융거래 자료가 없다. 불법 체류자들은 카르텔의 앞잡이들과 같은 언어를 구사한다(출신 국가도 같은 경우가 많다). 이런 지역공동체는 카르텔이 인력을 채용하고 통제하기에 안성맞춤이다. 마약의 가치에 대한 데이터를 얻기 힘들 듯이, 카르텔이 미국에 얼마나 깊숙이 침투해 있는지를 보여주는 데이터를 얻는 데는 한계가 있다. 그러나 법무부가 추측한 바에 따르면, 2013년 현재, 카르텔은 이미 천여 개의 도시에서 활동하고 있고, 여기에는 로스앤젤레스 광역도시, 댈러스-포트워스, 휴스턴, 애틀랜타, 캔자스시티, 덴버, 시카고, 디트로이트, 볼티모어 등 수많은 도시들이 포함되어 있다.

카르텔이 미국 본토로 그 세력을 확장하는 초기 단계이므로 미국 범죄조직과의 충돌은 현재로서는 범죄조직들끼리의 통상적인 폭력에 가려져 있다. 그러나 머지않은 장래에 카르텔은 이 전투에서 가볍게 승리하게 된다. 멕시코를 관통하는 운송경로를 두고 자기들끼리 전쟁하기를 마다하지 않는 카르텔들이 현금 인출기나 다름없는 미국의 수요를 차지하려고 서로 다툴 때 과연 폭력을 자제할지 의문이다.

겁먹은 신세계: 겁먹어야 할 대상

이 시점에서 "마약 전쟁이 곧 우리 곁으로 다가온다"라든가, 뭔가 극적인 얘기를 해야 할 듯하다. 하지만 그게 중요한 게 아니다. 멕시코의 마약 전쟁은 이미 국경을 넘어 북쪽인 미국으로 확산되었다. 이제는 더 이상 마약 전쟁 예방이 아니라 부작용을 완화하는 게 문제다. 나는 보통 어떤 행동을 취해야 할지 제안하기를 꺼린다. 지정학적 요소와 인구 구조는 근본적인 문제이기 때문에 바꾸기가 불가능하고 정치적 행동을 취한다고 해도 그저 잡음만 날 뿐 아무 효과도 없다. 그러나 이 경우에는 어떤 행동을 취해야 할지가 자명하다. 그 "해결책"이 정치적으로 문제가 있긴 하지만 말이다.

국경의 전 구간을 철통같이 지키기는 불가능하다(엄청나게 비용이 많이 든다). 기껏해야 여기저기 부분적으로 순찰을 할 수 있다. 내가 생각하기에 해답은 합법화다. 마약이 아니라⁹ 이민 말이다. 취업과 여행 허가증을 발급해주고 국경을 개방하면 미국에 있는 히스패닉 빈민가는 주민들이 합법적인 신분증을 소유하고 은행에 저축도 하는, 정상적인 삶의 터전으로 바뀌게 된다. 경찰에 협조한다고 해도 빈민가 공동체가 더 이상 부정적인 시선으로 보지 않고, 연방준비은행의 자금세탁 방지기구는 자금 흐름을 추적할 수 있는 데이터를 확보하게 된다. 무엇보다도 카르텔이 미국에서 부릴 사람을 고용하기 어려워진다. 불법 체류자를 합법화한다고 모든 문제가 해결되지는 않지만, 미국이 취할 수 있는 가장 대대적인 조치다.

그러나 미국이 국경과 빈민가를 그냥 내버려두기로 한다면 지금까지 겪어본 적이 없는 끔찍한 전쟁에 직면하게 된다. 베트남이나 이라크와 달리 마약 전쟁의 다음 단계는 국내 전쟁이다. 중국보다, 러시아보다, 이란보다 훨씬 더 미국의 삶의 방식을 위협하는 가장 큰 지정학적 문제는 멕시코의 마약 전쟁이 북미 전역으로 확산되는 일이다.

14

중국의 전쟁

The China Wars

미 국 사람들은 대부분—실제로 거의 모든 미국인이—중국을 세계의
미래로 본다. 인구 규모가 최대이고 세계 최대의 수출국인 중국이
곧 세계 최대의 경제 규모와 가장 막강한 군사력을 보유한 나라로 부상하
리라는 게 일반적인 생각이다. 지난 30년 동안 중국의 부상은 놀라웠다.

그런데 아무도 생각해보지 않는 게 있다. 왜 하필 지금일까? 하는 점이
다. 중국의 부상이 필연적이라면 왜 지금에 와서야—중국 한족이 하나의
민족으로 등장한 지 3500년이 지난 이때—중국이 세계를 평정하리라는
게 분명하고 필연적으로 여겨질까? 실체는 보기와 다르다는 사실을 깨닫
게 해주는 첫 번째 경종은 바로 미국인의 심리 속에 깊이 새겨져 있는 중
국에 대한 환상이다. 소련과 일본의 부상이 "명백하고 필연적"이라고 확
신했던 바로 그 심리다.

중국의 현실은 미국인의 상식과 상당히 다르다. 중국 체제의 장점에 대
해 의구심을 품어야 할 이유는 많이 있지만, 우선 지리적 여건과 인구 구
조에 관련된 것들부터 집중적으로 살펴보자. 지금부터 자세히 살펴볼 사
항들 가운데 어느 하나만 발생해도 중국의 부상은 불발되기에 충분하다.
내가 거론하는 문제들이 복합적으로 작용하면 중국 역사의 거의 전 기간
에 걸쳐 독립적인 여러 집단이 뿔뿔이 흩어진 채 존재했던 바로 그 예전
모습의 중국으로 되돌아가기에 충분하다.

중국의 지리적 여건은 유럽의 지리적 여건보다 훨씬 많은 문제를 안고
있다.

북부의 군국주의자

중국을 지배해온 한족의 뿌리는 오늘날 중국 북부지역에 있는 황허를

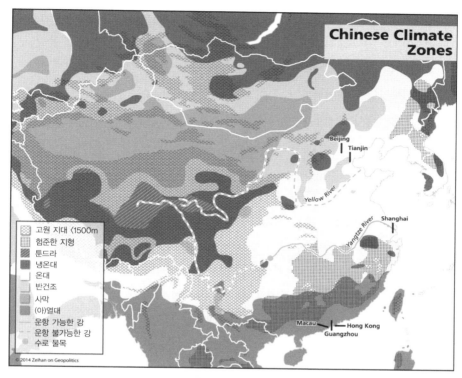

중국의 기후 지대

따라 형성된 초기 문화로 거슬러 올라간다. 그런데 황허는 만만한 강이
아니다. 툭하면 범람한다. 우기가 되면 강 유역 곳곳이 넘쳐흘러 연중 대
규모 홍수가 난다. 황허는 나일 강처럼 강 유역이 좁지 않다. 엄청나게 넓
고 평평한 범람원을 관통해 흐른다. 황허가 범람하면 엄청나게 넓은 토지
가 물에 잠기는데 보통 홍수로 인해 생기는—도달 범위가 제한되어 있
는—그런 종류의 범람과는 차원이 다르다.

　그 결과 중국 사회는 서구 사회와는 전혀 다른 노선을 따라 발전해왔
다. 중국의 정치는 잉여 식량을 관리하고 인구를 확대하기보다는 황허의

범람으로 발생하는 참화를 관리할 필요에서 발달해왔다. 이로 인해 정부가 국민을 엄격히 다잡는 통치 형태를 띠게 되었다. 정부가 인력을 동원해 사람이 거주하는 지역뿐만 아니라 농지도 보호하기 위해 수 마일에 이르는 긴 강둑을 건설했다. 중국의 대규모 역사(役事)로는 만리장성과 중국 텐진(天津)에서 항저우(杭州)에 이르는 세계 최장의 인공수로인 대운하가 유명하지만, 사실 중국 최초의 대역사는 황허를 다스리려 한 한족의 노력이었다.

세월이 흐르면서 강둑은 확장되어 황허 하류까지 거의 전부 구축되었는데, 오히려 이게 문제를 악화시켰다. 모든 강물은 침적토를 실어 나르는데, 황허의 침적토는 유난히 무겁다. 그런데 강이 사실상 사람이 관리하는 운하가 되면, 강물은 침적토를 범람원에 쏟아내지 못하게 된다. 황허에는 수세기에 걸쳐 이 무거운 침적토가 점점 축적되면서 강바닥이 융기하게 되었다. 따라서 중국 정부들은 대대로 강둑을 점점 더 높이 쌓는 방법밖에 도리가 없었다. 지난 천 년 어느 시점에선가부터 황허 하류는 "강"이라고 정의하기 어려워지기 시작했다. 강바닥이 주변 토지보다 높아져서 강이라기보다는 지상으로 드러난 도수관(導水管)같이 되었다. 황허의 제방이 무너지면 그 아래쪽에 있는 평야로 물이 쏟아져내려와 지금까지 듣도 보도 못한 엄청난 홍수를 일으켜 수만 명의 이재민이 발생했다. 1931년에 발생한 한 번의 홍수만으로 백만 명이 목숨을 잃었다.

따라서 중국 정부가 통치에 성공하려면 아주 엄격하게 백성들을 다잡아야 했다. 백성들은 정부가 토목사업으로 문제를 해결하는 데 동원되도록 길들여졌다. 그러한 조직 장악력 없이는 별것 아닌 폭우만으로도 중국 문명이 말 그대로 씻겨 내려갈지 모르니까 말이다.

그러나 중국이 이러한 중앙집권적인 정치 체제를 지향해왔음에도 불구하고 통일되고 일관성 있는 정부가 등장했던 적은 역사상 거의 없다. 오히려 중국의 역사는 붕괴된 제국과 산산이 부서진 희망으로 점철되어 있다. 다시 말하지만 그 이유는 지리적 여건이다. 황허의 하류 유역은 화베이 평원(North China Plain)으로, 지리적인 장애물이 전혀 없는 광활한 평원이다. 북유럽 평원과 마찬가지로 화베이 평원은 놀라울 정도로 비옥하고 어마어마하게 넓다. 그 넓이가 158,000제곱마일로 미국의 주요 경작지가 있는 네브래스카, 아이오와, 일리노이 주를 합한 크기다.

그러나 화베이 평원이 다른 지역의 평원과 비슷한 점은 그게 전부다.

- 북유럽 평원은 좁고 길기 때문에 서로 경쟁관계인 여러 세력들이 등장해 각자 자기가 장악한 구역을 지켰는데, 종종 북유럽 평원을 가로지르는 강들이 방어선 역할을 했다. 이와는 대조적으로 화베이 평원은 "좁은" 구역이 없고 넓고 깊으며 평원을 가로지르는 강은 황허 하나뿐이다. 확 트인 광활한 화베이 평원은 문화와 언어의 통일을 촉진했지만 정치적 통일은 촉진하지 못했다. 지역 세력이 주변 세력들로부터 독립적으로 성장할 만한 지리적 여건이 되지 않았고, 지역을 통일하는 데 성공한 세력은 강을 다스리는 데 엄청난 노동력을 동원해야 했다. 따라서 "성공한" 세력은 강을 다스리는 데 진력하다가 취약해지는데, 방어에 동원할 인력이 부족해지기 때문이다. 경쟁관계인 세력은 전투에서 이기거나 강둑을 목표로 삼을 필요조차 없다. 그냥 중요한 시기—예컨대 폭우가 쏟아지는 때—에 주민들의 관심을 딴 데로 돌려 경쟁자들이 자연재해에 쓸려 내려가게 놔두면 된다.
- 북유럽 평원에는 운항이 가능한 강이 여러 개지만 황허는 운항이 불가능하다. 이는 엄청난 토목공사 탓이기도 하다. 자본이 풍부한 북유럽과는 달리 북중국은 자본이 빈곤하다. 예부터 중국은 자본이 넉넉하지 않았다. 강을 다스리기 위해 엄청난 인력을 동원하고 다잡아야 했기 때문

에 기술 개발 등에 투입할 인력이 부족했다. 서구문명은 중세암흑기가 막을 내린 후 기술이 빠른 속도로 발달했지만 중국은 그렇지 못했다.

- 북유럽 평원은 연중 강수량이 풍부하지만, 화베이 평원은 툭하면 대홍수(황허가 가진 독특한 문제들 때문이 아니더라도)나 가뭄에 시달린다. 그 결과 인구의 폭증과 폭락이 번갈아 일어나고 인구가 폭락하면 다음 우기에 강을 다스릴 인력이 부족해 더 위험해진다. 가뭄을 이겨낼 유일한 방법은 대규모 관개시설을 구축하는 길뿐이다. 그러려면 강에 대해 통달해야 하는데, 그러면 다른 세력들의 목표물이 되기 십상이다. 그 결과 서로 경쟁하는 세력들은 전술적 우위를 얻기 위해서 상대방의 민간인들을 대량 학살하고, 심지어 상대방의 집단적 문명을 기꺼이 파괴하려 함으로써, 지역을 산산조각 냈다. 중국은 자국의 유구한 역사를 "군벌시대(Warlord Era)"라고 일컫는데, 이보다 더 적확한 표현은 없다. 북중국을 한족의 지역으로 통일하는 데는 자그마치 천 년이 걸렸고 그동안 숱한 전쟁과 내전, 인종청소를 겪어야 했다. 그리고 북중국이 통일된 후에도 그 통일을 유지하기 위해 자행된 억압의 강도는 중국 외의 지역에서는 거의 보기 힘든 수준이었다. 마오쩌둥 세력과 장제스 세력 간에 벌어진 내전으로 700만 명이 사망했는데, 이는 중국 역사를 통틀어 늘 나타난 패턴의 가장 최근의 사례에 불과하다.

경제적으로는 교역은 거의 이루어지지 않고 기술혁신은 더더욱 일어나기 힘든 경제 체제를 낳았다. 북중국은 무슨 일이든 노동력—대규모 노동력—으로 해결하는 체제였다. 심지어 중국의 전통적인 주식(主食)도 이러한 경제 유형에 부합한다. 밀은 파종하고 수확하고 탈곡하면 끝이어서, 농부는 나머지 시간을 다른 일을 하는 데 쓸 수 있다. 쌀농사는 다르다. 모를 심어 키운 다음 질척한 논에 한 줄기씩 모를 심고, 물을 대고, 비료를

410

주고, 물을 빼고 다시 물을 대고, 물을 빼고 말린 다음 한 단 한 단 수확해서, 탈곡하고, 또 탈곡하고, 다음 번 농사지을 때 또 논에 물을 대고 또 비료를 준다. 평민—즉, 평범한 농부—은 어떤 정치적 발언도 할 수 없는 그런 체제다. 이와 같이 국민은 노동집약적인 식량 생산에 대부분의 시간을 소비하고 그나마 얼마 남지 않은 시간은 동원되어 나라가 시키는 일을 하는 데 쓴다. 그렇게 하면 만리장성을 세 개쯤 쌓을 수는 있겠지만, 산업화를 달성하는 데 필요한 가장 기본적인 전제 조건인 노동 분업과 자본 축적은 불가능하다.

정치적으로는 지역 당국들이 매우 강력한 자치권을 행사하기 때문에 정치 체제가 와해될 위험이 커진다. 한 지도자가 지역에서 권력을 장악하는데 성공한다고 해도—심지어 중국 전체를 평정한다고 해도—그 지도자가 품은 미래상과 상충되는 미래상을 지닌 이들을 모두 숙청하는 길고 지루하고 고통스러운 과정을 거쳐야 한다. 지도자는 중국이 사분오열되어 있고 수많은 세력들이 존재한다는 현실에 온 신경을 집중해야 한다. 고대 제국들뿐만 아니라 마오쩌둥도 그랬고, 시진핑 현 주석도 마찬가지다.

그나마 다행인 점은, 활짝 트인 화베이 평원의 특성상 정치적 통일을 달성하기가 매우 어렵지만 적어도 가능하기는 하다는 점이다. 따라서 역사적으로 중국을 단일한 국가로 통합하려는 시도는 거의 모두 북중국 지역에서 이루어졌다. 일단 북부 지역의 세력들이 대체로 의견의 일치를 보면, 이들의 관심은 반드시 중부 지역으로 쏠린다.

중부의 상인

중국 중부 지역을 관통하는 거대한 양쯔 강은 세계에서 가장 긴 강으로 손꼽힌다. 양쯔 강 유역에는 미국이 나라로 성공하는 데 기여한 얽히고설킨 물길들과 똑같은 종류의 물길이 9,000마일이나 이어진다. 그러나 양쯔강 덕에 저절로 중국이 초강대국으로 되지는 않는다.

- 양쯔 강은 중국에서 유일하게 운항이 가능한 강이지만 다른 지역들과 연결되어 있지 않다. 중국의 중부 지역은 무역 중심지이고 자본이 풍부하지만 이러한 특성이 자연스럽게 다른 지역들과 연결되지 않는다. 양쯔 강 유역의 도시들을 나머지 지역과 연결하는 데 도움이 되는 섬들이 연달아 존재하지도 않는다. 그렇다고 해도 북중국은 이를 통합의 걸림돌로 보지도 않는다. 중부 지역의 자본이 필요한 북중국은 군사적으로 우월한 입지를 이용해 중부 지역의 자본을 착취했다.
- 중부 지역은 착취당하는 게 달갑지 않다. 상하이를 비롯해 양쯔 강 유역 지역들은 북중국을 넘어 훨씬 발달한 바깥 세계로 시선을 향하는 경향이 있다. 타이베이든, 도쿄든, 런던이든, 샌프란시스코든 어디든 말이다. 북부와 중부의 통일은 베이징 중앙정부의 관점에서 보면 경제적으로 설득력 있어 보이지만, 사실 북중국이 중부 지역과 통합하려는 일차적인 이유는 전략적인 이유에서다. 바로 외세로부터 중국을 방어하기 위해서다.
- 양쯔 강 유역은 보기만큼 그리 만만하지 않다. 미시시피 강이나 라인 강과 같은 만이 아니기 때문이다. 양쯔 강은 험준한 산악 지대를 관통해 바다로 흘러 들어가는데, 이 강이 지나가는 유역에는 범람원이 거의 존재하지 않아서 걸어다닐 길을 낼 수도 없을 정도다. 이와 같이 연속성이 없고 곳곳이 단절되어 있어서 정체성이 통일되기는커녕 오히려 단절된 지역마다 제각각의 정체성이 구축된다. 여기에는 장단점이 있다. 중부 지역은 단일한 정치체로 통합하기가 매우 어렵다. 한편 통일된 북중국

이 중부의 단절된 여러 지역들을 차례로 하나씩 강제로 동화시키기가 쉽다. 역사적으로 북중국과 중부를 통합하는 데 가장 효과적인 방법은 지리적 여건을 물리적으로 바꿈으로써 두 지역을 경제적으로 연결하는 것이었다. 바로 대운하다. 운하는 기간 시설이라는 면에서 볼 때 최악의 여건과 최선의 여건을 제공한다. 운하가 없었다면 뿔뿔이 흩어져 있었을, 다양한 지역들을 서로 연결해준다는 게 큰 장점이다. 그러나 인공적으로 강을 만들고 관리하기란 매우 어렵고 비용이 많이 든다는 큰 단점이 있다. 파나마 운하나 수에즈 운하처럼 짧은 운하는 경제적으로 채산성이 있지만, 장장 1,100마일에 달하는 대운하 같이 엄청난 비용이 드는 대대적인 토목공사는 노동력이 거의 공짜인 체제에서 정치적인 명분이 존재해야만 가능하다.

• 양쯔 강이 빠져나가는 하류 지역은 중상류만큼이나 험준한 산악 지대다. 이와 같이 고도가 높은 지역을 흐르기 때문에 깊이가 얕고 9,000마일에 이르는 강 유역은 운항이 불가능한 계절도 있다. 양쯔 강 유역의 물길에서 연중 아홉 달 동안 강 깊이가 적어도 9피트가 되지 못하는 구역을 빼면 운항 가능한 지류는 100개에서 겨우 한 개로 줄어든다. 지도상으로 양쯔 강은 엄청나게 거대해 보이지만—양쯔 강은 해안에서 내륙으로 1,600마일이나 들어간다—양쯔 강 유역의 쓸모 있는 땅은 엘베 강 유역보다도 작다.

양쯔 강은 쓸모가 있고, 그래도 있는 게 나을까? 물론이다. 양쯔 강을 따라 난 운송로 덕분에 중국 중부 지역이 다른 지역보다 월등하게 자본이 풍부한 지역이 되었다. 그러나 중국 중부는 북부의 정치적 중심지와 통합되지도 않은 상태이고, 정치적으로 분열되어 있기 때문에 북중국이 늘 골치를 썩이는 내부 분열이라는 문제를 더욱 복잡하게 만든다.

남부 분리주의자

게다가 남부 지역도 있다. 여기는 완전히 딴 세상이다.

- 중국 남부는 양쯔 강이 허덕이며 흐르게 만드는 바로 그 산맥으로부터 남쪽으로 이어지는 구릉과 산악 지대로 이루어져 있다. 이와 같이 험준한 지형은 멕시코나 발칸 반도의 거친 지형과 마찬가지로 문화적, 정치적 통일을 저해하고 자본의 창출을 방해한다. 남부에서는 결속력 있는 대규모 세력이 등장한 적이 거의 없다.
- 최남단에 있는 주장 강의 아주 짧은 구역을 제외하면 남부에 있는 수많은 강들 가운데 운항이 가능한 강은 하나도 없다. 설상가상으로 중국 남부 지역은 북미와 유럽이 위치한 온대기후 지대를 완전히 벗어날 만큼 남쪽으로 내려가 있다. 남중국은 대부분 아열대 기후이고 최남단 해안지역은 전형적인 열대기후다. 인도나 브라질 열대기후 지역에 창궐하는 질병은 이 두 나라의 문화적 통합을 저해해왔는데, 남중국도 마찬가지다.
- 북중국 해안선은 평평하고 얕고 모래톱이 많다. 천혜의 항구가 드물고 그나마 있는 항구는 큰 선박들이 드나들지 못한다. 아주 드물기는 하나 북중국이 통일되었을 때에도 해상 무역에는 거의 관여하지 않았다. 남중국은 정반대다. 남중국의 해안선은 깊고 심하게 들쭉날쭉해 배들이 드나들기 쉽기 때문에 남중국은 중국 역사 초창기부터 바깥 세계로 진출해왔다. 중국 본토 동쪽과 동남아시아에 있는 천혜의 항구들 대부분이 남중국에 위치해 있다.

항구가 들어서기에 좋은 여건이지만 강은 없고 산악 지대가 많으며 사

414

람의 진을 빼는 열대기후가 복합적으로 작용하면 해괴망측한 지정학적 여건이 탄생한다.

북중국의 한족은 남중국을 침략하는 데 늘 애를 먹었지만, 해상 세력인 외국인들은 그렇지 않았다. 남중국의 훌륭한 항구들은 험준한 고원 지대가 바로 배후에 자리하고 있다. 이러한 험준한 영토 때문에 북중국이 남중국을 침투하기가, 또는 남중국을 통합하기가 어려운 만큼, 남중국의 지역 세력이 바다로 진출하기도 어렵다―그들은 해안에 접근하기가 쉽지 않다. 남중국의 훌륭한 항구들은 (남중국이든 북중국이든) 중국의 필요를 충족시키는 대신 외부 세력들이 자리 잡기에 안성맞춤이다. 남중국은 오래전부터 외세의 놀이터였지만, 남중국 지역민들은 이러한 외세의 개입을 환영했다. 지리적 여건으로 인해 여러 개의 작은 지역으로 나뉘어져 서로 고립된 채 살아온 남중국 사람들은 바깥 세계로 진출하기 위해 외국인들과 협력해왔다. 물론 오래전부터 해적과 무역상들이 남중국 해안 지역을 따라 약탈을 하며 잇속을 채워왔지만, 남중국 지역민들도 대리인이나 조력자의 형태로 제국에 가담하는 경우가 종종 있었다. 이를 가장 잘 보여주는 사례가 바로 홍콩이다. 일찍이 20세기 초부터 남중국 도시들은 외세와의 협력을 통해 식량의 절반 이상을 수입하고 있었다. 남중국에는 지역적인 특성이 확고히 뿌리내렸기 때문에, 한족은 북부에서 한족이 아닌 민족들을 모두 제거했듯이 남부에서도 소수민족을 소탕하려고 했지만 실패하고 말았다. 현재 중국에 남아 있는 대부분의 소수민족과 언어가 다른 집단들이 바로 남중국에 모여 살고 있다.

남중국이 기꺼이 외세와 협력하는 경향이 있고 여러 민족이 섞여 있어 매우 이질적이라는 점을 북중국의 권력집단은 그냥 지나치지 않았고, 이에 분개하고 두려워했다.

남은 지역

지금까지 한 얘기만도 소화하기 벅차겠지만, 중국과 관련해 진짜로 놀라운 사실은 북부, 중부, 남부 인구를 다 합해봐야 중국 전체 인구 13억 5천만의 절반밖에 안 된다는 점이다. 북부, 중부, 남부는 중국의 저지대와 해안 지역이다. 나머지 중국인들은 내륙에 살고 있다.

이 내륙 지역은 지리적 여건이 천차만별이다. 쓰촨은 양쯔 강 상류 쪽에 위치하고 있으므로 상하이와 바깥 세계와 어느 정도 통합되어 있다. 내몽골은 부분적으로 불모지다. 위난 내륙 산악 지대에는 가난한 소수민족들이 많다. 티베트와 신장의 확 트인 드넓은 공간도 소수민족들이 주로 거주하는 지역으로서 수천 년 동안 중앙에서 장악하려는 시도에 저항해 왔다. 이렇게 가지각색인 민족들을 한데 묶어주는 공통점을 찾기란 쉽지 않다. 그나마 가장 공통점이라고 할 만한 게 있기는 하다. 이동하기가 거의 악몽 수준이라는 점이다. 따라서 내륙은 해안 지역에 비해 극도로 빈곤해서, 1인당 소득이 해안 지역의 절반 정도밖에 되지 않는다. 2014년 현재 북적거리고 활기차 성장하는 중국의 모습은 내륙 지역에서는 보기 힘들다. 지구상에 존재하는 험준한 내륙 지역들이 하나같이 그러하듯이, 중국의 이 지역도 과거 어느 시대에서 벗어나지 못하고 있는 듯하다.

세 해안 지역과는 달리 내륙 지역은 중국이라는 나라의 일상적인 관심사에서 벗어나 있다. 지리적 여건 때문에 내륙 지역의 인구는 해안 지역으로부터, 또 같은 내륙의 다른 지방들로부터 고립되어 있으므로, 중국의 국가적 의제를 설정하기는커녕 서로 교류하기도 힘들다. 그래도 6억 5000만 명이 살고 있는 지역이다. 이 정도 규모의 인구가 극심한 빈곤에 시달리고 있고, 가뭄에 콩 나듯이긴 하지만 카리스마 있는 인물이 등장해 내륙 지역을 통일하려 하면 중국 전체가 들썩인다. 마오쩌둥이 세를 규합해 권력 기반을 다진 곳은 북중국이지만, 결국 정권을 잡게 된 까닭은 내륙의 중국인들의 마음을 움직였기 때문이다.

신화를 깨다

이와 같이 다양한 지리적 특성들이 혼재됨으로써 발생하는 가장 뜻밖의 결과는 중국이 놀라울 정도로 해상력이 약하다는 점이다. 북중국은 산업화에 따라 기술이 발달하면서 인공적으로 항구를 만들기 전까지는 바다로 진출할 역량이 거의 전무했다. 남중국은 항구는 있지만 주변 지형이 너무 험준해서 후배지가 들어설 공간이 없기 때문에 항구를 만들려면 엄청난 물자를 쏟아부어야 했다—그리고 이러한 집중적인 물자 투입은 산업화 덕분에 여러 다양한 인구밀집 중심지들이 서로 연결되고 나서야 가능했다. 그러면 이제 어느 시대에 내놓아도 세계적인 수준의 도시이자 세계적인 수준의 항구인 상하이가 있는 중국 중부 지역만 남는다. 그러나 상하이가 좌지우지할 수 있는 지역은 아주 작다. 양쯔 강 상류에 있는 도시들은 험준한 산악 지대라서 상하이의 영향이 미치지 않고, 상하이는 바깥 세상과의 교역을 기회라기보다 위협으로 보는 화베이 평원 세력들의 권력과 이해관계에 희생되기 일쑤다.

이와 같이 세 부분으로 나뉜 체제—권력이 유리처럼 깨지기 쉬운 정치 중심지 북부, 다른 지역에 대체로 무관심한 경제 세력인 중부, 분리 독립할 가능성이 늘 도사리고 있는 남부(그리고 거의 무시되고 있는 내륙)—가 오늘날까지도 유지되고 있다. 오늘날 중국의 정치 체제에도 이러한 특성이 반영되어 있다. 중앙정부의 핵심적인 군부는 모두 북부에 본부를 두고 있고, 북부와 중부가 10년 주기로 주석을 번갈아 하면서 안보와 무역의 균형을 유지하는 한편, 중국공산당중앙정치국에는 남부를 대표하는 대표자도 없다.

이와 같이 지리적인 특성을 통해 중국을 살펴보면 중국에 대해 우리가 품고 있는 가장 큰 환상, 즉 중국은 통일된 나라라는 신화가 깨지고 참모습이 드러난다. 중국 본토와 대만(붉은 중국 대 흰 중국)의 관계를 얘기하는 게 아니다. 중국 본토 자체가 진정으로 통일된 정치체가 될 수 있는지에 대해 의문이 든다. 중국의 역사를 면밀히 살펴보면 과거에 중국이 "통일"되었던 시기는 실제로는 결코 통일된 시기가 아니었다.

한 왕조와 당 왕조가 통일 중국의 대표적인 사례로 거론되지만, 한나라는 여러 개의 지역 세력들로 갈라져 있었다. 한족 혈통이 계속 유지되는 동안에도 한족이 실제로 장악한 영토들은 계속 바뀌었고, 당나라는 당 시대의 첫 3분의 1 기간 동안에는 제국을 확장하느라 군사 활동에 집중했고 후반기는 그 제국을 관리하는 데 집중했지만 실패했다. "통일" 시대가 두 차례─원나라와 청나라─더 있었는데 이는 한족이 아닌 다른 민족이 주도한 통일로서 이들은 한족이 하지 못했던 일을[1] 해냈다. 중국 전역을 정복해 천하통일을 이루었다.

바로 이게 문제다. 중국은 자연스럽게 하나로 뭉쳐지지 않는다. 심지어 "핵심" 지역에서조차도 불가능하다. 지역마다 각기 원하는 게 다르고 각자 나름의 방식으로 바깥 세계와 접촉한다. 바깥 세상과의 접촉을 원하지 않는 지역도 있다. 설상가상으로 바깥 세상이 중국에 접근하는 방식도 각 지역에 따라 다르다. 광둥과 남중국은 사실상 식민지로 여긴다. 상하이와 중국 중부는 대등한 관계로 간주한다. 북중국은 점령하지 못하는 한 피하는 경향이 있다. 해상 세력은 언제 어디를 침략할지 또 언제 어디와 교류할지 선택할 역량을 갖추고 있다. 따라서 중국은 해상력이 기반인 외부세력으로부터 자국을 방어하는 데 거의 번번이 실패했다.

중국 역사를 통틀어 늘 가장 중요한 위치를 차지한 그 외세는 아주 가까이 있었다.

일본: 중국을 괴롭히는 악령

일본 열도는 매우 험준한 산악 지대다. 인구의 90퍼센트가 해안선을 따라 줄지어 있는 좁은 지역에 살고 있다. 모험심이 강한 일본이 소수의 군인들을 실어 나르기에 충분한 큰 선박을 만드는 방법을 터득하자마자, 일본인들은 문화적으로 통일되었고 같은 정체성과 동일한 정부를 지니게 되었다—세계 대부분의 다른 나라 국민들과 비교해볼 때 매우 이른 시기에 이를 달성했다. 일본 열도의 지형이 매우 거칠기 때문에 해양 세력의 본성이 일본 문화에도 스며들었다. 크기가 제각각인 선박들이 3세기 산업화 시대 전까지 도로와 터널 역할을 했다. 이러한 여러 요인들이 복합적으로 작용해 일본은 전략적으로 외향적인 나라가 되었다. 나라를 운영하는 데 선박이 중추가 되면 바깥으로 진출하기가 아주 쉽다. 일본과 인접한 한국이 일본의 침략을 가장 많이 당했다. 일본은 한국의 물자와 노동력을 착취했고 결국 두 문화권 사이에 생긴 노골적인 적개심은 오늘날까지도 계속되고 있다. 한국 다음으로 침략을 많이 당한 건 중국이다. 중국에 대한 일본의 영향을 이해하려면 일본의 지정학에 대해 잠시 살펴볼 필요가 있다.

18세기에 원양 항해 기술이 동양에까지 전파될 무렵, 일본인들은 이미 200년 전부터 타의 추종을 불허하는 해적들이었다. 동아시아 연안 지역은 지중해 연안보다 훨씬 지형이 거칠지만, 일본 열도 최남단에서부터 현재의 인도네시아에 이르기까지 해안선과 나란히 줄지어 있는 섬들이 있다. 여기서는 길을 잃을 염려가 없다. 대부분의 해상세력들이 그러하듯이 일본도 세월이 흐르면서 약탈을 그만두고 중개상인으로 변신했고, 일본은 동아시아 연안 전역에서 무역중개상으로 활약했다. 그러나 1800년대에 산업화 시대를 맞으면서 일본은 자신이 빈털터리라는 사실을 깨달았다. 일본 열도에 원자재는 거의 아무것도 없었고, 기껏해야 허접한 국내 시장뿐이었으며 그나마도 일본 열도의 험준한 지형으로 여러 개로 나뉘어 있었다. 따라서 일본은 자기가 지닌 단 하나의 수단인 해군력을 이용해 아시아 이웃나라들로부터 원자재든 시장이든 자국에 필요한 것을 빼앗았다. 중국으로부터는 원자재와 시장 둘 다 빼앗았다. 둘 다 엄청나게 많이.

중국 본토에서의 일본의 활동은 시간이 흐름에 따라 부침이 있었지만, 일본의 팽창주의는 중국의 저항보다는 일본의 국내정치에 발맞춰 바뀌었다. 20세기 초 무렵 일본은 중국에게―그리고 한국과 러시아에게[2]―끊임없이 자국의 막강한 해군력을 맛보여주었다. 전략적인 의미에서 이는 순전히 일방적인 관계였다. 유구한 중국의 역사를 통틀어 중국 문화는 동아시아 전역과 심지어 일본에서도 막강한 영향력을 휘둘러왔지만, 대륙국가인 중국이 중국 근해 전체를 아우르는 해상 지역이나 더 넓은 바깥세상은 고사하고 자국의 변방지역을 물리적으로 장악한 사례는 거의 찾아보기 어렵다.

우리가 알고 있는 중국

그래서 뭐가 달라졌는가? 세계적으로 영향력을 행사하는 중국은 고사하고 통일된 중국이라는 개념이 착오라면, 중국의 지리적 여건이 지닌 많

420

은 장애물들을 극복할 만한 뭔가 극적인 변화가 일어난 게 틀림없다.

여기서 다시 얘기는 그놈의 미국에게로 되돌아가게 된다. 미국이 한 세 가지 행동 때문에 중국이 하나의 국가로 유지되었을 뿐만 아니라 우리가 오늘날의 중국이라고 알고 있는 거대한 나라가 가능해졌다.

첫째, 일본이라는 위협을 제거한 주인공이 미국이다. 미국이 제 2차 세계대전에 합류하기 전 거의 5년 동안 일본과 중국은 두 나라 간의 전쟁에 휘말려 헤어나지 못하고 있었다. 역사가와 이론가들은 미국이 제 2차 세계대전에 뛰어들지 않았다면 중일 전쟁이 어떻게 마무리됐을지에 대해 갑론을박하지만, 일본이 진주만을 공격할 무렵 중국은 이미 재래식 전쟁에서는 진 상태였고 게릴라 전술에 총력을 다하고 있었다는 단순한 사실은 변하지 않는다. 일본은 동남아시아와 태평양 전장에서 미국에 맞서 싸우기 시작(그리고 패하기 시작)했을 때조차도, 중국 전역에서 꾸준히 진군하고 있었다. 그리고 일본이 난징에서 25만여 명의 중국인을 처형했을 때 생생하게 보여주었듯이, 일본은 중국에 엄청난 피해를 입히기 전에는 떠날 생각이 없었다.

히로시마와 나가사키 상공에 버섯구름이 피어오를 무렵, 일본은 이미―수년 동안―중국을 경제적으로, 정치적으로 생존 가능케 하는 모든 지역을 완전히 장악하고 있었다. 즉, 화베이 평원 전체와 상하이를 포함해 양쯔 강 하류 전역, 샤푸, 샤먼, 푸저우, 산터우, 홍콩을 포함한 광둥 성과 푸젠 성 전역에 걸쳐 있는 남부의 주요 항구도시들까지 장악했다. 일본은 빼앗을 만한 가치가 있는 것은 무엇이든 빼앗았다. "독립국가" 중국에는 허접한 내륙지방밖에 남지 않았고, 중국이 주권을 되찾은 까닭은 오로지 1945년 일본이 미국에 항복하면서 모든 전장에서 일본군을 철수해야 했기 때문이다.

1955년 일본이 점점 확대되고 있던 브레튼우즈 체제에 편입되면서 일본은 중국에 대한 제국주의적 관심을 접었다. 브레튼우즈 체제 하에서 일본은 전 세계적으로 원자재와 시장에 접근하게 되었다. 불과 20년 전만해도 일본이 중국의 원자재와 시장을 확보하느라 전쟁까지 벌였는데 이제 일본이 접근하게 된 세계 시장과 비교하면 중국은 초라하기 그지없었다. 미국이 단칼에 일본의 제국주의적 야망을 꺾었다기보다는 애초에 일본이 제국주의자가 되어야만 했던 명분을 제거해버린 셈이다. 공격적인 일본이 없는 동아시아에서 중국은 통일을 실현할 기회가 왔다. 제 2차 세계대전이 끝나고 5년 만에 중국은 마침내 내전(중일전쟁과 제 2차 세계대전을 치르면서 함께 치렀던 내전)을 종식시키고 명실상부한 통일을 달성했다.

둘째, 제 2차 세계대전이 마무리되면서 이 지역의 해군력 균형이 급격히 변했다. 전쟁이 끝날 무렵 미국은 태평양 지역에서 일본군을 말끔히 제거했지만 이는 풀어야 할 퍼즐의 한 조각에 불과했다. 유럽 해상세력들도 부분적으로는 일본 때문에, 그러나 대부분은 유럽에서 미국이 한 행동 때문에 사라졌다. 일본이 가장 중국을 억압한 나라이긴 하지만 유일하게 중국을 억압한 나라는 아니었다. 제 2차 세계대전으로 이어지기까지의 한 세기 동안 모든 유럽 국가들은 각각 자국이 구축한 제국을 위해 세계 곳곳을 나누어 먹었고 중국도 그 대상에서 면제되지는 않았다. 대부분의 유럽 국가들은 노동력과 시장을 확보하기 위해 중국의 도시들과 개별적으로 경제적, 군사적 거래를 했고 이 도시들을 제국의 공급사슬에 통합시켰다. 기꺼이 거래에 나선 도시도 있었고 유럽 국가가 총부리를 겨누자 마지못해 거래를 한 도시도 있었다. 가장 악명 높은 사례는 유럽이 중독성 있는 마약을 중국인들에게 강요해 시장 수요를 창출하는 동시에 안보를 의존하게 만든 일이다. 중국은 열강들이 자국 내에 "세력 범위"(spheres of influence)를 설정했던 시기에 일어난 아편전쟁을 중국 역사상 가장 어두웠던 순간으로 기억한다.

그런데 우리는 중국이 유럽(그리고 일본과 미국)에게 왜 그토록 만만한 목표물이 되었는지는 살펴보지 않고 그냥 지나쳐버리기 일쑤다. 그 이유는 바로 원양 항해 기술과 산업화다. 원정이 가능한 해군과 첨단 군사기술이 아니었다면 유럽은 중국을 마음대로 굴복시키기는 고사하고 애초에 중국에까지 도달하지도 못했을지 모른다. 제 2차 세계대전이 끝날 무렵 유럽의 해군력은 거의 사라졌고, 세력 범위가 지속될 거라는 생각 자체도 사라졌다. 게다가 미국이 유럽에 브레튼우즈 체제를 강요하면서 유럽은 더 이상 영향력을 확장하려는 시도조차 하지 않았다. 4세기 만에 처음으로, 홍콩에서의 영국과 마카오에서의 포르투갈을 제외하고 중국에서는 유럽의 발자취가 사라졌다. 미국이 일본을 패망시키면서 중국 본토에서의 전쟁은 막을 내렸을지 모르지만, 실제로 중국에게 경제 주권을 돌려준 주인공은 유럽에 주둔하게 된 미국이었다.

 셋째, 브레튼우즈 체제는 미국의 서유럽 동맹국들과 패배한 추축국에게만 도움이 되는 데 그치지 않았다. 미국의 냉전시대 전략의 일환으로 중국 자신도 1970년대 초부터 점진적으로 브레튼우즈 체제에 편입되기 시작했다. 돌연 중국은 시장 역할을 하는 게 아니라 세계 시장에 접근하게 되었다. 중국은 원자재를 탐내는 외세에게 침략을 당하지 않게 되었고 전 세계 공급원에 대한 접근을 보장받았다. 유럽과 일본이 무자비하게 착취했던 무한하고 값싼 노동력은 이제는 중국이 스스로 상품을 만들어 수출하는 데 이용되었고, 이번에는 그 수익이 해외가 아니라 중국으로 흘러들어갔다.

 미국이 설계한 전략적 환경, 특히 브레튼우즈 체제는 중국에게는 꿩 먹고 알 먹는 셈이었다. 브레튼우즈 체제 덕분에 동아시아에서 중국의 유일한 군사적, 경제적 경쟁자가 사라졌다. 인도의 동쪽 지역부터는 유럽의 영향력이 미치지 못하게 되었다. 그리고 진정한 의미에서 중국을 통일할 전략적인 자유와 경제적 수단이 생겼다.

그렇다고 해서 현재의 통일 중국이 지속된다는 뜻은 아니다. 오늘날의 중국은 동시에 세 가지 위기에 직면하고 있고, 이 가운데 어느 하나만 터져도 중국이 1950년 내전을 끝낸 이후로 이룩한 모든 것이 허사로 돌아가게 될지도 모른다.

문제 1: 금융 체제

중국 내의 지역들은 공통점이 거의 없고 따라서 자연스럽게 결집이 되지 않는다. 안보의식이 강한 민족주의자인 북부 사람들이 상인 정신으로 무장한 중부 사람들뿐만 아니라 점령당한 남부 사람들을 협력하게 만드는 게 쉬운 일이 아니다. 게다가 뭉근히 끓어오르는 불만이 가득한, 수적으로 무시 못할 내륙 지방 사람들과 얼마 전까지만 해도 자유민주주의 진영에 속했던 홍콩이 남부 지역의 중심축이라는 사실은 문제를 한층 더 복잡하게 만든다.

중국은 사회를 결집시킬 접착제가 필요하다. 그것도 아주 강력한 접착제가 대량으로 필요하다. 그렇지 않으면 중국은 지역별로 뿔뿔이 갈라지게 될 뿐만 아니라, 더 큰 집단으로 결집해 각자 갈 길을 가게 된다. 중국 공산당은 이를 아주 잘 알고 있다. 공산당을 창당한 인물들은 애초에 중국이 지역별로, 사회경제적 계층별로 심하게 분열되어 있는 점을 이용해 권력을 잡았다. 그들은 오늘날의 중국이 어디에서 비롯되었는지를 부정하기보다는 브레튼우즈 체제가 제시한 기회를 이용해 해법을 모색했다.

결국은 돈이 해법이다. 중국 정부는 자국민들이 저축한 돈의 용처를 엄격히 제한한다. 중국 정부는 자본이 풍부한 미국이나 영국의 금융 체제에서와 같이 다양한 투자 기회를 허용하지 않고 민간 부문의 저축을 독일 체제와 비슷한 방식으로 국가가 추구하는 목표를 달성하는 데 쓴다. 구체적으로 말하자면, 중국에는 은행이 몇 개 없고 저축액의 4분의 3이 네 개의 국영 기관에 예치되어 있다. 중국농업은행, 중국은행, 중국건설은행, 중국 공상은행 등 네 개 은행이다.

이 네 개 은행이 수행하는 임무는 아주 분명하다. 그들은 민간 저축예금을 나라 경제에 융자하는 데 최대한 이용한다. 그러한 정책의 목표는 간단하다. 고용 창출의 극대화다. 겉보기에는 융자모델이지만 정확히 말하면 보조금 지원 체계다. 중국인들은 투자처가 마땅치 않기 때문에 은행은 저축 이자율을 어처구니없을 정도로 낮게 책정한다. 따라서 중국 내 이자율은 세계 기준보다 훨씬 인위적으로 낮게 책정되어 있고, 중국 정도의 경제 발달 수준에서 보통 책정하는 수준보다 훨씬 낮다.

융자 받기는 아주 쉽다. 신상품을 출시하고 싶다? 대출 받아서 상품을 개발하고, 직원 월급을 주고, 마케팅 비용으로 쓰고, 계획만큼 팔리지 않은 재고를 저장할 창고를 지으면 된다. 대출을 너무 많이 받아서 빚에 허덕이는가? 그럼 새로 또 대출을 받아서 대출금을 갚으면 된다. 그 결과 상환 불가능한 융자가 치솟고 비효율적인 기업이 늘고, 이런 기업들은 중국 경제 체제 하에서 무한 공급되는 값싼 노동력과 값싼 융자금만으로 지탱한다.

이런 경제 체제가 만들어내는 왜곡 현상은 오늘날 우리에게 너무나도 익숙한 그런 왜곡 현상과 매우 유사하다.

• 중국 금융 체제는 완제품에 보조금을 지원한다. 이로 인해 중국산 완제품의 가격이 낮아지고 중국 수출품은 세계 시장에서 경쟁상품들을 모두 밀어낸다. 보통 가격이 폭락하면 생산자들이 생산량을 줄이지만, 중국

에서는 수익과 매출은 사업을 하는 명분이 아니다. 고용이 명분이다. 그리고 브레튼우즈 체제는 그 설계 의도에 부합하게 중국이 세계 시장에 무한히 접근하도록 해주었다.

- 중국 금융 체제는 생산품 소비에도 보조금을 지원한다. 중국 경제 체제는 실제로 석유가 배럴당 8달러든 180달러든 상관하지 않는다. 뭐든 빌린 돈으로 지불하고, 빌린 돈은 갚지 않아도 되므로 수요가 수요를 창출한다. 지난 15년 동안 석유에서부터 구리, 양철, 콘크리트에 이르기까지 전부 다 가격이 급등한 이유는 중국의 수요가 증가했기 때문이다. 해외 시장에서뿐만 아니라 중국 국내 시장에서도 일어나고 있는 일이다. 중국의 부동산 붐은 공급량이 한정되어 있는 상품(여기서는 주택)을 사려고 융자를 받는 사람들이 엄청나게 많기 때문에 일어났다.

- 가격도, 생산량도, 빚도, 품질도, 안전성도, 평판도 개의치 않으면 경제는 정말로 눈부시게 성장한다. 중국은 지난 30년 동안 한 해에 9퍼센트 이상 성장해 현재 규모 면에서 세계 2위 경제대국 지위에 올라섰다.

- 중국의 경제는 엄청나게 확장되어서 일부 부문에서는 중국의 수요가 세계 시장에 남아 있는 산업 원자재를 모두 삼켜버렸고, 중국의 국영기업들은 어쩔 수 없이 바깥으로 진출해 예전 같으면 투자하지 않았을 프로젝트—오스트레일리아에서는 LNG, 잠비아에서는 구리, 브라질에서는 대두—에 투자자금을 쏟아부었다. 중국의 해외 투자는 겉은 멀쩡해 보이지만 경제적으로는 실속 없고 어처구니없는 프로젝트들이었다.

- 마지막으로, 중국의 자본은 싸고 풍부하지만 아무나 빌리지 못한다. 중국의 경제 체제는 결국 공산당이 관리하고 있고, 지방 지도자들의 권력이 막강하기 때문에 은행 경영진과 지역 공산당 지도부 간의 유착이 만연해 있다. 이러한 정경유착으로 자본은 지역 정치엘리트 계층의 친구나 가족친지와 관련 있는 지방정부 소유 기업에 흘러 들어가고, (보통

훨씬 효율적인) 소규모 기업들은 사업을 확장하는 데 필요한 융자를 받지 못한다. 그 결과 대기업에게 융자금이 쏠리고 이 기업들은 덩치가 더욱 커져서, 고용의 관점에서 볼 때, 대마불사(大馬不死)가 된다. 중국 경제 체제를 개혁하면 중앙정부와 지역정부 간의 연결고리가 끊길 뿐만 아니라, 고용을 창출해 사회 불만을 억누르고 있는 바로 그 기업들이 도산하게 된다.

그렇다면 이 문제는 얼마나 심각할까? 2007년에, 중국이 융자해준 총액은 3조 6천억 위안(6,000억 달러)이었다. 이게 얼마나 많은 돈일까? 미국 서브프라임 거품이 극에 달했을 때 미국 경제에 투입된 총 융자금보다도 많은데, 그것도 중국의 경제 규모가 미국 경제 규모의 3분의 1이던 해에 빌려준 총액이다. 2007-2009년 금융 위기 동안 중국 정부는 세계적으로 상품 수요가 급락하는 현상을 지켜보았고, 중국 상품도 이를 비껴가지 못했다. 다른 나라들에서는 상품 수요가 급락하면 기업들이 도산하고 고용 수준에도 영향을 미치게 된다.

중국에서는 그런 일이 일어나지 않는다. 그런 경기 순환을 순리적으로 따른다면 중국에서는 실업이 속출하고 사회불안이 극심해졌을지 모른다 (그보다 더한 일도 일어났을지 모른다). 그런데 중국은 다른 나라들처럼 신용경색을 겪기는커녕 기업들에게 더 많은 돈을 빌리라고 부추겼고 기업들은 융자금으로 경기침체를 버텼다. 전체적인 융자 수준이 증가했을 뿐만 아니라 겨우 2년 사이에 세 배로 늘었다. 보통 그렇게 대출이 폭등하면 대대적인 비효율이 발생하고, 거품이 생기고, 그밖에 경제에 치명타를 입히는 왜곡이 발생하는데, 그런 문제들은 이미 중국 경제 체제에 내재되어 있기 때문에 가시적인 변화는 일어나지 않았다.

그래도 중국 정부는 일부러 문제를 만들어내려고 하지는 않았고, 신용

팽창을 줄이기는 했다. 적어도 노력은 했다는 말이다. 중국의 은행들은 중국의 다른 부문과 마찬가지로 이윤보다는 산출을 근거로 작동하기 때문에 경제에 계속 돈을 억지로 투입했다. 그 결과 융자를 받는 새로운 방법들이—가짜 보험 상품에서부터 회사채에 이르기까지—우후죽순으로 등장했다. 그런데 똑같은 프로그램이라도 중국에서는 다른 나라에서와는 달리 작동한다. 예컨대, 대부분의 나라에서는 투자자금을 조성하려는 기업들은 회사채를 발행하고 이에 관심 있는 투자자들이 회사채를 매입한다. 중국에서는 대규모 은행들이 서로에게 채권을 발행하고 그렇게 조성된 자금으로 자기 은행의 고객인 기업들에게 융자를 해준다. 단기적으로 경제 활동을 극대화하기 위해 경제 체제에 억지로 자본을 투입하는 또 다른 수단일 뿐이다.

온갖 수단을 동원해 엄격한 기준도 없이 자금을 마구 투입하면서 중국 정부는 사실상 금융 체제를 통제할 능력을 상실했다. 중국 정부는 어떻게든 융자를 축소해야 한다는 사실을 알고 있었지만, 경제 붕괴나 실업률 증가는 물론이거니와 경기침체도 야기하지 않는 방식을 찾고 싶었다. 중국정부는 마구 융자를 해주면서 많은 경우 융자 대상의 적격성을 따지지 않는 기존의 방법을 바꿀 엄두도 내지 못했다. 중국 정부가 생각해낸 "해법"은 매달 은행융자에 대한 할당액을 정하는 것이었다. 그런데 거의 매달 월말이 되기 한참 전에 이미 할당액에 도달했고, 융자금이 고갈되면 금융 부문 전체가 작동이 중지되었다.

이로 인해 두 가지 결과가 나왔다. 첫째, 중앙은행은 은행들이 융자 할당액에 도달한 다음 날 긴급구제 금융을 쏟아부어야 했다(끊임없이). 그렇지 않으면 2007년 말 미국에서 서브프라임이 야기한 금융 체제의 붕괴 같은 사태를 맞게 되기 때문이었다. 둘째, 은행, 기업, 소매 투자자들은 융자 할당제 같은 멍청한 정책 때문에 신용대출을 받지 못하게 될까봐 자기들

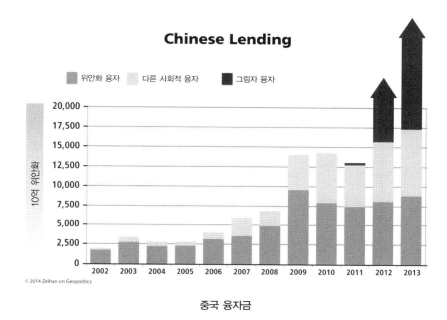

Chinese Lending

위안화 융자 　 다른 사회적 융자 　 그림자 융자

10억 위안화

2002 2003 2004 2005 2006 2007 2008 2009 2010 2011 2012 2013

© 2014 Zeihan on Geopolitics

중국 융자금

이 따로 금융 네트워크를 구축해 운영했다. 이러한 그림자 금융 체제는 고리대금업에서부터 공식적인 은행 융자보다도 품질관리가 훨씬 허술한 금융상품에 이르기까지(노골적으로 정부당국을 우회하기 위해서 구축한 금융 체제니 오죽했겠는가) 다양한 방법이 동원되었다. 2013년 1/4분기 무렵이 되자 중국의 중앙은행은 이러한 그림자 금융을 통해 대출된 금액이 다른 모든 형태의 융자 방법을 통해 대출된 금액을 초과한다고 추산했다.

그렇다면 경제 규모가 8조 달러 정도인 나라의 융자 총액이 5조 달러에 달하는 셈이다. 이는 절대적인 자본 총액으로 보면 미국의 신규 융자액의 일곱 배가 넘을 뿐만 아니라, 오바마가 내놓았던 경기부양책(2년에 걸쳐 8,000억 달러)을 29일마다 한 번 꼴로 집행한 것과 같은 규모이다.

미국이 세계 최대의 동맹 체제를 유지하기 위해 시장접근을 유인책으로 썼듯이, 중국은 금융지원을 통해 서로 갈등관계인 지역들을 매수하고 점점 강하게 반발하는 국민들을 달래고 심지어 협력하게까지 만들었다. 탁월한 전략이었다. 그러나 그런 전략도 한계가 있다.

일본도 1950년대부터 1980년대까지 비슷한 체제를 추구했고 결국 융자 수준이 지나치게 확장돼 경제 체제 전체가 무릎을 꿇었다. 일본의 경제가 폭락한 지 사반세기 만에 일본 금융 부문은 세계 금융 체제에서 완전히 손을 뗐고 일본 경제는 성장을 멈췄다. 일본이 겪은 이러한 경기침체가 중국이 앞으로 겪을 최선의 시나리오다. 유감스럽게도 이 최선의 시나리오가 실현될 가능성은 별로 높지 않다. 일본 경제는 대체로 내수 중심이고 수요가 주도하는 경제다. 그래서 융자가 쉬워지면 도움이 되기는 하지만 중국에서처럼 경제적 파국을 막는 수단은 아니다. 게다가 일본은 인구의 98퍼센트가 일본인이고 인구의 5분의 4가 혼슈 섬에 거주한다. 중국은 지역적, 민족적, 공간적으로 통합 수준이 일본에 비해 훨씬 낮다.

미국은 이 체제로 실험까지 했다. 성장과 생산량이 수익성과 자본투자에 대한 수익률보다 중요하다는 개념 말이다. 미국인들은 보조금이 지급된 융자금을 주택 구입에 쏟아부었고 집을 살 형편이 안 되는 사람들이 이 융자금으로 집을 샀다. 그 결과 독직, 남용, 묻지마 융자 등으로 금융 체제가 엉망진창이 되면서 우리가 엔론(Enron)이라고 알고 있는 실패한 기업들을 만들어냈고, 우리가 서브프라임이라고 알고 있는 부동산 거품이 발생했다. 이 두 가지 실험으로 미국은 한동안 괄목할 만한 경제성장을 보였다. 그러나 그런 투자는 수익이나 효율성이 아니라 산출량을 극대화하는 쪽으로 쏠린다. 그 결과 금융 체제가 붕괴되었다. 요컨대, 중국의 경제 체제 전체가 서브프라임이고 경제 부문 하나하나가 모조리 서브프라임인 셈이다.

문제 2: 인구 구조

중국의 놀랍도록 불안정한 금융 체제가 한동안 유지된다고 가정해보자. 더 큰 재앙이 곧 닥치게 된다. 중국의 한 자녀 정책은 인구 구조를 걱정하는 정부가 개인의 권리를 완전히 무시한 정책을 실행하면 어떤 결과가 나오는지를 여실히 보여주는 정책으로 거론된다. 이 정책을 엄격히 실행한 지 단 몇 년 만에 출산율이 곤두박질쳤고, 2억에서 4억에 이르는 인구의 탄생이 무산되면서 정책 결정자들이 그토록 두려워한 인구과잉 문제는 단번에 해소되었다.

그런데 이제 한 자녀 정책의 성공으로 중국 체제가 무너지게 생겼다.

한 자녀 정책에 대한 정당한 비판은 여러 가지다. 강제 낙태, 정부에 뇌물을 주고 정책을 위반하는 사례, 누가 언제 출산할지를 정부가 결정한다는 개념, 남아선호사상이 팽배한 문화에서 남녀 비율의 불균형 등, 이 모든 부작용을 비롯해 수없이 많은 문제들이 발생해 중국의 미래를 왜곡하고 고통스러운 방향으로 유도하고 있다.

그러나 한 자녀 정책의 진짜 문제는 그 정책이 제대로 먹혀들어갔다는 사실이다. 이 정책이 엄격히 집행된 1979년부터 2003년까지의 기간 동안 출산율은 절반으로 줄었다. 그러면서 의료비에서부터 교육비, 식비까지 모든 게 급락했지만, 가장 큰 문제는 가장 어린 연령층 세대 인구가 급격히 감소했다는 점이다. 한 자녀 정책을 실행한 지 30년이 지나자 유럽처럼 청년층 이하 젊은 연령층의 인구가 점점 줄어들게 되었다.

이로 인해 중국은 피할 수 없는—그리고 체제를 무너뜨릴—세 가지 문제에 직면하게 된다.

첫째, 중국은 부유해지는 속도보다 더 빠른 속도로 인구가 고령화하고 있다. 1990년 중국이 세계 무대에 다시 부상하기 시작했을 때 중국인 평

CHINA DEMOGRAPHY: 1990

여성   남성

```
                                100+
                                95-99
                                90-94
                                85-89
                                80-84
                                75-79
                                70-74
                                65-69
                                60-64
                                55-59
                                50-54
                                45-49
                                40-44
                                35-39
                                30-34
                                25-29
                                20-24
                                15-19
                                10-14
                                5-9
                                0-4
80  70  60  50  40  30  20  10  0    0  10  20  30  40  50  60  70  80
```

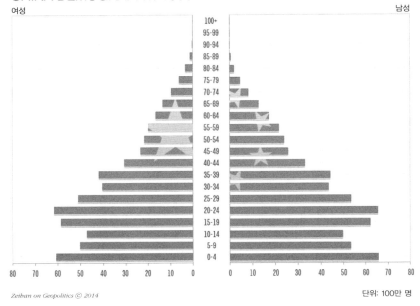

Zeihan on Geopolitics © 2014

단위: 100만 명

중국의 인구 구조: 1990년

균 나이는 겨우 24.9세였고, 15세에서 29세 사이의 인구는 3억 5천만 명이었다. 바로 이 덕분에 1990년대와 2000년대에 중국에서 대대적인 제조업 붐이 일었다. 중국은 값싼 노동력의 궁극적인 원천이었고, 다른 개발도상국들은 가격 경쟁력 면에서 중국과 상대가 되지 않았다.

다시 현재로 돌아와보자. 한 자녀 정책으로 중국인 평균 나이는 이제 37세로 미국인 평균 나이 37.3세보다 약간 젊다. 2019년 무렵이면 중국인 평균 나이는 미국인 평균 나이를 넘어서게 되고 2030년 무렵이면 중국인은 42.9세, 미국인은 39.6세가 된다. 중국은 이를 4:2:1 문제라고 일컫는다. 조부모 네 명에 부모 두 명에 자녀 한 명이라는 뜻이다. 중국은 아직

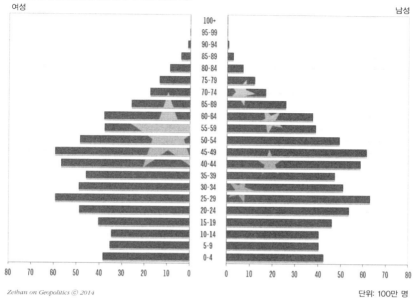

CHINA DEMOGRAPHY: 2015

여성   남성

Zeihan on Geopolitics ⓒ 2014   단위: 100만 명

중국의 인구 구조: 2015년

부유하지 않기 때문에 선진국처럼 연금 체제를 감당할 만한 여력이 없다. 선진국에서는 고령인구를 그보다 훨씬 수가 적은 자손들이 부양해야 한다. 중국을 선진국과 비교해보면, 중국이 한 자녀 정책으로 치러야 하는 비용은 미국이 베이비붐 세대가 은퇴하면서 치러야 하는 비용의 두 배 이상이고, 미국은 이미 사회보장제도가 있기 때문에 이 비용을 어느 정도 흡수할 능력이 있다.

고령 인구를 재정적으로 부양해야 하는 부담은 청년 근로자들의 전문성 개발과 재정상태 개선에 재앙 수준의 영향을 미치게 된다. 청년층이 교육을 받을 기회가 줄고 소비도 줄고 저축하기도 불가능해지기 때문이다. 중국의 독특한 상황에 비추어보면 중국이 수출에서 내수 중심으로 전환하려는 노력에 찬물을 끼얹을 뿐만 아니라 부가가치가 높은 산업으로 도약하는 데 방해가 되며, 애초에 억지 융자를 기반으로 한 성장 모델을 가능케 한 민간 저축도 사라지게 된다.

둘째, 중국은 현재의 수출주도 성장 모델에서 절대로 벗어나지 못한다. 경제적 관점에서 볼 때 한 사회의 각 연령 집단이 어떤 역할을 하는지 돌이켜보자. 청년층 근로자는 소비를 하고 경제성장을 견인한다. 중국이 마지막으로 베이비붐을 경험한 게 한 자녀 정책이 막 효과를 내기 시작한 1980년대다. 그 이후로 중국은 억지스러운 인구 억제 정책으로 출산율이 폭락했다. 그 마지막 베이비붐 세대가 이제 25세에서 29세 사이의 연령대이고 중국의 인구 피라미드에서 두터운 층을 형성하고 있다. 5년 폭의 연령대에 불과하지만, 그 수는 1억 2천 5백만 명에 달한다. 중국이 현재 수출주도 경제에서 소비주도 경제로 전환하려는 노력이 어느 정도 성공하는 것처럼 보이는 이유는 바로 이 연령 집단이 소비하기 때문이다.

그러나—다시 말하지만 한 자녀 정책으로 인해—이들보다 어린 세대들은 갈수록 그 수가 줄어든다. 따라서 최근 들어 몇 년 동안 중국이 소비주도로 놀라운 성장을 이루기는 했지만, 소비 성장이 투자/융자 주도 경제활동을 능가한 적은 결코 없었고, 이제는 소비주도 성장의 동력은 거의 바닥났다.

셋째, 중국의 경제발전 모델도 그 수명을 다했다. 인구 고령화로 지난 10년 동안 이미 젊고 기동력 있는 근로자 수가 4,000만 명 이상 줄었다. 게다가 출산율 폭락으로 인해 감소하는 속도는 앞으로 급격히 가속화된다. 간단히 말해서, 중국은 잉여 노동력이 동났다. 세계 시장에서 저비용으로 제조업의 경쟁력을 유지하던 모델도 수명이 다했다. 이는 이미 중국의 임금에 반영되어 2002년 이후로 임금이 여섯 배로 뛰었다.

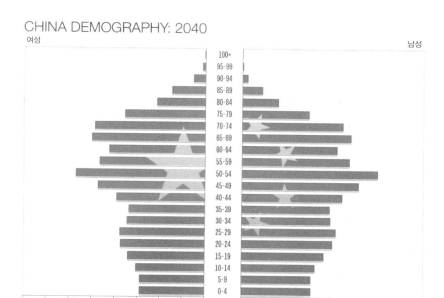

CHINA DEMOGRAPHY: 2040

여성

남성

Zeihan on Geopolitics © 2014

단위: 100만 명

중국의 인구 구조: 2040년

앞으로 겨우 25년 후면 중국은 유럽보다 훨씬 암울한 재정 상태, 일본 보다 훨씬 암울한 인구 구조에 직면하게 된다.

나는 사람들에게 미래를 직선형의 추세로 생각하지 말라고 주의를 준 다. 예컨대, 중국이 세계를 지배하게 된다고 말하는 이들이 있다. 그 이전 에는 소련이나 일본에 대해서도 그런 얘기들을 했다. 그러나 인구 구조는 다르다. 청년층 근로자들이 갑자기 마법처럼 등장하는 일은 일어나지 않 는다. 일단 아이가 태어나야 하고 태어난 아이가 20세가 되는 데는 20년 이 걸린다.[3]

인구 구조를 바꾸려면 문화적, 경제적 추세가 폭넓게 변해야 하고 그

변화가 수십 년 동안 지속되어야 한다. 한 자녀 정책을 폐지하는 결정은 인구 구조를 바꾸기 위한 과정의 첫발을 디딘 데 불과하다. 그 다음 중국은 비좁은 아파트에서 사는 청년 근로자들에게 아이를 많이 낳으라고 장려하고, 일을 해 돈을 벌면서 부모도(거기다 조부모까지) 부양하라고 해야 한다. 그러려면 중국은 의료와 보육에서 완전히 새로운 일련의 사회복지 서비스를 마련해야 한다. 과거에는 이런 복지에 재정을 투입하지 않았기 때문에 여유 자본으로 중국의 제조업을 키울 수 있었다.

중국이 이를 해내는 데 성공하고 한 자녀 정책을 즉시 폐지함으로써 출산율이 즉시 두 배로 뛴다고 가정해도—인류 역사상 이런 전례는 없었다—20년은 기다려야 비로소 중국은 증가한 노동력으로부터 이득을 보기 시작하게 된다. 그 20년 동안 중국의 나머지 인구는 계속 고령화하고 은퇴 시기에 가까워진다. 그 20년 동안 저비용 수출주도 성장 모델은 여전히 작동하지 않는다.

문제 3: 미국 의존

그리고 물론, 중국이 어찌어찌하여 인구 구조를 극복한다고 해도, 여전히 중국은 세계 체제에 얽매여 있고, 그 체제의 생존 여부는 중국이 어찌할 수 있는 문제가 아니다. 브레튼우즈 체제는 오늘날 중국의 전부—내부 통합, 근대 국가로서의 존재, 제조업 기반, 수출주도 경제, 군사력—를 가능케 했다. 미국이 브레튼우즈에서 손을 뗀다면 중국에게 엄청난 재앙이 초래하게 되는 이유는 여러 가지다. 네 가지만 살펴보자.

1. 브레튼우즈 체제 하에서의 다른 많은 나라들과 마찬가지로 중국도 수출

이 담당하는 역할을 극대화하기 위해 의도적으로 자국의 경제 체제를 조정해왔기 때문에, 중국 경제 체제에서 가장 역동적이고 가장 큰 비중을 차지하는 부문은 과거에도 수출이었고 지금도 여전히 수출이다. 대략 중국 GDP의 10퍼센트가 미국으로의 직접 수출에 의존하고 있다.[4] 추가로 GDP의 5퍼센트는 미국 시장이 최종 목적지인 공급사슬에 묶여 있다. 미국 시장에의 접근이 차단된다면 중국은 3개의 미국 경제대공황을 동시에 겪는 정도의 고통을 맛보게 된다. 이런 "장밋빛" 시나리오조차도 중국의 다른 모든 수출시장은 여전히 열려 있다고 전제하고 있다. 중국 경제 활동의 3분의 1이 수출과 직접 관련이 있는데, 이는 명목상으로는 "국내" 부문이지만 대체로 국제적 연계에 의존하고 있는 산업 부문들—항구에서부터 정유시설에 이르기까지—은 포함되지 않은 수치다. 예상대로 오래전부터 상인 정신이 투철했던 지역들—특히 광역 상하이 지역과 홍콩—이 더 큰 고통을 겪게 된다.

2. 중국은 이제 거의 모든 물자에서 세계 최대의 수입국이다. 철, 철강원석, 알루미늄, 알루미나, 황, 구리, 구리 정광, 니켈, 플라스틱, 목재, 목재펄프, 양철, 유리, 목화, 모, 대두, (천연과 합성)고무 등을 가장 많이 수입한다. 여기 열거하지 않은 수많은 수입품들이 더 있다. 중국이 세계에서 가장 많이 수입하는 전략 물자는 물론 석유다. 지난 반세기 동안 미국이 석유 때문에 얼마나 좌불안석이었는지 생각해보라. 세계 해양을 장악하고 있고 필요한 석유 대부분을 같은 북미지역에서 수입하는 데도 말이다. 이제 이를 중국의 관점에서 생각해보자. 중국의 석유 공급선은 여러 경쟁자들을 거쳐야 한다. 중동이나 아프리카에서 선적된 석유는 인도, 미안마, 태국, 싱가포르, 베트남, 필리핀, 대만을 지나야 한다.[5] 브레튼우즈 체제에서는 미국이 모든 나라에게 해상 수송로의 안전을 보장해줬

기 때문에 아무 문제가 없었다. 그러나 미국이 세상일에 개의치 않는—
또는 어쩌면 중국을 그다지 의식하지 않는—미국중심적인 세계에서, 이
는 전략적인 재앙이다. 중국이 수입하는 석유를 실은 유조선이 지나가
는 경로를 따라 위치한 나라들은 모조리 석유 수입국이다. 이 나라들은
이미 마음만 먹으면 초대형 유조선의 통행을 금지하는 데 필요한 충분
한 해군력을 보유하고 있다. 그리고 중국은 자국의 육상기지에서 발진
하는 전투기의 출격 범위를 벗어나는 곳에 위치한 중간급의 해상 세력
과 싸움에 휘말리는 위험을 감수할 여유가 없다. 중국은 해양에서 활동
할 만한 역량을 갖추지 못했기 때문이다.

3. 중국에게는 안 된 일이지만, 미국은 중국이 안고 있는 가장 사소한 근심
거리가 된다. 결국, 미국은 중국에 대해 신경도 쓰지 않게 된다. 중국은
해양 강국이 아닌데다가 자유무역 체제 이후의 세계에서 중국은 미국에
게 중대한 위협이 되지도 않기 때문이다. 중국이 앞으로 가장 걱정해야
할 대상은 일본이다. 브레튼우즈 체제 이후의 세계에서 일본은 중국이
직면할 압박과 아주 유사한 압박에 직면하게 된다. 일본도 석유 공급원,
원자재 공급원, 해외시장을 확보해야 한다. 그러나 일본은 두 가지 중요
한 면에서 중국과는 다르다. 첫째, 평균적으로 바깥 세계에 대한 의존도
는, 절대치로 볼 때, 일본이 중국의 절반에도 채 못 미친다. 둘째, 중국과
는 달리 일본은 실제로 대양해군(大洋海軍)—사실상 세계에서 두 번째
로 막강한 해군력이다—을 보유하고 있다. 일본 해군에게 거치적거리는
몇 가지가 있는데, 바로 중국 연안을 따라 오르내리며 항해하는 선박도
그중 하나다.

4. 중국이 대양해군을 보유하고 있다고 해도 마음대로 해군을 써먹지는 못

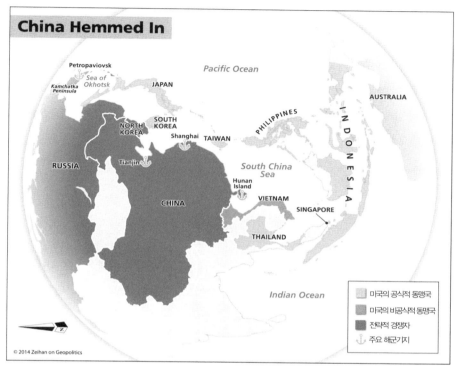

China Hemmed In

Petropaviovsk
Sea of Okhotsk
Kamchatka Peninsula
JAPAN
Pacific Ocean
AUSTRALIA
NORTH KOREA
SOUTH KOREA
Shanghai
TAIWAN
PHILIPPINES
INDONESIA
RUSSIA
Tianjin
South China Sea
CHINA
Hunan Island
VIETNAM
SINGAPORE
THAILAND
Indian Ocean

미국의 공식적 동맹국
미국의 비공식적 동맹국
전략적 경쟁자
주요 해군기지

© 2014 Zeihan on Geopolitics

포위된 중국

한다. 대만이 중국의 해안선을 둘로 갈라놓고 있다. 대만이 중국 본토에
주는 부담은 대만이 그 존재만으로 "통일 중국"이라는 개념을 조롱거리
로 만드는 능력이 아니다. 육상의 군사력으로 해로를 위협하는 게 해상
의 군사력으로 위협하는 것보다 훨씬 비용이 덜 든다는 사실이다. 대만
이 자국의 순항미사일과 전투기를 동원하면 중국의 화물선과 심지어 군
함까지도 방대한 지역에 접근하지 못하게 봉쇄할 수 있다. 게다가 그런
역량을 지닌 나라는 대만뿐만이 아니다. 중국 연안을 벗어나면 일본, 대
만, 필리핀, 인도네시아, 싱가포르가 섬의 띠를 형성하고 있는데, 이들은

중국이 공해에 접근하지 못하게 봉쇄할 역량을 갖추고 있다. 그리고 이 나라들은 모두 대체로 중국에 적대적이다. 이 나라들 모두가 중국의 해양 자산이 자국에 지나치게 근접하는 경우 위협을 가하거나 대개의 경우 파괴할 역량을 갖춘 공군과 순항미사일 자산을 보유하고 있다. 게다가 거의 대부분이 미래에도 여전히 미국과 동맹관계를 유지할 가능성이 매우 높은 나라들이다(10장을 참조할 것).

새로운/낡은 중국

시장 접근을 허용하고, 주요 해상 세력들의 날카로운 이빨을 뽑아버린 미국 냉전 전략의 가장 큰 수혜자는 중국이고, 따라서 브레튼우즈 체제가 붕괴되면 가장 잃을 게 많은 나라도 중국이다. 곧 닥칠 미래에 중국은 세 가지 힘든 시련에 직면한다. 첫째, 일본은 앞으로 나약한 비정부기구(NGO)처럼 굴지 않고 과거의 일본처럼 행동할 가능성이 매우 높다. 둘째, 중국의 지리적 여건은 유럽의 지리적 여건 못지않게 사분오열되어 있고, 중국이 역사적으로 통일된 나라로 존재해왔다는 신화의 가면이 벗겨지고 훨씬 복잡하고 혼란스러운 현실적 모습을 드러내게 된다. 셋째, 중국 경제를 성공시킨 모든 것, 도로 위에 자동차가 달리게 하고, 지도 위에 도로가 그려지게 하고, 국민들 주머니에 돈을 채우고, 음식으로 배를 채워준 모든 것은 세계의 경제적, 전략적 환경에 전적으로 의존하고 있다. 그리고 그 환경은 중국에 그다지 호의적이지 않은 나라가 전적으로 관리해왔다.

중국이 재앙에 가까워지기 시작한 지는 꽤 되었다. 10여 년 전 발생한 두 가지 사건이 중국의 거대한 체제에 생긴 균열을 처음으로 드러내주었다. 첫 번째는 상하이 남쪽에 있는 마을 화시의 주민들이 그 지역 공장에서 비롯된 환경오염에 항의하며 시위를 하다가 진압하러 온 공안요원들이 타고 온 버스들을 전복시켰고, 자기들의 장비로 바리케이드를 쳐서 정부 당국자들의 접근을 막은 사건이다. 둘째, 홍콩 근처에 있는 동저우 주민들이 발전소 건설에 반대하는 시위를 하다가 공안요원들의 총격을 받아 적어도 20명이 사망했다. 톈안먼 광장 사태 이후로 중국 정부가 자국 국민을 상대로 상당히 치명적인 폭력을 행사한 첫 사례였다. 그 이후로 신장과 티베트 같은 지역에서의 소수민족 분쟁에서부터 시작해서, 2010년 폭스콘(Foxconn) 노동자들의 집단 자살 같은 노동자 분규, 그리고 지방정부들이 1,700만 에이커에 달하는 농지를 몰수하자 농민들이 들고 일어난 사건에 이르기까지 거의 전국적으로 소요사태가 일어났다. 중국 정부의 기록에 따르면 2011년 무렵 이러한 군중 시위는 한 해에 10만 건이 발생했다.

중국이 변하게 될 여건은 이미 조성되었지만, 중국이 어떤 식으로 변할지는 전적으로 브레튼우즈 체제가 언제 어떤 식으로 끝나게 될지에 달렸다. 미국이 어떻게 행동할지 예측하기가 불가능하기 때문에 이 점은 나도 예측하기가 어렵다. 미국이 천천히, 점진적으로 브레튼우즈 체제에서 발을 빼게 되면 중국은 원자재가 부족하게 되고, 이 때문에 상하이의 해안 지역과 그 남쪽 지역이 빈곤으로 타격을 받게 될 뿐만 아니라 일본, 대만과 갈등을 빚게 된다. 그리고 중국과 일본, 대만의 다툼에 미국이 관여할지 여부는 불확실하다. 중국의 금융 체제가 무너지면 국가 경제 발전이 붕괴되고 내륙 지역에서는 군중 봉기가 일어나게 된다. 미국이 공황상태에 빠져 갑자기 브레튼우즈 체제에서 발을 빼게 되면 중국에서는 시장이 붕괴되고 일자리가 사라지고 전력공급도 중단되는 일이 동시에 일어나면서 전국적으로 혁명이 일어날지도 모른다. 중국의 추락을 유발할 요인들이 너무나도 많기 때문에 그 추락이 어떤 형태를 띠게 될지는 중국의 급속한 추락이 일단 시작되고 난 뒤라야 가늠할 수 있다.

그러나 그러한 변화가 일어난 이후에 중국이 어떤 모습일지를 가늠해 보는 일은 의외로 간단하다. 중국이 고용을 창출하는 역량은 사라진다. 중국이 근대화에 필요한 원자재를 확보하는 역량도 사라진다. 그 효과는 지역마다 다르게 나타나게 된다.

내륙 지역은 이미 빈곤하기 때문에, 생활수준이 가장 바닥을 치게 된다. 해안 지역—북부, 중부, 남부—은 수출 시장에 참여할 수 있지만, 내륙 지역은 지리적 여건상 불가능하다. 따라서 내륙 지역은 소득과 경제활동을 중국의 위태로운 금융 체제에 전적으로 의존하고 있다.

다른 지역에서 생산된 비료에 의존하는 내륙 지역은 기존의 식량 생산 수준을 유지하지 못하게 되고 도시들에는 기근이 발생하게 된다. 부분적으로만 근대화된 내륙 지역은 갑자기 전기 없이 살아야 하고, 이는 대규모 인구 이동을 낳게 된다. 도시를 떠나 귀농하는 사람들도 생기므로 식량 생산량 부족은 어느 정도 해소될지 모른다. 그러나 식량이 하룻밤 새에 생산되지는 않는다. 최상의 시나리오라고 해도 식량 부족 사태를 어느 정도 해소하려면 몇 달이 걸린다. 도시를 떠나는 사람들 가운데 나머지는 대거 해안 지역으로 몰리게 된다. 마오쩌둥 시대에 이미 일어났던 일이다. 중국공산당 중앙정치국의 통제를 받지 않는 정치 선동가들이 등장하기 딱 좋은 환경이 조성된다.

중국의 남부와 중부 지역—즉, 남부와 중부의 해안지역—은 통치 방식을 수정해야 하는 상황에 직면하게 된다. 남부와 중부 지역민들의 삶을 만족시켜준 중앙정부의 금융 체제와 그들을 부유하게 만들어준 세계무역 질서가 무너지면 화베이 평원 이남의 해안 지역은 모조리 중앙정부의 통제에 반항하게 된다. 이 지역들은 대부분 자본과 시장, 원자재에 대한 일

중국의 경제 집중도

정 정도의 접근을 약속하는 외국 정부, 외국 기업들과 거래를 하게 된다. 요컨대 하이난 섬에서부터 상하이에 이르기까지 모든 지역이 어디에도 소속되지 않은 일련의 도시국가가 되어, 미국, 일본, 대만, 한국, 오스트레일리아, 그리고 심지어 싱가포르에까지 손을 내밀게 된다. 일부 외부 세력은 원하는 것을 손에 넣기 위해 군사적 수단을 이용할지 모른다. 자기들의 부와 안전을 담보하기 위해서—그리고 열 받은 중앙정부를 견제하기 위해서—그러한 군사적 시도를 용인하는 데 그치지 않고 부추기기까지 하는 해안 지역 도시들도 생길지 모른다.

중앙정부는 잘라내도 끊임없이 머리가 돋아나는 히드라 같은 문제들을 막아내는 데 실패하게 된다. 이 순서대로는 아니지만 중앙정부는 다음과 같은 시도를 해야만 된다. 북부 지역에서의 식량 생산을 틀어쥐어야 하고, 화베이 평원의 통합된 상태를 유지해야만 한다. 분리 독립하려는 남부와 중부 지역에 대해 계속 통제력을 행사하고, 중국이 더 이상 제공해 줄 수 없는 생활방식에 익숙해진 내륙 도시의 난민들이 북부로 몰려오는 것을 차단해야 한다. 그리고 중국 북동부 지역의 에너지와 식량에 군침을 흘리는 일본을 막아내야 한다. 상황이 좋다고 해도—식량과 에너지가 부족한 상황은 절대로 좋은 상황이 아니다—중국은 이 문제들을 한 번에 하나씩 감당할 역량조차도 없을지 모른다. 그런데 이 문제들은 한꺼번에 터지게 되어 있다.

　　결국 어느 것부터 해결할지 우선순위를 정해야 한다. 중앙정부는 식량과 석유를 생산하는 북부 지역에 대한 장악력을 유지하기 위해 일본과 전쟁을 할 것인가? 통일된 중국을 유지하기 위해서 상하이에서부터 홍콩에 이르는 해안 지역 도시들과 전쟁을 할 것인가? 이 도시들의 운명을 바꿔 놓으려는 외세를 차단하기 위해 나설 것인가? 부족한 물자들을 구하고자 내륙 지역을 탈출해 북부로 향하는 수천만 난민들을 상대로 군사 전략을 벌일 것인가? 냉철하게 논리적으로 보면 중국은 인구가 너무 많으니 몇 억 명쯤 처리하고 인구수를 "바로잡으면" 도움이 될지 모른다. 그러나 가치가 배제된 그런 분석은 유감스럽게도 통하지 않는다. "잉여" 인구는 농촌에 살고 있고, 따라서 중앙정부가 꾸준히 노골적으로 의도적인 조치를 취하지 않는 한 굶어죽을 리가 없다.

　　어떤 결정을 내리든 상관없이, 북중국은 암울하고 배고프고 혹독한 미래를 맞게 된다. 그것도 중앙정부가 중국 핵심부의 통합을 유지하고 지난 3,500년 동안 중국의 역사를 점철해온 사회적, 경제적, 정치적 분열을 모

444

면할 수 있다는 전제 하에서 맞을 미래가 그렇다는 얘기다.

겁먹은 신세계: 쓰러진 거인이 몰고 올 파장

중국의 부상이 아무리 인위적이고, 우발적이고, 또는 계획에 없던 일이라고 해도, 어쨌든 이미 중국은 부상했으며, 교역액이 수조 달러에 달하는 그 어떤 나라도 진공 상태에서 존재할 수는 없다. 중국의 폭발적인 성장은 세계 구석구석에 영향을 미쳤는데, 특히 네 가지 결과를 언급하고 넘어갈 필요가 있다. 중국이 추락하게 되면 세 가지는 맹렬히 거꾸로 돌아가게 되고, 네 번째는 세계의 부가 최대한 집중되는 현상으로 나타나게 된다.

첫째, 중국은 섬유, 장난감, 마늘, 철강, 콘크리트 등과 같이 필요한 노동력의 기술 숙련도가 중간 및 낮은 수준인 산업에서 세계 시장 점유율을 상당 부분 잠식했다. 중국이 등장하기 전에 이러한 산업에서 승승장구했던 멕시코, 모로코, 인도 같은 여러 나라들은 중국의 성공으로 패배를 맛보았다. 중국이 추락하면서 이러한 생산 역량은 금융, 안보, 무역 접근 등 여러 가지 복합적인 이유로 인해 쓸모가 없게 된다. 그러나 중국이 부상하기 전에 이러한 산업들의 본거지였던 나라들에서 해당 산업들은 회복 불능 상태에 있다—기간 시설이 여전히 남아 있다고 해도 말이다. 따라서 일시적으로 불편을 겪는 나라들이 생기게 되는데(이러한 불편은 딸꾹질 정도라고 볼 수 있는데, 일부 나라들의 경우는 뇌졸중이 훨씬 적당한 비유일 수도 있다), 갑자기 공급이 끊기면 생산과 소비 패턴은 변한 환경에 적응해야 하기 때문이다. 완제품 가격은 오르게 된다. 생산주기의 단계에서 중국이 담당하던 역할을 누가 대신할지는 자본, 시장, 원자재, 그리고 무역로에 대한 접근 등 통상적인 요인들이 결정하게 된다. 가장 큰 수혜자는 멕시코와 동남아시아 국가들이 될 가능성이 높다. 물론 숙련된 기술이 필요한 산업과 농업생산은 다시 미국으로 이전될 가능성이 높지만 말이다.

둘째, 중국의 성장으로—그리고 특히 지출과 효율성의 관계를 단절시킨 중국의 금융 체제로 인해—하늘 아래 존재하는 모든 산업 원자재의 수요가 치솟았다. 중국의 식탐이 사라진 세계에서 석유든 구리든 아연이든 산업 원자재 수요는 급락하게 된다. 중국의 수요가 급증하면서 상승한 원자재 가격과 미국이 보장한 무역항로의 안전에 의존하던 생산자들이 가장 타격을 입게 되는데, 특히 브라질과 아프리카 같은 지역들은 엄청난 위기를 맞게 된다. 여기서 살아남는 생산자들은 생산비용이 낮고 미국과 우호적인 관계를 지니고 있으며 미국 시장에 접근할 수 있는 나라들이다. 캐나다, 오스트레일리아, 멕시코, 그리고 동남아시아가 그런 나라들이다.

셋째, 중국의 부상으로 13억 5천만 인구의 식생활이 개선되었다. 중국은 산업 원자재뿐만 아니라 식량도 많이 수입한다. 그러나 세계적으로 기본적인 식량 수요는 폭락하지 않는다. 중국이 수입하는 식량은 대부분 해안 지역 사람들이 소비하고 있고, 이들은 어느 정도 해외 시장 공급자들에 대한 접근이 가능하다. 중국의 금융 체제가 제조업과 더불어 농업 생산량도 증가시켰다는 사실을 고려하면 이와 같은 해외시장에 대한 접근 여부는 더더욱 중요하다. 중국의 금융 체제가 붕괴하면 중국의 식량 생산이 타격을 받게 되고 식량 수입량은 줄기는커녕 오히려 늘게 된다. 한 정부가 목숨이 끊기기 전에 마지막으로 국민에게 제공하는 서비스가 식량 공급이다. 추락하고 있는 중국 정부가 식량 공급을 보장하지 못한다면 더 이상 정부가 아니다.

마지막으로, 이 전 과정 내내—오늘을 기점으로 통일된 중국이 더 이상 존재하지 않게 된 날을 한참 지난 후까지도—미국 달러를 기반으로 한 자산에 대한 수요, 특히 미국 국채가 더 인기를 끌게 된다. 미국의 만성적인 예산적자부터 정치적 교착상태, 세계적 위상의 약화에 이르기까지 어느 모로 보나 미국 달러의 시대는 얼마 남지 않았다고 주장하는 이들이 많다. 미국 경제가 오랫동안 강세를 보이리라고 믿지 않는다고 해도, 미국의 지리적 여건은 난공불락이라는 점과 세계가 작동하는 데 미국의 의사 결정이 중심적인 역할을 한다는 점도 믿지 않는다고 해도—그리고 이 책에 내가 제시한 모든 주장에서 모조리 허점을 찾아낸다고 해도—미국 달러에 도전장을 내밀 화폐는 존재하지 않는다는 사실은 변하지 않는다.

- 2013년 유럽이 보증 대상 은행계좌(insured bank accounts)에서 긴급 구제금융 비용을 일부 충당하기로 결정하자, 유일한 기축통화는 고사하고 세계 기축통화 후보군으로서 유로의 위상은 끝났다.
- 일본의 금융 체제는 중국의 금융 체제 못지않게 폐쇄적이다. 그 금융 체제를 열어젖히면 지금까지 듣도 보도 못한 수준의 자본 탈출이 촉발된다.
- 달러 외에 다른 나머지 경화(硬貨)—영국의 파운드, 스웨덴의 크로나, 캐나다, 오스트레일리아, 뉴질랜드의 달러—를 다 합해도 유통되고 있는 미국 달러 양의 절반밖에 되지 않는다.
- 금도 달러를 대체하지는 못한다. 역사를 통틀어 지금까지 채굴된 금을 모두 합해도 그 가치는 9조 달러 정도에 불과하다. 세계 수요의 절반이 채 안 된다. 9조 달러의 절반은 통화를 뒷받침하는 용도로 이용될 수 없다. 졸업반지, 휴대폰, 이집트 박물관 전시물 같은 형태로 존재하기 때문이다. 나머지 절반의 3분의 2는 세계 각국의 중앙은행이 보유하고 있으므로 이들을 한데 모아, 아무도 통제권을 갖지 않는 화폐로 사용하기는 불가능하다. 나머지는 여러 투자자들이 보유하고 있는데, 이들은 황

당할 정도로 비싼 가격이 아니고서는 자기들이 보유한 금을 내놓을 리 만무하다. 자기들이 보유한 금이 새로 구축된 세계 기축통화 체제에서 중추적 역할을 하게 된다면 더더욱 팔 리가 없다. 세계 금융 체제로 새로 흘러 들어오는 금은 미국 달러로 한 달에 40억 달러에 못 미친다. 평균적으로 중국은 그 비율의 40배나 통화 공급을 늘리고 있으며, 세계 상품무역만 해도 한 해에 18조 달러나 된다.

내 말이 믿기지 않는가? 그럼 중국인들이 뭐라고 했는지 보자. 특히 중국 금융규제위원회 사무총장인 루오핑의 말을 들어보라. 그가 담당하고 있는 기구는 중국의 금융 부문이 제대로 기능하도록 하는 일을 한다. 2009년에 그는 이렇게 말했다. "미국 채권 말고 뭘 보유하겠는가? 금? 일본 국채나 영국 국채를 보유하는 사람은 없다. 미국 국채야말로 안전한 도피처다. 중국을 비롯해 모두에게 유일한 선택지다. 미국, 당신들 정말 밉다. 당신들이 (신규 부채로) 1조 달러-2조 달러를 발행하기 시작하면…, 달러는 평가절하되리라는 사실을 우린 안다. 그래서 우리는 당신들이 밉다. 그런데 우리는 어쩔 도리가 없다."

중국이 자국의 금융 체제가 아직은 목숨을 부지하고 있는 동안, 인구 구조가 아직은 낙관적인 동안, 그리고 세계무역 질서가 아직 작동하는 동안, 소득과 저축을 몽땅 미국 자산에 쏟아붓는 도리밖에 없다는 사실을 깨닫게 되면 어떻게 될지도 상상하기 힘든데, 중국이 추락하면 얼마나 많은 자금이 미국으로 쏟아져 들어올지 한 번 상상해보라.

15

이주(移住)와
테러리즘

Migration and Terrorism

다가오는 시대에는 세계 대부분의 나라들이 내부 결속을 다지는 데 애를 먹게 된다. 가장 극적인 변화를 겪게 되는 나라들은 미국의 안보 이익에 핵심적이지 않지만 세계 시장이나 미국이 구축한 안보 환경에 의존하는 나라들이다. 그런 나라들은 재량껏 각자도생하는 방법밖에 없는데, 그럴 만한 역량을 갖춘 나라가 거의 없다. 그리스, 레바논, 투르크메니스탄, 시리아는 근대 국가로서의 수명을 다하게 된다. 세계무역 체제의 가장 큰 수혜자들 가운데 일부—중국, 남아프리카, 이탈리아—는 나라로 버티기 어려운 압박에 직면하게 된다. 러시아와 우크라이나를 필두로 일부 나라들은 다가오는 인구 구조의 붕괴만으로도 절박한 처지에 놓이게 된다.

변하는 이민의 속성

위에 열거한 나라들이 하나같이 지니고 있는 공통점은 앞으로 삶이 팍팍해진다는 점이다.

급속히 고령화하는 인구 때문에 소비가 줄고 이에 따라 자국 내에서 생산되는 상품의 수요가 줄게 된다. 따라서 고용 수준도 하락한다. 그러나 정부는 고령층에 대한 지출을 늘려야 한다. 저조한 경제활동, 저조한 취업률, 높은 정부지출 등은 모두 한 방향을 가리킨다. 세금 인상이다. 점점 줄어드는 소득의 점점 더 높은 비율이 정부의 호주머니로 들어가고 그 대가로 받는 혜택은 거의 없다면 뻔한 결론에 도달하게 된다. 나라를 떠날 때가 됐다는 결론 말이다. 이는 중앙정부의 통제를 받는 지역들도 마찬가지이다. 중앙정부가 분열을 심각하게 여기지 않는 나라들에서는 그러한 결정을 내리기가 더더욱 쉽다.

그러나 욕망이 있다고 해서 모두가 그 욕망을 실현할 능력이 있지는 않다. 20세기 말과 21세기 초에 자신의 나라를 떠나 다른 나라로 이주한 이들은 지치고 가난하고 겁에 질린 사람들이었다. 지치고 가난하고 겁에 질린 많은 사람들이 지구상에서 비교적 안전하게 이동할 수 있었기 때문이기도 하다. 브레튼우즈 체제는 전 세계에 숱한 영향을 미쳐왔는데, 과거와 비교해서 세계적으로 운송을 훨씬 싸고 편리하고 안전하게 만들었다는 점은 특히 주목할 만하다. 유럽연합 회원국들 사이에서 아무런 제약 없이 자유롭게 여행하는 체제에서부터 세계 항공 산업에 이르기까지 모든 게 브레튼우즈 체제가 낳은 결과다.

반대로 미국이 세계 자유무역 체제에서 이탈하면 세계 여행은 훨씬 비싸고 불편하고 위험해진다. 여행하는 데 제약이 생기고 안전하지 않게 되는 반면 이주하려는 사람들은 늘어나게 되면서, 안전하게 이주하는 데 드는 비용이 엄청나게 올라간다. 따라서 많은 사람들이 고국을 떠나고 싶어도, 대부분은 걷거나 자동차로 도달 가능한 곳까지밖에 못 가게 된다. 전 세계적으로 수많은 사람들이 다른 나라로 이주하려 할지 모르지만 대부분은 자기가 사는 나라를 벗어나지 못하고 기껏해야 국내에서 다른 지역으로 이주하는 데 그치게 된다.

한 가지 예외가 있다. 비교적 부유한 사람들은 여전히 항공기나 선박을 이용해 더 먼 지역으로 이주할 능력이 있다. 도와줄 연줄이 있는 사람들, 목적지에 도착해 팔아먹을 고숙련 기술을 지닌 사람들, 여행 가방에 현금이 가득한 사람들 말이다.

불가능하다고? 천만의 말씀. 경제적으로 어려운 시기에 사람들이 이주하는 현상은 아주 오래전부터 있었다. 브레튼우즈 시대에는 단지 "경제적 어려움"을 "빈곤국"과 동의어로 생각하게 됐을 뿐이다. 시계를 1840년대와 1850년대로 되돌려 미국의 이민자 공동체들을 한 번 살펴보자. 1848

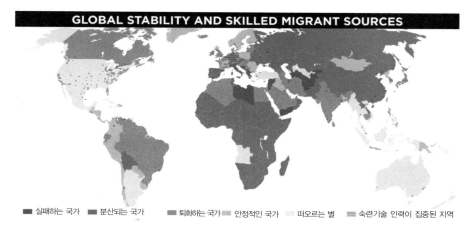

세계 안정성과 숙련기술 이주민의 출발지

년 혁명을 둘러싼 정치적, 경제적 격변기에 100만여 명의 독일인이 유럽을 떠나 미국으로 향했다. 거의 모두가 숙련기술 노동자였다. 여기서 다시 8장의 세계 안정성 지도를 살펴보자. 단, 이번에는 숙련 기술 노동력의 세계적 집중을 보여주는 지도와 겹쳐보자. "개선" 또는 "안정적인 국가" 부류에 속하지 않는 나라들은 모두 그 나라를 떠나려는 이민자들을 양산할 가능성이 높지만, 숙련기술 인력 비율이 높은 나라들만이 장기적인 이주 행렬에 기여하게 된다. 미래의 이주 추세는 그리스 출신 건설노동자나 이집트 출신 비서가 아니라 이탈리아 출신 건축가, 독일 출신 금융 분석가, 중국 출신 물리학자 등이 될 가능성이 높다.

 이러한 이주자들 대부분이 향할 나라는 똑같다. 바로 미국이다. 그 이유는 단순하다. 미국은 혼돈에 빠진 세계로부터 어느 정도 초연한 위치에 있고, 정착민이 건설한 나라라는 기원 덕분에 다른 나라들보다 외국인 이민자들을 흡수하는 역량이 훨씬 뛰어나다. 안보와 경제적 관점에서 볼 때 아주 매력적인 목적지다.

미국에게도 상당히 구미가 당기는 일이다. 이민은 사회적 비용을 엄청나게 절약해준다. 자녀를 양육하는 일은 사람이 하는 그 어떤 일보다도 비용이 많이 들고, 아이들을 가르치는 일은 정부가 하는 일 가운데 가장 비용이 많이 드는 일이다. 직원 임금부터 부채, 학교버스 운영, 조경관리에 이르기까지 모든 비용을 고려하면 미국에서 K-12(초중고등학교 12년) 교육에 드는 총 비용은 2009-2010학년도에 6,380억 달러였다고 교육부는 추산한다. 한 해에 학생 한 명당 12,750달러가 드는 셈이다. 현재의 달러 가치로 환산하면 고등학교 졸업장 한 장당 미국 사회가 지불하는 비용이 평균 165,000달러라는 뜻인데, 여기에는 카풀(carpool)이나 밴드 유니폼 같은 데 드는 부대비용은 포함되지 않았다.

숙련 노동력은 말 그대로 고등학교 학력보다 훨씬 높은 수준의 교육을 받은 인력을 말한다. 4년제 대학을 졸업하려면 주립대학의 경우 7만 달러,[1] 사립대학의 경우 16만 달러가 추가된다. 숫자상으로는 K-12가 비용이 약간 덜 드는 것처럼 보인다. 그러나 공교육에 드는 비용은 세금으로 충당되기 때문에 눈에 보이지 않지만 대학 학비는 당사자 주머니에서 직접 나가는 돈이라는 사실을 유념해야 한다. 어쨌든 결과는 마찬가지다. 미국으로 이주하는 숙련기술 인력 한 사람이 미국 사회에 절약해주는 비용은 교육비만 해도 25만 달러에 달한다. 그런데 숙련기술 인력은 숙련된 기술뿐만 아니라 미국의 소비주도 경제 성장에 기여하고 세금을 내기 때문에 나라 곳간을 채울 역량도 갖추고 온다는 사실이 중요하다.

이와 같은 노동력의 이주로 미국은 세계적으로 무질서가 난무하는 시대에 독보적인 위치에 서게 된다. 멕시코와 중앙아메리카에서 미국으로 이주하는 비숙련기술 노동력과 반숙련기술 노동력이 세계의 다른 지역에서 미국으로 이주하는 숙련기술 노동력과 만나면서 미국에서는 임금 상승이 전반적으로 억제된다. 그러나 세계 다른 지역에서는 두뇌유출 때문에 모든 기술 부문에서 임금이 상승한다. 세계적으로 가장 막강한 자본력에 세계에서 가장 층이 두텁고 저렴한 기술 인력까지 갖추었으니 미국은 세계가 부러워할 경제성장 기조를 유지할 수 있을 뿐만 아니라 기술 발전 속도에서 나머지 세계보다 한참 앞서게 된다.

미국을 당할 자는 아무도 없다. 이론상으로는 여전히 숙련기술 인력을 유치할 만큼 안정적인 나라는 두 부류로 나뉜다. 첫째 부류는 국민을 동원하고 관리하는 수단으로 민족주의 정서를 이용하는 터키나 우즈베키스탄 같은 나라들이다. 두 번째 부류는 오스트레일리아나 캐나다처럼 인구 구조의 변화로 이미 탈(脫)산업화하고 있는 나라들이다. 이런 나라들은 숙련기술 인력을 어느 정도 유치할지 모르겠지만 숙련기술 인력이 구할 수 있는 직업의 범위—그리고 최고 소득 수준—는 미국과는 경쟁상대가 되지 않는다. 미국은 재(再)산업화하고 있기 때문이다. 셰일 덕분에.

호전성은 세계화, 테러리즘은 국지화

앞으로 세계적으로, 지역적으로, 국가적으로, 그리고 각국의 지방에서도 경제가 침체하면서 충돌이 끊임없이 일어나게 된다. 정부가 붕괴되면서 비롯되는 충돌도 있다. 물자나 시장을 장악하거나 다른 나라가 보유한 전략적 요충지를 장악하기 위해서, 때로는 기회를 포착하거나 때로는 절박한 처지에서 벗어나려는 나라들이 충돌을 일으키기도 한다. 거의 대부분의 경우 군사적, 정치적 세력들은 갈등관계인 상대편의 민간인들을 정당한 공격 목표물로 여기게 된다. 단순히 호전성이 증가하는 데 그치지 않고 세계 인구의 3분의 1 이상에게 호전성이 일상으로 자리 잡게 된다.

그러나 호전성과 테러리즘을 구분할 필요가 있다. 호전성은 지역 정부가 부재한 상황에서, 또는 지역 정부에 맞서기 위해 집단들이 무장을 하는 경우를 말한다. 보통 지역 정부가 약할수록 호전성이 확산되는 경향이 있다. 즉, 지리적으로도 더 멀리까지 확산되고 관여하는 집단의 수도 증가한다. 무장 세력들은 특히 정부가 제 기능을 하지 못할 때 번창한다. 물자가 부족하거나 사실상 국가가 붕괴해 정부가 제 기능을 상실하면 무장 세력들이 사실상 그 지역의 통치자가 된다. 전쟁지역에서 이러한 무장 세력들은 목적을 달성하기 위해 게릴라 전술을 이용한다.

아프가니스탄, 소말리아, 또는 멕시코 국경지역을 생각하면 된다. 이들 지역에서는 탈레반, 알-샤바브, 걸프 카르텔들이 지역민들에게 총부리를 겨누고 자기가 구축한 체제를 강요한다(또는, 정치적 성향에 따라서는 이를 점령 세력에 대한 저항이라고 보는 이들도 있다). 이 모두가 전형적인 무장 세력들이다.

이러한 집단들은 무질서를 먹고 자라는데, 세계 역사상 그 어떤 체제도 브레튼우즈 체제만큼 세계에 질서를 부여한 체제는 없다. 자유무역과 안보동맹 덕분에 세계 인구 대부분이 평화와 번영을 누렸다. 전쟁과 빈곤이 사라지고 자금력이 탄탄한 막강한 국가들이 기능하는 세계에서 역사상 그 어떤 시대보다도 무법 지대나 전쟁으로 초토화된 지역이 적었다. 그러나 브레튼우즈 체제가 허물어지기 시작하면서 갈등으로 점철된 인류 역사에서 우리가 잠시 누렸던 행복한 휴가는 끝나가고 있다. 이를 염두에 두고 8장에서 언급한 세계 안정성 지도를 새로운 시각으로 다시 한 번 보자. 실패한 국가에서 무장 세력의 준동은 일상이 되고, 권력이 분산된 국가에서는 흔히 발생하는 일이 되며, 안정이 위협받는 상황에 직면할 수많은 나라들에서는 불시에 일어나게 된다.

무장 세력들은 보통 인명을 중시하지 않는다. 그들은 이따금 민간인을 목표물로 삼기도 하고 테러공격도 감행한다. 앞으로 일어날 가능성이 있는 게릴라 테러리즘의 사례들을 미리 살펴보자.

- 우즈벡의 무장 세력이 페르가나 협곡에서 타지크와 키르기스가 보유한 지역을 점령한다. 이 지역에는 여러 민족들이 혼재되어 있기 때문에 온갖 종류의 게릴라 공격의 대상이 된다.
- 앙골라의 닌자 집단은 서서히 그러나 꾸준히 음분두 족이 아닌 부족들을 제거하고 있다. 음분두 족은 매우 효과적인 국가 안보 기능을 갖추고 있기 때문에 음분두 족의 제거 대상인 집단들은 이렇다 할 자기방어 수단이 거의 없으므로 테러리즘에 의존하게 된다.
- 유럽—아마 프랑스와 이탈리아—은 석유와 천연가스 공급원을 확보하기 위해서 붕괴한 리비아를 점령하고 민간인들을 들여보내 리비아 에너지 산업의 운영을 맡기게 된다. 이에 저항하는 리비아인들이 공격할 대상은 차고 넘치게 된다.
- 높은 수준의 농업생산성을 유지하는 데 필요한 자본이 없는 고원 지대 볼리비아 사람들은 식량부족을 겪게 된다. 그들에게는 볼리비아 저지대의 비옥한 지역을 약탈하는 방법밖에는 선택의 여지가 없다. 저지대 농부들이 주요 공격대상이 된다.
- 유럽 체제의 실패는 수많은 국가들의 중앙정부에 치명타를 입히고, 조직범죄집단은 각자 관할 구역에서 훨씬 큰 영향력을 행사하게 된다. 이탈리아 같은 일부 지역에서는 그러한 집단들이 경찰력을 압도하고 민간인들을 공포에 몰아넣어 시키는 대로 협조하게 만든다.
- 러시아, 페르시아, 터키의 세력이 코카서스 지역을 휩쓸고, 페르시아와 터키의 세력이 메소포타미아 지역으로 침투한다. 무장 세력—자생적이든, 사우디아라비아가 심은 세력이든, 이란이 자금을 대는 세력이든, 러

시아가 부추기는 세력이든 상관없이—은 정부 공권력에서부터 기간 시설까지 전부 공격 목표물로 삼으면서 저항하게 된다.

- 중국 중앙정부는 소수민족의 문화적 표현의 자유를 말살하는 데 그치지 않고 한족을 소수민족의 삶의 터전으로 보내 문화적 동화를 강요하고 그들의 문화를 희석시킴으로써 종족말살을 자행한다. 중국의 경제성장이 부진하고 중앙정부의 장악력에 균열이 생기면서 억압받은 소수민족들이 공격 목표로 삼을 한족은 차고 넘친다. 가장 두드러진 저항세력은 중국 극서 지역에 거주하는 위구르족인데, 이들은 중국 전역에서 한족을 상대로 거리낌 없이 싸우게 된다.

- 현재 오만을 통치하는 토후—카부스 빈 사이드 알 사이드—는 명민한 인물로서 서로 적대적인 공산주의자, 무장 세력, 이슬람주의자, 그리고 다양한 여러 부족들을 규합해 근대국가를 구축했다. 그런데 그는 나이가 70대 중반으로 동성애자인데다가 후계자도 없다. 그가 세상을 떠나면 순전히 개인적인 역량으로 결속시켜온 다양한 집단들이 그가 애써 구축한 것들을 모조리 파괴하고 서로에게 총부리를 겨누게 된다.

그러나 테러리즘은 무장 세력이 쓰는 수많은 전술 가운데 하나일 뿐이며 거의 사용하지도 않는 전술이다. 무장 세력은 전쟁에 임하면 불시에 뜻밖의 장소를 골라 공격을 시도하고 사라진다. 전투기와 포병을 보유했을 가능성이 높은 정규군과의 정면 대결을 피하는 게 목적이기 때문이다. 어떤 전술을 이용하든 상관없이 정규군을 공격하는 행위는 그 정의상 테러 공격이 아니다.

무장 세력은 관할 지역을 점령하게 되면 자기가 정부 노릇을 하려고 하므로 민간인을 대상으로 그들이 어떤 수단을 사용하는지는 매우 중요하다. 무장 세력이 테러리즘—국가가 아닌 주체가 정치적 목적을 달성하기 위해 민간인을 상대로 폭력을 행사하는 행위—을 동원하기는 하지만 흔히 사용하는 전술은 아니다.

가장 중요한 점은 그러한 전술이 국지적으로만 사용된다는 점이다. 무장 세력의 관심사, 동기, 동원 가능한 물자, 무력, 달성하려는 목표, 실행은 모두 특정한 지역에 집중되어 있다. 그들은 자기보다 월등한 세력에게 저항하든가 아니면 자기들만의 영역을 확보하려고 한다. 그들은 바다는커녕 국경을 넘어서까지 공격을 감행할 의도나 역량이 없다.

이와 같은 "강 건너 불" 형태의 테러리즘은 서구 진영에서 공포심을 불러일으키지 못한다. 2001년 9월 11일에 발생한 그런 종류의 초국가적인 테러 공격이 두려움을 불러일으키는 테러 공격이다. 알카에다처럼 국경을 넘나들며 테러를 감행하는 초국가적인 집단들은 정부의 정책 결정에 영향을 미치기 위해 일반 국민에게 공포심을 불어넣는 게 목적이라고 노골적으로 말한다. 초국가적 테러리스트에게 테러 전술은 상황에 따라 선택하는 도구가 아니라 수단인 동시에 목적이다.

이러한 집단들은 미래에도 계속 존재하겠지만 앞으로 작전을 수행할 때는 지금은 직면하지 않는 두 가지 장애에 직면하게 된다. 첫째, 초국가적 테러집단은 국경을 넘는 이주자들이나 다국적 기업들과 자신들이 공통점이 있다는 사실을 깨닫게 된다. 기동성이 떨어지게 된다는 뜻이다. 앞으로 바다를 건너기는커녕 국경을 넘기도 지금보다 훨씬 거창하고 버거운 일이 된다. 경제활동과 교역이 세계가 아니라 지역 내에서, 한 나라 안에서는 각 지방 내에서 이루어지게 되듯이 무장 세력의 활동도 국지적으로 이루어진다. 그렇게 되면 초국가적인 테러집단의 명칭에서 "초국가적"이라는 수식어가 무색해진다.

두 번째 장애는 초국가적 테러집단이 활동하기 위해 필요한 본거지 문제와 관련이 있다. 해당 본거지의 정부가 강력할 경우 초국가적 테러집단

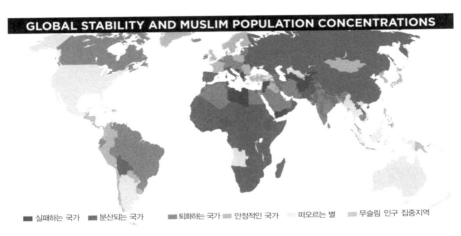

■ 실패하는 국가 ■ 분산되는 국가 ■ 퇴화하는 국가 ■ 안정적인 국가 ░ 떠오르는 별 ▨ 무슬림 인구 집중지역

세계 안정성과 무슬림 인구 집중지역

을 색출해 제거한다. 본거지의 정부가 너무 약하면 초국가적 테러집단은 빠듯한 물자와 인력을 총동원해서 자기 영역을 확보하고 관리해야 한다. 일반적인 무장 세력들과 마찬가지로 말이다. 그렇게 되면 지구 반대편까지 원정을 가서 작전을 수행할 여력이 없다. 테러집단이 활동하기에 최적의 환경은 영토를 수호할 정도의 힘은 있으나 그 영토를 전부 지키기에는 힘이 달리는, 힘의 경계선상에 있는 정부가 있는 지역이다. 이는 주로 세계 안정성 지도에서 "분산되는 국가"로 분류되는 지역이다.

"미국은 더 이상 테러리즘을 걱정할 필요가 없다"라고 단언까지는 하지 않겠다. 그러나 미래의 역학구도를 보면 미국은 이미 나머지 세계로부터 상당히 멀리 떨어져 있는데, 여기에다 미국을 세계로부터 격리해주는 매우 두터운 보호막이 한 겹 더 생기는 셈이다.

위 지도는 앞서 소개한 세계 안정성 지도와 똑같은 지도에 무슬림 인구 집중지역을 표시한 지도다.

이 지도에서 몇 가지 파악되는 사항들이 있다. 이슬람권에서는 정부의 권력이 분산되는 국가가 그리 많지 않다. 서구 진영이 테러리즘의 온상이 될까봐 두려워하는 많은 지역들—아프가니스탄, 리비아, 예멘, 시리아— 은 안보의 무법천지로 변해 초국가적 테러집단이 제 기능을 하지 못하게 된다. 사하라 사막 이남 아프리카 지역에 몇 군데 권력이 분산된 나라가 틀림없이 있을 테지만, 그러한 무슬림 인구는 대륙의 안쪽 지역에 있을 뿐만 아니라 지역 문제에 골몰하고 있기 때문에 멀리 떨어져 있는 다른 대륙에서 작전을 수행하려고 기를 쓸 여력이 없다.

나는 이 지도에서 두 지역이 우려스러워 보인다.

진퇴유곡에 빠진 파키스탄

파키스탄이 가장 중요한 지역으로 떠오르고 있다.

여러 가지 면에서 올 것이 온 셈이다. 2001년 9월 11일 테러 공격이 있자 미군은 강력한 작전에 착수했다. 우선 아프가니스탄에서 탈레반과 알카에다를 뿌리 뽑고 아프가니스탄을 안정화해서 알카에다와 탈레반이 다시 준동하지 못하게 만들고자 했다. 아프가니스탄은 지형이 험준한데다가 내륙 지역이어서 미군이 이 두 가지 임무를 달성하기가 매우 힘들었고, 특히 다시 준동하지 못하도록 하는 임무를 달성하기는 거의 불가능했다. 이 책을 쓰는 현재, 미국은 현지 정부에 권한을 이양하기 위한 협상을 시도하고 있다. 2015년 이후에 미군은 이 나라에 명목상의 주둔군 이상은 남겨놓지 않을 가능성이 매우 높다.

그러나 그 후에도 여전히 처리해야 할 잔여 세력이 있다. 아프가니스탄 전쟁을 치르면서 미국은 아프가니스탄과 파키스탄 접경 지역이 인구

밀도가 높을 뿐만 아니라 매우 험준하고 빠져나갈 구멍이 많다는 사실을 깨달았다. 수많은 무장 세력들, 특히 탈레반 운동에 가담한 아프간과 파키스탄 잔당들이 이 지역을 자신들의 본거지로 삼고 있다. 이 고약한 현실 때문에 미국은 파키스탄이 국가로서 안고 있는 핵심적인 문제에 엮이게 된다.

파키스탄은—호시절에도—포위된 형국이다. 지리적 여건 때문이다. 인더스 강 유역은 파키스탄의 핵심 지역이고, 히말라야 산맥에서 비롯되는 다섯 개의 좁은 강들이 인더스 강에서 만난다. 그러나 비슷한 수원에서 물을 조달하는 갠지스 강과는 달리 인더스 강 유역의 중간 지점에는 비가 내리지 않는다. 이 강들은 모두 몬순 계절에는 범람한다. 이 지역에 산재해 있는 관개시설에 정기적으로 물을 대기 위해서는 그 강들을 철저히 관리해야 한다. 이렇게 관리하지 않으면, 나일 강 유역처럼 이 지역 전체가 사막으로 변하게 된다.

인더스 강은 과거 어느 시점에는 운항이 가능했을지 모르지만, 수천 년 동안 그와 같이 철저히 관리되고, 계절마다 수량의 차이가 극과 극을 오가면서 오늘날에는 인도양에서 몇 마일 상류에 있는 하이데라바드까지만 운항이 가능하다. 자본의 창출과 사회적 응집력의 관점에서 보면 이러한 환경은 파키스탄을 이집트와 같은 상황에 놓이게 만든다. 사회의 극소수 상류층이 극단적으로 자본이 빈곤한 체제를 장악해 관리하고 나머지 국민은 모두 사실상 노예나 다름없는 체제 말이다.

그러나 유감스럽게도 파키스탄이 이집트와 비슷한 점은 그게 전부다.

인더스 강 유역의 중부 지역은 고원 지대일 뿐만 아니라 갠지스 강 유역과 직접 접해 있다. 도처에 관개시설이 들어서 있는 인더스 강 유역을 사시사철 비옥한 갠지스 강 유역과 분리하는 것은 길이가 100마일밖에 안 되는 낮은 안장 모양의 땅이다. 이 땅은 천혜의 막강한 장벽—히말라야 산맥과 타르 사막—사이에 끼어 있지만 폭이 약 300마일에 달하며, 세계에서 가장 인구밀도가 높은 지역으로 곧장 이어진다. 이곳은 거의 방어가 불가능한 지역이다. 어떤 경우라도 인더스 강 유역에 사는 사람들은 훨씬 인구가 많은 갠지스 강 유역 사람들에게 수적으로 밀리고 그들의 공격에 노출되어 있다. 인도의 다른 영토는 포함하지 않은 상태에서도 그렇다.

그리고 파키스탄의 다른 접경지역들은 고려하기도 전이다. 인더스 강유역의 서쪽은 전체가 험준한 지형이지만, (인더스 강과 그 지류들에서 비롯되는 물로 관개해야 하는) 파키스탄 핵심 지역보다 자연 강수량이 훨씬 많다. 이 덕에—인더스 강 유역 자체에 밀집해 거주하는 인구 규모보다는 훨씬 작지만—상주하는 인구가 존재한다. 인더스 강 유역 저지대인 신드주와 펀자브 주에 거주하는 사람들은 전통적으로 강 주변에 거주해온 사람들로서 파키스탄 국가를 운영하기 위해 정치적 거래를 해왔다. 강과는 거리가 먼, 고지대에 거주하는 사람들—파슈툰 족, 카시미르 족, 발루치 족을 비롯해 많은 부족들—은 보다 전통적인 생활방식을 고수하고 있으며 저지대 사람들이 자신들에게 영향력을 행사하려고 하면 분개하거나, 툭하면 반발한다. 저지대 사람들은 고지대 사람들을 건드리지 않으려 하지만 고지대 사람들이 중앙아시아와 페르시아에서 인더스 강 핵심부로 이어지는 통행로들—카이베르가 가장 악명 높다—의 주요 길목을 장악하고 있다는 게 문제다. 과거에는 몽골이 이 통행로들을 이용했다. 최근에는 소련이 똑같은 길목에서 파키스탄을 위협했었다. 신드/펀자브 주 핵심지역 사람들은 웬만하면 고지대 사람들을 상대하지 않고 싶어 하지만 불가피하게 그 지역을 통과해야 하는 경우에는 군사력을 동원하지 않고는 감히 통과할 엄두도 내지 못한다.

이 모든 지리적 특징들을 종합적으로 고려하면 아주 끔찍한 나라가 그

462

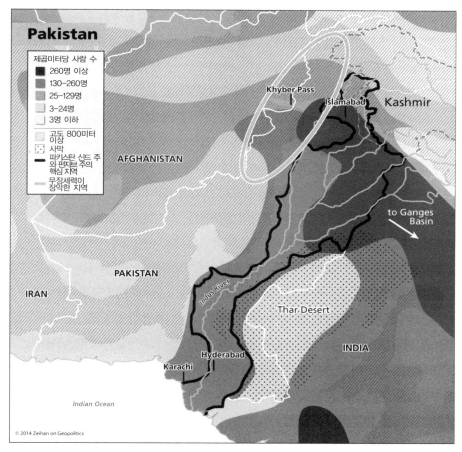

Pakistan

제곱미터당 사람 수
- 260명 이상
- 130-260명
- 25-129명
- 3-24명
- 3명 이하
- 고도 800미터 이상
- 사막
- 파키스탄 신드 주와 펀잡 주의 핵심 지역
- 무장세력이 장악한 지역

AFGHANISTAN

Khyber Pass

Islamabad

Kashmir

to Ganges Basin

PAKISTAN

IRAN

Indus River

Thar Desert

INDIA

Hyderabad

Karachi

Indian Ocean

© 2014 Zeihan on Geopolitics

파키스탄

려진다. 동쪽으로는 적대적인 인도가 버티고 있는데, 어느 모로 보나 파
키스탄보다 훨씬 막강한 나라다. 북서쪽으로는 중앙의 권력에 항상 저항
하는 사람들이 있는데, 파키스탄이 핵심 지역에서 기본적인 안보를 확보
하려면 이들을 복종하게 만들어야 한다. 인더스 강 유역의 핵심 지역들은
매우 철저하게 관리할 필요가 있고 관개시설을 유지하는 데 많은 비용이

든다. 사막화와 기근을 면하려면 그렇게 해야 한다. 결과적으로 파키스탄은 지금까지 지구상에 탄생한 국가 가운데 가장 빈곤하고, 가장 철저히 무장되어 있고, 가장 부패하고, 가장 불안정한 국가다.

미국이 아프가니스탄 사태에서 마주했던 문제들은 파키스탄이 부정적 요인들을 긍정적 요인들로 성공적으로 전환한 데서 비롯된 결과다. 소련이 1979년 아프가니스탄을 침공했을 때, 파키스탄은 자국이 다음 차례라고 믿었다(그렇게 믿을 만했다). 파키스탄은 홀로 소련에 맞설(소련의 지원을 받는 인도는 말할 것도 없고) 엄두가 나지 않았고, 파키스탄 북서 지역 고지대에 사는 사람들은 항상 골칫거리였다. 파키스탄은 해법으로서 이슬람을 바탕으로 새로운 국가 정체성을 확립하기로 했다. 파키스탄 정부는 접경지역 산악 지대에 사는 사람들을 대상으로 파키스탄이라는 국가를 하나로 결속시키기 위해 파키스탄의 공통된 종교는 이슬람이라고 설득하는 공격적인 캠페인을 펼쳤다. 파키스탄 정부는 소련과 인도를 배교자이자 적으로 묘사했다. 그 덕분에 파키스탄 핵심부는 자국민과 낮은 단계의 전쟁을 치르는 상황을 모면하게 되었고, 산악 지대에 사는 국민들이 국경을 넘어 아프가니스탄에 주둔한 소련군을 공격하거나 카시미르에 침투해 인도 군을 공격하자 회심의 미소를 지었다.

그로부터 30년 후인 현재 아프가니스탄을 순찰하는 주체는 미국이다. 파키스탄 탈레반—파키스탄의 산악 지대 주민들로 구성된 일부 민병대들—은 예전에 소련을 공격했을 때만큼이나 맹렬하게 미국을 공격한다.[2] 파키스탄 탈레반은 아프가니스탄에서 미국과 협조하는 파키스탄 정부에 대해 좋게 말해서 국가 "정체성"을 배신했고, 나쁘게 말하면 이슬람을 저버린 배교자로 여긴다. 아프가니스탄과 카시미르를 얼룩지게 하는 자살 테러 공격은 이제 인더스 강 유역 핵심부에서도 심심찮게 일어나고 있다.

파키스탄이 지난 10년을 견뎌낼 수 있었던 가장 큰 이유는 미국이 도왔기 때문이다. 아프가니스탄은 내륙 지역이고 아프가니스탄으로 들어가려면 파키스탄이라는 관문을 통과해야 한다. 따라서 미국은 지난 10여 년 동안 파키스탄에 무기를 팔고 저리(低利)로 융자를 해주고 노골적으로 현금을 뇌물로 주기도 했는데, 이러한 지원을 다 합하면 대략 GDP의 8퍼센트에 달한다─인도를 저지할 전략적인 보호막이 되어준 점은 말할 필요도 없다. 전략적으로 옴짝달싹하지 못하는 지정학적 여건에 놓인 파키스탄에게 미국의 원조는 근대 국가로서의 성패를 가르는 요인이었다.

파키스탄과 미국은 줄곧 서로에 대해 불편해 하는 관계였다. 그리고 이제 그 관계는 해체되기 직전이다. 파키스탄은 아프가니스탄에서의 미국의 활동으로 인해 파키스탄 정부와 파키스탄 고지대 주민들의 관계가 파국 직전까지 이르렀다고 우려하고 있고, 미국이 아프가니스탄에서 철수하면 저지대와 고지대 사이에 전쟁이 재개될까봐 걱정하고 있다. 미국의 입장에서는, 알카에다 왕초인 오사마 빈 라덴이 파키스탄 영토 내에서, 다른 곳도 아닌 파키스탄의 웨스트포인트에 해당하는 군사학교 인근에서 발각되었다는 사실이 상당히 불쾌했다. 미국의 원조는 끊기기 직전인데, 원조물자가 끊기고 고지대 주민들이 다시 분노가 폭발하게 되면 파키스탄 저지대가 고지대를 관리하는 역량은 극도로 위축되게 된다. 자기들 영역을 효과적으로 장악하고 있는 고지대 주민들은 어느 정도의 안전, 정체성, 행동할 역량, 그리고 국경을 넘어 공격을 감행할 동기까지 골고루 갖추게 된다.

이들의 일차적인 목표는 인도가 되리라 본다. 카시미르에 대해 맺힌 한이 많기 때문이다. 그들은 인도가 자기 모국의 일부를 점령하고 있다고 생각한다. 파키스탄은 자국보다 우월한 인도와의 전쟁을 원치 않으므로 고지대 주민들의 준동을 저지하려 할 테고, 그런 과정에서 고지대 주민들은 파키스탄 정부 당국과 간헐적으로 충돌하게 될 가능성이 높다. 이는 문제이고, 아주 큰 문제다. 그러나 국지적인 문제다. 파키스탄 탈레반 같은 집단들은 지리적 여건에 발이 묶여 있다. 더 넓은 세계에 도달하려면 우선 파키스탄 핵심부와 협상을 해야 한다. 카시미르 지역의 만만치 않은 도전을 무시해야 함은 말할 나위도 없다. 이러한 집단들은 분명히 국경을 넘나들며 공격할 역량을 지녔지만, 그들이 진정으로 관심을 갖는 국경은 인도와의 국경 단 하나다. 인도에게는 안된 일이지만, 미국과 나머지 세계에게는 다행이다.

또 다른 러시아

지구상에서 무슬림 테러리스트들이 원정 공격을 감행할 가능성이 있는 대상이 또 하나 있다. 바로 러시아다.

러시아는 안정적인 시기에조차도 불안정한 나라다. 러시아는 여느 유럽 국가와 달리 다수의 민족들로 구성된 제국이다. 대부분의 유럽 민족들은 각자 자기 민족의 삶의 터전에서 지배적인 단일한 집단으로 부상했다. 유목민의 땅에는 그런 민족 단일성은 존재하지 않는다. 활짝 트인 공간에서는 자기 이웃 민족을 모두 정복하고 그 이웃의 이웃까지도 모두 정복하는 과정을 반복하다가 카르파티아 산맥이나 알타이 산맥 같은 지리적인 장벽을 만나고 나서야 비로소 정착하게 된 사람들만이 안전한 삶을 누렸다. 유목민의 땅을 성공적으로 통치한 정부는 민족국가가 아니라 다민족 제국이다. 유목민의 땅에서 성공한 정부는 피지배자를 회유하지 않는다. 위협해서 복종하게 만든다.

러시아가 자국의 안보를 확보하기 위해서 정복한 수많은 민족들 가운데 코카서스 산맥의 북쪽 기슭에 둥지를 튼 민족이 가장 두드러진다.

체첸 민족의 저항은 현재진행형

체첸 민족은 여러 가지 면에서 머나먼 과거의 유물이라 할 수 있다. 이들의 북쪽 영토는 어느 모로 보나 강수량이 적당해서 관개시설 없이도 농업 생산성이 괜찮은 편인 반면, 남쪽 영토는 빽빽하게 나무가 들어찬 삼림지역이라서 곳곳에 요새와 수비하기 좋은 지역들이 많다. 이러한 지리적 여건의 조합으로 체첸 민족은 굳건한 진지를 구축하고 한 세대 혹은 세 세대마다 한 번씩 유목민의 땅에서 비롯되는 수많은 침략에 맞섰다. 체첸 민족의 역사는 서기 6세기까지 거슬러 올라간다.

가장 눈에 띄는 사실은, 체첸 민족은 몽골의 침략에서 살아남은 극소수 민족에 손꼽힌다는 점이다—이때 그들은 게릴라전에 뛰어난 기량을 갖추게 되었다. 러시아는 1803년 코카서스 지역을 정복하려 할 때 처음으로 체첸 민족과 무력충돌을 하게 되었는데 1889년에 가서야 체첸 민족과의 전쟁을 마무리했다. 이 전쟁—체첸의 게릴라전이라고 하는 게 더 정확하다—은 너무나도 참혹했으며, 러시아는 통제력을 유지하기 위해서 체첸 영토에 영구적인 군사기지를 구축해야만 했다. 이곳은 그로즈니(Grozny)라 불리게 됐는데, 대략 "끔찍한 곳"이라는 뜻이다.

그 이후로는 이루 헤아리기 힘들 정도로 수없이 여러 번 체첸 민족은 러시아 당국에 저항했다. 소련이 거의 붕괴될 무렵 러시아에 대한 체첸 민족의 저항은 전면전으로 전환됐다. 러시아는 제1차와 제2차 체첸 전쟁을[3] 소련 이후의 시대에 한 획을 긋는 기념비적 사건으로 여기지만, 체첸 민족은 자기들 영토를 점령한 러시아에 항거하기 위해 200년 동안 계속한 전쟁에서 가장 최근에 치른 전투 정도로밖에 여기지 않는다. 가장 최근에 발생한 두 차례 충돌에서 적어도 10만 명이 사망했는데, 이는 시리아 내전이 발발한 후 첫 2년 동안의 사망자 수와 비슷하지만, 인구 규모가 체첸은 시리아의 20분의 1에 불과하다는 사실을 고려하면 엄청난 인명피해인 셈이다.

간단히 말해서 체첸 민족은 적어도 1500년 동안 유목민 땅을 기반으로 삼은 러시아 같은 세력들에 맞서왔다. 러시아의 쇠락이 상당히 진척된 상태이고 회복 불가능하다는 점을 고려하면, 체첸 민족이 러시아를 상대로 다음 수순을 밟는 일은 시간문제일 뿐이다.

다음 세 가지 요인에 미루어보면 그런 일은 조만간 일어나게 된다. 첫째, 러시아는 체첸과 근접해 있지 않다. 러시아인들은 먼 길을 돌아서 코카서스 지역에 도달했다. 유목민의 땅은 메마르고 혹독하다. 어떤 지역은 인간이 살기가 불가능하다. 코카서스 북쪽은 강수량이 충분하지만 북쪽으로 접한 평야는 초원 지대이고, 볼가 강 유역에서 가까운 아주 협소한 지역을 벗어나면 사람이 살기 어렵다. 모스크바에서 바로 코카서스로 이어지는 경로는 없기 때문에 러시아가 직접 영향력을 행사하기가 불가능하다. 인간이 거주 가능한 영토는 우크라이나를 관통해 남서쪽으로 호(arc)를 그리고 다시 흑해 연안을 따라 남동쪽으로 되돌아오는 지역이다.

이렇게 활 모양의 경로를 따라 러시아가 군사적, 경제적, 문화적 영향력을 행사하려면 그 길이가 1,000마일도 아니고 자그마치 1,600마일에 달한다. 여러분은 그게 그거라고 생각할지 모르지만, 아마도 내가 이 책에서 "1,000마일"이라는 말을 하도 많이 해서 무감각해져서 그런지도 모른다. 600마일은 보스턴에서 리치먼드까지의 거리다. 남북전쟁 때 북군이 얼마나 고생을 했을지 생각해보라. 그래도 그때는 철도도 있었고 물길을 통한 물자 운송도 보탬이 됐었다. 1,600마일은 보스턴에서 마이애미까지의 거리보다 약간 더 멀다.

둘째, 이러한 활 모양의 접근 경로 때문에 러시아가 체첸 공화국을 장악하려면 우크라이나를 계속 장악해야 하는데, 러시아에게 타격을 주려

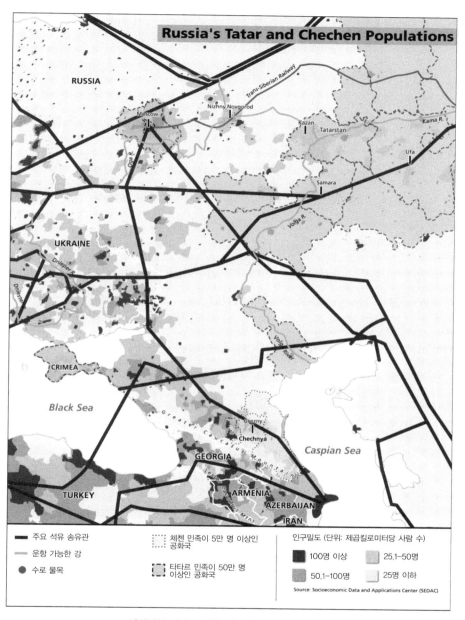

Russia's Tatar and Chechen Populations

RUSSIA

Trans-Siberian Railway

Nizhny Novgorod

Moscow

Kazan

Tatarstan

Kama R.

Ufa

Volga R.

Samara

Volga R.

UKRAINE

Dnieper R.

Dniester R.

CRIMEA

Volga River

Black Sea

Greater Caucasus Mountains

Grozny

Chechnya

Caspian Sea

GEORGIA

Lesser Caucasus Mtns.

TURKEY

ARMENIA

AZERBAIJAN

IRAN

━━ 주요 석유 송유관	⋮⋮⋮ 체첸 민족이 5만 명 이상인 공화국
━━ 운항 가능한 강	▢ 타타르 민족이 50만 명 이상인 공화국
● 수로 물목	

인구밀도 (단위: 제곱킬로미터당 사람 수)

■ 100명 이상	25.1~50명
50.1~100명	25명 이하

Source: Socioeconomic Data and Applications Center (SEDAC)

러시아의 타타르 민족 인구와 체첸 민족 인구

고 하는 세력들은 모두 우크라이나를 러시아 체제에서 가장 취약한 지점으로 본다. 특히 루마니아, 폴란드, 터키는 모두 우크라이나에 대한 러시아의 영향력을 약화시키려는 세력들이고, 러시아가 우크라이나를 직접 통제하려 하면 반발할 게 분명하다. 우크라이나에서 아주 사소한 문제만 발생해도 러시아는 우크라이나에 신경을 쓰느라 체첸공화국을 진압하는 데 인력을 동원할 여력이 없다.

셋째, 체첸은 앉아서 당하기만 하는 피해자가 아니다. 체첸 민족은 몽골족도 흠칫하게 만든 민족이라는 데서 짐작했겠지만, 그들은 사회 구조를 (준)군사적 저항 전략에 통합시킨 대단한 전사들이다. 지난 20년 동안 벌어진 러시아-체첸 갈등에서 체첸 민족은 주저하지 않고 러시아를 공격했다. 그중에는 체첸 영토 안팎에서 전천후로 공격을 감행하는, 전형적인 반란 활동으로 볼 수 있는 공격도 있었다.

그러나 체첸은 테러 전술도 이용했다. 1995년 무장한 체첸인들이 러시아의 부디요노브스크라는 작은 마을을 공격한 다음 한 마을 병원을 점거해 대략 2,000명을 인질로 잡고 닷새 동안 러시아군과 대치한 적이 있다. 1999년 말 모스크바, 브이낙스크, 볼고돈스크에서 발생한 아파트단지 폭파 사건으로 거의 300명이 숨지고 650명 이상이 부상을 당했는데, 체첸의 소행이라고 알려져 있다. 2002년 10월, 무장한 체첸인들이 모스크바에 있는 두브로브카 극장에 침입해 850명을 인질로 잡았다. 사흘 후 러시아군이 진입해 체첸 무장전투원들을 전원 사살했고, 인질로 잡혀 있던 민간인 130명이 사망했다. 아마도 가장 악명 높은 사건은 2004년 9월 베슬란에 있는 한 학교를 점거한 사건이다. 사흘 동안에 거의 800명이 부상을 당하고 334명이 사망하는 비극이 발생했는데, 사망자 가운데 186명이 어린 학생이었다. 체첸은 러시아의 민간 항공기에 폭발물을 몰래 반입해 폭파시켰고, 러시아 열차도 여러 번 폭파시켰다. 체첸 세력은 강력하게 동

470

기부여되어 있고 뛰어난 전투 역량을 지녔으며, 머지않아 (또다시) 그들이 구사할 수 있는 모든 수단을 동원해 러시아에 맞서 싸우게 된다.

그러나 정말로 러시아가 두려워하는 것은 곧 닥칠 체첸 민족의 저항이나, 그 저항에서 체첸 민족이 승리할 가능성이 높다거나, 코카서스에서 러시아가 완전히 추방당하는 결과가 초래될지 모른다는 점이 아니다. 러시아는 체첸의 저항이 다른 지역으로 확산되는 사태를 가장 두려워한다.

크게 보면 체첸 민족은 지리적으로 한 지역에 집중되어 있다. 95퍼센트가 체첸공화국에 살고 있고 나머지는 거의 다 이웃 다게스탄 공화국이나 잉구세티야 공화국에 거주한다. 물론 그 밖의 다른 지역에도 소규모 체첸 인구가 있기는 하지만—러시아 당국은 야멸차게 이들을 "체첸 세포조직"이라고 부르기도 한다—대규모 반란을 일으킬 만큼 수적으로 위협이 되지는 않는다. 그러나 러시아에게 위협이 되는 소수민족은 체첸뿐만이 아니다. 체첸이 저항할 역량이 있는 유일한 소수민족도 아니고 무슬림으로 구성된 유일한 소수민족도 아니다. 러시아가 안고 있는 진짜 문제는 이 소수민족들이 지리적으로 매우 민감한 지점을 넘어 공격을 감행할지 여부다.

러시아에는 내륙에 물길이 하나 있다. 볼가 강이다. 북미 지역 기준으로 보면 별 볼일 없는 물길이다. 일 년에 절반은 얼어 있고, 운항이 가능하게 하려면 사람 손이 많이 가야 하며, 내륙에 갇힌 카스피 해로 흘러 들어간다. 그래도 유목민의 땅 내의 나머지 지역들에 비교해보면 아주 훌륭한 물길이다. 러시아도 그렇게 생각하는 듯하다. 볼가 강 상류에 있는 지류들은 모스크바를 감싸 돌고 여름철에 러시아가 적극적으로 이용하는 강과 운하들과 얽히고설켜있다. 시베리아와 유럽 대륙 쪽의 러시아를 연결하는 주요 기간 시설—도로, 철도, 송유관—은 하나같이 모두 어느 지점에선가는 볼가 강을 가로지른다.

문제는 볼가 강은 엄밀히 말해서 러시아의 강이 아니라는 사실이다. 타타르에 있는 강이다. 타타르 민족은 유목민의 땅 한복판 가까이 사는 피지배 민족치고는 뜻밖의 속성들을 지니고 있다. 그들은 강에 익숙한 사람들이다. 스탈린의 폭정 하에서도 그들은 시야가 넓은 민족이었고 러시아를 비롯해 다른 모든 소련 국민들보다 훨씬 더 무역에 관심을 보였다. 인구가 550만인 타타르 민족은 러시아 연방에 속한 소수민족 가운데 가장 규모가 크다. 타타르의 도시들은 앞서 언급한 대부분의 주요 기간 시설에 위치해 있다. 우크라이나의 크리미아 반도에도 10만 명이 넘는 타타르 민족 공동체가 존재한다. 그들은 무슬림이지만 무슬림 하면 미국인들이 떠올리는 그런 종류의 무슬림은 아니다. 그들은 학력이 높고 세상이 어떻게 돌아가는지 잘 알고 있으며 세속적이다. 여성은 히잡을 쓰지 않고 평상복을 입는다. 타타르의 엔지니어들은 외국의 도움 없이도 석유를 생산한다. 과학자들은 우주정거장을 설계한다.[4] 인구 구조가 붕괴될 위기에 놓인 러시아 민족과는 달리, 타타르 민족의 인구는 젊고 건강하고 그 수도 증가하고 있다.

타타르 민족이 지배당하는 처지에서 벗어나기를 갈망하지 않는다고 해도, 타타르 민족이 러시아에 대해 적개심을 품고 있지 않다고 해도, 러시아가 저물어가는 나라가 아니라고 해도, 타타르는 필연적으로 부상하게 된다. 이들은 유럽 쪽 러시아 영토의 동쪽 변방에 거주하기 때문에, 이들이 자치의 기미만 보여도—러시아의 석유생산량의 4분의 3을 비롯해—러시아의 시베리아 영토에 전체에 대한 장악력에 위협이 된다.

지금까지 타타르 민족은 체첸 민족에 준하는 규모로—또는 그들의 전술을 이용해—저항할 기미를 보이지는 않았다. 그러나 항상 자치에 관한 한 어떻게든 러시아로부터 양보를 얻어냈다. 러시아의 지배가 점점 약화되고 체첸 민족이 일으키는 종류의 문제들로 점점 어려움에 처하게 되면서 타타르 민족도 적극적으로 저항하려는 유혹을 점점 강하게 느끼게 된다. 러시아가 걱정할 만도 하다. 체첸이 저항을 재개하면 러시아에 상처를 주는 데 그치겠지만, 타타르가 저항하는 기미라도 보이면 러시아는 목숨을 부지하기 힘들다.

겁먹은 신세계: 홉스(Hobbes)의 세계에서 사느냐 미국의 세계에서 사느냐, 그것이 문제로다

유감스럽지만 그리 멀지 않은 장래에 경제적인 혼란과 갈등—그 갈등이 비정규전이든 전면전이든 상관없이—은 세계 대부분의 사람들에게 일상이 된다. 그나마 위안이 되는 점—아마 유일하게 위안이 되는 점일지 모른다—은 세계 무역이 축소되고 운송 체계를 예전만큼 손쉽게 이용하지 못하게 되면 이러한 갈등이 지리적으로 멀리 떨어진 나라에까지 직접 영향을 미칠 가능성도 줄어든다는 점이다. 미국과 아주 가까운 우방이자 동맹국으로서 여전히 무역을 활발히 하고 자국의 영토를 철저히 지킬 만한 안보 역량을 갖춘 나라들에게는 더할 나위 없는 희소식이지만, 그렇지 않은 나라에게는 전혀 위안이 되지 않는다.

기후변화에도 거뜬한 미국

인간의 활동이 정말로 지구의 기후를 변화시키는지 여부를 둘러싸고 기술적인 측면들로 쟁점을 몰아가기 좋아하는 사람들을 상대할 만큼 나는 수학을 잘하지도 않고 인내심도 없다. 그러나 지정학적 방법을 기후변화 문제에 적용해서, 무역이 쇠퇴하고 인구가 고령화하고 기후가 변하는 미래에 대해 한두 가지 짚어낼 수는 있다. 여기서 나는 기후변화가 사실이고, 실제로 일어나고 있으며 지금까지 예언해온 대로 아주 극단적으로 위험한 상황을 향해 가는 추세라고 전제하고 얘기를 해보겠다. 딱히 바람직한 미래상은 아니다. 그러나 다시 말하지만, 그 미래는 미국이 세계에서 독보적인 존재로 우뚝 서게 되는 미래다.

지구온난화는 미래에 세 가지 중요한 시련을 안겨준다.

첫 번째 위협은, 기후패턴이 변하면서 식량생산지 역할을 했던 지역들에서 생산 역량이 감소하게 되고 이는 식량부족으로 이어진다는 점이다. 그렇게 되면 세계가 큰 타격을 입게 된다. 대부분의 곡물 농사—사람들이 섭취하는 열량의 대부분을 공급하는 농사—는 단일경작, 즉 토질이 해당 작물을 경작하는 데 최적인 지역에서 그 작물 하나만 경작하는 농법으로 지어진다. 기후가 변하면 해당 작물은 그 지리적 여건에서 경작하기가 부적합하게 된다.

두 번째 위협은, 해수면이 상승해 해안 지역이 물에 잠기고 항구와 도시들이 파괴된다는 점이다.

마지막으로 세 번째 위협은, 굶주림에서 벗어나려거나 해수면 상승으로 삶의 터전을 잃게 된 사람들이 대거 이주하게 된다는 점이다.

미국은 이 세 가지 위협으로부터 모조리 무사통과다.

- 미국의 농업 심장부 지역은 어느 모로 보나 세계 최대 규모로서 폭넓은 경도와 위도에 걸쳐 펼쳐져 있다. 기후가 어느 정도 변하면 특정한 작물을 경작하는 데 적합한 지대가 바뀌게 된다. 즉, 기후가 더워지면 여러 작물들의 재배 지대가 북상하고, 기후가 건조해지면 특정 작물 경작지가 동쪽으로 이동하게 된다. 옥수수를 경작하던 농부들은 경작하는 품종을 밀로 바꿔야 하거나 그 반대의 경우도 생기지만, 가장 극단적으로 기후가 바뀌는 일부 지역을 제외하고 미국 경작지는 대부분 여전히 쓸모가 있을 테고, 단일경작을 뒷받침하는 데 필요한 기간 시설은 여전히 전 지역에서 활용 가능하다.
- 해수면이 상승하면, 미국은 뉴올리언스와 플로리다 대부분을 잃게 되고 맨해튼은 위험해진다. 그러나 항구는 강 상류로 이전하면 되고 맨해튼 같이 고도로 개발된 협소한 지역은 이론상으로는 제방과 펌프를 함께 이용하면 해수면 상승으로부터 보호될 수 있다. 다른 모든 주요 도시들은 해수면이 상승해도 아무런 피해를 받지 않고 계속 제 기능을 하게 된다. 해안 지역의 도시들은 어느 정도 (수십억 달러짜리) 기간 시설을 보완해야 하겠지만 말이다. 미국에게 가장 큰 손실은 아마 띠를 형성해 장벽 역할을 하는 일련의 섬들이 물에 잠겨 멕시코 만 연안과 동부 연안 지역들이 폭풍에 직접 노출되어 피해를 입을 가능성이 커진다는 점이다.
- 난민 이주 문제에서도 미국은 크게 걱정할 필요가 없다. 미국과 국경을 접하고 있는 두 나라 모두 해안 지역에 거주하는 인구 규모가 크지 않기 때문에 미국으로 난민이 쏟아져 들어오는 사태는 발생하지 않는다. 게다가 가능성은 희박하지만 플로리다가 물에 잠겨 삶의 터전을 잃은 주민들을 재정착시켜야 하는 최악의 시나리오를 가정해도 이들을 수

용하기에 충분한 영토를 보유하고 있다.

그렇다고 해서 미국이 기후변화의 영향을 받지 않는다는 뜻은 아니다. 그러나 그 영향은 비교적 감당할 만하고—심지어 미미하다고까지 말할 수 있다—변화에 적응하기 위해서 새로 기간 시설을 대대적으로 구축할 필요가 없다.

그러나 미국을 제외한 다른 지역에서 기후변화는 놀라울 정도로 파괴력을 발휘한다. 북유럽 평원 대부분 지역은 남-북 길이가 미국 아칸소 주의 길이보다도 짧기 때문에 기후가 약간만 변해도 그 지역에서 단일경작을 하던 작물을 키우지 못하게 된다. 아르헨티나 평원은 미국 중서부 지역 규모의 절반이 채 되지 않고 산악 지대, 사막, 그리고 매우 작은 전이대를 가진 열대지역으로 둘러싸여 있다. 기후가 조금만 변해도 넓은 지역이 경작지로서 쓸모가 없어진다. 마찬가지로 러시아 밀 곡창 지대의 동쪽 절반은 길고 가는 띠 모양—북유럽 평원보다 훨씬 가늘다—으로, 남쪽으로는 사막, 북쪽으로는 시베리아 황무지 사이에 끼어 있다. 기후가 변하면 이 곡창 지대가 북쪽이나 남쪽으로 "겨우" 몇 십 마일 정도 이동하는 데 그치지만, 어느 방향으로 이동하든 이동한 지역에는 마을도 기간 시설도 없다는 게 문제다. 아르헨티나, 유럽, 러시아는 주요 도시들도 잃게 된다. 부에노스아이레스, 로테르담, 암스테르담, 스톡홀름, 상트페테르부르크 등이 모조리 해수면 밑으로 사라지게 된다.

특히 심각한 인구 이주 문제를 겪을 지역은 북유럽이다. 덴마크, 스웨덴, 네덜란드의 인구들은 식량을 생산하는 주요 저지대 아주 가까이에 거주한다. 이 세 나라에서 가장 인구밀도가 높은 지역들은 사실상

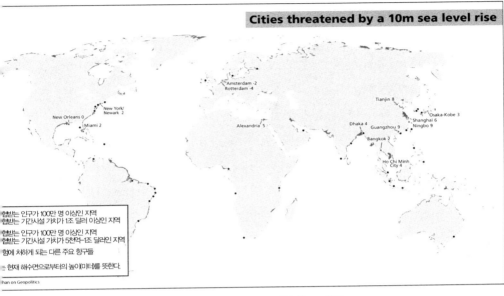

Cities threatened by a 10m sea level rise

Amsterdam -2
Rotterdam -4

Tianjin 8

New York/
Newark 2

New Orleans 0

Osaka-Kobe 3
Shanghai 6
Ningbo 9

Miami 2

Alexandria 5

Dhaka 4

Guangzhou 9

Bangkok 2

Ho Chi Minh
City 4

합받는 인구가 100만 명 이상인 지역
합받는 기반시설 가치가 1조 달러 이상인 지역

합받는 인구가 100만 명 이상인 지역
합받는 기반시설 가치가 5천억~1조 달러인 지역

힘에 처하게 되는 다른 주요 항구들

= 현재 해수면으로부터의 높이(미터)를 뜻한다.

han on Geopolitics

해수면이 10미터 상승할 경우 위협받는 도시들

사라지게 된다. 이들과 더불어 물에 잠기는 나라에는 방글라데시도 있
는데, 1억 8천만 인구가 갈 만한 곳이라고는 안 그래도 빈곤한 인도와
이집트밖에 없다. 이집트에는 인구의 절반 이상이 나일 강 삼각주에
살고 있는데, 이 삼각주는 현재 가까스로 해수면보다 높은 위치에 있
다. 5,000만 이집트인들은—카이로 인구 대부분을 포함해—나일 강 상
류의 좁은 유역으로 이주해야 하는데 이 지역은 이들 가운데 4분의 1
도 수용하기 어렵다. 파도 밑으로 가라앉을 다른 주요 도시들에는 바
스라(이라크), 방콕, 베니스, 포트하커트(나이지리아의 석유수출 항구도
시)가 있다. 베트남의 호치민 시와 세계에서 가장 생산성 높은 쌀 생산

지역인 메콩 삼각주 대부분도 사라지게 된다. 아프리카 북부 연안 전체가 기근에 직면하면서 남유럽 말고는 갈 곳 없는 난민이 대거 속출한다. 남유럽은 이미 경제적으로 또 기후변화 때문에 엄청난 압박을 받고 있는데 말이다.

물이 아니라 굶주림에서 벗어나려는 사람들이 직면하게 될 위협은 조금 덜 끔찍하다. 우랄 산맥 동쪽에 사는 러시아 농업 인구는 시베리아를 버리고 유럽 쪽 러시아로 이주하는 수밖에 없다. 이베리아 반도 국가들은 식량을 자급자족하는 역량을 잃게 되고 의지할 데라고는 프랑스밖에 없다. 이탈리아 남부 지역의 인구는 대거 북쪽의 포 강 유역으로 향하게 된다. 오스트레일리아 농지는 대부분 해안 인근에 위치해 있는데, 대부분 사라지면서 오스트레일리아 대륙 대부분의 지역이 텅텅 비게 된다. 브라질은 거의 모든 주요항구를 바다가 삼켜버리게 되고, 해안지역에 사는 사람들은 내륙으로 이주하면서 거의 세상으로부터 벽을 쌓게 된다.

주요 국가들 가운데 가장 많은 피해를 보는 나라는 단연 중국이다. 톈진 광역 지역, 상하이, 홍콩 등 산업화된 지역은 해발 16피트밖에 되지 않는다. 톈진과 상하이를 둘러싸는 농경 지대는 위도, 경도, 고도의 범위가 매우 좁은 미기후(微氣候, microclimate) 지역이다. 기후가 조금만 변해도, 쌀이든 밀이든 엄격하게 단일경작 농법으로밖에 농사를 지을 수 없는 토지의 생산성에 큰 타격을 주게 된다. 이러한 지역들이 중국 수출 활동의 3분의 2를 담당하고 있다. 게다가 위협받는 지역에 사는 1억 중국인은 내륙 지역인 화베이 평원으로 향하는 도리밖에 없다. 이미 정치적, 경제적으로 심각한 곤경에 처해 있는 지역으로 말이다.

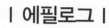

| 에필로그 |

미국의 시대

The American Age

자 …바로 이게 미래의 모습이다. 우리 모두가 세상을 떠나고 한참 지난 뒤의 머나먼 미래가 아니라 앞으로 15년 동안 우리가 직접 겪을 미래다.

더 죽여주는 사실은 이 모두가—자유무역 질서의 해체, 세계적인 인구 역전 현상, 유럽과 중국의 붕괴—그저 덧없이 한순간에 지나가게 된다는 점이다. 2015년부터 2030년까지의 기간 동안에는 낡은 냉전시대의 질서가 완전히 씻겨 내려간다. 그러나 역사의 종말이 아니다. 다음 역사를 새로 쓰기 위해 판을 새로 까는 셈일 뿐이다.

그 다음에 전개될 일이 참으로 놀랍다.

만인에 대한 만인의 투쟁이라고 할 2015년부터 2030년까지의 시대는 21세기 가운데 미국중심적인 특성이 가장 약한 시기일지도 모른다. 2030년 무렵이면 세 가지 사건이 발생하는데, 이로 인해 세계는 확실히 미국의 만만한 봉 신세가 된다.

첫째, 이 15년 동안 미국을 제외한 세계 각국은 지난 브레튼우즈 체제가 남긴 찌꺼기들을 서로 차지하려고 물어뜯고 싸우게 된다. 원자재 확보 전쟁, 시장 확보 전쟁, 해군력 구축 경쟁이 여기저기서 터진다. 여러 가지 문제—특히 인구 문제—를 안고 있는 나라들은 새로운 기술에 힘입어 여전히 서로에게 화풀이할 역량 정도는 있다. 혹시 드론—최소한의 인력만으로 큰 타격을 입히는 기술—을 미국만 사용하리라고 생각하는 사람이 정말 있을까? 드론으로 인해 새롭고 흥미진진하고 끔찍한 광경이 초래된다. 그리고 그로 인해 완전히 초토화되거나 폐허로 변할 지역들이 적지 않게 된다. 미국이 경쟁자로 여기는 모든 나라들—러시아, 중국, 유럽연합이 미국의 경쟁자 목록 최상위에 올라 있다—이 얼마나 허약한 토대와 치명적인 약점을 가지고 있는지가 만천하에 드러나게 된다.

둘째, 이 모든 혼돈과 파괴를 미국은 거의 무사통과하게 된다. 미국은

15년 동안 투쟁과 고통과 결핍에 시달리기는커녕 안정적인 시장과 지속적인 에너지 공급에 힘입어 꾸준한 성장세를 이어간다. 2014년 현재, 미국은 이미 타의 추종을 불허하는 압도적인 강국이다. 2030년 무렵이면 미국은 절대적으로도, 상대적으로도 무지막지하게 막강해지는데, 다른 나라들은 그저 현상유지에 급급하고, 대부분은 국가로서 실패하게 된다. 미국은 외부로부터의 침략도 겪지 않고(오히려 미국이 한두 차례 침략을 감행할지도 모른다), 해상 교역로에서 벌어지는 전쟁을 멀찌감치 떨어져서 지켜보게 된다(약간 발을 담글지도 모르겠다). 미국은 왜 갑자기 너도나도 미국 화폐를 확보하려고 안달인지 어리둥절하게 된다(그렇지만 기꺼이 달러를 공급한다). 미국은 싸우고 싶은 싸움을 입맛대로 취사선택하거나 아예 세상일에 관여하지 않고 여유를 부리게도 된다.

셋째, 미국의 인구 구조는 두 번째로 역전된다. 2030년 무렵이 되면 베이비붐 세대에서 가장 고령층이 84세가 되지만, 2040년 무렵이면 베이비붐 세대에서 가장 젊은층이 76세가 된다. 2007년에 정부의 등골을 휘게 만들기 시작한 재정적 부담은 거의 덜게 된다. 베이비붐 세대가 비우고 떠난 널찍한 공간으로 새내기 은퇴자 X세대—그 시점에 61세에서 75세 사이의 연령대가 된다—가 입주하게 된다. 베이비붐 세대의 자녀인 Y세대는 40세에서 60세 연령대가 된다. Y세대가 집단으로서 창출하는 소득 덕분에 미국의 재정이 다시 한 번 현금으로 두둑해진다. 15년 동안 점점 더 긴축예산을 집행한 끝에 미국 정부의 재정 불균형은 완전히 해소된다. 베이비붐 세대를 부양해야 했던 길고 어두운 터널을 빠져나와 정부 재정은 다시 밝은 빛을 보게 된다.

그리고 미국은 초토화되어 황무지로 변한 세상을 목격하게 된다. 2040년 무렵이 되면 많은 개발도상국들이 바로 한 세대 전에 유럽이 겪었던 파괴적인 인구 구조에 들어서게 되고 고통스러운 노후를 향해 절뚝거리며 다가가게 된다. 여기서 예외인 나라가 하나 있다. 중국이다. 중국은 이들보다 먼저 그 지경에 처하게 된다. 2040년 무렵이면 중국인 평균 연령이 47세인 데 반해 미국인의 평균 연령은 겨우 40세다. 그때쯤이면 미국은, 지금 일본을 한물 간 나라로 보듯이, 중국을 한물 간 나라로 여기게 된다. 그나마도 중국이 여전히 형체를 알아볼 수 있을 정도의 중국으로 존재한다는 전제 하에서 말이다. 외부로부터의 위협이 전무한 상황에서 미국은 안으로 눈을 돌리게 된다.

확실히 이런 미래를 맞으려면 미국은 어떻게 해야 할까? 손가락 하나 까딱하지 않아도 된다. 지리적 여건이 미국에게 필요한 것은 뭐든지 부여했다. 중국과 유럽은 추락하고 곧 자취를 감추게 된다. 러시아는 제풀에 무너진다. 이란은 자기 나름의 이유로 중동을 이리저리 휘저어 놓는다. 미국의 인구 구조는 저절로 회복되지만, 다른 나라들은 인구 구조를 바꾸려고 혼신의 노력을 다한다고 해도 2035년은 되어야 긍정적인 효과가 얼핏이라도 나타나게 된다. 나머지는 셰일이 다 알아서 한다. 미국의 힘은 얼떨결에 생겼을지 모르지만, 그래도 힘은 힘이다. 게다가 상당히 오랜 세월 동안 유지될 힘이다.

간단히 말해서 세계는 그야말로 지옥을 향해 가는데 미국은 여기서 쏙 빠지게 된다.

세월이 지나면 내가 틀렸다는 게 증명될 거라고? 2040년에 여기저기 수소문해서 내게 연락해라. 그때 다시 얘기하자. 그때면 내 나이가 예순여섯인데 아마 베이비붐 세대 뒷바라지 하느라고 때늦은 은퇴를 학수고대하고 있을 게다.

날 찾아올 때는 구미당기는 술 한 병 사들고 오시길.

| 감사의 말 |

나 같은 멍청이를 뒷바라지하느라고 온 마을이 총동원되었다.

여기 그 마을 사람들 가운데 일부를 소개한다.

마을 한 귀퉁이에서 조금도 틀림없이 무자비할 정도로 집요하게 사실 확인 작업을 해준 매트 파워스와 멜리사 테일러가 있다. 두 사람은 내가 바보처럼 보이지 않도록 하기 위해 탁월한 역량을 발휘해주었다. 고지대에 있는 우아한 농장 스타일의 저택에 사는 열정적인 자료조사의 여신 어시너 셀림은 이 책 말고도 수없이 많은 저술 작업을 나와 함께 했다. 아쉽지만 이제 어시너에게 작별을 고한다. 온갖 알파벳 약자로 불리는 미국 정보 기구들이 암약하는 소용돌이 속으로 뛰어드는 그녀가 자랑스럽다.

그래픽 아티스트들은 나의 작업을 세련되게 단장하느라 바쁘다. 알프 파도는 하나의 개념에 모든 것을 집약하는 그래픽의 달인이고, 애덤 스미스는 서로 겹치고 얽히고설킨 세부사항들을 일목요연하게 만드는 한편, 벤저민 슬랫지는 웹을 예술로 표현한다. 그는 숫자도 예뻐 보이게 하는 재능이 있다.

유치원 놀이방이기도 하고 싱크탱크이기도 하고 목숨을 건 〈헝거 게임 (Hunger Games)〉 한판 승부가 펼쳐지는 곳이기도 한 널찍한 캠퍼스는 12년째 내 안식처인 민간 정보기업 스트랫포(Stratfor)다. 이곳의 지적인 역동성 덕분에 이 책에 담긴 많은 개념들이 벼려졌다(그리고 수많은 개념들이 무자비하게 용광로 불구덩이 속에 던져졌다). 이토록 야릇하게 아름답고 놀랍도록 무서운 석학들 틈바구니에서 일한 적이 또 있었나 싶다.

아주 점잖고 격조 있는 동네에 둥지를 튼 여러 사람들이 서로에게 나를 소개해주었고 이들이 『21세기 미국의 패권과 지정학』의 출간이 실현되도록 해주었다. 빅스피크(BigSpeak)의 베럿 코데로는 내가 대중을 상대로 하는 전문 강연자로서 화술을 연마하는 데 도움을 주었고 나를 모나코 어소시에이츠 소속 홍보전문가인 캐롤린 모나코에게 소개해주었다. 나는 캐롤린이 찾아낸 저드 라기 에이전시의 저드 라기와 함께 책을 출간하는 아이디어를 탐색했고, 저드는 나를 해체츠 트웰브(Hatchette's Twelve)의 임프린트에서 일하는 션 데스먼드와 연결해주었고, 이 출판사에서 이 책이 날개를 달았다. 위험을 감수하고 나를 믿어준 베럿, 홍보에 관한 한 총체적인 젬병이인 나를 한없이 인내해준 캐롤린, 봐야 할 곳을 정확히 짚어내는 저드, 이 모두를 실제로 가능케 한 션에게 감사 또 감사하다.

그리고 대부분의 멍청이들이 그러하듯이, 마을 변두리에서 사는 내 곁에는 입바른 소리를 해주고 진득하니 나를 견뎌주는 변함없이 든든한 단 한 사람, 웨인 워터스가 있다.

| NOTES |

01 우리가 안다고 착각하는 세상

1. 이 부문에서는 영국이 여전히 미국을 훨씬 앞선 1위 자리를 굳건히 지키고 있다는 사실을 안다면 영국에 호감을 지니고 있는 사람들은 매우 흡족해할 것이다.

02 이집트: 이리저리 이동하는 기술

1. 너무 가혹하게 비난하지 말기 바란다. 3500년 전 일인 데다가 요르단 강과 유프라테스 강을 발견하기 전까지만 해도 이집트인들은 북쪽으로 흐르는 나일 강 말고 다른 강은 본 적이 없었다.

2. 고대 이집트에서는 문명이 영원히 안정적으로 지속되리라는 생각이 깊이 뿌리를 내리고 있었기 때문에 고대 이집트 학자들은 윤년에 추가로 하루를 보태지 않았다는 사실을 깨닫고는 역법(曆法)을 조정하는 대신에—해마다 0.25일씩 짧아지는—역법이 한 주기를 돌 때까지 기다리는 게 낫다는 결론을 내렸다. 한 주기를 도는 데 1,461년이 걸린다. 그런데 막상 그날이 오자, 이집트 지도층은 역법을 조정하지 않았다. 그들이 보기에 역법을 조정하지 않았는데도 과거 1500년 동안 별 탈이 없었기 때문이다. 그리스가 이집트를 점령하고 나서야 이집트인들은 강제로 정확한 역법을 채택하게 되었다.

3. 로마제국의 절정기에 수도 로마는 밀 소비량의 대부분을 이집트 산으로 충당했다.

03 기술혁명: 원양 항해와 산업화

1. 정부의 정통성이 널리 인정되면서 산업화된 유럽에서는 레닌이 공산주의자들을 물색하는 데 재미를 보지 못했다. 물자 부족에 시달리던 제1차 세계대전 당시조차도 독일인은 30년 전보다 훨씬 잘살았다. 레닌은 생활수준이 정체되어 있거나 하락한 나머지 혁명적인 조치라도 기꺼이 시도해보려는 사람들을 물색

하려면 산업혁명이 아직 일어나지 않은 지역을 찾아 헤매야 했다.

04 우연히 등장한 초강대국

1. 여기서부터는 "운항 가능한 강"이라는 용어는 적어도 연중 아홉 달 동안 흘수 (draft)가 9피트가 되는 배를 띄울 수 있는 강을 지칭한다.

2. 대부분의 경우, 세계가 경제적으로 서로 연결된다고 해도 이와 같은 종류의 문화적 교류를 촉진하지 못한다. 개개인들 간의 상호교류가 그다지 활발하게 일어나지 않기 때문이다. 강의 수로를 기반으로 형성된 문화가 통일성을 띠는 이유는 개개인들의 접촉과 경제적 상호의존성이 복합적으로 작용하기 때문이다. 따라서 미국 건국 초기에 가장 통합 수준이 낮았던 지역이 남부 지역이었다는 사실은 놀라울 게 없다. 이 지역의 강들은 북유럽의 강들과 마찬가지로 바로 바다로 흘러 들어가기 때문에 연방보다는 지역적 정체성을 더 강하게 띠었다. 마찬가지로 오늘날 태평양 연안의 주들은 로키 산맥 동쪽에 위치한 주들과 문화적으로 이질적인 성향을 보인다는 사실도 주목할 만하다. 이 지역은 외국과의 통합만큼이나 미국 내 나머지 지역들과 통합하기 어려운 지역이다. 그런데 이 지역과 마찬가지로, 바로 이웃한 캐나다의 밴쿠버도 캐나다의 나머지 지역들과 통합하기 끝내주게 어려운 지역이다.

3. 뒤에서 이러한 지역들—특히 유럽의 북부 평원, 러시아 곡창 지대, 갠지스 강 유역, 중국 북부의 화베이 평원—몇 군데를 다뤄보도록 하겠다.

4. 강둑이 해안보다 자본을 창출하는 데 유리한 이유도 이 때문이다. 엄청난 위력의 허리케인이 불어닥치지 않는 다음에야 강이 운항 불가능해지는 경우는 드물 뿐만 아니라 강은 조수간만의 차에도 전혀 영향을 받지 않는다. 게다가 강은 그 정의상 둑이 양쪽에 있기 때문에 항구로 쓸 수 있는 면적이 두 배다.

5. 세인트로렌스 강에서 연중 운항 가능한 최북단 물목은 퀘벡 시에 있다. 강이 얼지 않았을 때는 화물이 몬트리올까지 도달할 수 있지만 말이다. 그러나 몬트리올을 벗어나면 여울과 급류와 그 유명한 나이아가라를 비롯해 폭포를 우회하기 위해 대규모 토목공사가 필요하다.

6. 대출신청자는 대출을 받고자 하는 은행에 계좌를 만든 다음 담보대출액의 한

달치 할부상환액에 해당하는 금액을 몇 년 동안 부어야 은행이 담보대출을 해준다.

7. 마차로는 여섯 달, 배로 남미를 돌아서 가면 석 달 남짓 걸렸다.

8. 이 두 해협을 중심으로 일본과 아시아 대륙이 분리된다.

05 지정학을 매수(買收)하다

1. 미국이 수적인 우세를 누리지 못한 전투 가운데 하나는 미국의 해군력이 무용지물이었던 전투이기도 한 게 놀랄 일이 아니다. 바로 벌지전투(Battle of the Bulge)다. 이 전투는 또한 미국이 가장 많은 부상자(81,000명)와 가장 많은 사망자(10,000명)를 낸 2차 대전 전투라는 점도 두드러진다.

2. 그로부터 20년 후 베트남 전쟁에서 미국이 뼈저리게 경험했고, 그로부터 40년 후 이라크에서 또다시 뼈저리게 경험했듯이 말이다.

06 인구 구조의 격변

1. 한 세대를 구분할 때 언제부터 언제까지 출생한 이들로 규정해야 하는지 그 방법은 저마다 다르다. 나는 이렇게 구분한다. 1946-64년 사이에 출생한 베이비붐 세대. 1965-79년 사이에 출생한 X세대. 1980-99년 사이에 출생한 Y세대(밀레니얼 세대로도 불린다). 2000-2019년 사이에 출생한(출생할) Z세대(포스트-밀레니얼 세대로도 불린다).

2. 미국(그리고 다른 나라들)이 연금이 부족해질 상황을 걱정하지 않아도 된다는 얘기는 절대 아니다. 모두 다 걱정해야 한다. 그러나 절대적으로도 상대적으로도 세계 역사상 이 정도 규모의 금융자산을 보유한 인구 집단은 없었다. 이 집단은 존재 자체만으로 국가 정치뿐만 아니라 세계 경제까지도 바꾸어놓았다.

3. 이런 믿음이 너무나도 뿌리 깊어서 이 책이 많이 팔리리라는 기대를 해본다.

4. 이것이 바로 금융계에서 오로지 수익률만 보고 묻지마 투자하는 "수익 꽁무니 쫓기(chasing yield)"라고 일컫는 악명 높은 현상이다. 투자처를 찾는 자본이 너무 많아서 수익률을 단 1-2퍼센트라도 올릴 수만 있다면 고부채율, 담보부재, 낮은 신용이력, 회계부정, 사기, 국가개입, 채무불이행, 절도, 그밖에 심각

한 문제로 간주될 수 있는 심상치 않은 경고신호는 묻지도 따지지도 않고 투자를 하는 경향을 뜻한다.

07 셰일(Shale)의 부상

1. "석유(Petroleum)"는 모든 유형의 원유, 천연가스, 프로판 등과 같이 원유와 관련된 액체들을 모두 포괄하는 개념이다. 이 용어를 사용하면 모든 형태의 석유를 일컫는다고 보면 된다. 원유나 천연가스처럼 보다 구체적인 특정 상품을 별도로 거론할 때는 특정한 상품을 지칭하는 용어를 사용하겠다.

2. 이런 층들은 보통 지표면에서 2,000피트 이상 깊은 곳에 있다. 또한 소금기가 있는 지하수는 해수와 서로 대체해 사용할 수 없다는 점을 주목하기 바란다. 해수에는 수많은 유기체들이 살기 때문에 강력한 여과과정을 거치지 않고는 파쇄에 쓰기에는 부적합하다.

3. 유정의 깊이를 "평균" 내기 불가능하듯이 필요한 물의 양도 평균치를 계산하기가 불가능하다. 지리적인 여건이나 기술적인 요인—침투성, 진흙, 이회질, 파쇄 회수, 천공의 깊이 등등—이 천차만별이기 때문에 유정에서 필요한 물의 양은 200만 갤런에서 1,200만 갤런까지 천차만별이다. 물을 운송하는 트럭은 용적량이 보통 5,500에서 11,600갤런이므로 시추 현장에서 파쇄액을 섞을 수 있다면 유정 하나당 물을 실어 나르기 위해 트럭으로 90에서 180회 정도 왕복할 필요가 없어지는 셈이다.

4. 현재 미국 도시에서 수원(水源)이 가장 깊은 곳은 사우스다코타 주 래피드 시티로서 1,700피트다.

5. 이와 같이 파쇄할 지역의 집중도가 높아지면 안전 문제만 개선되는 게 아니다. 파쇄할 지역이 한 곳에 몰려 있으면 석유가 집중적으로 모여 있는 암석이 위치한 아주 국지적인 영역에 집중적인 충격을 가하면 되고 그 너머까지 광범위하게 파쇄 작업을 할 필요가 없다.

6. 환경보호청은 수 년 동안 셰일 산업의 현황과 안전에 대해 대대적인 보고서를 작성해왔다. 이 보고서의 발표는 여러 번 지연되었다. 완성도가 떨어진다는 이유에서였다. 어쩌면 정치적인 이유 때문에 발표가 지연되고 있는지도 모른다.

최종 보고서가 발표되면 환경보호청이—더불어 오바마 대통령도—셰일 산업이 안전하다고 승인해주는 결과가 되기 때문일 가능성이 매우 높다. 그러면 오바마 행정부와 환경보호운동을 하는 진영 간에 불협화음이 생기기 때문이다. 내가 장담컨대 이 보고서는 2014년 3월에 발표될 예정이었지만, 틀림없이 11월 중간 선거 이후까지 발표가 금지된다.

7. 그런데 건강에 아무 이상 없다.

8. 대출 이자율이 5퍼센트에서 9.5퍼센트로 인상되는 데 따르는 순 효과다.

9. 지질에 따라 사용하는 파쇄액의 종류가 다 제각각이다.

10. 구체적인 유정의 수를 보여주는 자료는 매우 부정확하다. 통보는 자발적으로 하게 되어 있는 주가 대부분이고, 시추하는 기업들이 석유를 생산하려고 시추하는지 아니면 천연가스를 생산하려고 시추하는지 여부를 반드시 밝힐 필요가 없다. 이 구절에 소개된 자료는 미국에서 주요 셰일생산기업으로 손꼽히는 GHK 컴퍼니즈에서 제공한 자료다.

11. 이 가운데 가장 잘 알려진 게 에탄, 프로판, 부탄이다.

12. 일자리 창출과 관련된 자료는 모두 시티뱅크가 2011년에 발간한 〈글로벌 퍼스펙티브즈 앤드 솔루션즈 애널(Global Perspectives and Solutions Annal)〉 74-90쪽에서 인용했다. 현재 미국연방정부는 셰일이 노동시장에 미치는 영향에 대해 어떤 통계도 내놓지 않고 있다.

13. 환경보호주의자들도 이 사실을 잘 알고 있다. 그들이 쓴 보고서에 있는 내용이다. 미국에 있는 대부분의 환경단체들—특히 시에라 클럽(Sierra Club), 천연자원방어위원회(Natural Resources Defense Council), 투자자 환경건강네트워크(Investor Environmental Health Network)—은 일찍이 2012년 셰일 개발에 찬성하는 로비활동을 은밀히 했다. 미국에서 사용하는 연료 가운데 석탄을 시장에서 밀어내버리기 위해서였다. 셰일이 대대적인 성공을 거두어 풍력과 태양광 에너지 개발을 위협한다는 사실을 깨달으면서부터 이 단체들의 태도가 돌변했다.

14. 흥미로운 사실은 이렇다. 셰일이 물을 많이 쓴다는 부정적인 여론에도 불구하고, 또 셰일이 미국 석유 생산의 대부분을 차지한다는 사실에도 불구하고, 미

국에서 진행되고 있는 셰일 개발 프로젝트들을 모두 합해도 골프장보다 물을 덜 쓴다.

15. 미국의 석유 수요를 줄이는 데 기여하는 요인은 이것 말고도 있다. 인구 구조도 한몫을 한다. 은퇴할 예정인 인구는 은퇴한다. 그냥 집에 가만히 있거나 손자들 돌보는 사람들은 출퇴근하고 일하느라 여기저기 돌아다니는 사람들보다 에너지를 훨씬 적게 소비한다. 유가는 7년 연속 배럴당 100달러 근처에서 맴돌고 있고, 너도나도 에너지 비용을 낮추는 기술을 도입하느라 애쓰고 있다. 허머(Hummer)를 하이브리드 자동차로 바꾸고, 태양광 패널을 설치하고, 낡은 창문을 이중창문으로 바꾸고, 백열등을 형광등 전구로 교체하고, 바닥에 복사열을 이용하는 바닥재를 깐다. 이 모든 행동이 지난 10여 년 동안 유가에 영향을 미쳤다. 이런 현상을 전문용어로 "수요 파괴"라고 하는데, 이미 미국 석유 수요의 11퍼센트—하루에 250만 배럴—이상이 줄었다.

16. 셰일 석유와 함께 생산되는 천연가스를 손해보고 판다고 해도 1,000세제곱 피트당 다만 몇 달러라도 건지는 게 한 푼도 못 버는 것보다는 낫다.

08 다가오는 세계 무질서

1. 뭔 개소리냐고 하겠지만, 농담이 아니다.

2. 중국은 지난 수 년 동안 시멘트, 구리, 철광석, 양철, 납 같은 여러 가지 산업원 자재 최대 수입국 지위를 유지해왔고, 2012년에는 미국을 앞지르고 세계 최대 석유수입국이 되었다.

3. 이 기간 동안 상당히 젊은 인구 구조를 유지할 개발도상국들이 몇 나라 있지만, 이들은 세계에 자본을 제공하는 나라들이 아니다. 여유 자본을 창출한 40대와 50대 인구가 존재하려면 우선 근로자의 1인당 소득이 충분해서 대규모 저축을 고려할 정도의 산업화 수준에 도달해야 한다. 개발도상국들 가운데는 이 수준에 도달한 나라가 하나도 없다. 그리고 이들이 지난 20년 동안 보인 평균성장률이 지속된다고 해도, 2025년까지 그 수준의 산업화에 도달할 나라는 하나도 없다. 세계 주요 경제국가들 가운데 예외적인 나라가 하나 있는데 바로 사우디아라비아다. 그러나 사우디아라비아의 저축은 장년층 근로자가 마련하

는 노후자금이 아니라 석유판매 소득에서 비롯된다.

4. 스위스아미나이프를 생각해보라. (가위를 비롯해) 대여섯 가지 연장이 경첩으로 고정되어 있고 돋보기, 열쇠고리가 달려 있으며 양쪽 곁에 플라스틱 덮개가 있는 게 기본적인 모델이다. 모두 열일곱 개 부품으로 구성되어 있다. 현재의 3-D 프린팅 기술로 돋보기와 덮개만 빼고 전부 한 번에 출력된다. 게다가 프린터에서 조립된 상태로 출력된다.

09 동반자들

1. 무한히.

2. 중국이 최근 상품교역에서 멕시코를 밀어내고 2위를 차지했지만, 서비스 부문을 포함하면 멕시코와 캐나다가 여전히 미국의 2대 교역상대국이다.

3. 국제원자력기구(IAEA)는 연구실에서 핵무기에 이용 가능한 조건을 충족시키는 우라늄 소량을 (여러 차례) 제조한 한국을 (여러 차례) 질책했다. 한국이 이런 행동을 하는 이유는 국제기구의 제재라는 위험을 무릅쓰는 위험을 즐기든지, 아니면 핵무기 만드는 데 필요한 기술을 계속 연마하고 싶어서든지 둘 중하나다.

10 선수들

1. 정말이다. 그 주제로 책을 쓴 사람을 도와준 적이 있다.

2. 아, 이게 과장이었으면 얼마나 좋겠냐마는…유감스럽게도 사실이다.

3. 사우디아라비아는 미국이 자국에 기꺼이 판매한 최고의 하드웨어를 사들이는데 수십억 달러를 썼지만 그걸 사용할 인력을 양성하지 않는다. 아브람스 탱크와 아파치 헬리콥터까지 완비한 무기체계는 포장도 뜯지 않은 채 에어컨이 가동되는 창고에 처박혀 있다. 사우디아라비아의 전략은 이렇다. '우리나라가 직접 위협을 받게 되면 미국이 군사력을 파견해서 우리가 사들인 미국 무기를 이용해 우리나라를 지켜주겠지.' 브레튼우즈 체제가 작동하는 세계에서는 꽤 영리한 전략이다. 그러나 브레튼우즈 협정이 와해된 세계에서는 그 많은 군사장비는 죄다 무지하게 비싼 문진(文鎭)일 뿐이다.

4. 중국은 14장에서 심층적으로 다루겠다.

5. 세계정세의 분위기에 따라 이들은 자유의 투사로, 무자헤딘으로, 또는 이슬람 테러리스트로 불린다.

6. 상황이 얼마나 험악한지에 대한 데이터를 제공해주는 최상의 출처는 Iraq bodycount.org.

7. 아르메니아에 주둔하고 있는 러시아 군은 대부분 아제르바이잔과 터키에 대한 군사적 인계철선 역할을 한다. 반면 조지아에 주둔하는 러시아 군은 분리주의 운동을 하는 두 지역—아브카지아와 남 오세티아—이 조지아로부터 독립을 유지하도록 돕는다.

11 역사가 반복되는 유럽

1. 민간 기업이 이와 비슷한 행동을 했다면 독점금지법 위반으로 유럽에서(그리고 미국에서도) 불법으로 간주되었을 것이다.

2. 제1차 세계대전, 제2차 세계대전, 1870-1871년 프랑스-프러시아 전쟁, 1866년 오스트리아-프러시아 전쟁, 1848-1851년 그리고 1864년에 일어난 슐레스비히 전쟁.

3. 제1차 세계대전 후 폴란드의 지도자 유제프 피우수트스키가 제안한, 폴란드를 중심으로 한 중부 유럽 연방 체제로서 이 구상은 폴란드어로는 '미엥지모제'로, 라틴어로는 바다와 바다 사이를 뜻하는 '인터마리움(Intermarium)'으로 불린다(옮긴이 주).

12 앨버타 문제

1. 살바도르 출신인 내 처제가 세 번째 시도 끝에 성공적으로 미국으로 건너온 때가 열세 살이다.

2. 캐나다 정치체제를 잘 아는 사람들은 여기서 좀 혼란스러울지도 모른다. 캐나다에서는 "연방(federal)" 정부를 "confederal"이라고 하고 "단일(unitary)" 정부를 "federal"이라고 한다. "단일"에 해당하는 정치적 용어는 캐나다에는 없다.

3. 가장 최근 들어 1998년에는 캐나다 대법원이 그러한 투표가 합당할 뿐만 아니라 가결되면 다른 지방들과 중앙정부는 분리 독립하기로 결정한 지방과 협상을 해서 독립이 효력을 발휘하도록 할 의무가 있다고 판결했다.

4. 앨버타 주의 1인당 소득은 85,000(미국)달러로 룩셈부르크를 빼고 그 어떤 지역보다 높다.

5. 이 책을 쓰는 현재 국무부의 승인만 빼고 키스톤 송유관 건설에 착수하는 데 필요한 모든 인가는 떨어졌다. 앨버타가 미국의 주라면 국무부의 승인은 필요 없게 된다.

6. 메릴랜드, 알래스카, 뉴저지, 코네티컷, 매사추세츠, 뉴햄프셔, 버지니아, 하와이, 그 다음이 텍사스다.

7. 엄밀히 말해서 이 지역들은 여전히 북서부 준주(準州, Northwest Territories)와 연결되어 있겠지만, 준주에는 태평양 연안의 주들을 온타리오 중심부와 연결해주는 이렇다 할 기간 시설이 없다.

13 북미 마약 전쟁

1. 미국은 100만 명 넘는 도시 지역이 55개, 댈러스-포트워스, 미니애폴리스-세인트폴, 샌프란시스코-새너제이를 둘로 나누고 샌후안을 포함시키면 50개다.

2. 미국에는 이런 지역이 10개 있다.

3. 이와는 대조적으로 미니애폴리스는 멕시코시티보다 내륙 쪽으로 일곱 배 더 들어가 있지만 고도는 겨우 10분의 1밖에 되지 않는다.

4. 미국의 액화천연가스 공급업체인 세니에르(Cheniere)가 멕시코 만으로 흘러들어가는 사빈 호수의 하구인 사빈 패스(Sabin Pass)에 건설하려는 시설이 2013년에 착공되었고, 2016년에 가동될 예정이다.

5. 초창기에 미국은 미국 중부 미주리 주의 인디펜던스에서 서부 캘리포니아 샌타페이에 이르는 교역 도로인 샌타페이 트레일(Santa Fe Trail)에서 이를 무자비하게 이용했다. 미국 공산품은 샌타페이(당시에는 멕시코에 있던 도시)로 운송되었고 이를 통해 우리가 현재 미국의 남서부로 알고 있는 지역 전체가 미국에 경제적으로 의존하게 되었다. (당시에 미국이 이 트레일을 개척했고 멕시코

는 여전히 스페인 제국의 영토였다.) 그로부터 35년 후 멕시코-미국 전쟁이 일어났을 때, 인구가 희박했던 그 지역 대부분은 미국의 경제적, 문화적 영향권에 너무나도 깊숙이 들어와 있어서 주민들은 미국 편에서 전쟁을 치렀다. 그 결과로 얻은 게 지금의 캘리포니아, 뉴멕시코, 애리조나 주이고 이들은 미국의 영토로 전환되었다.

6. 이와는 대조적으로 포트폴리오 투자자들은 멕시코를 사업하기 짜증나고 두렵고 역겨운 곳으로 여긴다. 지역 토호들의 영역다툼이 금융 부문에서도 기승을 부리기 때문이다. 지역 토호들은 자기가 장악한 지역에서 자기가 소유한 은행을 통해 자기가 추진하는 프로젝트에 융자를 받는다. 지역 토호들은 추가로 남의 자본을 빌려야 할 필요가 생기면 또 다른 지역 토호가 운영하는 금융기관에서 융자를 받기보다는 외국인과 협력하려 할 가능성이 훨씬 높은데, 그러면 이 외국인은 정치적, 경제적, 사회적으로, 또 노동력과 토지 사용 등에서 지역 토호의 볼모로 잡힌다. 그렇기 때문에 멕시코의 주식시장은 형편없이 부실하고, 좌우의 극심한 분열로 과도하게 규제를 받고 있다. 멕시코는 그동안 변화를 주도하기는커녕 생각조차 하지 못했다. 그러나 변하지 않으면 앞으로도 멕시코에서의 외국인직접투자는 과거와 똑같은 형태를 띠게 된다. 외국인직접투자는 공장 시설, 기간 시설, 노동에는 직접 투자하지만 멕시코 주식 시장, 증권 시장, 또는 금융업에는 거의 손을 대지 않게 된다.

7. 온두라스, 니카라과, 엘살바도르, 벨리즈, 코스타리카 등 중앙아메리카 국가들은 본질적으로 멕시코시티 광역지역이 존재하지 않는 멕시코나 마찬가지로서, 개발이 불가능한 영토라는 저주를 받은 도시국가들이다. 하등에 쓸모없는 지형인 파나마도 지속적으로 자본을 유입해주는(그리고 마약밀매로 돈을 벌어들이는) 운하가 없었다면 똑같은 처지에 놓였을지 모른다.

8. 2014년 현재, 마이애미는 여전히 남미 코카인이 밀반입되는 주요 지점이다. 대부분은 베네수엘라를 통해 소앤틸리스제도를 거쳐 도미니카공화국과 아이티를 경유한 다음 푸에르토리코(미국령)나 마이애미에 도달한다. 미국과 쿠바의 철저한 단속 때문에—미국과 쿠바 간의 마약단속 공조가 아마 두 나라 관계에서 가장 긍정적인 면이리라 생각된다—기껏해야 커다란 선박이나 관광용 경

비행기에 소량 숨겨서 들여오므로 비싼 비용을 들이고도 한 번에 소량밖에 밀반입하지 못한다. 이러한 유통경로는 〈마이애미 바이스〉가 인기 절정이던 시절의 희미한 그림자다. 작은 선박에 코카인을 가득 채워 마이애미 항구로 들어오거나 에버글레이즈 근처에 정박하던 시절은 지나간 지 오래다. 여전히 남미에서 엄청난 양의 마약이 물길이나 하늘 길을 통해 미국을 향하지만 미국에까지는 못 미친다. 이 마약은 대부분 중앙아메리카나 멕시코 남부 지역에서 땅을 밟은 후 카르텔이 장악한 육로 공급망을 통해 유통된다.

9. 내가 살펴본 연구 자료들에 따르면, 불법마약을 합법화해봤자 재정적으로는 이득이 없다. 사법당국의 단속 비용이 절약된다고 해도 의료비 지출이 늘어나고 근로자의 생산성이 손실되기 때문이다. 게다가 대부분의 연구는 마약을 합법적으로 매매할 시장이 생기면 암시장은 사라진다고 전제하고 있다. 유감스럽게도 합법적이고 당국이 규제하는 마약유통 체계에서는 암시장보다 훨씬 최종가격이 높게 책정되므로 비용을 조금이라도 줄이기 위해서 암시장이 나란히 존재하게 된다. 마리화나 같은 연성 마약의 합법화는 수지타산이 맞는 정책일지 모르지만, 코카인 같은 경성 마약의 합법화는 해결하는 문제보다 새로 발생하는—금전적 문제를 비롯해 여러 가지—문제들이 더 많기 때문에 이득보다 손실이 더 많다. 카르텔의 경우 마약을 합법화하면 흥미로운 가능성이 열린다. 카르텔들은 공급과 운송경로를 두고 서로 다투는데, 합법적인 공급과 운송 체제가 생기면 서로 잔인한 방법을 동원해온 기존의 경쟁 방식 말고도 추가로 서로 경쟁할 또 다른 형태의 기회가 주어지는 셈이다. 콜로라도 주와 워싱턴 주가 마리화나를 합법화하면서 자발적으로 사례연구 실험 대상이 되었는데 심사숙고 끝에 내린 결정이 아니라는 강한 의구심이 든다.

14 중국의 전쟁

1. 중국인들에게 너무 가혹하게 굴지 마라. 원나라는 몽골족이 세웠다. 이들은 거의 천하무적이었다.

2. 일본은 1905년에 한국을 완전히 정복했고 1904-5년 러일전쟁에서는 두 차례 전투에서 러시아의 태평양 함대와 발트해 함대를 모조리 수장(水葬)했다.

3. 엄마 뱃속에 있는 기간까지 합하면 정확히 20년 9개월이다.

4. 중국 정부가 발표하는 통계를 이용하려면 위험부담을 각오해야 한다. 중앙정부가 주기적으로 지방과 지역의 통계보고 체계를 개혁해서 중국 경제 체제를 보다 정확하게 파악하려고 하고는 있으나, 이러한 노력은 지역 정치계의 이해관계와 상충되는 경우가 많아 회계감사를 하던 관료가 미심쩍은 죽음을 맞는 경우도 있다.

5. 러시아 산 석유를 수입하면 훨씬 직접적인 경로를 이용할 수 있지만, 러시아는 다른 나라의 에너지 의존도를 전략적, 정치적 지렛대로 이용하기로 악명 높다.

15 이주(移住)와 테러리즘

1. 해당 주의 주민의 경우 그렇다. 다른 주 출신인 학생의 경우 12만 5천 달러를 내야 한다.

2. 파키스탄 정부 내에 있는 이슬람주의자들이 미군의 동향에 대한 정보를 아프간과 파키스탄 민병대들과 공유함으로써 툭하면 그들을 도와왔다는 우려가 수없이 여러 번 제기되었다. 분명한 사실이다. 그러나 파키스탄의 민간 지도자나 군부 지도자가 지시해서 도운 게 아니라 종교적 또는 전략적 이유로 탈레반을 도우려는, 정부 관료들 내에 있는 이슬람주의자들의 짓이다. 요컨대, (미국 CIA의 기밀정보를 폭로한) 에드워드 스노든과 유사한 사례라고 보면 된다.

3. 제1차 체첸 전쟁은 1994년에 시작되어 1996년에 끝났다. 처참하게 패한 러시아는 체첸공화국에서 퇴각하고 사실상 체첸 민족의 독립을 인정했다. 제2차 체첸 전쟁은 1999년에 발발했는데, 체첸 세력이 러시아의 또 다른 공화국인 이웃나라 다게스탄을 침략하자 이에 대한 대응으로 러시아가 체첸공화국을 침략해서 일어났다. 정규군의 활동은 2001년까지 지속되었지만 그로부터 거의 10년이 지나서야 비로소 러시아가 체첸공화국 내의 무장 세력을 진압했다는 확신을 얻고 주둔한 러시아 군을 5만 명 미만으로 줄이게 되었다.

4. 러시아의 미르(Mir) 우주정거장을 기억하는가? 소련의 우주 프로그램을 전적으로 책임진 사람은 타타르 족 출신인 로알드 사그데예프 박사였다.